Encuentros

SEGUNDO CURSO

HOLT, RINEHART AND WINSTON
Harcourt Brace & Company

Austin • New York • Orlando • Atlanta • San Francisco • Boston • Dallas • Toronto • London

CREDITS

EDITORIAL

Project Director: Fannie Safier

Managing Editor: Richard Sime

Book Editor: Bobbi Hernandez

Editorial Staff: Belén Ayestarán, Laura Baci, Sonya Canetti-Mirabal, Daniela Guggenheim, Jennifer E. Osborne, Cintia M. Santana

Editorial Support: Isabell Coffey, Mark Koenig, Barbara Sharp Turner

Editorial Permissions: Lee Noble, Jeff Reeder

PRODUCTION, DESIGN, AND PHOTO RESEARCH

Director: Athena Blackorby

Design Coordinator: Betty Mintz

Program Design: Lillie Caporlingua, BILL SMITH STUDIO

Design and Electronic Files: TWINC

Photo Research: Omni-Photo Communications, Inc.

Photo Research Coordinator: Mary Monaco

Cover Photography: Robert Frerck/Tony Stone Images

Cover Photo Researcher: Angi Cartwright

Cover Design: Bob Prestwood and Katie Kwun

Printed in the United States of America

ISBN 0-03-095164-X   1 2 3 4 5 6 041 99 98 97 96

CONSULTANT

Isabel Schon
Director
Center for the Study of Books in Spanish
  for Children and Adolescents
California State University
San Marcos, CA

Dr. Schon assisted the editorial staff in
selecting literature for the program.

SPECIAL ADVISER

Rolando R. Hinojosa-Smith
University of Texas at Austin
Austin, TX

Dr. Hinojosa-Smith reviewed
all instructional materials.

CONTRIBUTORS

The following contributors developed instructional material and
provided translations for literary works and other text materials:

Yolanda Baltazar
Coachella Valley High School
Coachella, CA

José Luis Benavides
Journalism Instructor
University of Texas at Austin
Austin, TX

Flora Judith Cohen
Translator
Dobbs Ferry, NY

Armando L. Cruz-Rodz
Putnam City School
Oklahoma City, OK

José Del Valle
Translator and Editor
New York, NY

Manuel Losada-Rodríguez
Language Consultant
New York, NY

Carroll Moulton
Formerly of Duke University
Durham, NC

David Ochoa
Teacher
Columbia University
New York, NY

Carlos Perellón
Translator and Writer
New York, NY

Susana Petit
Translator and Writer
New York, NY

Carlos Quintero Herrera
Professor of Journalism
Instituto Tecnológico y de
  Estudios Superiores de
  Monterrey
Mexico City, Mexico

Marcela Renna
Formerly with Kansas City,
  Missouri, School District
Kansas City, MO

Eugenia Ruiz Cuesta
Teacher
Formerly with Lycée Français
New York, NY

Juanita Urrutia
Fairmount Spanish Magnet School
Kansas City, MO

REVIEWERS

Chuck Acosta
Formerly with Los Angeles
  County Office of Education
Downey, CA

Victoria Arancibia
Southwest Junior High School
South San Diego, CA

Yolanda Baltazar
Coachella Valley High School
Coachella, CA

María Elena Calderón
Editorial Consultant
Orlando, FL

Carolyn Patridge Chabolla
Bilingual Resource Teacher
Lennox Middle School
Los Angeles, CA

Armando L. Cruz-Rodz
Putnam City School
Oklahoma City, OK

Diana Hechinger
Bilingual Teacher
Lennox Unified School District
Los Angeles, CA

Michael Madrid
Director of Personnel Services
Little Lake City School District
Santa Fe Springs, CA

Liliano Mauro
Resource Specialist
Palmdale School District
Palmdale, CA

Carmen Plank
Director of Curriculum and
  Language Acquisitions
Sweetwater District Office
Chula Vista, CA

**Sylvia C. Dorta-Duque
de Reyes**
Bilingual Program Specialist
San Diego County Office of
  Education
San Diego, CA

David Schwarzer
Assistant Professor
Curriculum and Instruction
  Department
School of Education
University of Missouri-Kansas
Kansas City, MO

Sylvia B. Stella
Bilingual Coordinator
Rowland Unified School District
Rowland Heights, CA

Sara Tutek
Project Director
Washington Elementary School
Montebello Unified School
  District
Montebello, CA

Michael Weil
Washington Middle School
Pasadena, CA

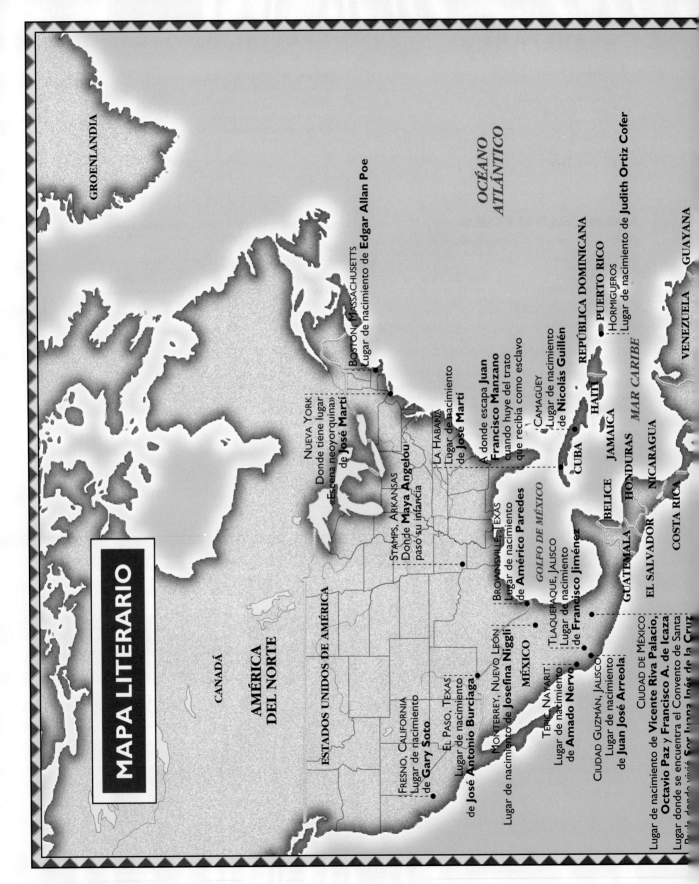

MAPA LITERARIO

GROENLANDIA

OCÉANO ATLÁNTICO

AMÉRICA DEL NORTE

CANADÁ

ESTADOS UNIDOS DE AMÉRICA

BOSTON, MASSACHUSETTS
Lugar de nacimiento de **Edgar Allan Poe**

NUEVA YORK
Donde tiene lugar
«Escena neoyorquina»
de **José Martí**

STAMPS, ARKANSAS
Donde **Maya Angelou**
pasó su infancia

LA HABANA
Lugar de nacimiento
de **José Martí**

A donde escapa Juan
Francisco Manzano
cuando huye del trato
que recibía como esclavo

CAMAGÜEY
Lugar de nacimiento
de **Nicolás Guillén**

REPÚBLICA DOMINICANA

PUERTO RICO

HORMIGUEROS
Lugar de nacimiento de **Judith Ortiz Cofer**

CUBA

HAITÍ

JAMAICA

MAR CARIBE

BELICE

HONDURAS

NICARAGUA

VENEZUELA

GUAYANA

GUATEMALA

EL SALVADOR

COSTA RICA

GOLFO DE MÉXICO

BROWNSVILLE, TEXAS
Lugar de nacimiento
de **Américo Paredes**

TLAQUEPAQUE, JALISCO
Lugar de nacimiento
de **Francisco Jiménez**

MÉXICO

MONTERREY, NUEVO LEÓN
Lugar de nacimiento de **Josefina Niggli**

TEPIC, NAYARIT
Lugar de nacimiento
de **Amado Nervo**

EL PASO, TEXAS
Lugar de nacimiento
de **José Antonio Burciaga**

FRESNO, CALIFORNIA
Lugar de nacimiento
de **Gary Soto**

CIUDAD GUZMÁN, JALISCO
Lugar de nacimiento
de **Juan José Arreola**;

CIUDAD DE MÉXICO
Lugar de nacimiento de **Vicente Riva Palacio,
Octavio Paz y Francisco A. de Icaza**

Lugar donde se encuentra el Convento de Santa
Paula, donde vivió **Sor Juana Inés de la Cruz**

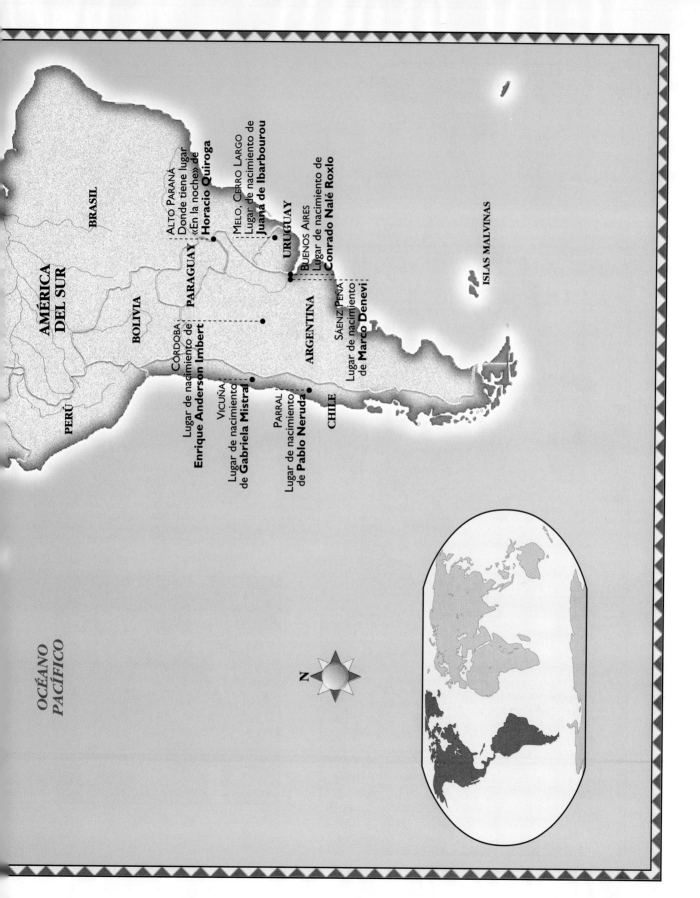

OCÉANO
PACÍFICO

AMÉRICA
DEL SUR

BRASIL

PERÚ

BOLIVIA

PARAGUAY

ALTO PARANÁ
Donde tiene lugar
«En la noche» de
Horacio Quiroga

MELO, CERRO LARGO
Lugar de nacimiento de
Juana de Ibarbourou

URUGUAY

BUENOS AIRES
Lugar de nacimiento de
Conrado Nalé Roxlo

ARGENTINA

SAENZ PEÑA
Lugar de nacimiento
de **Marco Denevi**

CÓRDOBA
Lugar de nacimiento de
Enrique Anderson Imbert

VICUÑA
Lugar de nacimiento
de **Gabriela Mistral**

PARRAL
Lugar de nacimiento
de **Pablo Neruda**

CHILE

ISLAS MALVINAS

N

INGLATERRA
HOLANDA
ESPAÑA
RUANDA

N

ESCOCIA

OCÉANO
ATLÁNTICO

MAR
DEL
NORTE

IRLANDA
DEL
NORTE

REINO
UNIDO

IRLANDA

GALES

INGLATERRA

ISLA DE JERSEY
Ubicación de la reserva
natural fundada por
Gerald Durrell

CANAL DE
LA MANCHA

FRANCIA

N

MAR
DEL
NORTE

HOLANDA

AMSTERDAM
Ciudad en la cual
se encuentra el
«escondite secreto» de
Ana Frank y su familia

ALEMANIA

BÉLGICA

FRANCIA

N

FRANCIA

ANDORRA

MADRID
Lugar de nacimiento
de **Lope de Vega**

ALCALÁ DE HENARES
Lugar de nacimiento de
Miguel de Cervantes

PORTUGAL

ESPAÑA

FUENTEVAQUEROS, GRANADA
Lugar de nacimiento de
Federico García Lorca

GUADIX, GRANADA
Lugar de nacimiento de
Pedro Antonio de Alarcón

OCÉANO
ATLÁNTICO

MAR MEDITERRÁNEO

MARRUECOS

ARGELIA

ZAIRE

UGANDA

LAGO
KIVA

RUANDA

RUHENGER
Ubicación del Centro
de Investigación Karisoke
y donde **Dian Fossey**
cuidó a Coco y a Pucker

N

BURUNDI

TANZANÍA

ÍNDICE

- **Mapa literario** iv

COLECCIÓN 1
Esfuerzos heroicos

JUAN FRANCISCO MANZANO

DIÁLOGO CON EL TEXTO
de **Autobiografía de un esclavo**
(autobiografía) **4**

ESTRATEGIAS PARA LEER
Cómo utilizar pistas del contexto **13**

HORACIO QUIROGA **En la noche** (cuento) **16**

ANA FRANK *de* **Diario** (autobiografía) **27**

LENGUA Y LITERATURA
El verbo indica el tiempo **34**

ELEMENTOS DE LITERATURA
Biografías, autobiografías, ensayos y artículos **35**

AMÉRICO PAREDES **El corrido de Gregorio Cortez** (canción) **38**

ESCENA CULTURAL
El corrido: Una historia cantada **42**

A LEER POR TU CUENTA
SOR JUANA INÉS DE LA CRUZ **Soneto 149** (poema) **46**

Taller del escritor La narración/Episodio autobiográfico **48**
Taller de oraciones ¡Exprésate con energía! **53**

COLECCIÓN 2
Lazos de amistad

DIÁLOGO CON EL TEXTO

GARY SOTO   **Cadena rota** (cuento)   **57**
Naranjas (poema)   **65**

LENGUA Y LITERATURA
Los detalles nos dicen cómo son las acciones   **68**

ESTRATEGIAS PARA LEER
Hacer deducciones: Hay en la página más de
lo que parece   **69**

MAYA ANGELOU   *de* **Yo sé por qué canta el
pájaro enjaulado** (autobiografía)   **72**

LENGUA Y LITERATURA
Detalles que presentan las oraciones   **77**

ELEMENTOS DE LITERATURA
Cuentos I: Argumento, caracterización y
ambiente   **78**

A LEER POR TU CUENTA

NICOLÁS GUILLÉN   **La muralla** (poema)   **80**

Taller del escritor   La descripción/Semblanza   **82**
Taller de oraciones   Oraciones coordinadas y subordinadas   **87**

COLECCIÓN 3
Laberintos de la imaginación

DIÁLOGO CON EL TEXTO
JUAN JOSÉ ARREOLA   **Un pacto con el diablo** (cuento)   **91**

LENGUA Y LITERATURA
El diálogo le da vida a los personajes   **100**

ESTRATEGIAS PARA LEER
Predecir desenlaces: ¿Qué es lo próximo
    que va a ocurrir?   **101**

EDGAR ALLAN POE   **El corazón delator** (cuento)   **103**

ENRIQUE ANDERSON IMBERT   **El crimen perfecto** (cuento)   **109**

LENGUA Y LITERATURA
Gestos y actitudes en el lenguaje oral   **113**

ELEMENTOS DE LITERATURA
Cuentos II: Punto de vista, ironía y tema   **114**

CONRADO NALÉ ROXLO   **El grillo** (poema)   **117**

JUANA DE IBARBOUROU   **Día de felicidad sin causa** (poema)   **118**

Taller del escritor   La narración/Cuento   **122**
Taller de oraciones   Emociones fuertes y decisiones difíciles   **127**

COLECCIÓN 4
Recuerdos inolvidables

DIÁLOGO CON EL TEXTO

AMADO NERVO   **La vieja llave** (poema)   **131**

LENGUA Y LITERATURA
Cómo describir los olores   **135**

PABLO NERUDA   **Oda a los calcetines** (poema)   **137**

LENGUA Y LITERATURA
Cómo indicar la forma de los objetos   **141**

ESTRATEGIAS PARA LEER
Uso de métodos de comparación y contraste   **142**

ELEMENTOS DE LITERATURA
Poesía I: Recursos de sonido e imágenes   **143**

JOSÉ MARTÍ   **Escena neoyorquina** (crónica)   **147**

GERALD DURRELL   *de* **Los sabuesos de Bafut** (crónica naturalista)   **153**

A LEER POR TU CUENTA

VICENTE RIVA PALACIO   **El buen ejemplo** (cuento)   **158**

Taller del escritor   La descripción/Ensayo de observación   **162**
Taller de oraciones   Oraciones que modifican al nombre   **167**

COLECCIÓN 5
El frágil medio ambiente

DIÁLOGO CON EL TEXTO

DIAN FOSSEY *de* **Gorilas en la niebla** (crónica naturalista) 171

Literatura y ciencia

Omnívoros como nosotros 174

LENGUA Y LITERATURA

Trucos para evitar la repetición 178

ESTRATEGIAS PARA LEER

Establecer diferencias entre hecho y opinión 179

GABRIELA MISTRAL *de* **La fiesta del árbol** (ensayo) 181

OCTAVIO PAZ **Árbol adentro** (poema) 187

FEDERICO GARCÍA LORCA **Paisaje** (poema) 188

GABRIELA MISTRAL **Meciendo** (poema) 189

ELEMENTOS DE LITERATURA

Poesía II: Figuras retóricas y de estilo 193

MARCO DENEVI **Las abejas de bronce** (cuento) 196

LENGUA Y LITERATURA

Cómo esconder el sujeto 206

ESCENA CULTURAL
Conservar la naturaleza es un reto   **207**

A LEER POR TU CUENTA
NICOLÁS GUILLÉN   **¿Puedes?** (poema)   **210**

Taller del escritor La exposición/Artículo informativo   **212**
Taller de oraciones Oraciones que sustituyen al nombre   **217**

• **COLECCIÓN 6**
Pruebas

DIÁLOGO CON EL TEXTO
JOSEFINA NIGGLI   **El anillo del general Macías** (drama)   **221**

ESTRATEGIAS PARA LEER
Los resúmenes nos ayudan a recordar   **240**

ESCENA CULTURAL
El arte de los muralistas   **241**

ELEMENTOS DE LITERATURA
Drama   **246**

FRANCISCO JIMÉNEZ   **Cajas de cartón** (cuento)   **249**
Literatura y estudios sociales
Un héroe del pueblo   **255**

LENGUA Y LITERATURA
Expresa grandes ideas   **258**

JUDITH ORTIZ COFER
A LEER POR TU CUENTA
Mi padre en la marina: Un recuerdo de infancia (poema) **259**

FRANCISCO A. DE ICAZA
A LEER POR TU CUENTA
La canción del camino (poema) **260**

Taller del escritor   La persuasión/Ensayo sobre problemas y soluciones **262**
Taller de oraciones   Oraciones con fuerza **267**

• **COLECCIÓN 7**
Mitos

JORGE LUIS ARRIOLA
DIÁLOGO CON EL TEXTO
del **Popol Vuh** (maya) **271**
Literatura y antropología El perfil maya **274**

LENGUA Y LITERATURA
¿Cómo nombrar lo nuevo? **278**

ELEMENTOS DE LITERATURA
Mitos, leyendas y cuentos populares **279**

DOUGLAS GIFFORD

Tres mitos latinoamericanos
La historia de Quetzalcóatl (azteca) **282**
Literatura y antropología ¡Chocolate! **284**
El casamiento del Sol (maya) **285**
Literatura y antropología
La nutrición en la antigüedad **287**
Los primeros incas (inca) **288**

ESTRATEGIAS PARA LEER
Evaluación **294**

ESCENA CULTURAL
Arqueología y civilizaciones precolombinas **295**

Taller del escritor   La persuasión/Evaluación **300**
Taller de oraciones   Oraciones que te ayudan a evaluar **305**

COLECCIÓN 8
Perspectivas humorísticas

DIÁLOGO CON EL TEXTO
PEDRO ANTONIO DE ALARCÓN   **El libro talonario** (cuento)   **309**

LENGUA Y LITERATURA
Dilo con humor   **317**

MIGUEL DE CERVANTES   *de* **Don Quijote de la Mancha** (novela)   **319**

ESTRATEGIAS PARA LEER
Cadenas de causa y efecto   **326**

ELEMENTOS DE LITERATURA
La novela   **327**

JOSÉ ANTONIO BURCIAGA   **La puerta** (cuento)   **329**

A LEER POR TU CUENTA
LOPE DE VEGA   **El soneto** (poema)   **336**

Taller del escritor   La exposición/Especulación sobre causas o efectos   **338**
Taller de oraciones   ¿Causa o efecto?   **343**

ÍNDICE DE RECURSOS

Glosario de términos literarios 344

Manual de comunicación 352

EL PROCESO DE LA REDACCIÓN 352

Las principales etapas de la
redacción 352

Escribir con computadora 352

Símbolos para la revisión y la corrección
de pruebas 353

EL PÁRRAFO 353

La idea principal y su desarrollo 353

Unidad y coherencia 354

TÉCNICAS DE ESTUDIO 355

Uso del diccionario 355

Interpretación de mapas, cuadros y
gráficos 356

Estrategias para tomar un examen 358

Aprendizaje en equipo 360

**ESTRATEGIAS DE LECTURA Y PENSAMIENTO
CRÍTICO** 361

Parafrasear y resumir 361

BÚSQUEDA DE INFORMACIÓN 363

La biblioteca y el centro de medios
audiovisuales 363

Cómo encontrar información 363

Documentación de fuentes
y toma de notas 366

Recursos de la comunidad 367

Entrevistas 368

Redacción de correspondencia
comercial 368

Guía del lenguaje 370

GRAMÁTICA 370

La oración 370

Palabras de enlace 371

El nombre 373

Los pronombres 374

Complementos del nombre 374

El verbo 376

Complementos del verbo 378

PUNTUACIÓN 381

LETRAS DIFÍCILES 382

LOS ACENTOS 385

Glosario 386

Agradecimientos 390

**Reconocimientos de
fotografía** 392

Índice de habilidades 393

Elementos de literatura 393

Estrategias de lectura y pensamiento crítico 393

Lengua y literatura 394

Vocabulario 395

Escritura 395

Hablar y escuchar 396

Investigación 396

Estudios interdisciplinarios 396

Índice de ilustraciones 398

Índice de autores y títulos 399

Esfuerzos heroicos

Shipwreck (Naufragio) (1937)
de Samuel Owen. Warrington
Museum and Art Gallery.
Bridgeman/Art Resource, New York.

ANTES DE LEER
de Autobiografía de un esclavo

Punto de partida

Voluntad y esfuerzo personal

Hay diferentes formas de heroísmo. Hay personas a las que llamamos «héroes» o «heroínas» por las hazañas que han logrado, porque han arriesgado su propio bienestar para ayudar a los demás o porque sus actos han influido positivamente en la vida de otras personas.

Todos los personajes principales de esta colección representan alguna forma de heroísmo. Comparte sus experiencias a través de la lectura. ¿Son realmente héroes?

Haz una lista de tus héroes e incluye las razones por las que tú crees que lo son. Con la ayuda de un(a) compañero(a), crea un diagrama de Venn. Llena un círculo con tu lista y el otro con la lista de tu compañero(a). En el espacio de intersección escriban los elementos comunes para comparar y contrastar ideas.

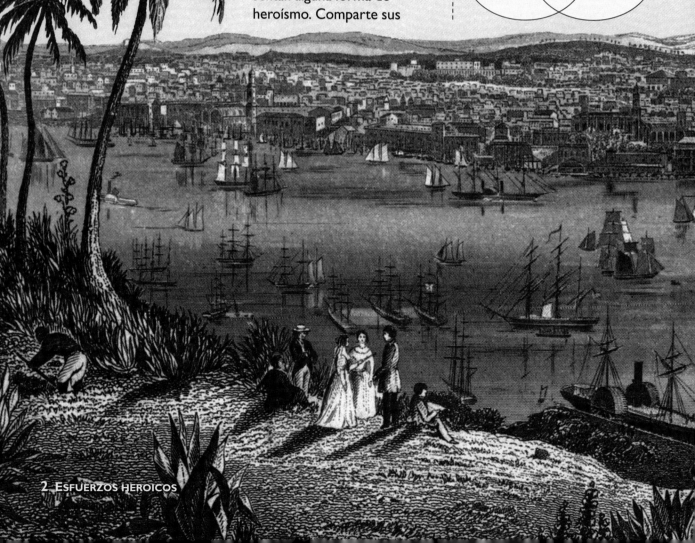

Telón de fondo

La economía de Cuba en el siglo XIX se basaba en la producción de azúcar. Esta industria dependía de la mano de obra de los esclavos traídos de África y sus descendientes. Sin embargo, muchas personas estaban en contra de la esclavitud. Entre ellas se encontraba Domingo del Monte, un abogado, escritor y mentor de jóvenes escritores.

Del Monte celebraba en su casa tertulias literarias que el poeta esclavo Juan Francisco Manzano visitó en más de una ocasión. En una de esas tertulias Manzano leyó su poema «Mis treinta años», en el que hablaba de los sufrimientos de su vida. Al parecer, Del Monte pensó que el dar a conocer la historia de Juan Francisco ayudaría a la causa contra el tráfico de esclavos. Así, hizo una colecta para conseguir el dinero necesario para comprar la libertad de Manzano. Del Monte le pidió al poeta que escribiera la historia de su vida. Manzano lo complació escribiendo la *Autobiografía de un esclavo*.

Diálogo con el texto

Cuando leas el fragmento de *Autobiografía de un esclavo* que viene a continuación, toma nota de tus reacciones. Los comentarios de un lector aparecen en el margen de la primera página como ejemplo.

La Habana, Cuba, grabado en acero, Estados Unidos, ca. 1857
The Granger Collection, New York.

de Autobiografía de un esclavo

Juan Francisco Manzano

Transcurrió algún tiempo sin la menor novedad cuando aconteció la muerte casi súbita de mi madre que se privó[1] y nada pudo declarar. A los cuatro días de este caso lo supe. Le tributé como hijo y amante cuanto sentimiento se puede considerar. Entonces mi señora me dio tres pesos para las misas del alma o de San Gregorio. Se las mandé decir al padre coadjutor.[2] Algunos días después me mandó mi señora al Molino para que recogiese lo que mi madre había dejado. Di al administrador una esquela[3] con la que me entregó la llave de su casa en la cual sólo hallé una caja grande muy antigua, pero vacía. Tenía esta caja un secreto que yo conocía. Hice saltar el resorte y hallé en su hueco algunas joyas de oro fino. Entre ellas las de más mérito eran tres manillones antiguos de cerca de tres dedos de ancho y muy gruesas, dos rosarios, uno todo de oro y otro de oro y coral, pero rotos y muy sucios. Hallé también un lío de papeles que testificaban varias deudas. Había entre ellos uno de doscientos y pico de pesos y otro de cuatrocientos y tantos pesos. Éstos debían cobrarse a mi señora y después de éstos otra porción de menores cantidades.

Cuando yo nací, me dedicó mi abuelo desde el campo una potranca baya de raza fina y de ésta nacieron cinco que mi padre iba dedicando a cada uno de mis hermanos. Ellas parieron a su vez y vino a haber el número de ocho. Entre éstas una era deforme y parecía un caballo. Era rosilla oscura y siempre parecía que tenía el pelo untado de aceite por lo que el señor Don Francisco Pineda la quiso comprar, pero parece que mi padre pedía demasiado por ella. Ésta y otra se malograron en el servicio de la hacienda cargando baúles a La Habana estando para parir. De éstas había los recibos o pagarés.

1. **se privó:** se quedó sin sentido.
2. **padre coadjutor:** cura que sirve de asistente al párroco de una iglesia.
3. **esquela:** mensaje enviado por escrito.

DIARIO DEL LECTOR

Parece que quería mucho a la madre.

Heredó algunas joyas de su madre.

Juan Francisco y sus hermanos tenían caballos.

Usaban los caballos para cargar baúles.

Llegado el día siguiente di cuenta a mi ama de lo que había y también de los recibos o papeletas. Pasados seis o más días pregunté a mi señora si había su merced revisado los papeles que le había entregado. Me contestó en tono agradable que todavía no. Di esta respuesta a la parda Rosa Brindis que cuidaba de la educación de mi hermana María del Rosario. Como María del Rosario era libre, la tenía ella a instancias de mi señora mientras no fuera capaz de gobernarse. Rosa me instaba a que no dejase de recordarle a mi señora cada vez que pudiese, pues quería la parte de mi hermana para su manutención, pues la había criado. Ella sabía que la señora le tenía guardado a mi madre dinero para que lo compartiese entre todos sus hijos si ella muriese. Y yo, como mayor de todos, debía de echar a andar esto. Con tal aviso, cuando pasados algunos días más, aguijado sin cesar por esta mujer, me determiné a hablar con mi señora por segunda vez, lleno de las más <u>halagüeñas</u> esperanzas.

Cuál sería mi asombro cuando, incómoda, me respondió mi señora: «¿Estás muy apurado por la herencia? ¿No sabes que soy heredera forzosa de mis esclavos? En cuanto vuelvas a hablar de la herencia te pongo donde no veas el sol ni la luna. Marcha a limpiar las caobas.»

Esta escena pasó en la sala del señor Don Félix Quintero, serían las once de la mañana. Al día siguiente manifesté a Rosa lo que había pasado. No me acuerdo de todo lo que dijo, sólo que todas sus duras expresiones iban a caer sobre las cenizas de mi pobre madre.

De allí a dos días, eran algo más de las doce cuando apareció, pidió permiso para hablar a mi señora y cuando se le concedió estuvo con ella largo rato. Yo estaba en la despensa que estaba frente a la puerta de la calle haciendo qué sé yo qué, cuando entró la Rosa. Me dijo que fuera por su casa cuando tuviese ocasión. La hice esperar y le di dos de las tres manillas quedándome con una. También le di todos los pedazos de rosarios y un relicario que dicen que en su tiempo no se conseguía ni por una onza. Era grande, guarnecido de cordones de oro, láminas del mismo metal y el divino rostro de Jesús estaba en el medio. Era muy abultado y tenía como dos cuartas de una cadenita muy curiosamente trabajada toda de oro. La envolvió bien, mas estando para partir, mi ama, que no me perdía nunca de vista, se acercó a nosotros y manifestándole que no era de su agrado que tuviese aquella familiaridad conmigo ni con ninguno de sus esclavos, se concluyó con que ella no volvería a poner sus pies en casa.

Por lo que toca a mí, desde el momento en que perdí la halagüeña ilusión de mi esperanza dejé de ser un esclavo fiel. Me convertí de manso cordero en la criatura más despreciable. No quería ver a nadie que me hablase sobre esta materia. Quisiera haber tenido alas para desaparecer trasplantándome a La Habana. Se me embotaron todos los sentimientos de gratitud y sólo meditaba en mi fuga.

Pasados algunos días vendí a un platero la manilla. Me dio siete pesos y algunos reales por ella. Y en la noche cuando dejé a mi ama en casa de los señores Gómez, le llevé los pesos al padre coadjutor para misas por mi madre. Los reales fueron para velas para las ánimas. No tardó mucho tiempo mi señora en saber por el mismo padre que había mandado decir tantas misas. Me preguntó de dónde tenía ese dinero. Mas, como lo que yo menos apreciaba por entonces era vivir, le dije sin rodeos que había vendido una manilla. Quiso saber a quién, mas como di palabra al platero de no decirlo, me sostuve diciendo que a uno que no conocía. «Pues ahora sabrás para qué naciste», me dijo. «Tú no puedes disponer de nada sin mi <u>consentimiento</u>.» Fui preso al Molino. Ya era ésta la tercera vez.

ADUÉÑATE DE ESTAS PALABRAS

halagüeña, -ño *adj.*: que agrada o deleita; digna de halagos.

consentimiento *m.*: aprobación, aceptación.

Esclavos trabajando en una plantación de azúcar durante los meses de noviembre y diciembre.

Me preguntó Don Saturnino lo que había. Se lo dije todo con enfado. La desesperación había ocupado el lugar de todos mis sentimientos. Mi madre era lo único que allí tenía y ésa no existía. Mis lágrimas corrían en abundancia mientras contaba a Don Saturnino la distribución del dinero. Me mandó desatar y me mandó para su cocina encargándome que no saliese de allí. Me daba de lo que él comía y dormía en el pesebre de los caballos. Me enseñó la carta de recomendación y a la verdad es que me hubiera pesado toda la vida por la licencia que me tomé.

Pero yo, criado en la oscuridad de tanta ignorancia, ¿qué podía saber? Al cabo de ocho o diez días me llamó y me hizo poner unas prisiones porque venía la señora a almorzar al día siguiente. Me mandó al campo encargándome que si me preguntaban si había sufrido azotes que dijese que sí.

A las nueve poco más o menos recibió orden el contramayoral de enviarme para la casa de vivienda. Me resistí a ir, pero amenazado con dureza tuve por buen partido obedecer al administrador que me recibió con una muda de ropa fina de color, eso es pantalones y chupa que vestí. Cuando le fui a entregar aquellos andrajosos despojos me dijo con cierto aire de firmeza estas palabras que me aterraron: «¿Sabes lo que te digo? En menos de dos meses has venido a mi poder en tres ocasiones y nada te ha sucedido. Pon los medios para no volver más porque te llevan los demonios. Anda, que la señora te espera. Anda y cuidado.»

Este señor, de nacionalidad gallega, era de genio vivo y duro de carácter. Era joven, como de 25 a 28 años y tanto los del campo como los de la casa de vivienda le temían en sumo grado; pues no sólo yo andaba en estos vaivenes.

Cuando llegué a los pies de mi señora me postré y pedí perdón de mi falta. Me mandó sentar en el comedor y acabando de almorzar me mandó un abundante plato que yo no probé. Mi corazón ya no era bueno y La Habana, juntamente con los felices días que en ella gocé, estaba impresa en mi alma. Yo sólo deseaba verme en ella. Notó mi señora el caso que había hecho de la comida y no dejó de maravillarse de que no me alegrase el corazón un buen plato.

Es de admirarse que mi señora no pudiese estar sin mí 10 días seguidos. Así era que mis prisiones jamás pasaban de 11 o 12 días. Siempre me pintaba como al más malo de todos los nacidos en el Molino, de donde decía que era yo criollo. Esto era otro género de mortificación que yo tenía. La amaba a pesar de la dureza con que me trataba. Yo sabía muy bien que estaba bautizado en La Habana.

Otra vez en el pueblo no sé por qué me trata entonces con dulzura. Yo nunca podré olvidar que le debo muchos buenos ratos y una muy distinguida educación...

Al cabo de tres o cuatro meses de mi último acontecimiento, se armó viaje a Madruga, donde debía mi señora tomar baños.[4] Fuimos en efecto. Con sus males tomó mi señora su antiguo mal humor. Se me echaba en rostro sin cesar la libertad que tomé de disponer de aquellas prendas, habiendo menores que eran en número de cinco, reputando esto un hurto por mi parte. «Vaya a ver en qué manos se

pondría la herencia y bienes de los otros, para que lo jugase todo en cuatro días.» Sin cesar se me amenazaba con el Molino y Don Saturnino. Las últimas expresiones de éste estaban grabadas en mi corazón y yo no tenía la menor gana de volverme a ver con él.

Pregunté cuántas leguas distaba de allí La Habana y supe que doce. Hallé que no las podría vencer en una noche de camino a pie y desistí de pensar más en verme en la Habana. Esperaba que cuando fuese allá mi suerte se decidiría, siempre con la idea de ser libre.

Un día, este día de resignación, principio de cuantos bienes y males el mundo me ha dado a probar, es como sigue. Era sábado. Debía, antes del almuerzo, según teníamos de costumbre, asearme ya que vestía dos veces a la semana. Para ello me fui al baño de la paila[5] que estaba al frente de la casa en un declive a unos treinta pasos. Estando bañándome me llamaron por orden de la señora. Ya se puede considerar cómo saldría. Me recibió preguntando qué hacía en el baño. Le contesté que me aseaba para vestir. «Con qué licencia lo has hecho?» «Con ninguna», contesté. «¿Y por qué fuiste?» «Para asearme.»

Esta escena fue en el comedero o colgadizo de la puerta de calle. Allí mismo mis narices se rompieron y fui para adentro echando dos venas de sangre. Esto me apesadumbró y abochornó, pues a la otra puerta vivía una mulatica de mi edad primera que me inspiró una cosa que yo no conocía. Era una inclinación angelical, un amor como si fuera mi hermana. Yo le regalaba sartas de maravillas de colores que ella recibía dándome algún dulce seco o fruta. Yo le había dicho que era libre y que mi madre había muerto hacía poco.

4. **tomar baños:** ir a un lugar donde se dan baños con propiedades curativas a los enfermos.

5. **paila:** recipiente grande para cargar agua.

- -

ADUÉÑATE DE ESTAS PALABRAS
asearme, de **asearse** *v.:* lavarse.
declive *m.:* pendiente, cuesta o inclinación del terreno.
inclinación *m.:* afecto, amor.

- -

No bastó lo dicho. Como a las diez me hizo mi ama quitar los zapatos y me pelaron. Aunque esto era muy frecuente, esta vez me sirvió de la mayor mortificación.[6]

Me hizo tomar un barril y me mandó cargase agua para la casa. El arroyo distaba del frente de la casa unos treinta pasos y hacía una bajadita. Cuando llené mi barril me hallé en la necesidad no sólo de vaciarle la mitad, sino también de suplicar a uno que pasaba que me ayudase a echarlo al hombro.

Cuando subía la lomita que había hasta la casa, con el peso del barril y mis fuerzas nada ejercitadas, se me faltó un pie y caí dando en tierra con una rodilla. El barril cayó algo más adelante y rodando me dio en el pecho. Los dos fuimos a parar al arroyo. El barril se inutilizó[7] y se me amenazó con el Molino y Don Saturnino a quien yo temía. Se suponía aquel suceso como de premeditada intención, y la amenaza era grave. No llegué a la noche sin desgarrar muchos esputos de sangre.

Este tratamiento me mostró de nuevo los errados cálculos que había formado de mi suerte.

Desengañado de que todo era un sueño y que mi padecer se renovaba, me acometió de nuevo la idea de que tenía que verme en La Habana. Al día siguiente, que era domingo, cuando la gente estaba en misa, me llamó un criado libre de la casa y estando a solas con él me dijo: «Hombre, ¿qué, tú no tienes vergüenza de estar pasando tantos trabajos? Cualquier negro bozal[8] está mejor tratado que tú. Un mulatico fino, con tantas habilidades como tú al momento hallará quien lo compre.»

Por este estilo me habló mucho rato concluyendo con decirme que si llegaba al tribunal del capitán general y hacía un puntual relato de todo lo que me pasaba podía salir libre. Me

insinuó el camino que de allí venía a La Habana, diciéndome que aprovechara la primera oportunidad y que no fuera bobo. Esto me afligió muchísimo, pues si al menor aviso temía más de lo regular, cuanto más temería con las terribles insinuaciones que me hizo y que no pongo aquí por demasiado impertinentes.

Eran las once de la mañana del día lunes cuando vi llegar a Don Saturnino. Se apeó y le tomaron el caballo. Desde el momento en que este señor entró se me acibaró[9] toda la vida. El corazón me latía con incesante agitación y mi sangre toda en un estado de efervescencia[10] no me dejaba sosegar.

Regularmente el lugar común de meditación era mi cuarto. Mientras estaba en él pensaba en alguna cosa con sosiego. Así, estando en él, como a las cuatro, oí que hablaban dos, una hembra y otro criado. Ésta era de manos y preguntando aquél a qué vendría el administrador, ésta respondió con viveza: «¿A qué ha de venir? A llevarse a Juan Francisco.» Me compadeció aquello y yo quedé enterado de mi mala suerte.

No me es dado pintar mi situación amarguísima en este instante. Un temblor general cundió por todo mi cuerpo y me atacó un dolor de cabeza. Apenas me podía valer. Ya me veía atravesando el pueblo de Madruga como un facineroso,[11] atado, pelado y vestido de cañamazo[12] cual me vi en Matanzas, sacado de la cárcel pública para ser conducido al Molino.

9. **acibaró:** volverse algo amargo o angustioso.
10. **efervescencia:** estado de agitación, exaltación.
11. **facineroso:** delincuente.
12. **cañamazo:** tela tosca o rústica.

ADUÉÑATE DE ESTAS PALABRAS

premeditada, -do *adj.*: hecha con toda intención; pensada con anticipación.
me afligió, de **afligirse** *v.*: sentir tristeza o angustia.
impertinente *adj.*: inoportuno; que no viene al caso.
incesante *adj.*: que ocurre de forma continua, sin parar.
sosegar *v.*: calmar las inquietudes de ánimo.

---

6. **mortificación:** sufrimiento.
7. **se inutilizó:** se echó a perder.
8. **bozal:** el esclavo recién traído de África que no había sido educado en ninguno de los oficios de la casa.

Recordando las últimas amonestaciones[13] del ya citado Don Saturnino, me veía en el Molino sin padres en él, ni a un pariente y, en una palabra, mulato entre negros. Mi padre era algo altivo y nunca permitió no sólo corrillos en su casa sino que ninguno de sus hijos jugase con los negritos de la hacienda. Mi madre vivía con él y sus hijos, por lo que no éramos muy bien queridos.

Todo esto se me presentó a mi alborotada imaginación y en aquel momento determiné mi fuga.

El que me había insinuado el partido que debía de tomar como favorable, a eso de las cinco de la tarde me dijo: «Hombre, saca ese caballo de allí y ponlo allá para que esté al fresco. Allí estará haciendo ruido y despertarán los amos cuando lo vayas a coger para Don Saturnino.» Al decirme esto me entregó también las espuelas y agregó: «Allí está la silla sin pistolera. Tú sabrás dónde está todo para cuando se necesite.» Una mirada suya me convenció de que me hablaba para que aprovechara este momento.

Él siempre fue así, muy llevado con mi padre y trataba a mi madre con algún respeto aún después de viuda. No estaba yo con todo esto lo bastante resuelto. Consideraba que dejaba a mis hermanos en el Molino y que tenía que andar toda una noche solo por caminos desconocidos y expuesto a caer en manos de algún comisionado.

Cuál sería mi sorpresa cuando acabando de cenar, y estando yo sentado a solas sobre un trozo meditando si me determinaría[14] o no, vi que Don Saturnino se llegaba a mí y me preguntó dónde dormía. Le señalé sobre una barbacoa, pero esto acabó de echar el resto a mi resolución. Tal vez sin esta pregunta no me hubiera determinado nunca ya que yo era muy miedoso. Bien pudo haber sido hecha esta pregunta con toda ignorancia y que todo fuesen habladurías de criados y que todo variase a la hora como en otras ocasiones. Sin embargo, yo no pude recibirla sino como de muy mal anuncio en vista de lo que estaba ya en mi conocimiento. Así determiné partir a todo riesgo.

Pensé en la mala suerte de un tío mío que habiendo tomado igual determinación para irse de donde el señor Don Nicolás, el señor Don Manuel y el señor Marqués, fue traído como todo un cimarrón.[15] Sin embargo, estaba resuelto a echar una suerte y padecer.

Con este motivo velé hasta más de las doce. Aquella noche se recogieron todos temprano por ser noche de invierno y estar algo lluviosa. Ensillé el caballo por primera vez en mi vida. Le puse el freno, pero con tal temblor que no atinaba a derechas con lo que hacía. Acabada esta diligencia me puse de rodillas, me encomendé a los santos de mi devoción, puse el sombrero y monté.

Cuando iba a andar para retirarme de la casa oí una voz que me dijo: «Dios te lleve con bien. Arrea duro.» Yo creía que nadie me veía y todos me observaban, pero ninguno se me opuso como supe después. Lo que me sucedió luego lo veremos en la segunda parte que sigue a esta historia.

15. **cimarrón:** esclavo que huía a los montes en busca de libertad.

ADUÉÑATE DE ESTAS PALABRAS

atinaba, de **atinar** v.: lograr o acertar a hacer algo.

diligencia m.: tarea; trámite.

---

13. **amonestaciones:** avisos acompañados de amenazas.
14. **me determinaría:** me decidiría a hacer algo.

CONOCE AL ESCRITOR

Juan Francisco Manzano nació y vivió toda su vida en Cuba. No se sabe con exactitud su fecha de nacimiento, pero se cree que nació entre 1795 y 1806. Según se acostumbraba hacer con los esclavos, Juan Francisco recibió el apellido de su dueño, don Juan Manzano. Su vida de esclavo de casa fue un poco menos dura que la de los esclavos que trabajaban en el campo. El trabajar en la casa le permitió adquirir cierto nivel de educación y pudo aprender varios oficios como los de sastre y repostero. Aprendió además a leer y a escribir; la lectura de escritores de la época fue determinante para su deseo de escribir y su futuro como poeta.

Fueron las creaciones del esclavo poeta lo que llamó la atención de Domingo del Monte, escritor y pensador reformista, que invitó a Manzano a participar en sus tertulias literarias. Con la ayuda de algunos hombres importantes que escucharon al esclavo leer sus poemas, Del Monte reunió el dinero necesario para obtener la manumisión de Juan Francisco, es decir, la compra de su libertad. Después de ser liberado, Manzano se fue a vivir a La Habana, donde se convirtió en un afamado repostero. Al momento de su muerte en 1856, Juan Francisco Manzano nos dejó una obra literaria que incluye poesía y el relato de su vida. La *Autobiografía de un esclavo* es característica de su estilo sencillo y rudimentario, pero es un poco distinta de su poesía, en la que imitó a los escritores de su época.

Mujeres paseando en un carruaje por las calles de La Habana, Cuba.

CREA SIGNIFICADOS

• ## Primeras impresiones

1. Haz una lista de palabras para explicar cómo te sentiste al leer el fragmento de la autobiografía. Piensa en cómo se sintió Manzano en los diferentes momentos difíciles que tuvo que afrontar. ¿Crees que reaccionarías como Manzano en una situación como la suya?

Interpretaciones del texto

2. Enumera las características y cualidades que más ayudaron a Manzano. Asigna a cada una de ellas un número del 1 al 5, según la importancia que tengan para ti. Compara tu lista con la de un(a) compañero(a) y justifica tus respuestas.

Conexiones con el texto

3. Enumera las dificultades concretas que tuvo que superar Manzano. En grupo, comparte tus ideas sobre cuál de ellas sería para ti la más difícil de superar. Explica por qué. Si estuvieras en la posición del esclavo, ¿habrías tenido el valor de escaparte? Explica tu respuesta.

Preguntas al texto

4. Manzano escribió la historia de su vida porque Domingo del Monte quería publicarla junto con otra literatura antiesclavista. ¿Crees que la historia habría sido distinta si Manzano la hubiera escrito con otro propósito? ¿Qué influencia crees que tuvo Del Monte en el escritor? Repasa la lectura y decide si hay pasajes que te parecen contradictorios o poco creíbles.

Repaso del texto

a. ¿Qué papeles importantes había en la caja que encuentra el esclavo en casa de su madre?

b. ¿Qué pasa con la herencia de su madre?

c. ¿Qué castigos se le imponen?

d. ¿Qué decide hacer al final?

OPCIONES: Prepara tu portafolio

Cuaderno del escritor

1. Compilación de datos para un episodio autobiográfico

A medida que pasa el tiempo y aumenta la crueldad de su dueña, Manzano va perdiendo las esperanzas. Está cada vez más triste y abatido. Sin embargo, empieza a recuperar de nuevo su fortaleza y a pensar en su deseo de libertad hasta descubrir fuerzas que no sabía que tenía.

Toma notas sobre alguna ocasión en la que te enfrentaste a un problema o un desafío. Guarda los apuntes para utilizarlos más adelante.

- ¿Qué ocurrió?

- ¿Qué aprendiste de ese incidente sobre ti mismo y sobre otras personas?

- ¿Qué imágenes, sonidos, palabras y emociones recuerdas de este episodio?

> *Cuando empecé a asistir a mi nueva escuela, tenía miedo de sentirme solo. Para colmo, saqué malas notas y mis padres pensaban que no me esforzaba lo suficiente. Estaba muy triste pero mi amiga Ángela me dio confianza para superar estos problemas.*

Investigación y exposición oral

2. Historia

Imagina que eres un experto en el tema de la esclavitud y en el trabajo en las plantaciones. Busca información sobre el tema en la biblioteca y repasa los detalles de la autobiografía que mencionan reglas o leyes relacionadas con esa vida. ¿Qué cosas no podía hacer el esclavo sin permiso? ¿Tenía alguna posesión? ¿Quién heredaba los bienes de un esclavo? Haz una lista de datos que antes no conocías acerca del tema.

Después, escribe varias afirmaciones, verdaderas y falsas, basadas en los datos de tu lista. Reparte un cuestionario a tus compañeros de clase. Comenta las respuestas, haz una breve exposición oral sobre datos adicionales y termina con una sesión de preguntas y respuestas.

Estrategias de pensamiento

3. Periodismo de investigación

A veces, como en el caso de la *Autobiografía de un esclavo*, la historia de alguien que sufre o de los problemas de una comunidad puede ayudar a generar interés y a encontrar soluciones al problema. Piensa en algún problema de la comunidad o de la escuela. Prepara preguntas para entrevistar a las personas afectadas por el problema. Haz preguntas que te permitan comprobar la veracidad de las contestaciones. Después, intercambia las preguntas con un(a) compañero(a) para que cada uno evalúe el trabajo del otro. Podrían realizar algunas entrevistas en la clase.

ESTRATEGIAS PARA LEER

Cómo utilizar pistas del contexto

A lo largo de este libro, aprenderás estrategias de lectura. Incluso personas que leen bien se equivocan a veces. Usar estrategias de lectura significa leer atentamente y utilizar las pistas que ofrece el texto para responder a las preguntas que tengas.

Al leer puedes encontrarte con palabras desconocidas. Antes de consultar el diccionario, mira el **contexto** de la palabra, es decir, las palabras y las oraciones que la rodean o la situación global en la que se utiliza la palabra. Puede que aparezca una referencia o una definición aproximada de la palabra desconocida en oraciones próximas. Quizá te haga falta todavía el diccionario para comprobar si has acertado en su significado, pero si utilizas con provecho las pistas del contexto podrás comprender mejor lo que lees en menos tiempo.

Lee el siguiente pasaje de *Autobiografía de un esclavo* y trata de adivinar el significado de leguas utilizando pistas del contexto.

> Pregunté cuántas leguas distaba de allí La Habana y supe que doce. Hallé que no las podría vencer en una noche de camino a pie y desistí de pensar más en verme en La Habana.

Aunque no sepas el significado de leguas, el autor ofrece detalles que te pueden ayudar a entender la palabra. La referencia al tiempo que toma recorrer el camino sugiere que leguas es una medida de distancia.

En el próximo ejemplo las pistas del contexto no ofrecen una definición exacta de la palabra en cuestión, pero sí ofrecen suficiente información como para que puedas deducir su significado. Juan Francisco ayuda a un pintor y cuando termina dice:

> ...concluida la función fui gratificado como los demás con un doblón de a dos pesos. Yo guardaba este dinero con intenciones de gastarlo en La Habana.

Aunque no sepas qué quiere decir gratificado puedes tratar de deducirlo por el contexto. Sabemos que Juan Francisco estaba trabajando para un pintor. Al terminar el trabajo sabemos que recibe dinero y lo ahorra para gastarlo luego. Entonces, si es gratificado con dos pesos después de terminar el trabajo podemos asumir que quiere decir pagado.

Juega a ser detective, lee las pistas y resuelve el misterio

La lista siguiente describe los diversos tipos de pistas del contexto que debes buscar al leer (las palabras subrayadas son las palabras desconocidas que se pueden deducir por medio del contexto).

1. **Definiciones y paráfrasis:** Busca palabras que definan la palabra desconocida o la expliquen con otras palabras.

> En este lugar me **lucraba** mucho, pues tenía <u>doblones</u> sin pedir. Tantos que no sabía qué hacer con el **dinero.**

2. **Ejemplos:** Busca ejemplos que te ayuden a entender el significado de una palabra desconocida.

> ...hallé en su hueco algunas <u>joyas</u> de oro fino. Entre ellas las de más mérito eran **tres manillones** antiguos de cerca de tres dedos de ancho y muy gruesas, **dos rosarios,** uno todo de oro y otro de oro y coral, pero rotos y muy sucios.

3. **Comparaciones:** Busca pistas que indiquen la semejanza entre una palabra desconocida y una palabra o frase conocida.

> Mi señora mandó que me castigaran y entonces vino el <u>mayoral</u>, Don Saturnino, que era **como un guardia que estaba encargado de mantener el orden y de castigar** a los que desobedecían.

4. **Contraste:** Busca pistas que indiquen que una palabra desconocida significa lo contrario de una palabra o frase conocida.

> Por lo que toca a mí, desde que perdí la ilusión de mi esperanza ya no era un esclavo fiel. Me convertí de **manso cordero** en la criatura más <u>despreciable</u>.

5. **Causa y efecto:** Busca pistas que indiquen cómo se relaciona una palabra desconocida con la causa o el resultado de una acción, sentimiento o idea.

> **Me despedí de toda la familia y todos llorábamos,** pues vivíamos en la más perfecta unión. Me fui tan <u>contrito</u> y entre tantas reflexiones...

Inténtalo tú

Ahora que has visto cómo funcionan las pistas del contexto, escribe oraciones que proporcionen pistas de palabras que puedan resultar desconocidas para otras personas. Escoge algunas palabras del GLOSARIO que está al final de este libro. Muestra tus oraciones a otros estudiantes y haz que adivinen el significado de las palabras desconocidas.

ANTES DE LEER
En la noche

Punto de partida

Contra viento y marea

Por lo general, relacionamos la palabra «héroe» con grandes figuras que se destacan por sus hazañas o esfuerzos que las han hecho famosas. Sin embargo, la vida de una familia, una comunidad o un pueblo puede estar marcada por héroes anónimos que en un momento clave han sido su salvación. A veces, como pasa con la mujer del cuento «En la noche» de Horacio Quiroga, no es necesario que alguien realice actos heroicos toda la vida para que se convierta en nuestro héroe. Basta con que haya sido nuestro «ángel de la guarda» en el momento en que lo necesitábamos.

Toma nota

Trata de recordar una anécdota de tu vida familiar o personal, o un momento en que alguien de tu comunidad hizo un gran esfuerzo para ayudar a otro. Escribe breve-mente sobre las cualidades que el «héroe» de esa situación demostró. ¿Cuáles de esas cualidades reconoces en ti? ¿Hay alguna de ellas que te gustaría tener? Guarda tus notas para un episodio auto-biográfico.

Elementos de literatura

Las historias de aventuras

Por lo general, asociamos el relato de aventuras con novelas como *Viaje al centro de la tierra* de Julio Verne y *Robinson Crusoe* de Daniel Defoe, más que con ningún otro tipo de literatura. Pero el relato de aventuras también existe en otros géneros narra-tivos, como el cuento y el corrido. En las historias de aventuras hay más acción que reflexión; la actividad de los personajes es más física que mental. El cuento de Quiroga que pronto vas a leer es un ejemplo de esto.

En la

Horacio Quiroga

Las aguas cargadas y espumosas del Alto Paraná[1] me llevaron un día de creciente desde San Ignacio al ingenio San Juan, sobre una corriente que iba midiendo seis millas en la canal, y nueve al caer del lomo de las restingas.[2]

Desde abril yo estaba a la espera de esa crecida. Mis vagabundajes en canoa por el Paraná, exhausto de agua, habían concluído por fastidiar al griego. Es éste un viejo marinero de la Marina de guerra inglesa, que probablemente había sido antes pirata en el Egeo,[3] su patria, y con más certidumbre contrabandista de caña en San Ignacio, desde quince años atrás. Era, pues, mi maestro de río.

1. **Alto Paraná:** parte del río Paraná al sur de Paraguay. El río comienza en Brasil y desemboca en el Río de la Plata.
2. **restingas:** puntas de arena o piedra bajo la superficie del río.
3. **Egeo:** parte del mar Mediterráneo entre Grecia y Turquía.

— Está bien — me dijo al ver el río grueso —. Usted puede pasar ahora por un medio, medio regular marinero. Pero le falta una cosa, y es saber lo que es el Paraná cuando está bien crecido. ¿Ve esa piedraza — me señaló — sobre la corredera del Greco? Pues bien; cuando el agua llegue hasta allí y no se vea una piedra de la restinga, váyase entonces a abrir la boca ante el Teyucuaré, y cuando vuelva podrá decir que sus puños sirven para algo. Lleve otro remo también, porque con seguridad va a romper uno o dos. Y traiga de su casa una de sus mil latas de kerosene, bien tapada con cera. Y así y todo es posible que se ahogue.

Con un remo de más, en consecuencia, me dejé tranquilamente llevar hasta el Teyucuaré.

La mitad, por lo menos, de los troncos, pajas podridas, espumas y animales muertos, que bajan con una gran crecida, quedan en esa

noche

profunda ensenada.[4] Espesan el agua, cobran aspecto de tierra firme, remontan lentamente la costa, deslizándose contra ella como si fueran una porción desintegrada de la playa —porque ese inmenso remanso[5] es un verdadero mar de sargazos.[6]

Poco a poco, aumentando la elipse de traslación, los troncos son cogidos por la corriente y bajan por fin velozmente girando sobre sí mismos, para cruzar dando tumbos frente a la restinga final del Teyucuaré, erguida hasta 80 metros de altura.

Estos acantilados de piedra cortan <u>perpendicularmente</u> el río, avanzan en él hasta reducir su cauce a la tercera parte. El Paraná entero

tropieza con ellos, busca salida, formando una serie de rápidos[7] casi insalvables aun con aguas bajas por poco que el remero no esté alerta. Y tampoco hay manera de evitarlos, porque la corriente central del río se precipita por la angostura formada, abriéndose desde la restinga en una curva tumultuosa que rasa el remanso inferior y se delimita de él por una larga fila de espumas fijas.

A mi vez me dejé llevar por la corriente. Pasé como una exhalación sobre los mismos rápidos y caía en las aguas agitadas de la canal, que me arrastraron de popa y de proa, debiendo tener mucho juicio con los remos que apoyaba alter-

7. **rápidos:** corrientes de agua que corren con violencia.

4. **ensenada:** lugar en que se estanca el agua, rodeado de tierra y con salida a un río o al mar; bahía.
5. **remanso:** lugar en que la corriente del río se detiene.
6. **sargazos:** algas.

nativamente en el agua para restablecer el equilibrio, en razón de que mi canoa medía 60 centímetros de ancho, pesaba 30 kilos y tenía tan sólo dos milímetros de espesor en toda su obra; de modo que un firme golpe de dedo podía perjudicarla seriamente. Pero de sus inconvenientes derivaba una velocidad fantástica, que me permitía forzar el río de sur a norte y de oeste a este, siempre, claro está, que no olvidara un instante la inestabilidad del aparato.

En fin, siempre a la deriva, mezclado con palos y semillas, que parecían tan inmóviles como yo, aunque bajábamos velozmente sobre el agua lisa, pasé frente a la isla del Toro, dejé atrás la boca del Yabebirí, el puerto de Santa Ana, y llegué al ingenio, de donde regresé en seguida, pues deseaba alcanzar San Ignacio en la misma tarde.

Pero en Santa Ana me detuve, titubeando. El griego tenía razón: una cosa es el Paraná bajo o normal, y otra muy distinta con las aguas hinchadas. Aun con mi canoa, los rápidos salvados al remontar el río me habían preocupado, no por el esfuerzo para vencerlos, sino por la posibilidad de volcar. Toda restinga, sabido es, ocasiona un rápido y un remanso <u>adyacente</u>; y el peligro está en esto precisamente: en salir de una agua muerta para chocar, a veces en ángulo recto, contra una correntada que pasa como un infierno. Si la embarcación es estable, nada hay que temer; pero con la mía nada más fácil que ir a sondar el rápido cabeza abajo, por poco que la luz me faltara. Y como la noche caía ya, me disponía a sacar la canoa a tierra y esperar el día siguiente, cuando vi a un hombre y una mujer que bajaban la barranca y se aproximaban.

Parecían marido y mujer; extranjeros a ojos vista, aunque familiarizados con la ropa del país. Él traía la camisa arremangada hasta el codo, pero no se notaba en los pliegues del remango la menor mancha de trabajo. Ella llevaba un delantal enterizo y un cinturón de hule que la ceñía muy bien. <u>Pulcros</u> burgue-

ses,[8] en suma, pues de tales era el aire de satisfacción y bienestar, asegurados a expensas del trabajo de cualquier otro.

Ambos, tras un familiar saludo, examinaron con gran curiosidad la canoa de juguete, y después examinaron el río.

—El señor hace muy bien en quedarse —dijo él—. Con el río así, no se anda de noche.

Ella ajustó su cintura.

—A veces —sonrió coqueteando.

—¡Es claro! —replicó él—. Esto no reza con nosotros... Lo digo por el señor.

Y a mí:

—Si el señor piensa quedarse le podemos ofrecer buena comodidad. Hace dos años que tenemos un negocio; poca cosa, pero uno hace lo que puede... ¿Verdad, señor?

Asentí de buen grado, yendo con ellos hasta el boliche[9] aludido, pues no de otra cosa se trataba. Cené, sin embargo, mucho mejor que en mi propia casa, atendido con una porción de detalles de *confort,* que parecían un sueño en aquel lugar. Eran unos excelentes tipos mis burgueses, alegres y limpios, porque nada hacían.

Después de un excelente café, me acompañaron a la playa, donde interné aún más mi canoa, dado que en el Paraná cuando las aguas llegan rojas y cribadas de remolinitos, suben dos metros en una noche. Ambos consideraron de nuevo la invisible masa del río.

—Hace muy bien en quedarse, señor —repitió el hombre—. El Teyucuaré no se puede pasar así como así de noche, como está ahora. No hay nadie que sea capaz de pasarlo... con excepción de mi mujer.

8. **burgueses:** de la clase media o acomodada.
9. **boliche:** establecimiento comercial pequeño que generalmente se dedica a servir bebida o comida.

ADUÉÑATE DE ESTAS PALABRAS

adyacente *adj.:* próximo, al lado de.
pulcro, -cra *adj.:* limpio, nítido.

Yo me volví bruscamente a ella, que coqueteó de nuevo con el cinturón.

—¿Usted ha pasado el Teyucuaré de noche? —le pregunté.

—¡Oh, sí, señor!... Pero una sola vez... y sin ningún deseo de hacerlo. Entonces éramos un par de locos.

—¿Pero el río?... —insistí.

—¿El río? —cortó él—. Estaba hecho un loco, también. ¿El señor conoce los arrecifes de la isla del Toro, no? Ahora están descubiertos por la mitad. Entonces no se veía nada... Todo era agua, y el agua pasaba por encima bramando,[10] y lo oíamos de aquí. ¡Aquél era otro tiempo, señor! Y aquí tiene un recuerdo de aquel tiempo... ¿El señor quiere encender un fósforo?

El hombre se levantó el pantalón hasta la corva, y en la parte interna de la pantorrilla vi una profunda cicatriz, cruzada como un mapa de costurones duros y plateados.

—¿Vió, señor? Es un recuerdo de aquella noche. Una raya...

Entonces recordé una historia, vagamente entreoída, de una mujer que había remado un día y una noche enteros, llevando a su marido moribundo. ¿Y era ésa la mujer, aquella burguesita arrobada de éxito y de pulcritud?

—Sí, señor, era yo —se echó a reír, ante mi asombro, que no necesitaba palabras—. Pero ahora me moriría cien veces antes que intentarlo siquiera. Eran otros tiempos; ¡eso ya pasó!

—¡Para siempre! —apoyó él—. Cuando me acuerdo... ¡Estábamos locos, señor! Los desengaños, la miseria si no nos movíamos... ¡Eran otros tiempos, sí!

¡Ya lo creo! Eran otros los tiempos, si habían hecho eso. Pero no quería dormirme sin conocer algún pormenor; y allí, en la oscuridad y ante el mismo río del cual no veíamos a nuestros pies sino la orilla tibia, pero que

sentíamos subir y subir hasta la otra costa, me di cuenta de lo que había sido aquella epopeya[11] nocturna.

* * *

Engañados respecto de los recursos del país, habiendo agotado en yerros[12] de colono recién llegado el escaso capital que trajeran, el matrimonio se encontró un día al extremo de sus recursos. Pero como eran animosos, emplearon los últimos pesos en una chalana[13] inservible, cuyas cuadernas recompusieron con infinita fatiga, y con ella emprendieron un tráfico ribereño, comprando a los pobladores diseminados en la costa miel, naranjas, tacuaras,[14] paja —todo en pequeña escala—, que iban a vender a la playa de Posadas, malbaratando casi siempre su mercancía, pues ignorantes al principio del pulso del mercado, llevaban litros de miel de caña cuando habían llegado barriles de ella el día anterior, y naranjas, cuando la costa amarilleaba.

Vida muy dura y fracasos diarios, que alejaban de su espíritu toda otra preocupación que no fuera llegar de madrugada a Posadas y remontar en seguida el Paraná a fuerza de puño. La mujer acompañaba siempre al marido, y remaba con él.

En uno de los tantos días de tráfico, llegó un 23 de diciembre, y la mujer dijo:

—Podríamos llevar a Posadas el tabaco que tenemos, y las bananas de Francés-cué. De vuelta traeremos tortas de Navidad y velitas de color. Pasado mañana es Navidad, y las venderemos muy bien en los boliches.

A lo que el hombre contestó:

10. **bramando:** dando bramidos; sonidos que hacen el viento, el mar o el río cuando están agitados.

11. **epopeya:** aventura; conjunto de actos heroicos.
12. **yerros:** equivocaciones.
13. **chalana:** embarcación pequeña que sirve para transporte en aguas poco profundas.
14. **tacuaras:** especie de bambú con cañas largas.

ADUÉÑATE DE ESTAS PALABRAS

diseminado, -da *adj.*: esparcido, extendido.

—En Santa Ana no venderemos muchas; pero en San Ignacio podremos vender el resto.

Con lo cual descendieron la misma tarde hasta Posadas, para remontar a la madrugada siguiente, de noche aún.

Ahora bien; el Paraná estaba hinchado con sucias aguas de creciente que se alzaban por minutos. Y cuando las lluvias tropicales se han descargado simultáneamente en toda la cuenca superior, se borran los largos remansos, que son los más fieles amigos del remero. En todas partes el agua se desliza hacia abajo, todo el inmenso volumen del río es una huyente masa líquida que corre en una sola pieza. Y si a la distancia el río aparece en la canal terso y estirado en rayas luminosas, de cerca, sobre él mismo, se ve el agua revuelta en pesado moaré de remolinos.

El matrimonio, sin embargo, no titubeó un instante en remontar tal río en un trayecto de 60 kilómetros, sin otro aliciente que el de ganar unos cuantos pesos. El amor nativo al centavo que ya llevaban en sus entrañas se había exasperado ante la miseria entrevista, y aunque estuvieran ya próximos a su sueño dorado —que habían de realizar después—, en aquellos momentos hubieran afrontado el Amazonas entero, ante la perspectiva de aumentar en cinco pesos sus ahorros.

Emprendieron, pues, el viaje de regreso, la mujer en los remos y el hombre a la pala en popa. Subían apenas, aunque ponían en ello su esfuerzo sostenido, que debían duplicar cada veinte minutos en las restingas, donde los remos de la mujer adquirían una velocidad desesperada, y el hombre se doblaba en dos con lento y profundo esfuerzo sobre su pala hundida un metro en el agua.

Pasaron así diez, quince horas, todas iguales. Lamiendo el bosque o las pajas del litoral, la canoa remontaba imperceptiblemente la inmensa y luciente avenida de agua, en la cual la diminuta embarcación, rasando la costa, parecía bien pobre cosa.

El matrimonio estaba en perfecto tren, y no eran remeros a quienes catorce o diez y seis horas de remo podían abatir. Pero cuando ya a la vista de Santa Ana se disponían a atracar para pasar la noche, al pisar el barro el hombre lanzó un juramento y saltó a la canoa: más arriba del talón, sobre el tendón de Aquiles, un agujero negruzco, de bordes lívidos y ya abultados, denunciaba el aguijón de la raya.

La mujer sofocó un grito.

—¿Qué?... ¿Una raya?

El hombre se había cogido el pie entre las manos y lo apretaba con fuerza convulsiva.

—Sí...

—¿Te duele mucho? —agregó ella, al ver su gesto. Y él, con los dientes apretados:

—De un modo bárbaro...

En esa áspera lucha que había endurecido sus manos y sus semblantes, habían eliminado de su conversación cuanto no propendiera[15] a sostener su energía. Ambos buscaron vertiginosamente[16] un remedio. ¿Qué? No recordaban nada. La mujer de pronto recordó: aplicaciones de ají macho, quemado.

—¡Pronto, Andrés! —exclamó recogiendo los remos—. Acuéstate en popa; voy a remar hasta Santa Ana.

Y mientras el hombre, con la mano siempre aferrada al tobillo, se tendía a popa, la mujer comenzó a remar.

Durante tres horas remó en silencio, concentrando su sombría angustia en un mutismo desesperado, aboliendo de su mente cuanto pudiera restarle fuerzas. En popa, el hombre devoraba a su vez su tortura, pues nada hay comparable al atroz dolor que ocasiona la

15. **propendiera:** ayudara.
16. **vertiginosamente:** rápidamente.

- -

ADUÉÑATE DE ESTAS PALABRAS

aliciente *m.*: incentivo; cosa que atrae o anima.
exasperado, -da *adj.*: lastimado, molesto, irritado.
mutismo *m.*: silencio.

- -

picadura de una raya —sin excluir el raspaje de un hueso tuberculoso. Sólo de vez en cuando dejaba escapar un suspiro que a despecho suyo se arrastraba al final en bramido. Pero ella no lo oía o no quería oírlo, sin otra señal de vida que las miradas atrás para apreciar la distancia que faltaba aún.

Llegaron por fin a Santa Ana; ninguno de los pobladores de la costa tenía ají macho. ¿Qué hacer? Ni soñar siquiera en ir hasta el pueblo. En su ansiedad la mujer recordó de pronto que en el fondo del Teyucuaré, al pie del bananal de Blosset y sobre el agua misma, vivía desde meses atrás un naturalista, alemán de origen, pero al servicio del Museo de París. Recordaba también que había curado a dos vecinos de mordeduras de víbora, y era, por tanto, más que probable que pudiera curar a su marido.

Reanudó, pues, la marcha, y tuvo lugar entonces la lucha más vigorosa que pueda entablar un pobre ser humano —¡una mujer!— contra la voluntad <u>implacable</u> de la Naturaleza.

Todo: el río creciendo y el espejismo nocturno que volcaba el bosque litoral sobre la canoa, cuando en realidad ésta trabajaba en plena corriente a diez brazas; la <u>extenuación</u> de la mujer y sus manos, que mojaban el puño del remo de sangre y agua serosa; todo: río, noche y miseria sujetaban la embarcación.

Hasta la boca del Yabebirí pudo aún ahorrar alguna fuerza; pero en la interminable cancha desde el Yabebirí hasta los primeros cantiles del Teyucuaré, no tuvo un instante de tregua, porque el agua corría por entre las pajas como en la canal, y cada tres golpes de remo levantaban camalotes[17] en vez de agua; los cuales cruzaban sobre la proa sus tallos nudosos y seguían a la rastra, por lo cual la mujer debía ir a arrancarlos bajo el agua. Y cuando tornaba a caer en el banco, su cuerpo, desde los pies a las manos, pasando por la cintura y los brazos, era un único y prolongado sufrimiento.

Por fin, al norte, el cielo nocturno se entenebrecía ya hasta el <u>cenit</u> por los cerros del Teyucuaré, cuando el hombre, que desde hacía un rato había abandonado su tobillo para asirse con las dos manos a la borda, dejó escapar un grito.

La mujer se detuvo.

—¿Te duele mucho?

—Sí... —respondió él, sorprendido a su vez y jadeando—. Pero no quise gritar... Se me escapó.

Y agregó más bajo, como si temiera sollozar si alzaba la voz:

—No lo voy a hacer más...

Sabía muy bien lo que era en aquellas circunstancias y ante su pobre mujer realizando lo imposible, perder el ánimo. El grito se le había escapado, sin duda, por más

17. **camalotes:** plantas acuáticas.

ADUÉÑATE DE ESTAS PALABRAS

implacable *adj.*: que no se puede aplacar o calmar; intenso y severo.

extenuación *f.*: cansancio extremo.

cenit *m.*: punto más alto en el cielo en relación al punto en el que uno se encuentra sobre la Tierra.

---

que allá abajo, en el pie y el tobillo, el atroz dolor se exasperaba en punzadas fulgurantes que lo enloquecían.

Pero ya habían caído bajo la sombra del primer acantilado, rasando y golpeando con el remo de babor la dura mole que ascendía a pico hasta cien metros. Desde allí hasta la restinga sur del Teyucuaré el agua está muerta y remansa a trechos. Inmenso desahogo del que la mujer no pudo disfrutar, porque de popa se había alzado otro grito. La mujer no volvió la vista. Pero el herido, empapado en sudor frío y temblando hasta los mismos dedos adheridos al listón de la borda, no tenía ya fuerza para contenerse, y lanzaba un nuevo grito.

Durante largo rato el marido conservó un resto de energía, de valor, de conmiseración[18] por aquella otra miseria humana, a la que robaba de ese modo sus últimas fuerzas, y sus lamentos rompían de largo en largo. Pero al fin toda su resistencia quedó deshecha en una papilla de nervios destrozados, y desvariado de tortura, sin darse él mismo cuenta, con la boca entreabierta para no perder tiempo, sus gritos se repitieron a intervalos regulares y acompasados en un ¡ay! de supremo sufrimiento.

La mujer, entre tanto, el cuello doblado, no apartaba los ojos de la costa para conservar la distancia. No pensaba, no oía, no sentía: remaba. Sólo cuando un grito más alto, un verdadero clamor de tortura rompía la noche, las manos de la mujer se desprendían a medias del remo.

Hasta que por fin soltó los remos y echó los brazos sobre la borda.

—No grites... —murmuró.

—¡No puedo! —clamó él—. ¡Es demasiado sufrimiento!

Ella sollozaba:

—¡Ya sé!... ¡Comprendo!... Pero no grites... ¡No puedo remar!

Y él:

—Comprendo también... ¡Pero no puedo! ¡Ay!...

Y enloquecido de dolor y cada vez más alto:

—¡No puedo! ¡No puedo! ¡No puedo!...

La mujer quedó largo rato aplastada sobre los brazos, inmóvil, muerta. Al fin se incorporó y reanudó muda la marcha.

Lo que la mujer realizó entonces, esa misma mujercita que llevaba ya diez y ocho horas de remo en las manos, y que en el fondo de la canoa llevaba a su marido moribundo, es una de esas cosas que no se tornaban a hacer en la vida. Tuvo que afrontar en las tinieblas el rápido sur del Teyucuaré, que la lanzó diez veces a los remolinos de la canal. Intentó otras diez veces sujetarse al peñón para doblarlo con la canoa a la rastra, y fracasó. Tornó al rápido, que logró por fin incidir[19] con el ángulo debido, y ya en él se mantuvo sobre su lomo treinta y cinco minutos remando vertiginosamente para no derivar. Remó todo ese tiempo con los ojos escocidos por el sudor que la cegaba, y sin poder soltar un solo instante los remos. Durante esos treinta y cinco minutos tuvo a la vista, a tres metros, el peñón que no podía doblar, ganando apenas centímetros cada cinco minutos, y con la desesperante sensación de batir el aire con los remos, pues el agua huía velozmente.

Con qué fuerzas, que estaban agotadas; con qué increíble tensión de sus últimos nervios vitales pudo sostener aquella lucha de pesadilla, ella menos que nadie podría decirlo. Y sobre todo si se piensa que por único estimulante, la lamentable mujercita no tuvo más que el acompasado alarido de su marido en popa.

El resto del viaje —dos rápidos más en el fondo del golfo y uno final al costear el último cerro, pero sumamente largo— no requirió un esfuerzo superior a aquél. Pero cuando la canoa embicó[20] por fin sobre la arcilla del

18. conmiseración: compasión.

19. incidir: cortar, romper.
20. embicó: dio con la tierra.

puerto de Blosset, y la mujer pretendió bajar para asegurar la embarcación, se encontró de repente sin brazos, sin piernas y sin cabeza —nada sentía de sí misma, sino el cerro que se volcaba sobre ella—; y cayó desmayada.

* * *

—¡Así fué, señor! Estuve dos meses en cama, y ya vió cómo me quedó la pierna. ¡Pero el dolor, señor! Si no es por ésta, no hubiera podido contarle el cuento, señor —concluyó poniéndole la mano en el hombro a su mujer.

La mujercita dejó hacer, riendo. Ambos sonreían, por lo demás, tranquilos, limpios y establecidos por fin con su boliche lucrativo, que había sido su ideal.

Y mientras quedábamos de nuevo mirando el río oscuro y tibio que pasaba creciendo, me pregunté qué cantidad de ideal hay en la entraña misma de la acción, cuando prescinde en un todo del móvil que la ha encendido, pues allí, tal cual, desconocido de ellos mismos, estaba el heroísmo a la espalda de los míseros comerciantes.

CONOCE AL ESCRITOR

Horacio Quiroga (1878–1937) es uno de los más conocidos escritores de cuentos de América Latina. Nació en Salto, Uruguay, pero trabajó y vivió en Argentina en la región selvática de Misiones por varios años. Allí desarrolló un gran interés por la belleza salvaje de la selva tropical. Algunos de sus cuentos tienen lugar en esa zona a lo largo del río Paraná.

Los elementos de misterio y horror en los cuentos de Quiroga sugieren una influencia del escritor estadounidense Edgar Allan Poe, autor de «El corazón delator» («The Tell-Tale Heart»), y sus *Cuentos de la selva* (1918) han sido comparados con los relatos de Rudyard Kipling, autor de «Rikki-tikki-tavi». Uno de sus cuentos más populares, «Anaconda», tiene lugar en la selva y trata de un grupo de serpientes que quiere evitar que los científicos descubran un antídoto para el veneno que ellas producen.

La vida de Quiroga estuvo marcada por duros golpes. Poco después de haber nacido, su padre murió en un accidente de caza. Años más tarde su padrastro se suicidó, al igual que lo hicieron su primera esposa, un hijo y una hija. Aquejado de cáncer, Quiroga se quitó la vida a los cincuenta y ocho años.

CREA SIGNIFICADOS

Primeras impresiones

1. Cuando el narrador se encuentra por primera vez con la pareja, no la relaciona para nada con la aventura o el heroísmo. Repasa esa primera impresión de los personajes y di cómo contrasta con lo que sabes de ellos ahora que has terminado de leer el cuento.

Interpretaciones del texto

2. La propia pareja ve su pasado de aventureros como algo muy lejano. Dice la mujer: «Ahora me moriría cien veces antes de intentarlo siquiera. Eran otros tiempos; ¡eso ya pasó!» ¿Crees que en realidad ha pasado tanto tiempo? ¿Qué ha cambiado en la vida de los personajes? Con un(a) compañero(a), toma notas sobre el trayecto de la vida de los personajes y traten de explicar por qué ya no están interesados en tener aventuras.

Conexiones con el texto

3. A pesar del tiempo que ha pasado, el esposo no ha olvidado el gran esfuerzo que su mujer realizó para salvarle la vida. Si hubieras estado en una situación similar, ¿qué sentirías por la persona que te salvó la vida? ¿Cómo se lo agradecerías?

> ### Repaso del texto
> Trata de escribir cinco preguntas sobre los detalles más importantes del cuento. Cuando hayas terminado, intercambia las preguntas con otro(a) estudiante y traten de contestarlas.

OPCIONES: Prepara tu portafolio

1. Compilación de datos para un episodio autobiográfico

En el cuento «En la noche», una pareja le cuenta al narrador un episodio de su vida. ¿Hay algún episodio de tu vida que te interese contar?

Como ocurre en el cuento, a veces hacemos grandes esfuerzos para ayudar a un ser querido que nos necesita. Tú también puedes escribir un episodio autobiográfico sobre algo que has hecho para ayudar a alguien. Desarrolla tus apuntes de TOMA NOTA para escribir la historia.

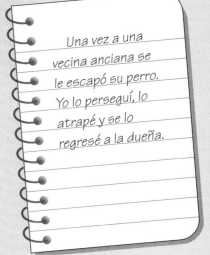

Una vez a una vecina anciana se le escapó su perro. Yo lo perseguí, lo atrapé y se lo regresé a la dueña.

Relato de aventuras

2. Tú también puedes ser un(a) explorador(a)

¿Hay un viaje que siempre hayas querido realizar? ¿Existe un lugar remoto y emocionante que sueñes con visitar? Imagina que ya realizaste ese viaje. Piensa en los posibles obstáculos y problemas que hubieras podido encontrar y en los medios que hubieras tenido que emplear para terminar la aventura con éxito.

Representación artística

3. Historia y arte

Escoge un personaje que consideres un héroe. Puedes consultar una enciclopedia o tus libros de historia, pero también puedes escoger a alguien famoso que aparezca en la televisión o en el periódico. Toma notas sobre su vida y el impacto que tuvo en su pueblo o nación. Haz un dibujo que ilustre lo que a tu juicio es el momento más importante de su vida.

ANTES DE LEER
de Diario de Ana Frank

Punto de partida

Una fe heroica en la bondad del ser humano

En los siguientes fragmentos de un diario, conocerás a una muchacha de trece años que vivió durante un periodo terrible de la historia, en el que el pueblo judío sufrió atrocidades y persecuciones constantes.

Mientras vivía oculta con su familia y otras personas en el anexo de un edificio de oficinas, Ana Frank llevó un diario. En él escribió sus pensamientos íntimos, así como su especial punto de vista, el de una joven que trataba de darle sentido a acontecimientos horribles. Aunque admiramos a gente como los atletas por su fuerza física y los consideramos héroes, en personas como Ana Frank encontramos un ejemplo de fuerza interior y entereza que tiene tanto o más de heroico.

Toma nota

Escribe una breve entrada de diario en la voz de una persona joven que vive durante un periodo especialmente difícil. Escoge un periodo histórico que se haya discutido en clase, en las noticias, o entre amigos o familiares. Cuando empieces a leer el *Diario de Ana Frank*, anota ideas o emociones que puedan tener parecido con las tuyas.

Telón de fondo

Ana Frank nació en Francfort, Alemania, en 1929. Cuando tenía cuatro años, su familia emigró a Amsterdam, en los Países Bajos, huyendo de la política antisemita de Alemania. En Amsterdam, Ana y su hermana mayor vivieron una infancia feliz y despreocupada hasta mayo de 1940, fecha en que las tropas alemanas invadieron los Países Bajos.

Al igual que en otros países bajo ocupación alemana, los nazis (el partido político de Hitler) empezaron a detener a los judíos y a enviarlos a campos de concentración, donde morían de hambre y exceso de trabajo cuando no eran asesinados sistemáticamente. Al igual que otros judíos atrapados en Europa, Ana y su familia tuvieron que ocultarse para evitar ser capturados.

La familia Frank y otros cuatro judíos vivieron ocultos durante más de dos años. En agosto de 1944, la policía nazi encontró su escondite y envió a sus ocho ocupantes a campos de concentración. De los ocho, sólo el padre de Ana sobrevivió. Ana murió de tifus en un campo de Alemania llamado Bergen-Belsen. Tenía quince años.

Al empezar su diario, Ana escribió que no pensaba enseñárselo a nadie a menos que encontrase un «amigo o amiga del alma». A través de numerosas traducciones y adaptaciones para el teatro y el cine, este diario le ha conquistado a su autora generaciones de amigos en todo el mundo.

Estrategias para leer

Metacognición

Cuando leas el *Diario de Ana Frank*, se te ocurrirán ciertas preguntas. Por ejemplo, quizá te preguntes: ¿qué clase de persona fue Ana? o ¿cómo se sintió en su situación? El ser consciente de lo que piensas mientras lees es un proceso al que llamamos **metacognición**. Al tener en cuenta las preguntas que se te ocurren, sueles buscar respuestas a ellas y, por consiguiente, lees más atentamente.

de DIARIO

Ana Frank

Jueves, 19 de noviembre de 1942

Querida Kitty:

Como todos suponíamos, Dussel es una persona muy agradable. Por supuesto, le pareció bien compartir la habitación conmigo; yo sinceramente no estoy muy contenta de que un extraño vaya a usar mis cosas, pero hay que hacer algo por la causa común, de modo que es un pequeño sacrificio que hago de buena gana. «Con tal que podamos salvar a alguno de nuestros conocidos, todo lo demás es secundario», ha dicho papá, y tiene toda la razón.

El primer día de su estancia aquí, Dussel empezó a preguntarme en seguida toda clase de cosas, por ejemplo cuándo viene la asistenta, cuáles son las horas de uso del cuarto de baño, cuándo se puede ir al lavabo, etc. Te reirás, pero todo esto no es tan fácil en un escondite. Durante el día no podemos hacer ruido, para que no nos oigan desde abajo, y cuando hay otra persona, como por ejemplo la asistenta, tenemos que prestar más atención aún para no

La fachada de la oficina de Otto Frank, 263 Prinsengracht. Detrás de este edificio se encuentra otro donde estaba el «escondite secreto».

hacer ruido. Se lo expliqué prolijamente a Dussel, pero hubo una cosa que me sorprendió; que es un poco duro de entendederas, porque pregunta todo dos veces y aún así no lo retiene.

Quizá se le pase, y sólo es que está aturdido por la sorpresa. Por lo demás todo va bien.

Dussel nos ha contado mucho de lo que está pasando fuera, en ese mundo exterior que tanto echamos de menos. Todo lo que nos cuenta es triste. A muchísimos de nuestros amigos y conocidos se los han llevado a un horrible destino. Noche tras noche pasan los coches militares verdes y grises. Llaman a todas las puertas, preguntando si allí viven judíos. En caso afirmativo, se llevan en el acto a toda la familia. En caso negativo continúan su recorrido. Nadie escapa a esta suerte, a no ser que se esconda. A menudo pagan un precio por persona que se llevan: tantos florines por cabeza. ¡Como una cacería de esclavos de las que se hacían antes! Pero no es broma, la cosa es demasiado dramática para eso. Por las noches veo a menudo a esa pobre gente inocente desfilando en la oscuridad, con niños que lloran, siempre en marcha, cumpliendo las órdenes de esos individuos, golpeados y maltratados hasta casi no poder más. No respetan a nadie: ancianos, niños, bebés, mujeres embarazadas, enfermos, todos sin excepción marchan camino de la muerte.

Qué bien estamos aquí, qué bien y qué tranquilos. No necesitaríamos tomarnos tan a pecho toda esta miseria, si no fuera que tememos por lo que les está pasando a todos los que tanto queremos y a quienes ya no podemos ayudar. Me siento mal, porque mientras yo duermo en una cama bien abrigada, mis amigas más queridas quién sabe dónde estarán tiradas.

Me da mucho miedo pensar en todas las personas con quienes me he sentido siempre tan íntimamente ligada y que ahora están en manos de los más crueles verdugos que hayan existido jamás.

Y todo por ser judíos.

Tu Ana

Una página del diario, el 29 de marzo de 1944.

Miércoles, 3 de mayo de 1944

...Desde hace dos semanas, los sábados almorzamos a las once y media, por lo que debemos aguantarnos con una taza de papilla por la mañana. A partir de mañana tendremos lo mismo todos los días, con el propósito de ahorrar una comida. Todavía es muy difícil conseguir verdura; hoy por la tarde comimos lechuga podrida cocida. Lechuga en ensalada, espinacas y lechuga cocida: otra cosa no hay. A eso se le añaden patatas podridas. ¡Una combinación deliciosa!...

Como te podrás imaginar, aquí vivimos diciendo y repitiendo con desesperación «para qué, ¡ay!, para qué diablos sirve la guerra, por qué los hombres no pueden vivir pacíficamente, por qué tienen que destruirlo todo...»

La pregunta es comprensible, pero hasta el momento nadie ha sabido formular una respuesta satisfactoria. De verdad, ¿por qué en Inglaterra construyen aviones cada vez más grandes, bombas cada vez más potentes y, por otro lado, casas normalizadas para la reconstrucción del país? ¿Por qué se destinan a diario miles de millones a la guerra y no se reserva ni un céntimo para la medicina, los artistas y los pobres? ¿Por qué la gente tiene que pasar hambre, cuando en otras partes del mundo hay comida en abundancia, pudriéndose? ¡Dios mío!, ¿por qué el hombre es tan estúpido?

Yo no creo que la guerra sólo sea cosa de grandes hombres, gobernantes y capitalistas.[1] ¡Nada de eso! Al hombre pequeño también le gusta; si no, los pueblos ya se habrían levantado contra ella. Es que hay en el hombre un afán de destruir, un afán de matar, de asesinar y ser una fiera, mientras toda la Humanidad, sin excepción, no haya sufrido una metamorfosis, la guerra seguirá haciendo estragos,[2] y todo lo que se ha construido, cultivado y desarrollado hasta ahora quedará truncado y destruido, para luego volver a empezar.

Muchas veces he estado decaída, pero nunca he desesperado; este período de estar escondidos me parece una aventura, peligrosa, romántica e interesante. En mi diario considero cada una de nuestras privaciones como una diversión. ¿Acaso no me había propuesto llevar una vida distinta de las otras chicas, y más tarde también distinta de las amas de casa corrientes? Éste es un buen comienzo de esa vida intere-

---

1. **capitalistas:** comerciantes que invierten dinero con metas de obtener ganancias.
2. **estragos:** daños, destrucción.

ADUÉÑATE DE ESTAS PALABRAS

abundancia *f.*: en gran cantidad.
afán *m.*: anhelo, ansia, empeño.
metamorfosis *f.*: cambio o transformación profunda.
decaída, -do *adj.*: que tiene la salud o el ánimo debilitado.
privación *f.*: carencia o falta de una cosa que se necesita.

DIARIO **29**

sante y por eso, sólo por eso me da la risa en los momentos más peligrosos, por lo cómico de la situación.

Soy joven y aún poseo muchas cualidades ocultas; soy joven y fuerte y vivo esa gran aventura, estoy aún en medio de ella y no puedo pasarme el día quejándome de que no tengo con qué divertirme. Muchas cosas me han sido dadas al nacer: un carácter feliz, mucha alegría y fuerza. Cada día me siento crecer por dentro, siento cómo se acerca la liberación,[3] lo bella que es la naturaleza, lo buenos que son quienes me rodean, lo interesante y divertida que es esta aventura. ¿Por qué habría de desesperar?

Tu Ana M. Frank

Sábado, 15 de julio de 1944

...«Porque en su base más profunda, la juventud es más solitaria que la vejez». Esta frase se me ha quedado grabada de algún libro y me ha parecido una gran verdad.

¿De verdad es cierto que los mayores aquí lo tienen más difícil que los jóvenes? No, de ninguna manera. Las personas mayores tienen su opinión formada sobre todas las cosas y ya no vacilan ante sus actos en la vida. A los jóvenes nos resulta doblemente difícil conservar nuestras opiniones en unos tiempos en los que se destruye y se aplasta cualquier idealismo, en los que la gente deja ver su lado más desdeñable, en los que se duda de la verdad y de la justicia y de Dios.

Quien así y todo sostiene que aquí, en la Casa de atrás, los mayores lo tienen mucho más difícil, seguramente no se da cuenta de que a nosotros los problemas se nos vienen encima en mucha mayor proporción. Problemas para los que tal vez seamos demasiado jóvenes, pero que igual acaban por imponérsenos, hasta que

al cabo de mucho tiempo creemos haber encontrado una solución, que luego resulta ser incompatible con los hechos, que la hacen rodar por el suelo. Ahí está lo difícil de estos tiempos: la terrible realidad ataca y aniquila totalmente los ideales, los sueños y las esperanzas en cuanto se presentan. Es un milagro que todavía no haya renunciado a todas mis esperanzas, porque parecen absurdas e irrealizables. Sin embargo, sigo aferrándome[4] a ellas, pese a todo, porque sigo creyendo en la bondad interna de los hombres.

Me es absolutamente imposible construir cualquier cosa sobre la base de la muerte, la desgracia y la confusión. Veo cómo el mundo se va convirtiendo poco a poco en un desierto, oigo cada vez más fuerte el trueno que se avecina y que nos matará, comparto el dolor de millones de personas, y sin embargo, cuando me pongo a mirar el cielo, pienso que todo cambiará para bien, que esta crueldad también acabará, que la paz y la tranquilidad volverán a reinar en el orden mundial. Mientras tanto tendré que mantener bien altos mis ideales, tal vez en los tiempos venideros[5] aún se puedan llevar a la práctica...

—Traducción de Diego Puls, con la colaboración de Carmen Bartolomé y Rubén Chapp

4. **aferrándome:** agarrándome, insistiendo.
5. **venideros:** que llegarán en el futuro.

ADUÉÑATE DE ESTAS PALABRAS

idealismo *m.*: la tendencia a representar las cosas de una manera perfecta aunque sólo sean así en la fantasía.

desdeñable *adj.*: despreciable, malo.

imponérsenos, de **imponer** *v.*: poner carga u obligación a alguien.

aniquila, de **aniquilar** *v.*: acabar o destruir por completo.

irrealizable *adj.*: que no se puede llevar a cabo.

3. **liberación:** acción de poner a alguien o algo en libertad.

CONOCE A LA ESCRITORA

Probablemente no quisieras que tu diario fuera leído por millones de personas, traducido a docenas de lenguas, ni incluido en un libro de texto. **Ana Frank** (1929–1945) no pudo elegir, porque murió de tifus y desnutrición en un campo de concentración nazi. Su padre, el único miembro de la familia que sobrevivió a la Segunda Guerra Mundial, tomó la decisión de compartir con el mundo los pensamientos de su sensible e inteligente hija, y el mundo se lo agradecerá para siempre.

El primer cuaderno de Ana fue un regalo de sus padres un mes antes de que la familia se ocultase en el «escondite secreto», el anexo de las oficinas donde su padre había trabajado. Ana, una muchacha extrovertida y locuaz, pasó los dos años siguientes oculta en aquel lugar con siete adultos, hablando en susurros y desahogándose con su diario, al que llamaba «Kitty».

> «Tengo ganas de escribir y mucho más aún de desahogarme y sacarme de una vez unas cuantas espinas... El papel es paciente, pero como no tengo intención de enseñarle nunca a nadie este cuaderno de tapas duras llamado pomposamente "diario", a no ser que alguna vez en mi vida tenga un amigo o una amiga que se convierta en el amigo o amiga "del alma", lo más probable es que a nadie le interese. He llegado al punto donde nace toda esta idea de escribir un diario: no tengo ninguna amiga.»

A medida que tomaba nota de su vida diaria y de sus pensamientos más íntimos, Ana decidió que quería ser escritora y algo más.

El 6 de abril de 1944 escribió:

> «Sé lo que quiero, tengo una meta, una opinión formada, una religión y un amor... Sé que soy una mujer, una mujer con fuerza interior y con mucho valor. Si Dios me da la vida... no seré insignificante, trabajaré en el mundo y para la gente.»

El diario llegó a su fin en agosto de 1944, cuando los Frank fueron detenidos y enviados a campos de concentración. Ana nunca se acobardó. Murió en el campo de concentración de Bergen-Belsen en marzo de 1945. Después de la guerra, su padre recuperó el diario gracias a un amigo que había encontrado las páginas desparramadas por el suelo del escondite en Amsterdam. El dolor le impidió leer todo el diario de una vez, pero poco después se atrevió a publicarlo. Lectores de todo el mundo respondieron con sincera admiración y condolencia. En un siglo confuso y violento, el diario de Ana Frank perdura como un rayo de esperanza y dignidad para todos los seres humanos.

CREA SIGNIFICADOS

Primeras impresiones

1. Después de leer las entradas de su diario, ¿cuáles son tus primeras impresiones de Ana? Descríbela en tu cuaderno en pocas palabras. Forma un pequeño grupo con otros estudiantes para comparar notas y explicar las razones en que se basa la opinión de cada uno sobre Ana.

Interpretaciones del texto

2. Con frecuencia se dice que las circunstancias de la vida de una persona moldean su carácter. Toma en cuenta los problemas que obligaron a Ana a ocultarse y explica cómo determinaron su personalidad y sus opiniones.

Conexiones con el texto

3. ¿En qué sentido es Ana una adolescente típica? ¿En qué se diferencia? ¿Es el tipo de persona con la cual puedes hacer amistad? ¿Por qué?

4. Imagina que eres uno de los ocupantes del escondite. ¿Qué sería para ti lo más difícil de la vida en ese lugar? ¿Por qué?

Más allá del texto

5. En la entrada correspondiente al 3 de mayo de 1944, al principio, Ana se hace varias preguntas. Después de releer estas preguntas, piensa si todavía son válidas hoy, más de cincuenta años después. ¿Crees que el mundo de hoy es mejor, comparado con la época de Ana? ¿Por qué?

El diario de Ana Frank.

OPCIONES: Prepara tu portafolio

Cuaderno del escritor

1. Compilación de datos para un episodio autobiográfico

¿Te recuerda alguna entrada del *Diario de Ana Frank* a cosas que tú piensas y sientes? Escoge una o dos situaciones de las que se enumeran a continuación y toma notas sobre un momento de tu vida en el cual:

- decidiste ser diferente de otras personas
- te diste cuenta de que estabas dotado(a) de un talento o una fuerza especial
- pensaste que era mucho más difícil ser joven que ser adulto
- creíste que tenías que defender tus ideales a toda costa

En tus notas, intenta recordar todo lo que puedas acerca de la situación que describes. Guarda las notas.

> — en la cafetería la semana pasada
> — entre bocados, Teresa se burló de Gabriel por su camisa violeta (¡y yo que pensé que era elegante!)
> — decidí no murmurar ni burlarme nunca de la forma en que se viste la gente

---

Escribe un diario

2. Una voz en la historia

Amplía la entrada de diario que empezaste para la tarea de la sección TOMA NOTA. Cubre varios días más y añade datos sobre la experiencia del narrador. Aumenta tus conocimientos del caso histórico que has elegido mediante una investigación en la biblioteca.

Escribe una carta

3. Seamos amigos

Ana a veces firmaba las entradas de su diario con la expresión «Tu Ana», como si se tratara de cartas. Imagina que eres el amigo o la amiga que recibe estas «cartas». Escríbele a Ana una carta respondiendo a sus preocupaciones, dificultades y a su visión del mundo.

Representación artística

4. Historia y arte

Escoge un tema de la historia mundial, como por ejemplo, el Holocausto. Después de investigarlo, da forma concreta a tus impresiones y sentimientos acerca del periodo o acontecimiento mediante algún tipo de representación artística, como un cuadro, una escultura o un dibujo.

LENGUA Y LITERATURA MINI LECCIÓN

El verbo indica el tiempo

Guía del lenguaje

*Ver
El pretérito,
pág. 377.*

Gracias al verbo, puedes determinar cuándo tuvo lugar la acción. ¿Qué diferencia hay entre las oraciones de cada grupo?

> Esta tarde trabajé mucho. / Esta tarde he trabajado mucho.
> Nadie pudo resolver el problema. / Nadie ha podido resolver el problema.

Los tiempos pasados de los verbos se llaman **pretéritos**. El **pretérito compuesto** indica que una acción pasada reciente está relacionada con el presente. El pretérito compuesto siempre lleva el **verbo auxiliar** «haber», como en «he trabajado» o «ha podido».

Lee este artículo donde se utiliza el pretérito compuesto:

> ### Una ola de calor ha causado ya 83 muertos
> Una ola de calor que afecta gran parte del territorio de Estados Unidos se ha cobrado hasta ayer al menos 83 víctimas mortales, según datos oficiales. Temperaturas excepcionalmente altas, que se han registrado en muchos estados, han causado también pérdidas en los sectores agrícola y ganadero.

¿Crees que la ola de calor estaba ocurriendo cuando el periodista escribió el artículo o que ya había terminado? Vuelve a escribir el artículo como si la ola de calor hubiera sucedido hace muchos años. ¿Qué cambia?

Inténtalo tú

Imagina que estás reportando desde Europa durante la Segunda Guerra Mundial en el tiempo que escribe Ana Frank. Escribe un artículo de periódico sobre las cosas que han ocurrido desde que comenzó el conflicto.

VOCABULARIO LAS PALABRAS SON TUYAS

ALCANCÍA DE PALABRAS

*arisca
superficial
independiente
sentimental
precoz
juiciosa
divertida*

¿Cómo quieres ser?

Ana dice que tiene un lado bueno y un lado malo. ¿Qué palabras de la ALCANCÍA crees que usa para describir cada lado? Elige **sinónimos** de la palabra «arisca» en la lista siguiente: antipática, idealista, desagradable, graciosa, brusca, áspera, enfadada.

Busca **antónimos** (palabras que significan lo contrario) para las otras palabras de la ALCANCÍA. Selecciona varias de estas palabras para hacer una descripción ideal de ti mismo, es decir, de cómo te gustaría ser.

Elementos de literatura

BIOGRAFÍAS, AUTOBIOGRAFÍAS, ENSAYOS Y ARTÍCULOS

El género biográfico

Hay literatura que cuenta sucesos reales y literatura que narra hechos ficticios nacidos de la imaginación del autor. Hay dos tipos importantes de literatura que tratan de la vida real de una persona. En la **biografía,** el autor escribe sobre la vida de otra persona. En la **autobiografía,** el escritor escribe sobre su propia vida.

Una autobiografía o una biografía completa puede llegar a tener cientos de páginas. También hay versiones mucho más cortas de ambas modalidades. El **episodio autobiográfico,** por ejemplo, describe una experiencia del propio autor. Una **semblanza** es una descripción breve que proporciona información selecta de la vida de un individuo y los rasgos más característicos de su personalidad.

Aunque el género biográfico se dirige normalmente al público, a veces se escribe por placer o para uso exclusivo del autor. En este tipo de literatura personal se incluyen los diarios y las cartas. Aunque Ana Frank escribe a veces como si otros pudieran leer sus palabras algún día, apenas podía imaginar que al final su *Diario* sería leído por gente de todo el mundo. Era ella misma la destinataria exclusiva de sus pensamientos más íntimos.

¡Extra! ¡Lee las últimas noticias!

Cada vez que abres un periódico, tienes la oportunidad de explorar varios tipos de escritos que también hablan de situaciones reales. Por ejemplo, los **artículos de noticias** ofrecen crónicas de acontecimientos importantes. Un buen artículo de noticias capta el interés de los lectores y responde de manera rápida y eficaz a las preguntas ¿quién?, ¿qué?, ¿cuándo?, ¿dónde?, ¿por qué? y ¿cómo?

Los **artículos de opinión** son textos breves y persuasivos que presentan la postura de un periódico sobre algún tema polémico. En las **cartas al editor,** los lectores a menudo hacen lo mismo. Por último, los **ensayos** tratan de un tema de forma limitada, presentando normalmente un punto de vista particular. En general, los ensayos se publican en la página de opinión del periódico.

Hecho y opinión

Cuando se leen estos géneros literarios, es importante distinguir entre hechos y opiniones. Un **hecho** es algo que ha ocurrido o que se puede comprobar, como cuándo acabó la Segunda Guerra Mundial. Una **opinión** es una creencia o un juicio que no se puede demostrar: por ejemplo, la certeza de Ana Frank de que, a pesar de todo, en el fondo los seres humanos son buenos.

Aunque estos géneros se basan en hechos reales, normalmente contienen una mezcla de hechos y opiniones. Un artículo de opinión de un periódico es un buen ejemplo. El escritor de un artículo de

opinión se propone convencer a los lectores para que adopten cierto punto de vista u opinión sobre un asunto. Para ello presenta pruebas, ejemplos y la opinión de expertos.

En otros casos, las diferencias entre hecho y opinión son más sutiles. En el **corrido,** por ejemplo, hay personajes y escenas de la vida real. Pero el que lo canta tiene libertad para exagerar los hechos y condicionar con su opinión nuestra actitud hacia los personajes, como sucede en «El corrido de Gregorio Cortez» (página 38).

¿Ficción o realidad?

A veces es difícil distinguir entre la realidad y la ficción. El personaje de un cuento, por ejemplo, puede ser una copia casi perfecta de una persona de la vida real. Además, tanto los novelistas como los escritores de historias reales a menudo utilizan elementos de la poesía, como el ritmo, las imágenes sensoriales, las metáforas y los símiles. Asimismo, algunas

formas poéticas, como el **corrido,** pueden guardar una estrecha relación con sucesos reales.

Para dar *forma* a sus textos, los escritores se valen, en mayor o menor medida, de elementos y técnicas de la imaginación. A un nivel básico, pues, todo escrito es «ficción» en el sentido más primario del término, que procede de un verbo latino que significa «moldear» o «dar forma». Incluso en las historias reales, el escritor debe «dar forma» al material y buscar una manera de presentar hechos, pensamientos y emociones.

Quizá la mejor forma de describir las semejanzas y las diferencias entre los dos tipos de literatura sea mediante una comparación entre la fotografía y la pintura. La pintura no puede presentar imágenes del mundo real como lo hace la fotografía. La cámara nunca miente. Pero al mismo tiempo, los mejores fotógrafos son verdaderos artistas de la imaginación, capaces de dar forma a la realidad que nos muestran, eligiendo los ángulos, componiendo los cuadros y manipulando la luz. De este modo, consiguen ser artistas, al dar forma a lo que ven.

ANTES DE LEER
El corrido de Gregorio Cortez

Punto de partida

Un héroe inmortalizado

El héroe de «El corrido de Gregorio Cortez» es un hombre callado y trabajador que mata a un *sheriff* en defensa propia. Muchos se preguntarán cómo es posible que se haga tan popular una canción acerca de un hombre que ha cometido un asesinato. En «El corrido de Gregorio Cortez», mexicanos y no mexicanos ven representado a un héroe con una historia parecida a la suya, una historia de injusticias y supervivencia.

Lluvia de ideas

Apunta en tu cuaderno todo lo que sepas de corridos, baladas y cualquier otro tipo de canción que cuente una historia. Menciona varios corridos conocidos y explica de qué tratan. ¿Dónde los oíste por primera vez? ¿A quién, entre tus amigos y familiares, le gustan los corridos? Comparte con la clase lo que sepas de los corridos.

Telón de fondo

«El corrido de Gregorio Cortez» está basado en hechos reales que tuvieron lugar en Texas a principios de siglo. El 12 de junio de 1901, Cortez estaba sentado en el porche de su casa en el condado de Karnes, Texas, cuando se presentaron el *sheriff* Morris y uno de sus ayudantes para interrogarlo sobre una riña que había

Grupo de corrido.
Library of Congress, #9563-14.

tenido con otro hombre por una yegua alazana. También estaba presente Romaldo, hermano de Cortez. Como Cortez no hablaba inglés y el español del ayudante era pésimo, se produjo un malentendido que desembocó en una airada discusión. Romaldo trató de intervenir cuando el *sheriff* Morris desenfundó su arma. La bala alcanzó a Romaldo, y Cortez, aparentemente al intentar defenderse, disparó sobre Morris. El corrido celebra la habilidad legendaria de Cortez para esquivar a los *rangers* de Texas.

Los corridos realzan los valores culturales de la época encarnados en el héroe popular. Al leer el corrido, piensa qué cualidades habrá valorado la gente de la época de Cortez.

Elementos de literatura

El **corrido** es un estilo musical popular que tiene su origen en el «romance», un tipo de balada que cantaban los trovadores españoles que iban de pueblo en pueblo llevando noticias y narrando historias. Los corridos que se componen en la actualidad se refieren a una serie de acontecimientos importantes, tales como las penurias de los inmigrantes y la vida de personas famosas. Encontrarás más información sobre el corrido en la página 42.

> El **corrido** tradicional es normalmente una balada de ritmo rápido que narra una tragedia, una hazaña o una aventura.
>
> *Para más información, ver el GLOSARIO DE TÉRMINOS LITERARIOS.*

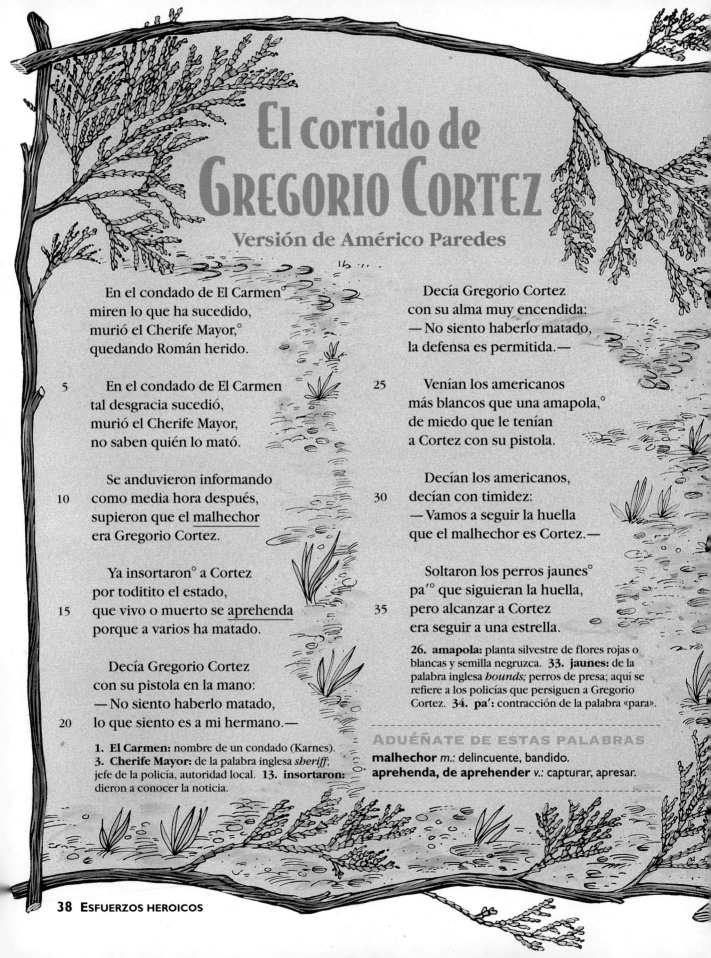

El corrido de GREGORIO CORTEZ

Versión de Américo Paredes

En el condado de El Carmen°
miren lo que ha sucedido,
murió el Cherife Mayor,°
quedando Román herido.

5   En el condado de El Carmen
tal desgracia sucedió,
murió el Cherife Mayor,
no saben quién lo mató.

    Se anduvieron informando
10   como media hora después,
supieron que el malhechor
era Gregorio Cortez.

    Ya insortaron° a Cortez
por toditito el estado,
15   que vivo o muerto se aprehenda
porque a varios ha matado.

    Decía Gregorio Cortez
con su pistola en la mano:
— No siento haberlo matado,
20   lo que siento es a mi hermano. —

    Decía Gregorio Cortez
con su alma muy encendida:
— No siento haberlo matado,
la defensa es permitida. —

25   Venían los americanos
más blancos que una amapola,°
de miedo que le tenían
a Cortez con su pistola.

    Decían los americanos,
30   decían con timidez:
— Vamos a seguir la huella
que el malhechor es Cortez. —

    Soltaron los perros jaunes°
pa'° que siguieran la huella,
35   pero alcanzar a Cortez
era seguir a una estrella.

26. amapola: planta silvestre de flores rojas o blancas y semilla negruzca. **33. jaunes:** de la palabra inglesa *hounds;* perros de presa; aquí se refiere a los policías que persiguen a Gregorio Cortez. **34. pa':** contracción de la palabra «para».

1. El Carmen: nombre de un condado (Karnes). **3. Cherife Mayor:** de la palabra inglesa *sheriff;* jefe de la policía, autoridad local. **13. insortaron:** dieron a conocer la noticia.

ADUÉÑATE DE ESTAS PALABRAS

malhechor *m.*: delincuente, bandido.
aprehenda, de aprehender *v.*: capturar, apresar.

Tiró con rumbo a González°
sin ninguna timidez:
—Síganme, rinches° cobardes,
40   yo soy Gregorio Cortez.—

Se fue de Belmont al rancho,
lo alcanzaron a rodear,
poquitos más de trescientos,
y allí les brincó el corral.

45   Cuando les brincó el corral,
según lo que aquí se dice,
se agarraron a balazos
y les mató otro cherife.

Decía Gregorio Cortez
50   con su pistola en la mano:
—No corran, rinches cobardes,
con un solo mexicano.—

Salió Gregorio Cortez,
salió con rumbo a Laredo,°
55   no lo quisieron seguir
porque le tuvieron miedo.

Decía Gregorio Cortez:
—¿Pa' qué se valen de planes?
No me pueden agarrar
60   ni con esos perros jaunes.—

Decían los americanos:
—Si lo alcanzamos ¿qué hacemos?
Si le entramos por derecho°
muy poquitos volveremos.—

65   Allá por El Encinal,°
según lo que aquí se dice,
le formaron un corral
y les mató otro cherife.

Decía Gregorio Cortez
70   echando muchos balazos:
—Me he escapado de aguaceros,
contimás° de nublinazos.°—

Ya se encontró un mexicano,
le dice con altivez:
75   —Platícame qué hay de nuevo,
yo soy Gregorio Cortez.

—Dicen que por culpa mía
han matado mucha gente,
pues ya me voy a entregar
80   porque eso no es conveniente.—

Cortez le dice a Jesús:
—Ora° si lo vas a ver,
anda díles a los rinches
que me vengan a aprehender.—

85   Venían todos los rinches,
venían que hasta volaban,
porque se iban a ganar
diez mil pesos que les daban.

Cuando rodearon la casa
90   Cortez se les presentó:
—Por la buena sí me llevan
porque de otro modo no.—

65. El Encinal: pueblo en el sur de Texas,
situado entre San Antonio y Laredo.
72. contimás: contracción de «cuanto
más». **nublinazos:** llovizna. **82. ora:**
contracción de la palabra «ahora».

37. González: pueblo en Texas. **39. rinches:** de
la palabra inglesa *rangers;* hombres armados que
imponen la ley. **54. Laredo:** ciudad fronteriza con
México. **63. entramos por derecho:** le
atacamos.

Decía el Cherife Mayor
como queriendo llorar:
95 — Cortez, entrega tus armas,
no te vamos a matar.—

Decía Gregorio Cortez,
les gritaba en alta voz:
— Mis armas no las entrego
100 hasta estar en calaboz'.°—

Decía Gregorio Cortez,
decía en su voz divina:
— Mis armas no las entrego
hasta estar en bartolina.°—

105 Ya agarraron a Cortez,
ya terminó la cuestión,
la pobre de su familia
lo lleva en el corazón.

Ya con ésta me despido
110 a la sombra de un ciprés,°
aquí se acaba el corrido
de don Gregorio Cortez.

100. calaboz': calabozo. Lugar, generalmente
oscuro y sombrío, donde se encierra a presos.
104. bartolina: significa lo mismo que un
calabozo. **110. ciprés:** árbol frondoso de
madera rojiza y olorosa.

CONOCE AL FOLCLORISTA

En 1958 **Américo Paredes** (1915–   )
publicó una obra pionera en su género,
*With His Pistol in His Hand: A Border Ballad
and Its Hero,* en la cual recogía diversas

versiones de «El
corrido de Gregorio
Cortez». Obvia-
mente, a Paredes le
fascinaba la historia
de Cortez. Veinte
años más tarde
publicó *A Texas-
Mexican Cancionero:
Folksongs of the Lower
Border,* en el cual utilizó datos de otras
versiones de la balada para componer un
poema más completo. Esta versión,
conocida como la variante X, es la que
reproducimos en tu libro de texto.

Paredes ha dedicado gran parte de su
vida profesional a recopilar y editar
folclor méxicoamericano. Se ha distinguido como erudito en los campos de la
literatura y la antropología. Además de
artículos de investigación, ha escrito
Folktales of Mexico (1970), la novela
George Washington Gomez (1990), y
un libro de poemas, *Between Two
Worlds* (1991).

CREA SIGNIFICADOS

Primeras impresiones

1. Después de leer el corrido, ¿cómo describirías lo que piensas de Cortez?

Interpretaciones del texto

2. ¿Qué cualidades atribuye el corrido a Cortez? Justifica tus respuestas con versos concretos del texto.

3. ¿Cuáles son los motivos de Cortez para rendirse al final a las autoridades?

4. ¿Qué crees que pensaba el autor del corrido de Cortez? ¿y del *sheriff*? ¿y de los *rangers*? ¿y de la familia de Cortez? Justifica tus respuestas con versos concretos del texto.

Conexiones con el texto

5. Si hubieras vivido en la frontera de México con los Estados Unidos en la época en que tuvieron lugar los hechos que se describen en el corrido, ¿te hubiera parecido bien que se escribiera un corrido sobre Gregorio Cortez? ¿Por qué?

OPCIONES: Prepara tu portafolio

Cuaderno del escritor

1. Compilación de datos para un episodio autobiográfico

¿Has tenido un malentendido con alguien? Escribe sobre esa experiencia.

TRABAJO EN CURSO

Escribe una canción

2. Crea tu propio corrido

Con un grupo de compañeros de clase, escribe un corrido. Busquen en periódicos y revistas una figura central y una situación para el poema.

El estilo periodístico

3. Informa sobre Cortez

Basándote en lo que has aprendido de Cortez por el corrido, escribe un artículo periodístico que describa los acontecimientos que rodearon su presunto crimen, la persecución de los *rangers* y su captura.

Hablar y escuchar

4. ¿Culpable o inocente?

Con otros estudiantes, representa una escena teatral del juicio de Gregorio Cortez. ¿Qué argumentos utilizaría el abogado de Cortez para convencer al jurado de que su cliente había matado al *sheriff* Morris en defensa propia? ¿Qué argumentos crees que usaría el fiscal para convencer al jurado de que Cortez tenía la intención de asesinar al *sheriff*?

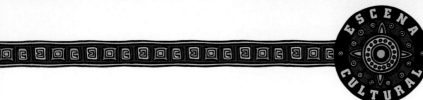

El corrido:
Una historia cantada

ACTIVIDADES PARA EMPEZAR

1. Los corridos como «Gregorio Cortez» fueron populares a lo largo de la frontera entre México y Texas durante aproximadamente un siglo, entre 1850 y 1945. ¿Qué tipo de conflictos pueden ocurrir en la vida diaria de la gente que vive a lo largo de una frontera internacional?

2. Pregunta en tu tienda de video si tienen o pueden conseguir *The Ballad of Gregorio Cortez* (1982, dirigida por Robert Young). Ve la versión cinematográfica del corrido con un grupo de compañeros de clase. Después organiza una charla para comparar la película con el corrido.

3. Por lo que has aprendido al leer «Gregorio Cortez», ¿qué tipo de persona podría ser en la vida real el sujeto de un corrido? Apunta algunas ideas en tu CUADERNO DEL ESCRITOR.

Los primeros corridos y el héroe del corrido

Juan Cortina.

The Center for American History, The University of Texas at Austin.

El corrido texanomexicano tuvo su origen en conflictos que surgieron a lo largo de la frontera del Río Grande una vez terminada la guerra entre México y los Estados Unidos, en 1848. La muestra más antigua que ha llegado hasta nosotros es un corrido sobre Juan Nepomuceno Cortina, un mexicano de la frontera que se vio envuelto en un tiroteo con el jefe de la policía de Brownsville, Texas, en 1859. Cortina intervino cuando vio al policía golpeando con la pistola a un vaquero que trabajaba para su madre. Cortina huyó a México, participó en la batalla del Cinco de Mayo contra los franceses (1862), y se puso del lado de la Unión en la Guerra Civil. El general Cortina sentó el ejemplo del héroe ideal de un corrido: un hombre que no vacila en defender sus derechos y en luchar por la dignidad y la justicia social. El héroe es casi siempre una víctima, pero persevera en su lucha contra viento y marea. Triunfa incluso en la derrota, como Gregorio Cortez.

Fotograma de la película *The Ballad of Gregorio Cortez*.

Músico ambulante y su hijo.

El corrido como estilo literario

Todos los corridos, como los buenos cuentos, giran en torno a un conflicto fuerte. El cantautor, que se llama «corridista», cuenta una historia de la vida real en un lenguaje sencillo y directo, y el ritmo de la narración es normalmente rápido («corrido» procede del verbo «correr»). La mayoría de los corridos se componen de versos de ocho sílabas repartidos en estrofas rimadas de cuatro versos.

Hay semejanzas importantes entre corridos y baladas. Se trata de formas poéticas narrativas que cuentan historias, y en ambas juega un papel importante el diálogo o habla directa. Algunas de las mejores baladas en lengua inglesa también surgieron a lo largo de una frontera: la que separa Inglaterra de Escocia. El corrido y la balada son parte de la **tradición oral** (historias que se transmiten de boca en boca y de generación en generación). Canciones como «Gregorio Cortez» existen en muchas versiones con ligeras variantes que reflejan los intereses locales o el talento artístico de los recitadores.

La mejor manera de leer un corrido es imaginar que lo está recitando un corridista experimentado acompañado de una guitarra, quizá en una reunión de toda la familia. Trata de visualizar al cantor no sólo como narrador, sino también como actor de la historia. Escucha cómo su voz puede recrear el habla ingeniosa y atrevida de los personajes cuando pronuncian sus provocaciones e insultos. Imagina que estás presenciando una función, una narración dramática que empieza con la invitación urgente del corridista a escuchar y que termina con su voz entonando la «despedida» o adiós formal, a medida que se extingue la melodía:

> Ya con ésta me despido
> a la sombra de un ciprés,
> aquí se acaba el corrido
> de don Gregorio Cortez.

ACTIVIDADES DE CIERRE

Investiga la música de uno de los corridos recogidos por el folclorista Américo Paredes en su antología, *A Texas-Mexican Cancionero* (University of Texas Press, Austin, 1995). Luego ensaya y representa el corrido con un grupo de compañeros de clase. Mientras preparas la representación, ten en cuenta cómo dice Paredes que se debe cantar un corrido: «en voz alta y aguda, tensa y clara».

Soneto 149

Sor Juana Inés de la Cruz

***Encarece de animosidad la elección
de estado durable hasta la muerte***

Si los riesgos del mar considerara,
ninguno se embarcara; si antes viera
bien su peligro, nadie se atreviera
ni al bravo toro <u>osado</u> <u>provocara</u>.

5   Si del <u>fogoso</u> bruto ponderara°
la furia <u>desbocada</u> en la carrera
el jinete prudente, nunca hubiera
quien con <u>discreta</u> mano lo enfrenara.

    Pero si hubiera alguno tan osado

10 que, no obstante el peligro, al mismo Apolo°
quisiese gobernar con atrevida
    mano el rápido carro en luz bañado,
todo lo hiciera, y no tomara sólo
estado que ha de ser toda la vida.

5. ponderara: considerara. **10. Apolo:** dios del sol,
los oráculos, la música y la poesía en la mitología
grecorromana.

- -

ADUÉÑATE DE ESTAS PALABRAS

osado, -da *adj.:* valiente, atrevido.
provocara, de **provocar** *v.:* enojar, irritar.
fogoso, -sa *adj.:* ardiente.
desbocada, -do *adj.:* sin dirección alguna.
discreta, -to *adj.:* prudente, sensata.

- -

Retrato de Sor
Juana Inés de la
Cruz en su
hábito de la
orden de San
Jerónimo.

CONOCE A LA ESCRITORA

Sor Juana Inés de la Cruz (1651–1695) era una mujer dotada de un talento extraordinario, cuyo genio perdura a través de los siglos, desde su época a la nuestra. Vivió cuando pocas mujeres podían permitirse el lujo de explorar sus ideas y su talento. Traspasando las limitaciones de la sociedad de su tiempo, Sor Juana nos ha dejado algunos de los mejores poemas líricos que se han escrito en cualquier lengua.

Su verdadero nombre era Juana Ramírez y se convirtió en favorita de la corte española en la Ciudad de México. A la edad de dieciséis años, entró en un convento. Aunque lo que se esperaba de ella era que dedicara todo su tiempo a la oración y la meditación, Sor Juana cubrió de libros las paredes de su celda y exploró el mundo de las ideas por medio de la lectura, la conversación y, sobre todo, la escritura. Escribió ensayos sobre religión, poemas amorosos, comedias y una reflexión sobre su vida en la que defendía su derecho a pensar por sí misma. Sus obras y poemas se tienen en gran estima.

Su espíritu curioso y la capacidad de su intelecto le ganaron la enemistad de las autoridades eclesiásticas. Finalmente, fue obligada a renunciar a todos sus libros y a ser lo que la sociedad esperaba de ella. Mientras atendía en el convento a monjas enfermas durante una epidemia, cayó ella también enferma y murió. Pero su obra no fue olvidada. Sor Juana es recordada como una figura importante de la literatura.

Taller del escritor

LA NARRACIÓN

EPISODIO AUTOBIOGRÁFICO

Un **episodio autobiográfico** es una narración personal en la que cuentas un acontecimiento real de tu propia vida y muestras el sentido que esta experiencia tuvo para ti. Escribir sobre una experiencia personal es una buena forma de descubrir algo nuevo acerca de lo que piensas y sientes.

Tarea
Escribe un episodio autobiográfico.

Antes de escribir

1. Cuaderno del escritor

Para buscar ideas para tu relato, empieza por repasar las entradas de tu CUADERNO DEL ESCRITOR. ¿Te gustaría desarrollar uno de los episodios que describes en tus notas?

2. Ordena tus ideas

Para que se te ocurran más ideas, dibuja un cuadro como el que sigue a continuación. ¿Qué asociaciones despiertan en tu mente las palabras que encabezan las columnas? (Puedes utilizar palabras distintas si así lo deseas.)

Vacaciones	Familia	Deportes	Argumentos	Música	Ropa

3. Escritura libre

Escribe lo primero que se te ocurra sobre uno de los temas siguientes o de otro que se te ocurra. Escribe sin parar durante cinco minutos. No te preocupes de la ortografía ni de la gramática. Simplemente escribe tus ideas en el papel.

- ideales
- tareas
- sorpresas
- amistades
- lealtad
- rivalidad entre compañeros
- situaciones embarazosas
- éxito

Pautas para temas
Usa estas pautas al explorar posibles temas:
- ¿Tengo un recuerdo vivo de la experiencia?
- ¿Estoy dispuesto a compartir la experiencia con otros?
- ¿De qué me sirvió la experiencia? ¿Qué he sacado en limpio de ella?

Escritura libre
Recuerdo cuando Marisol, en su fiesta de quinceañera, con su precioso vestido de satén blanco, salió a la pista de baile con papá. No me había dado cuenta de que mi hermana era ya una mujer...

The history
of the written
word is rich and

Page 1

Había una vez

También puedes escribir espontáneamente empleando cualquiera de estos comienzos:

- Recuerdo cuando...
- Ojalá me hubiera portado de otra manera cuando...
- Verdaderamente aprendí algo nuevo cuando...

Al acabar, vuelve a leer lo que has escrito y marca las partes que puedas desarrollar en tu relato autobiográfico.

4. Objetivo y público

Piensa en el objetivo y el público de tu episodio autobiográfico. Tu **objetivo** en este tipo de texto es compartir una experiencia y explicar qué significado tiene para ti. Concéntrate en este objetivo y describe en una o dos oraciones qué sentido tuvo el episodio para ti. Hazte estas preguntas:

- ¿Qué pensé y sentí durante la experiencia?
- ¿Cómo era yo antes de la experiencia?
- ¿Cómo he cambiado a consecuencia de la experiencia?

Tu **público** probablemente será tu profesor, tus compañeros de clase, o tus familiares y amigos. Piensa en maneras de captar la atención del público y de escribir un episodio interesante. Recuerda que tu público probablemente no presenció los acontecimientos que vas a describir. Pregúntate qué tipo de antecedentes les hace falta.

5. Compilación de datos

Recoge datos para tu episodio autobiográfico. Quizá quieras colocar estos datos en un cuadro como el que sigue a continuación.

Tema de un episodio autobiográfico

Cuando estuve en la fiesta de quinceañera de Marisol, mi hermana mayor, aprendí una agridulce lección: que nuestra niñez estaba llegando a su fin.

Datos para un episodio autobiográfico

Personajes	Acontecimientos	Lugar	Pensamientos

Esquema para un episodio autobiográfico

I. Introducción
   A. Capta la atención del público.
   B. Presenta antecedentes.
II. Cuerpo
   Cuenta los acontecimientos en el orden en que sucedieron, con información sobre personas, lugares, pensamientos y emociones.
III. Conclusión
   A. Explica las consecuencias.
   B. Muestra el significado de tu experiencia.

Pautas de escritura

Cuando escribas un diálogo, asegúrate de que tenga naturalidad: que suene como habla la gente en la vida real. También usa verbos que expresen cómo habla una persona (murmuró, insistió, suspiró, vaciló, gritó, etc.).

Estímulos para la evaluación

- Lo que más me gustó del episodio fue...
- Me gustaría saber más de...
- Una parte que no comprendí claramente fue...
- Creo que la parte más importante fue...
- ¿Cómo te sentiste cuando...?

El borrador

1. Organización

Cuando te preparas para redactar, el objetivo más importante es poner tus pensamientos por escrito. Un primer borrador es como un experimento: así descubres lo que tienes que contar sobre el tema. Escribir un borrador te da la oportunidad de organizar el material. Sigue un **esquema** como el que aparece a la izquierda.

2. Relaciona ideas

Cuenta los hechos del episodio autobiográfico en **orden cronológico,** es decir, en la secuencia en que ocurrieron. Aquí tienes algunas **palabras de enlace** que pueden ser útiles a la hora de relacionar ideas.

en primer lugar	entonces	antes
en segundo lugar	luego	mientras
al ( ) siguiente	al fin	al mismo tiempo
cuando	más tarde	tanto
de repente	ya	después

Presta especial atención al uso de los **tiempos verbales.** Usa los tiempos de manera lógica y consistente.

3. El desarrollo

Trata de describir a las personas, los lugares y los hechos de tu relato tan gráficamente como puedas. Recuerda que la autobiografía se vale a menudo de las técnicas del cuento y la poesía: por ejemplo, diálogo e imágenes sensoriales.

Trata de recordar las palabras exactas de las personas que protagonizaron el episodio autobiográfico, y cita esas palabras directamente en segmentos de **diálogo.**

Tu experiencia será vívida y gráfica para tus lectores si incluyes **imágenes** concretas basadas en los cinco **sentidos:** vista, oído, gusto, olfato y tacto.

Evaluación y revisión

1. Respuestas entre compañeros

Reúnete con un pequeño grupo de compañeros de clase para leer por turnos los borradores en voz alta. Después de cada lectura, los miembros del grupo deben completar al menos una de las oraciones que aparecen a la izquierda.

ANTES DE LEER
Cadena rota

Punto de partida

**¿Se le romperá
el corazón a Alfonso?**

En «Cadena rota», Gary Soto
escribe sobre un niño que
quiere ser una persona diferente: más guapo, más atlético,
más inteligente. Nadie es
perfecto, pero todos sabemos
que siempre hay algo que
admirar en cada persona.
Cuando Alfonso conoce a
alguien que lo aprecia por lo
que es, descubre algo importante sobre sí mismo y el
significado de la amistad.

Comparte tus ideas

Dibuja una constelación con
un(a) compañero(a). En el
centro del diagrama hay un
círculo. Escriban dentro del
círculo «Un verdadero amigo
es alguien que...». Desde ese
círculo central tracen varias
líneas que conecten con otros
círculos en blanco. En los
círculos en blanco escriban
distintas formas en que tú y tu
compañero(a) completarían la
oración. Después de terminar,
comparen su constelación con
las de otros grupos.

me aprecia
por lo que soy

Un verdadero amigo
es alguien que...

Diálogo con el texto

Cuando leas,
toma notas
sobre el carác-
ter de Alfonso.
¿Qué detalles hacen que
parezca un adolescente típico?

DIARIO DEL
LECTOR

Elementos de literatura

Figuras retóricas

¿Habías pensado alguna vez
que los dientes pueden
parecer una pila de coches
estrellados? Esta comparación
es una **figura retórica.** Hay
distintos tipos de figuras
retóricas, como el **símil,** la
metáfora y la **personificación.**

Cuando leas «Cadena rota»
y el poema que sigue, presta
mucha atención a la forma en
que se describe a la gente y los
objetos. Reflexiona sobre
cómo las figuras retóricas consiguen pintar un retrato más
vívido de lo que se describe.

> Una **figura retórica** es
> un recurso expresivo que
> hace uso especial de la
> lengua.
>
> *Para saber más sobre figuras
> retóricas, ver la página 193 y el
> GLOSARIO DE TÉRMINOS LITERARIOS.*

Cadena rota

Gary Soto

Alfonso estaba sentado en el pórtico tratando de empujar sus dientes chuecos hacia la posición en la que creía que debían estar. Odiaba su aspecto. La semana anterior había hecho cincuenta sentadillas[1] diarias, con la idea de que las ondulaciones[2] ya evidentes en su estómago se convirtieran en ondulaciones aun más marcadas, para que al verano siguiente, cuando fuera a nadar al canal, las muchachas vestidas con pantalones cortos se fijaran en él. Quería «incisiones» como las que había visto en un calendario de un guerrero azteca[3] de pie sobre una pirámide con una mujer en sus brazos. (Aun ella tenía unas incisiones que podían verse por debajo de su vestido transparente.) El calendario estaba colgado encima de la caja registradora de «La Plaza». Orsúa, el dueño, dijo que Alfonso podía quedarse con el calendario al final del año si la mesera, Yolanda, no se lo llevaba antes.

Alfonso estudiaba las fotos de estrellas de rock de las revistas porque quería encontrar un peinado. Le gustaba cómo lucían Prince[4] y el bajista de «Los Lobos».[5] Alfonso pensaba que se vería muy bien con el pelo rasurado en forma de V por atrás y con rayos morados. Pero sabía que su madre no lo aceptaría. Y su padre, que era un mexicano puro, se apoltronaría[6] en su silla después del trabajo, malhumorado como un sapo, y le diría «estás chiflado».

Alfonso no se atrevía a teñirse el pelo. Pero un día se había mochado la parte de arriba, como en las revistas. Esa noche su padre había regresado a casa después de un juego

> Mis dientes están bien, pero a veces yo también detesto mi aspecto.
>
> ¿Realmente lucían así los guerreros aztecas?
>
> No sé si me gustaría parecerme a Prince.

1. **sentadillas:** ejercicio físico que sirve para desarrollar los músculos abdominales.
2. **ondulaciones:** ondas musculares del abdomen.
3. **azteca:** perteneciente a la civilización indígena que habitaba lo que es hoy la Ciudad de México.
4. **Prince:** cantante estadounidense de música pop.
5. **Los Lobos:** conjunto chicano que toca música Tex-Mex.
6. **se apoltronaría:** se sentaría cómodamente.

de softbol, contento porque su equipo había bateado cuatro jonrones en un juego victorioso de trece a cinco contra los Azulejos Colorados. Entró con paso orondo a la sala, pero se quedó helado cuando vio a Alfonso, y le preguntó, no en broma sino realmente preocupado:

—¿Te lastimaste la cabeza en la escuela? ¿Qué pasó?

Alfonso fingió no escuchar a su padre y se fue a su cuarto, donde examinó su pelo en el espejo desde todos los ángulos. Quedó satisfecho con lo que vio, pero cuando sonrió se dio cuenta por primera vez de que tenía los dientes chuecos, como una pila de coches estrellados. Se deprimió y se alejó del espejo. Se sentó en su cama y hojeó una revista de rock hasta que encontró a la estrella de rock del pelo mochado. Tenía la boca cerrada, pero Alfonso estaba seguro de que no tenía los dientes chuecos.

Alfonso no quería ser el chavo más guapo de la escuela, pero estaba decidido a ser más apuesto que el promedio.[7] Al día siguiente gastó en una camisa nueva el dinero que había ganado cortando céspedes, y con su cortaplumas extrajo las briznas de tierra que había bajo sus uñas.

Se pasaba horas delante del espejo tratando de reacomodarse los dientes con el pulgar. Le preguntó a su madre si podían ponerle frenos, como a Pancho Molina, su ahijado, pero hizo la pregunta en un momento poco oportuno. Ella estaba sentada a la mesa de la cocina lamiendo el sobre que contenía el alquiler de la casa. Miró a Alfonso con ira.

—¿Crees que el dinero cae del cielo?

Su madre recortaba los anuncios de ofertas que aparecían en las revistas y en los periódicos, cultivaba un huerto de legumbres los veranos y hacía sus compras en almacenes de descuento. Su familia comía muchos frijoles, lo cual no era malo pues sabían muy bien, aunque en una ocasión Alfonso había probado los ravio-les chinos al vapor y le habían parecido la mejor comida del mundo después de los frijoles.

No volvió a pedirle frenos a su madre, aunque la encontrara de mejor humor. Decidió enderezarse los dientes con la presión de sus pulgares. Ese sábado, después del desayuno se fue a su cuarto, cerró la puerta sin hacer ruido, encendió el radio y durante tres horas seguidas presionó sus dientes.

Presionaba durante diez minutos y luego descansaba cinco minutos. Cada media hora, cuando había anuncios en el radio, verificaba si su sonrisa había mejorado. Y no era así.

Al cabo de un rato se aburrió y salió de la casa con un viejo calcetín de deportes para limpiar su bicicleta, un aparato de diez velocidades comprado en uno de los grandes almacenes. Sus pulgares estaban cansados, arrugados y rosados, tal como se ponían cuando pasaba demasiado tiempo en la bañera.

Ernesto, el hermano mayor de Alfonso, apareció en *su* bicicleta; se le veía deprimido. Recargó la bicicleta contra un duraznero y se sentó en la escalera de la parte posterior de la casa. Bajó la cabeza y pisoteó las hormigas que se acercaban demasiado a él.

Alfonso sabía bien que era mejor no decir nada cuando Ernesto tenía cara de enojado. Volteó su bicicleta, para que quedara balanceada sobre el manubrio y el asiento, y talló los rayos de las ruedas con el calcetín. Una vez que terminó, presionó sus dientes con los nudillos hasta que sintió un cosquilleo.

Ernesto gruñó y dijo:

—Ay, mano.

Alfonso esperó unos cuantos minutos antes de preguntar:

—¿Qué pasa?

Fingió no interesarse demasiado. Tomó una fibra de acero y siguió limpiando los rayos.

---

7. **más apuesto que el promedio:** de mejor apariencia que lo común.

ADUÉÑATE DE ESTAS PALABRAS
fingió, de fingir *v.*: aparentar, simular, hacer creer.

Ernesto titubeó, pues temía que Alfonso se riera. Pero no pudo aguantarse.

—Las muchachas nunca llegaron. Y más vale que no te rías.

—¿Cuáles muchachas?

Alfonso recordó que su hermano había estado presumiendo que Pablo y él habían conocido a dos muchachas de la secundaria Kings Canyon la semana pasada, durante la fiesta del Día de los Muertos. Iban vestidas de gitanas, el disfraz que siempre usaban las chicanas[8] pobres, pues lo único que hacían era pedirles prestados el lápiz de labios y las pañoletas a sus abuelitas.

Alfonso se acercó a su hermano. Comparó las dos bicicletas: la suya brillaba como un manojo de monedas de plata, mientras que la de Ernesto se veía sucia.

—Nos dijeron que las esperáramos en la esquina. Pero nunca llegaron. Pablo y yo esperamos y esperamos como burros. Nos hicieron una mala jugada.

A Alfonso le pareció una broma pesada, pero también medio chistosa. Algún día tendría que intentar algo así.

—¿Eran bonitas?

—Sí, supongo.

—¿Crees que podrías reconocerlas?

—Si tuvieran los labios pintados de rojo, creo que sí.

Alfonso y su hermano se quedaron sentados en silencio. Ambos aplastaron hormigas con sus Adidas. Las muchachas podían ser muy raras, sobre todo las que uno conocía el Día de los Muertos.

Unas horas después, Alfonso estaba sentado en el pórtico presionando sus dientes. Presionaba y se relajaba; presionaba y se relajaba. Su radio portátil estaba encendido, pero no lo suficientemente fuerte como para que el señor Rojas bajara las escaleras y lo amenazara agitando su bastón.

El padre de Alfonso se aproximó en su coche. Por la manera en que iba sentado en su

camioneta —una Datsun con la defensa delantera pintada de distintos colores— Alfonso se dio cuenta de que el equipo de su padre había perdido el partido de softbol. Se retiró del pórtico con rapidez, pues sabía que su padre estaría de mal humor. Se fue al patio trasero; desencadenó su bicicleta, se sentó en ella, con el pedal pegado al piso, y siguió presionando sobre sus dientes. Se golpeó el estómago y gruñó: «Incisiones». Luego se tocó el pelo mochado y murmuró: «Suave».

Un rato después Alfonso subió por la calle en su bicicleta, con las manos en los bolsillos, rumbo a la heladería Foster. Un perro chihuahueño, parecido a una rata, lo correteó. En su vieja escuela, la primaria John Burroughs, se encontró con un muchacho colgado cabeza abajo de una reja de alambre de púas; abajo, una muchacha lo miraba. Alfonso frenó y ayudó al muchacho a desatorar sus pantalones del alambre de púas. El muchacho estaba agradecido. Temía quedarse colgado toda la noche. Su hermana, de la misma edad que Alfonso, también estaba agradecida. Si hubiera tenido que ir a casa y decirle a su madre que Pancho estaba atorado en una reja, la habrían regañado.

—Gracias —dijo—. ¿Cómo te llamas?

Alfonso la recordaba de su escuela, y notó que era bastante bonita, con una cola de caballo y los dientes derechos.

—Alfonso, vas a mi escuela, ¿verdad?

—Sí. Ya te había visto por ahí. ¿Vives cerca?

—Allá, en Madison.

—Mi tío vivía antes en esa calle, pero se mudó a Stockton.

—Stockton está cerca de Sacramento, ¿no?

—¿Has estado allí?

—No.

Alfonso desvió la vista hacia sus zapatos. Quería decir algo ingenioso, como hace la

8. **chicanas:** estadounidenses de origen mexicano.

ADUÉÑATE DE ESTAS PALABRAS

titubeó, de **titubear** v.: hablar deteniéndose, con inseguridad.

---

gente en la televisión. Pero lo único que se le ocurrió decir fue que el gobernador vivía en Sacramento. Tan pronto compartió esta información, sintió que se encogía por dentro.

Alfonso acompañó a la muchacha y al muchacho rumbo a su casa. No hablaron mucho. Cada dos o tres pasos la muchacha, que se llamaba Sandra, lo miraba de reojo; Alfonso desviaba la vista. Se enteró que, como él, ella estaba en primero de secundaria y tenía una terrier llamada Reina. Su padre era mecánico en el taller Rudi y su madre era ayudante de profesores en la primaria Jefferson.

Cuando llegaron a la calle donde vivían, Alfonso y Sandra se detuvieron en la esquina, pero Pancho corrió hacia su casa. Alfonso lo vio detenerse en el zaguán para hablar con una señora que supuso era su madre. Estaba rastrillando las hojas y juntándolas en una pila.

—Allá vivo —dijo Sandra, apuntando con su dedo.

Alfonso miró por encima del hombro de Sandra durante un buen rato, mientras trataba de hacerse de valor para preguntarle si le gustaría salir a andar en bicicleta al día siguiente.

Tímidamente preguntó:

—¿Quieres salir a andar en bici?

—Quizá —jugueteó con una de sus colas de caballo y cruzó una pierna enfrente de la otra—. Pero una de las llantas de mi bici está ponchada.

—Puedo pedirle la bici a mi hermano. No le molestaría.

Se quedó pensativa unos minutos antes de decir:

—Está bien. Pero no mañana. Tengo que ir a casa de mi tía.

—¿Qué tal el lunes, después de la escuela?

—Tengo que cuidar a mi hermano hasta que mi madre regrese de su trabajo. ¿Qué tal a las cuatro y media?

—Está bien —dijo—. A las cuatro y media.

En lugar de separarse inmediatamente, se quedaron hablando un rato, haciéndose preguntas como: «¿Cuál es tu conjunto preferido?», «¿Te has subido a la montaña rusa en Santa Cruz?» y «¿Has probado la comida china?» Pero la ronda de preguntas y respuestas se terminó cuando la madre de Sandra la llamó para que regresara a casa.

Alfonso subió a su bici lo más rápido que pudo, saltó a la calle en una curva y, sintiéndose muy importante, se alejó velozmente con las manos metidas en los bolsillos. Pero cuando se volteó hacia atrás, con el viento que le barría el pelo mochado, advirtió que Sandra ni siquiera lo veía. Estaba en el patio y se acercaba al pórtico.

Esa noche se bañó, se arregló el pelo con cuidado e hizo más ejercicios que de costumbre. Ya en la cama, mientras se apretaba los dientes, estuvo <u>fastidiando</u> a su hermano para que le prestara su bici.

—Ándale, Ernesto —gimió—. Sólo una hora.

—Chale, quizá quiera usarla.

—Ándale, mano. Te regalo mis dulces del Día de los Muertos.

—¿Qué dulces tienes?

—Tres *Milky Ways* y unos *Mafer.*

—¿Quién la va a usar?

Alfonso titubeó, pero se arriesgó a decir la verdad.

—Conocí a una muchacha. No vive muy lejos.

Ernesto se volteó hasta quedar bocabajo y miró el perfil de su hermano, que tenía la cabeza apoyada en el codo.

—¿*Tú* tienes una novia?

—No es mi novia, sólo una muchacha.

—¿Cómo es?

—Como una muchacha.

—Ándale, ¿cómo es?

—Lleva cola de caballo y tiene un hermano chico.

ADUÉÑATE DE ESTAS PALABRAS

fastidiando, de **fastidiar** v.: molestar, insistir en algo hasta enojar a alguien.

—¡Cola de caballo! Las muchachas que nos tomaron el pelo a mí y a Pablo también llevaban colas de caballo. ¿Es buena onda?

—Creo que sí.

Ernesto se sentó.

—Te apuesto a que es ella.

Alfonso sintió que el estómago se le hacía un nudo.

—¡Va a ser mi novia, no tuya!

—¡Me las va a pagar!

—Más te vale que no te metas con ella —refunfuñó Alfonso, y le aventó a su hermano un klínex hecho bola—. Te atropello con la bici.

Durante una hora discutieron si era la misma muchacha que había dejado plantado a Ernesto, hasta que su madre los amenazó desde la sala y les dijo que si no se callaban ya verían. Alfonso dijo una y otra vez que la muchacha era demasiado agradable para hacer una jugarreta de ese tipo. Pero Ernesto argumentó que vivía a sólo dos cuadras del lugar donde esas muchachas les habían dicho que esperaran, que estaba en el mismo año de escuela y que, dato decisivo, usaba cola de caballo. Sin embargo, muy en el fondo Ernesto estaba celoso de que su hermano, dos años menor, fuera a tener novia.

El domingo por la mañana Ernesto y Alfonso se mantuvieron alejados, aunque durante el desayuno se pelearon por la última tortilla. Su madre, que cosía en la mesa de la cocina, les dijo que se dejaran de tonterías. En la iglesia, cuando el padre Jerónimo no los veía, se estuvieron haciendo muecas. Ernesto golpeó a Alfonso en el brazo y Alfonso, con los ojos llenos de ira, le regresó el golpe.

El lunes por la mañana se fueron a la escuela en sus bicis, sin decir una palabra, aunque no se separaron en todo el trayecto. Alfonso se la pasó preocupado durante la primera hora de

---

ADUÉÑATE DE ESTAS PALABRAS

mueca *f.*: gesto o expresión del rostro.
trayecto *m.*: camino o espacio que se recorre.

---

clases. ¿Cómo haría para conseguir una bici? Pensó pedírsela a su mejor amigo, Raúl. Pero sabía que Raúl, un vendedor de periódicos con signos de dólar en los ojos, le cobraría y, con el dinero de los envases de refresco, no llegaba siquiera a los 60 centavos.

Entre la clase de historia y la de matemáticas, Alfonso vio a Sandra y a su amiga paradas junto a sus casilleros. Pasó rápidamente sin que lo vieran.

Durante el recreo, Alfonso se escondió en el taller de estructuras metálicas para evitar toparse con Sandra. ¿Qué le diría? Si no hubiera estado enojado con su hermano, le habría preguntado acerca de qué hablaban las muchachas y los muchachos. Pero *sí* estaba enojado y, de todas formas, Ernesto estaba jugando rayuela con sus amigos.

Alfonso se apresuró a casa después de la escuela. Lavó los trastos del desayuno como le había pedido su madre y rastrilló las hojas. Después de terminar sus labores, hizo cien sentadillas, se empujó los dientes hasta que le dolieron, se dio un regaderazo y se peinó. Luego salió al patio para limpiar su bici. Sin pensar en lo que hacía, quitó la cadena para limpiarla del aceite terroso. Pero al desengancharla de uno de los dientes de la parte trasera del engranaje, se rompió. La cadena colgaba de su mano como una serpiente muerta.

Alfonso no podía creerlo. Ahora no sólo no tenía una bici para Sandra, sino que tampoco tenía una para él. Frustrado y al borde de las lágrimas aventó la cadena lo más lejos que pudo. Cayó con un fuerte golpe contra la cerca del jardín y asustó a Beni, su gato, que estaba dormido. Beni miró de un lado a otro, con el parpadeo de sus ojos dulces y grises, y se volvió a dormir.

Alfonso recuperó la cadena, que estaba definitivamente rota. Se maldijo a sí mismo por ser tan estúpido, le gritó a su bici porque era barata y azotó la cadena contra el pavimento. Otra sección de la cadena se rompió y al

rebotar le dio un golpe y, como el diente de una serpiente, le hizo una cortada en la mano.

—¡Ay! —gritó, e inmediatamente acercó la mano a la boca para chupar la herida.

Después de ponerse un poco de yodo, lo cual sólo hizo que le doliera más su cortada, y de darle muchas vueltas al asunto, fue a su cuarto para rogarle a Ernesto, que se estaba quitando la ropa de escuela.

—Ándale, mano, déjame usarla —suplicó Alfonso—. Por favor, Ernesto, haré lo que sea.

Aunque Ernesto notó la desesperación de Alfonso, ya había hecho planes con su amigo Raimundo. Iban a ir a atrapar ranas al canal de Mayfair. Sintió lástima por su hermano y le dio un chicle para consolarlo, pero no podía hacer nada por él. El canal estaba a cinco kilómetros y las ranas lo esperaban.

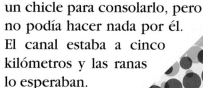

Alfonso tomó el chicle, lo metió en el bolsillo de su camisa y se retiró del cuarto cabizbajo. Salió azotando la puerta y se fue a sentar al callejón que estaba detrás de su casa. Un gorrión aterrizó sobre la hierba y cuando trató de acercarse, Alfonso le gritó para que se fuera. El gorrión respondió con un gorjeo agudo y alzó el vuelo.

A las cuatro decidió enfrentarse a la situación de una vez por todas, y empezó a caminar hacia la casa de Sandra con paso lento, como si estuviera hundido hasta la cintura en el agua. Su cara estaba enrojecida por la vergüenza. ¿Cómo la iba a decepcionar así en su primera cita? Ella seguramente se reiría. Quizá también le diría que era un menso.[9]

Se detuvo en la esquina donde supuestamente habían quedado en verse y miró hacia su casa. Pero no había nadie afuera, sólo un rastrillo recargado contra la escalera.

¿Por qué se le había ocurrido quitar la cadena?, se dijo, regañándose a sí mismo. Siempre arruinaba las cosas cuando trataba de desarmarlas, como aquella vez que trató de volver a rellenar su guante de beisbol. Había desbaratado el guante y había llenado el hueco con bolas de algodón. Pero cuando trató de volver a arreglarlo, había olvidado cómo se hacía. Se enredó todo como la cuerda de un papalote. Cuando le enseñó la maraña a su madre, que estaba frente a la estufa haciendo la cena, lo regañó pero arregló el guante y no le dijo nada a su padre sobre la tontería que había hecho Alfonso.

Ahora debía enfrentarse a Sandra y decirle: «Se descompuso la bici y el tacaño de mi hermano se fue con la suya».

Esperó en la esquina unos cuantos minutos, escondido detrás de unos arbustos durante un tiempo que le pareció infinito. Justo en el momento en que empezó a pensar en regresar a su casa, escuchó unos pasos y se dio cuenta de que ya era demasiado tarde. Sus manos, húme-das por la preocupación, colgaban a sus lados, y un hilo de sudor le caía desde el sobaco.

Se asomó desde los arbustos. Ella traía puesto un suéter a cuadros. Un bolso rojo colgaba de su hombro. Observó cómo lo buscaba, cómo se paraba de puntas para ver si aparecía del otro lado de la esquina.

¿Qué he hecho?, pensó Alfonso. Se mordió el labio, se dijo que era un menso y se golpeó la frente con la palma de la mano. Alguien le pegó en la parte posterior de la cabeza. Se volvió y vio a Ernesto.

—Ya tenemos las ranas, Alfonso —dijo, mientras levantaba una bolsa de plástico toda temblorosa—. Te las enseño más tarde.

Ernesto miró a la muchacha desde los setos, con un ojo cerrado.

—No es la que nos hizo la jugarreta a Pablo y a mí —dijo finalmente—. ¿Todavía quieres que te preste mi bici?

Alfonso no podía creer su suerte. ¡Qué hermano! ¡Qué amigo! Prometió que lavaría los trastos cuando fuera el turno de Ernesto. Éste se montó en el manubrio de Raimundo y le dijo que no olvidaría esa promesa. Luego desapareció sin voltear mientras la bici se alejaba.

Libre ya de preocupaciones ahora que su hermano le había cumplido, Alfonso salió de los arbustos con la bici de Ernesto, que estaba salpicada de lodo pero que era mejor que nada. Sandra le hizo una señal con la mano.

—Hola —dijo.

—Hola —contestó Alfonso.

Sandra se veía contenta. Alfonso le dijo que su bicicleta estaba descompuesta y le preguntó si quería subirse con él.

—Está bien —dijo ella, y se montó en la bici.

9. **menso:** tonto, necio.

Alfonso tuvo que usar toda su fuerza para mantener estable la bicicleta. Arrancó lentamente al principio, con los dientes apretados, pues Sandra pesaba más de lo que había creído. Pero una vez que tomó vuelo, resultó más fácil. Pedaleaba tranquilamente, a veces con una sola mano en el manubrio, mientras subían con rapidez por una calle y bajaban por otra. Cada vez que pasaban por un bache, lo cual sucedía con frecuencia, ella gritaba de gusto, y una vez, cuando pareció que iban a estrellarse, ella puso su mano encima de la de Alfonso, y eso fue como el amor.

—Traducción de Tedi López Mills

CONOCE AL ESCRITOR

Gary Soto (1952–   ) nació y creció en Fresno, California, el escenario de muchas de sus narraciones, poemas y obras autobiográficas. En su literatura, Soto intenta recrear las imágenes y sonidos del vecindario méxicoamericano en el que creció. A los escritores jóvenes les aconseja que «examinen sus propias vidas», exactamente lo que él mismo hace.

«¿Cuáles son las historias de tu vida? ¿Puedes recordar los sucesos de tu infancia? Algunos dirán que sus vidas son aburridas, que no ha pasado nada, que todas las cosas interesantes pasan en otros lugares. No es cierto, sus vidas también están en marcha.»

Soto se basó en un incidente real de su vida para escribir «Naranjas», pero «Cadena rota» no es completamente fiel a su propia experiencia.

«No, yo no soy el Alfonso de la historia 'Cadena rota'. Es pura ficción, con el descabellado propósito de provocar en ti —el lector— el sentimiento de estar un día comprometido a una novia o un novio. Cuando yo tenía la edad de Alfonso, me hubiera encantado llevar una novia en mi manubrio. En vez de eso, tenía a mi hermano pequeño, mejor conocido por Jimmy, el de los dientes astillados, que a veces saltaba a mi bicicleta y deambulaba por las calles de mi ciudad natal, Fresno, California. No era 'Sandra'. Todo lo contrario, Jimmy era un gran problema, porque mi obligación era cuidarlo mientras mis padres salían a trabajar.»

«Cadena rota» pertenece a un libro de cuentos sobre la infancia llamado *Béisbol en abril*.

Naranjas

Gary Soto

La primera vez que salí a pasear
con una muchacha, tenía doce años,
sentía frío, y me pesaban mucho
dos naranjas en la chaqueta.
5   Diciembre. El hielo se agrietaba
bajo mis pasos, mi aliento
estaba frente a mí y luego desaparecía,
cuando caminaba hacia su casa, donde
una luz ardía amarillenta en el porche
10   noche y día, en todo tipo de clima.
Un perro me ladró, hasta
que ella salió ajustándose
los guantes, el rostro brillante
de colorete, sonreí,
15   le toqué el hombro, y la llevé
calle abajo, a través
de un solar de autos usados y una hilera
de árboles recién plantados,
hasta que llegamos sin aliento
20   frente a una tienda. Entramos,
la campanilla hizo a la vendedora salir
por el estrecho pasillo lleno de mercancía.

Fui hacia los dulces,
alineados como unas graderías,
25   y le pregunté qué quería.
Luz en sus ojos, una sonrisa
se iniciaba en las esquinas
de su boca. Toqué
un níquel° en mi bolsillo,

30   y cuando ella escogió un chocolate
que costaba diez centavos,
no dije nada.
Saqué el níquel del
bolsillo y una naranja,
35   y discretamente los dejé sobre
el mostrador. Cuando levanté la vista,
la mujer y yo nos miramos,
y ella sostuvo mi mirada, sabiendo
muy bien de lo que se trataba.

40   Afuera,
pasaron algunos autos silbando,
la niebla colgaba como abrigos
viejos entre los árboles.
Puse la mano de mi novia
45   en la mía por dos cuadras,
luego la solté para dejarla
que abriera el chocolate.
Yo pelé mi naranja
que brillaba tanto contra
50   el gris de diciembre
que, desde cierta distancia,
alguien podría haber pensado
que encendía un fuego en mis manos.

—Traducción de Carlos Perellón

---

29. **níquel:** moneda de cinco centavos.

ADUÉÑATE DE ESTAS PALABRAS

porche *m.*: espacio exterior cubierto que tiene una
   casa.
solar *m.*: terreno que está sin edificar.
gradería *f.*: asientos escalonados, como los que hay
   en los estadios.

CREA SIGNIFICADOS

Primeras impresiones

1. Después de leer «Cadena rota», ¿te gustaría hacerle unas preguntas al autor? Haz una lista de tus preguntas y compáralas con las de otros estudiantes.

Interpretaciones del texto

2. ¿En qué ayuda Alfonso a Sandra y a su hermano? ¿Qué impresión dan de Alfonso estas acciones?

3. Si Alfonso no hubiera hecho nada para ayudar a Sandra, ¿cómo crees que hubiera terminado la historia?

4. En el poema «Naranjas», Soto escribe «La mujer... sabiendo muy bien de lo que se trataba» (37–39). ¿Qué es lo que la vendedora comprendía en ese momento?

5. Compara a la vendedora de «Naranjas» con Ernesto en «Cadena rota». ¿De qué manera el gesto de Ernesto al final de la historia es similar al de la vendedora en el poema?

Conexiones con el texto

6. Ponte en el lugar de Alfonso. ¿Alguna vez te ha salido todo mal antes de un acontecimiento importante, como un gran partido, una fiesta que hayas preparado o un concierto? ¿Cómo has solucionado estos problemas? Compara tus experiencias con las de Alfonso y decide si Alfonso es un personaje realista.

Preguntas al texto

7. Soto dice que escribió «Cadena rota» para ayudar a sus lectores a entender lo que significa encontrar un novio o una novia. Si Soto te preguntara si ha tenido éxito, ¿qué le dirías?

8. «Cadena rota» también se ha publicado bajo el título «Primer amor». ¿Cuál título crees que es mejor? ¿Por qué?

Repaso del texto

Prepara un perfil del personaje de Alfonso. Apunta todo lo que vas conociendo de él en la historia. Incluye detalles como dónde vive, su aspecto, los miembros de su familia, sus gustos y sus deseos, sus esperanzas, y cualquier rasgo saliente de su personalidad. Cuando respondas a las preguntas 1 y 6, refiérete a tu perfil del personaje.

Cuaderno del escritor

1. Compilación de ideas para una semblanza

Recuerda una ocasión en que alguien te hizo un favor importante, como Ernesto en «Cadena rota» o la vendedora en «Naranjas». Describe con una o dos oraciones cómo te ayudó aquella persona. Luego escribe todos los detalles que puedas sobre la persona: la edad, la apariencia, los rasgos faciales, el estilo de vestir y el tono de voz. ¿Qué detalles revelan algo interesante o importante de la personalidad o los rasgos del carácter de esta persona?

TRABAJO EN CURSO

El tío Carlos
—me regaló entradas para un concierto de rock el verano pasado
—tiene 42 años
—pelo marrón oscuro, gris en las sienes
—usa camisas brillantes de franela, pantalones vaqueros
—voz profunda y agradable y ojos marrones cálidos

Escribir/Resolver un problema

2. Pistas útiles

Señala un problema que Alfonso tiene en la historia (por ejemplo, su preocupación por su aspecto o por lo que hay que decirle a una chica). Imagina que eres Alfonso y escribe una carta a una columna de consejos en la que explicas tu problema. Intercambia trabajos con un(a) compañero(a) y haz el papel del columnista. Contesta la carta de tu compañero(a) con consejos prácticos y optimistas.

Dramatización

3. Trata de verlo desde mi punto de vista

En «Cadena rota» solamente escuchamos la versión del muchacho. Para ofrecer un punto de vista diferente, describe una escena en la que aparezca Sandra mientras habla por teléfono con su mejor amiga. Después de haber conocido a Alfonso en la escuela y haber caminado a casa con él, ¿qué piensa Sandra de Alfonso? ¿Le apetece salir a pasear con él en bicicleta el lunes?

Arte

4. ¿Vale más que mil palabras?

Vuelve a leer el cuento y el poema y busca una figura retórica que te guste. Dibuja esta comparación tal y como tú la imaginas. (Por ejemplo, en «Naranjas» Soto dice que «la niebla colgaba como abrigos/viejos entre los árboles», 42–44). Un dibujo de esta imagen podría mostrar nubes en forma de abrigos colgando de las ramas de los árboles. Si tienes un programa de dibujo en tu computadora, úsalo para crear tu propio dibujo.

LENGUA Y LITERATURA   MINI LECCIÓN

Los detalles nos dicen cómo son las acciones

En tu semblanza vas a contar lo que ha hecho una persona admirable. Para que se entienda bien cómo hace esa persona las cosas, hay que dar detalles. Observa:

Le dio a la pelota → con un golpe decidido y fuerte.

Los **complementos circunstanciales** modifican el verbo y nos dicen en qué circunstancias el sujeto realiza la acción. Añade complementos a la lista:

De **tiempo** (cuándo) – ahora, entonces, anoche...

De **lugar** (dónde) – aquí, enfrente, en su país, debajo de unas piedras...

De **modo** (cómo) – mucho, muy rápido, a escondidas, con miedo...

De **finalidad** (para qué, para quién) – para localizar el tesoro...

De **compañía** (con quién) – con Sandra, con su amigo, con un elefante...

Guía del lenguaje

Ver Complementos circunstanciales, pág. 380.

Inténtalo tú

Escribe cinco oraciones sobre las acciones de un artista, un deportista o un científico. Piensa cuándo, dónde, cómo y con qué fin hace esa persona las cosas y añade complementos. Compara tus oraciones con las de un(a) compañero(a). ¿Queda claro por qué la persona es admirable? ¿Qué tipo de complementos circunstanciales has usado?

VOCABULARIO   LAS PALABRAS SON TUYAS

ALCANCÍA DE PALABRAS

desviar

fingir

engañar

titubear

fastidiar

Usa los verbos con precisión

Otra forma de dar detalles es usar verbos muy precisos. Usa los verbos de la ALCANCÍA para relatar las acciones de alguien ¡que no es nada admirable!

El malvado _____ porque estaba nervioso. _____ ser buena persona, pero en realidad nos quería _____ a todos con su apariencia. Planeaba _____ el río para inundar la ciudad. ¡Cómo me _____ que nos tome por tontos!

ESTRATEGIAS PARA LEER

Hacer deducciones: Hay en la página más de lo que parece

En «Cadena rota», Soto ofrece muchos detalles para ayudarnos a entender a sus personajes y seguir la acción de la historia. A veces, sin embargo, el lector se encuentra con oraciones que sugieren algo que está más allá de lo que dicen realmente. En esos casos, el lector debe hacer **deducciones,** o llegar a conclusiones, basadas en evidencias que solamente se insinúan o sugieren.

Por ejemplo, tú podrías sacar las siguientes conclusiones o deducciones sobre los personajes de acuerdo a la información que se te da a continuación:

La madre de Alfonso es muy cuidadosa cuando gasta su dinero.
Su madre recortaba los anuncios de ofertas que aparecían en las revistas y en los periódicos, cultivaba un huerto de legumbres los veranos y hacía sus compras en almacenes de descuento.

Una experiencia pasada debe haberle enseñado que es mejor no hablarle a su hermano cuando está enfadado.
Alfonso sabía bien que era mejor no decir nada cuando Ernesto tenía cara de enojado.

Sandra y Alfonso se gustan.
Alfonso acompañó a la muchacha y al muchacho rumbo a su casa. No hablaron mucho. Cada dos o tres pasos la muchacha, que se llamaba Sandra, lo miraba de reojo; Alfonso desviaba la vista.

La bicicleta de Pepón Osorio.
Courtesy of the artist.

Sin darte cuenta, tal vez ya sepas cómo hacer deducciones. Cuando leíste las siguientes líneas de «Naranjas», probablemente tenías alguna idea de lo que la vendedora estaba pensando:

> Cuando levanté la vista,
> la mujer y yo nos miramos,
> y ella sostuvo mi mirada, sabiendo
> muy bien de lo que se trataba.

Lo que la vendedora sabe no está descrito explícitamente. Sin embargo, sabemos que probablemente ha entendido la situación: el muchacho quiere regalarle a su novia el chocolate que ella ha escogido, pero no tiene el dinero suficiente para pagar. En cambio, ofrece pagar con lo único que trae, un níquel y una naranja.

Para llegar a esta conclusión, has utilizado la información que tenías. Esta información incluye los **sucesos de la historia** y **los conocimientos previos,** lo que ya sabes. En este caso, tú sabes algo sobre los seres humanos y cómo actúan en determinadas circunstancias.

Puedes utilizar lo que sabes de la naturaleza humana y de la vida cotidiana para tratar de llegar a conclusiones y hacer deducciones.

Sucesos de la historia	+	Conocimiento previo	=	Deducción/Conclusión
El muchacho tiene solamente un níquel y unas naranjas. Quiere pagar el chocolate que su novia escogió.		Los adultos saben que los niños a menudo no tienen mucho dinero.		La vendedora entiende que el muchacho solamente puede pagar el chocolate con una naranja y un níquel.

Recuerda que una conclusión válida se basa en hechos, evidencia o lógica. Evita conclusiones inútiles asegurándote de que todas tus ideas son razonables y están basadas en la información que ofrece el texto.

Una lectura cuidadosa depende de la capacidad para hacer deducciones a partir de las pistas que da el escritor. El hacer deducciones nos permite realizar nuestros propios descubrimientos y enriquecer nuestro placer en la lectura.

ANTES DE LEER
de Yo sé por qué canta el pájaro enjaulado

Punto de partida

Un aula acogedora

Estás a punto de leer un pasaje de la autobiografía de Maya Angelou, una de las escritoras más conocidas de los Estados Unidos. En el pasaje que sigue, la escritora describe el sentimiento de «terror y trauma» que se apoderaba de ella cuando abandonaba el ambiente familiar de su vecindario para asistir a la escuela, donde solamente había otras dos estudiantes afroamericanas. En la escuela conoce a una profesora cuyo trato es más cortés que bondadoso, más respetuoso que amistoso. Pero al crear en la clase una atmósfera de igualdad y respeto, la profesora creó un refugio, un lugar seguro y cordial, donde Angelou y los otros estudiantes podían acudir todos los días.

Comparte tus ideas

Imagina que hay un nuevo estudiante que viene de otra escuela. Quizá este estudiante acaba de llegar al país y no habla inglés. Discutan en grupos pequeños qué puede estar pensando y sintiendo el recién llegado cuando él o ella entra en la clase por primera vez.

Telón de fondo

Los sucesos que recuerda Angelou tuvieron lugar durante la Segunda Guerra Mundial (1939–1945). Debido a que las necesidades militares exigían un aumento en la producción industrial, en el norte de los Estados Unidos surgieron más oportunidades de trabajo para los afroamericanos. Aunque las fuerzas armadas seguían practicando la segregación racial, la necesidad urgente de trabajadores condujo a una disminución de la segregación en la contratación laboral. Pero en aquella época todavía existían muchas leyes que discriminaban en contra de los afroamericanos. En la selección que sigue a continuación, Angelou describe la influencia que ejercieron en su vida tanto los prejuicios raciales sutiles como los más evidentes.

Elementos de literatura

Ambiente

El **ambiente** puede servir para recrear el trasfondo físico de una narración o para establecer una atmósfera concreta. En la historia autobiográfica de Angelou, el ambiente es muy importante. Mientras la estés leyendo, apunta en tu DIARIO DEL LECTOR detalles sobre el ambiente. Analiza cómo el ambiente (el vecindario, la clase, y el más amplio marco histórico en el que nació) influye en la manera en que Angelou se siente con respecto a ella misma, a la otra gente, y a su propio lugar en el mundo.

El **ambiente** es el tiempo y el lugar en que se desarrolla la acción de una narración.

Para más información, ver la página 79 y el GLOSARIO DE TÉRMINOS LITERARIOS.

de Yo sé por qué canta el pájaro enjaulado

Maya Angelou

Niña alcanzando la paz (1983) de Cándido Bidó. Óleo-Acrílico.
Courtesy of the artist.

Sus hermosos edificios estaban situados en una loma del distrito residencial blanco, a unas sesenta manzanas del barrio negro. Durante el primer trimestre, fui una de las tres estudiantes negras de la escuela y, en aquella atmósfera enrarecida,[1] llegué a amar más a mi pueblo. Por las mañanas,

1. **enrarecida:** fría, poco amable o cordial.

en el tranvía que atravesaba mi ghetto[2] experimentaba una combinación de terror y trauma. Sabía que muy pronto estaríamos fuera de mi ambiente familiar, se habrían apeado todos los negros que iban en el tranvía, cuando había montado yo, y afrontaría[3] sola las cuarenta manzanas de calles limpias, céspedes lisos, calles blancas y niños ricos.

Por las tardes, camino de casa, las sensaciones eran de alegría, impaciencia y alivio ante el primer rótulo que decía «Barbacoa» o «Dése una vuelta por aquí» o «Comida casera» o ante las primeras caras carmelitas por las calles. Reconocía que estaba de nuevo en mi país.

En la propia escuela tuve la decepción de no ser la estudiante más brillante ni la casi más brillante siquiera. Los blancos tenían mejor vocabulario que yo y —lo que era más desconcertante[4]— menos miedo en clase. Nunca vacilaban[5] en levantar la mano para responder a una pregunta del profesor; aun cuando se equivocaran, lo hacían de forma agresiva, mientras que yo, antes de atreverme a llamar la atención hacia mi persona, debía estar segura de todos mis datos.

El Instituto George Washington fue la primera escuela auténtica a la que asistí. Mi entera estancia en él podría haber sido una entera pérdida de tiempo, de no ser por la excepcional personalidad de una profesora brillante. La Srta. Kirwin era una de las raras educadoras apasionadas por la información. Siempre creeré que su amor a la enseñanza no se debía tanto a su interés por los estudiantes como a su deseo de cerciorarse de que algunas de las cosas que sabía encontrarían depositarios[6] para compartirlas de nuevo.

Ella y su hermana soltera trabajaban en el sistema escolar de la ciudad de San Francisco desde hacía más de veinte años. Mi Srta. Kirwin, mujer alta, rolliza, de tez roja y cabello gris como un acorazado,[7] enseñaba civismo[8] y asuntos de actualidad. Al final de un trimestre en su clase, nuestros libros estaban tan limpios y con las páginas tan tiesas como cuando nos los habían entregado. Los estudiantes de la Srta. Kirwin nunca o sólo muy raras veces tenían que abrir sus libros de texto.

Saludaba a todas las clases así: «Buenos días, damas y caballeros». Yo nunca había oído a un adulto hablar con tanto respeto a unos adolescentes. (Los adultos suelen creer que, si se muestran corteses, ven mermada[9] su autoridad.) «En el *Chronicle* de hoy había un artículo sobre la industria minera en las Carolinas [o cualquier otro tema remoto]. Estoy segura de que todos ustedes habrán leído el artículo. Quisiera que alguien me comentara por extenso ese tema».

Después de las dos primeras semanas en su clase, yo y todos los demás estudiantes leíamos con pasión los periódicos de San Francisco, las revistas *Time* y *Life* y todo lo demás que nos cayera en las manos. La Srta. Kirwin me demostró que Bailey[10] tenía razón. Éste me había dicho en cierta ocasión que «todo saber es moneda de curso legal, según el mercado».

No había estudiantes favoritos ni predilectos del profesor. Si un estudiante le gustaba durante una clase determinada, no podía contar con un trato especial en la del día siguiente y lo mismo era cierto viceversa. Por la actitud que adoptaba todos los días ante nosotros, daba la impresión de que aquél era el día en que nos habíamos

7. **acorazado:** buque de guerra blindado.
8. **civismo:** estudio de las obligaciones y los derechos de los ciudadanos.
9. **mermada:** disminuida, que pierde fuerza.
10. **Bailey:** el hermano de la narradora.

2. **ghetto:** barrio donde vive una minoría marginada por la sociedad.
3. **afrontaría:** haría frente a una situación difícil.
4. **desconcertante:** inquietante.
5. **vacilaban:** dudaban.
6. **depositarios:** personas que reciben y guardan una cosa, en este caso conocimientos.

ADUÉÑATE DE ESTAS PALABRAS

apeado, de **apear** v.: bajar de un vehículo, descender.
alivio m.: sentimiento de quitarse un peso de encima.
cerciorarse, de **cerciorar** v.: asegurar, tener certeza.
predilecto, -ta adj.: lo que más se quiere o se prefiere; lo escogido.

conocido. Era reservada y firme en sus opiniones y no perdía tiempo con frivolidades.

En lugar de intimidar, estimulaba. Mientras que algunos de los otros profesores se desvivían para ser agradables —«liberales»— conmigo y otros no me hacían el menor caso, la Srta. Kirwin nunca parecía notar que yo fuese negra y, por tanto, diferente. Yo era la Srta. Johnson y si sabía la respuesta para una pregunta que hubiese hecho, nunca me decía sino «correcto», la misma palabra que decía a cualquier otro estudiante que diera la respuesta correcta.

Años después, cuando volví a San Francisco, visité su clase. Siempre recordaba que yo era la Srta. Johnson, que tenía talento y debía aprovecharlo. En aquellas visitas nunca me animaba a entretenerme. Parecía dar a entender que yo tenía otras visitas que hacer. Muchas veces me pregunté si sabría que era la única profesora a la que yo recordaba.

—Traducción de Carlos Manzano

CONOCE A LA ESCRITORA

En 1993, **Maya Angelou** (1928–   ) subió al estrado frente al Capitolio y recitó su poema «On the Pulse of the Morning» para celebrar la toma de posesión del presidente Clinton. En ese momento, la escritora debió pensar en el largo recorrido desde su infancia en Stamps, Arkansas. Angelou ha sido actriz, profesora, conferenciante y defensora de los derechos civiles. Pero ante todo, es poeta, autora de teatro y de canciones, guionista y ha escrito para periódicos y revistas. También es autora de varios trabajos autobiográficos. *Yo sé por qué canta el pájaro enjaulado* es un recuento de sus primeros 16 años de vida.

Angelou dice que los dos escritores que más influyeron en su obra fueron William Shakespeare y el poeta Paul Laurence Dunbar. El título *Yo sé por qué canta el pájaro enjaulado* pertenece a un poema de Paul Dunbar llamado «Sympathy». A su vez, Maya Angelou ha ejercido una gran influencia en la vida de muchos jóvenes, tanto personalmente como por medio de sus escritos. Angelou ofrece a otros el mismo estímulo que le dio la profesora que la ayudó a descubrir sus propias fuerzas.

Angelou dijo una vez:

«La gente negra dice que cuando recibes, debes dar; que cuando aprendes, debes enseñar. Cuando esto nos sucede, entonces tenemos que salir y curar a alguien, y predicar la idea para que alguien más lo aprenda y lo dé a conocer a su vez.»

CREA SIGNIFICADOS

Primeras impresiones

1. En tu opinión, ¿cuál es la palabra u oración más importante de la lectura? ¿Por qué?

Interpretaciones del texto

2. ¿Cómo se siente Angelou al dejar atrás su vecindario para acudir a la escuela? ¿Por qué crees que siente alivio cuando regresa a casa?

3. ¿Por qué cree Angelou que se porta de una forma diferente a la de los estudiantes blancos en la clase? ¿Por qué el ambiente en el que creció Angelou hace que no quiera llamar la atención hacia su persona?

4. ¿Qué piensas que opinaba Angelou sobre las otras clases y profesores? Encuentra alguna evidencia en el texto que sugiera su opinión.

Conexiones con el texto

5. Angelou describe dos lugares donde se siente contenta y feliz, su casa y la clase de la señorita Kirwin. Describe los lugares o ambientes donde te sientes más feliz. Explica por qué te hace feliz encontrarte en esos lugares.

Repaso del texto

a. ¿A qué distancia de su barrio se encuentra la escuela de Angelou?

b. ¿Cómo llega Angelou a la escuela todos los días?

c. ¿Qué materias enseña diariamente la profesora Kirwin?

d. ¿Cómo saluda la profesora Kirwin a sus estudiantes todos los días?

e. ¿Qué tipo de material de lectura se asigna y se discute?

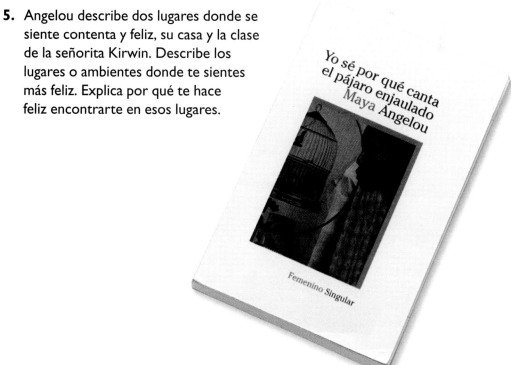

Yo sé por qué canta el pájaro enjaulado
Maya Angelou

Femenino Singular

Cuaderno del escritor

1. Compilación de ideas para una semblanza

Maya Angelou revela el carácter de su personaje, la señorita Kirwin, no solamente mediante la descripción de su aspecto y de su voz, sino también por medio de la cortesía con la que trataba a sus estudiantes y la manera en que se ganó el respeto de todos ellos. Escoge a alguien importante en tu vida: tus padres, un familiar, un profesor o un amigo. Escribe dos o tres cosas que esta persona haya dicho o hecho para ganarse tu respeto. Luego, toma notas sobre las circunstancias que rodearon esos comentarios o acciones. Conserva tus notas.

Mi abuela Elisa
—«Cuando una puerta se cierra, se abre otra», me solía decir.
— me enseñó a leer
—trabaja con los desamparados sin hogar en nuestro barrio
—preparaba pasteles deliciosos

Planificación en grupo

2. Comité de bienvenida

Debate la forma en que tu clase podría dar la bienvenida a un nuevo estudiante que acaba de llegar. Trabaja en grupo para idear dos o tres actividades que ayuden al recién llegado a familiarizarse con tu escuela y a sentirse bienvenido.

Arte

3. Lugares entrañables

Si te gusta expresarte por medio del arte, crea un dibujo, pintura o modelo de un lugar que signifique mucho para ti.

LENGUA Y LITERATURA MINI LECCIÓN

Detalles que presentan las oraciones

Guía del lenguaje

Ver Complementos circunstanciales, pág. 380.

Los **complementos circunstanciales** se pueden poner **al principio** de la oración. Si todas las oraciones empiezan con el sujeto, el texto resulta monótono y aburrido. Fíjate:

> Mi padrino es una persona especial para mí. Me ha enseñado mucho. Me regaló un libro sobre animales en peligro de extinción. Me ha enseñado a hacer un jardín.

Al poner complementos al principio de las oraciones, el texto se vuelve emocionante. Los complementos invitan al lector a leer porque presentan las oraciones de una manera más interesante. Observa:

> Como la maestra de Maya Angelou, mi padrino es una persona especial para mí. Siempre me ha enseñado mucho. El día de mi cumpleaños, antes de llevarme al zoo, me regaló un libro sobre animales en peligro de extinción. Cuando nos mudamos de casa, me enseñó a hacer un jardín.

Inténtalo tú

Vuelve a leer la descripción que has hecho de una persona que ha sido importante para ti. Añade complementos circunstanciales al principio de algunas de tus oraciones o cambia de sitio algunos de los que están después del verbo.

VOCABULARIO LAS PALABRAS SON TUYAS

Palabras para el mundo profesional

Para conseguir un trabajo, tienes que saber resaltar tus habilidades. Cuando Maya Angelou era joven, sabía que tenía **talento** y que debía aprovecharlo. ¿Qué talentos tienes tú? Haz una constelación con todas tus habilidades. Después, con un(a) compañero(a) actúen como si fueran jefe(a) y candidato(a) para un trabajo. Trata de explicar tus habilidades.

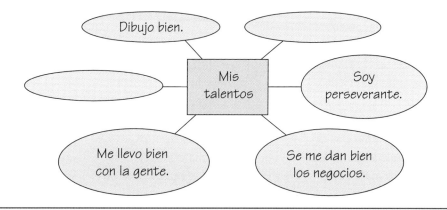

Elementos de literatura

CUENTOS I: Argumento, caracterización y ambiente

Un **cuento** es una narración breve de ficción en prosa, en la que normalmente se presentan solamente uno o dos personajes principales y un solo ambiente. A pesar de que los cuentos son **ficciones,** es decir, invenciones, utilizan algunos de los mismos elementos que el ensayo. Los elementos más importantes de un cuento responden a las mismas preguntas básicas que un ensayista trataría de responder en un típico artículo de diario o en una biografía:

Ensayo	Cuento
¿Qué?	Argumento
¿Quién?/ ¿Por qué?	Caracterización
¿Cuándo?/ ¿Dónde?	Ambiente

Argumento

El **argumento** es el resumen de los sucesos de un cuento. Cualquier obra literaria que cuenta una historia tiene un argumento. No confundas el argumento con la **trama.** La trama no es un simple resumen de lo que pasa en el cuento. Es la forma en que un escritor ordena y relaciona los sucesos de una narración. Tradicionalmente, la trama se divide en cuatro partes principales: exposición, conflicto, clímax y desenlace.

Al comienzo de un cuento, la **exposición** presenta la situación básica al introducir al menos a un personaje principal. En el comienzo, el escritor suele mostrar también el ambiente y sugiere el conflicto o la lucha que quiere explorar en el cuento. En el primer párrafo de «Cadena rota», por ejemplo, Gary Soto describe a Alfonso sentado en el porche de su casa, mientras piensa obsesivamente en su aspecto físico.

El elemento central de un cuento es el **conflicto,** es decir, la lucha entre dos personajes o fuerzas opuestas. En los **conflictos externos,** un personaje lucha con otra persona, un grupo o una fuerza de la naturaleza. En los **conflictos internos,** el personaje lucha consigo mismo. ¿Dónde puedes encontrar estos dos tipos de conflicto en «Cadena rota»?

A medida que los personajes intentan resolver el conflicto, surgen complicaciones. Estas idas y vueltas de la acción producen a menudo el **suspenso,** la incertidumbre que siente el lector sobre lo que puede suceder a continuación. Un escritor utiliza la **anticipación** para sugerir un acontecimiento que se producirá más tarde a medida que transcurre la acción.

El **clímax** es el momento culminante del cuento, cuando se decide su desenlace. ¿Cuál es el clímax en «Cadena rota»? La parte final del cuento, llamada el **desenlace,** resuelve definitivamente los conflictos del cuento. En «Cadena rota», Soto presenta el desenlace en el párrafo final, cuando Alfonso y Sandra se montan felices en la bicicleta de Ernesto.

La acción de un cuento suele desarrollarse en orden cronológico o temporal. A veces, sin embargo, el escritor se aparta del orden cronológico para lograr un

efecto especial. Una técnica para cambiar el tiempo normal de un cuento es la **narración retrospectiva** o *flashback*. Una narración retrospectiva interrumpe la narración para volver al pasado y contar lo que ocurrió en un tiempo anterior. Soto realiza una narración retrospectiva breve en el tercer párrafo de «Cadena rota», cuando describe lo que ocurrió cuando Alfonso se rapó el pelo y su padre regresó del partido de béisbol (páginas 57–58).

Caracterización

La técnica que utiliza un narrador para crear a los personajes de un cuento se llama **caracterización.** En el caso de la **caracterización directa,** el escritor cuenta directamente a los lectores cómo es un personaje. Por ejemplo, en el primer párrafo de «Cadena rota», Gary Soto dice directamente que Alfonso «detesta su aspecto». La mayoría de las veces, sin embargo, los escritores prefieren revelar las personalidades de sus personajes por medio de varios métodos de **caracterización indirecta.** Entre estos métodos están los siguientes:

- mostrar al personaje en acción
- utilizar las palabras del personaje en el diálogo
- describir el aspecto del personaje
- revelar los pensamientos y sentimientos personales de un personaje
- mostrar las reacciones de otros al personaje

En «Cadena rota», Gary Soto utiliza varios de estos mismos métodos para caracterizar indirectamente al padre de Alfonso. Las tímidas reacciones del muchacho ante su padre nos indican, por ejemplo, que el padre de Alfonso es orgulloso, estricto y cambia de estado de ánimo con frecuencia.

Ambiente

El **ambiente** de un cuento es el tiempo y el lugar en que transcurre la acción. Al comienzo de «Cadena rota», Gary Soto nos da ciertos detalles sobre el ambiente: por ejemplo, el primer párrafo describe a Alfonso sentado en el porche de su casa. Los escritores suelen ofrecer detalles del ambiente a lo largo del cuento. En «Cadena rota» poco a poco se revelan más detalles del vecindario de Alfonso.

El ambiente a menudo desempeña un importante papel en un cuento. Un escritor puede utilizar el ambiente para crear una cierta atmósfera o estado de ánimo. Fíjate en el ambiente cuando leas «Un pacto con el diablo», de Juan José Arreola (página 91), y «Cajas de cartón», de Francisco Jiménez (página 249).

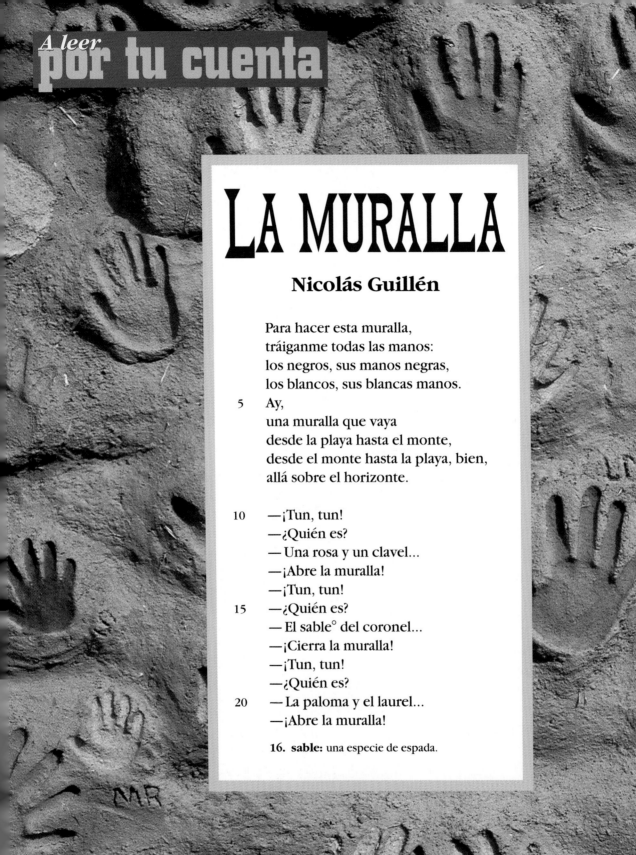

LA MURALLA

Nicolás Guillén

Para hacer esta muralla,
tráiganme todas las manos:
los negros, sus manos negras,
los blancos, sus blancas manos.
5   Ay,
una muralla que vaya
desde la playa hasta el monte,
desde el monte hasta la playa, bien,
allá sobre el horizonte.

10   —¡Tun, tun!
—¿Quién es?
— Una rosa y un clavel...
—¡Abre la muralla!
—¡Tun, tun!
15   —¿Quién es?
— El sable° del coronel...
—¡Cierra la muralla!
—¡Tun, tun!
—¿Quién es?
20   — La paloma y el laurel...
—¡Abre la muralla!

16. sable: una especie de espada.

—¡Tun, tun!
—¿Quién es?
— El alacrán y el ciempiés...
25 —¡Cierra la muralla!

Al corazón del amigo,
abre la muralla;
al veneno y al puñal,°
cierra la muralla;
30 al mirto° y la yerbabuena,
abre la muralla;
al diente de la serpiente,
cierra la muralla;
al ruiseñor en la flor,
35 abre la muralla...

Alcemos una muralla
juntando todas las manos;
los negros, sus manos negras,
los blancos sus blancas manos.
40 Una muralla que vaya
desde la playa hasta el monte,
desde el monte hasta la playa, bien,
allá sobre el horizonte...

28. **puñal:** cuchillo. 30. **mirto:** arbusto con florecillas rosas o blancas.

ADUÉÑATE DE ESTAS PALABRAS
alcemos, de **alzar** v.: levantar; edificar.

CONOCE AL ESCRITOR

Nicolás Guillén (1902–1989), uno de los más grandes poetas cubanos, fue un maestro del estilo afrocubano. En su poesía combinó las formas tradicionales españolas con palabras y ritmos afrocubanos para crear un lenguaje que consigue reflejar el sabor del Caribe hispanohablante.

Comenzó a escribir poesía cuando era adolescente. La visita del poeta afroamericano Langston Hughes a Cuba en 1930 llevó a Guillén a publicar *Motivos del son,* su primer trabajo importante. Los poemas de este libro tienen una estructura rítmica como la del son, un estilo musical cubano que tiene sus raíces en canciones, bailes y formas del habla. *Sóngoro cosongo* (1931), considerada la obra maestra de Guillén, expresa el carácter de la vida afrocubana con mucha más fuerza que su primera obra. Estos versos han sido recitados a menudo en público con acompañamiento de tambores.

Durante toda su vida, Guillén escribió una poesía que permitió a los cubanos comprender su propia diversidad y ayudó al mundo a entender la lucha de los cubanos por su independencia. «La muralla» refleja su profunda conciencia social, su protesta contra el racismo y su afirmación de la hermandad entre los seres humanos.

Tarea
Escribe una semblanza.

La descripción

Semblanza

En una **semblanza** se describe el aspecto físico, los rasgos de la personalidad y los logros de una persona. También se puede explicar lo que esa persona significa para uno(a).

Antes de escribir

1. Lluvia de ideas

Trata de obtener ideas sobre posibles candidatos para tu biografía repasando las anotaciones que hiciste en tu CUADERNO DEL ESCRITOR. Hazte las siguientes preguntas:

- ¿Cuál de las personas mencionadas me inspira más?
- ¿Qué persona ejerce la mayor influencia sobre mí?
- ¿Tengo más cosas que decir sobre una persona en particular?

Escritura libre
Una de las personas a las que más admiro es mi mejor amigo Jimmy. Yo diría que las tres mejores cualidades de Jimmy son su sentido del humor, su preocupación por los demás y su generosidad.

2. Escritura libre

Para obtener más ideas, escribe libremente sobre uno o más de estos temas: tu mejor amigo, una persona a la que admiras, el acto de generosidad de alguien, tu primer amor, una persona a la que juzgaste equivocadamente al principio o alguien con un gran sentido del humor.

3. Investigación

Observa fotografías de tu familia u hojea un álbum de recortes con fotos, cartas y otros recuerdos. Elige a una persona importante en tu vida y haz dos columnas como las que aparecen a continuación. A la izquierda, anota palabras o frases que indiquen cómo te hace sentir el conocer o estar con esa persona. A la derecha, haz una lista de las experiencias que has compartido con él o ella. Trata de descubrir dos o tres sucesos que revelen su carácter.

The history
of the written
word is rich and

Page 1

Había una vez

Una persona especial

Mis sentimientos	Nuestras experiencias comunes

4. Objetivo y público

Después de haber seleccionado a una persona, considera el objetivo y el público. En una semblanza, tu **objetivo** es informar a los lectores sobre una persona especial y expresar lo que significa para ti. Concéntrate en este objetivo y resume en una o dos oraciones lo que esa persona significa para ti. Este comentario se convertirá en la **idea principal** de tu semblanza. Para descubrir cuál es tu idea principal, hazte las siguientes preguntas:

- ¿Por qué sus logros o los rasgos de su personalidad son tan importantes para mí?

- ¿Cómo me ha cambiado el conocer a esta persona?

- ¿Cómo pienso que esta persona puede influir en mis decisiones, valores y objetivos en el futuro?

Tu **público** será probablemente tu profesor, tus compañeros de clase y familiares cercanos o amigos. Pregúntate si todos o la mayoría de las personas que componen el público conocen también a esa persona. Entonces sabrás qué antecedentes vas a incluir.

5. Reúne detalles

Los **detalles** son el elemento central de cualquier biografía. Reúne detalles para ayudar a tu público a apreciar al sujeto. He aquí algunas estrategias que te pueden ayudar a recolectar detalles específicos sobre el sujeto:

- Estudia fotografías y enumera detalles físicos distintivos.

- Dibuja a la persona sentada, de pie, o gesticulando de una manera típica en él o ella.

Idea principal
Mi profesora, la Srta. Rivera, ha tenido una importante influencia sobre mí, porque me ha ayudado a apreciar el valor de comprometerse con un proyecto difícil y esforzarse por acabarlo.

- Piensa en algún lugar donde pasaste tiempo con la persona, o imagina ese lugar de la forma más vívida que puedas.

- Anota dos o tres frases que ha dicho esa persona y luego utiliza estas citas para recordar más detalles sobre las experiencias que has compartido con él o ella.

Utiliza una lista como la que aparece a la izquierda para registrar tus detalles.

El borrador
1. Organización

Repasa tus notas y decide cómo puedes ordenarlas de una manera lógica. Un modo de hacerlo es hablar de tu sujeto en **orden cronológico o temporal,** presentando una serie de sucesos en el orden en que ocurrieron realmente.

Otro método es organizar tu semblanza en torno a los rasgos de la personalidad del sujeto. Si escoges este método, asegúrate de incluir al menos un suceso específico que ilustre cada rasgo de la personalidad. Tal vez te gustaría utilizar un **orden de importancia,** mediante el cual presentas el rasgo más importante o notable del sujeto al principio o al final de la biografía.

2. Experimentación

Experimenta con las **figuras retóricas** para conseguir que tu perfil biográfico sea más vívido e interesante. Compara estos ejemplos:

Tío Ramón es un hombre grande y fuerte.	Tío Ramón es **tan poderoso como un motor de vapor.**
Ramón dio un largo discurso de amarga protesta.	Las amargas palabras de Ramón **salieron de su boca como un río tumultoso.**

Evaluación y revisión
1. Intercambio entre compañeros

Con un(a) compañero(a), lean por turnos cada borrador en voz alta. Luego, háganse las siguientes preguntas:

- ¿Cómo resaltarías la importancia de la persona?

- ¿Qué detalles son los más vívidos? ¿Cuáles los más vagos?
- ¿Qué temas deseas conocer más?

Toma nota de los detalles de la semblanza que te gustaría añadir o reorganizar.

2. Autoevaluación

Utiliza las siguientes pautas para revisar lo que has escrito. Incorpora, borra o reorganiza detalles y realiza otros cambios necesarios de palabras u organización.

Pautas de evaluación	Técnicas de revisión
1. ¿Comienzo de manera efectiva e interesante?	1. Comienza con una cita interesante o un detalle humorístico.
2. ¿Están claros los antecedentes?	2. Incorpora los hechos necesarios.
3. ¿He presentado los detalles de una forma clara y lógica?	3. Reorganiza tu material y utiliza más palabras de enlace.
4. ¿He usado un lenguaje vívido en la descripción de esta persona?	4. Incorpora figuras retóricas como el símil, la metáfora o la personificación.
5. ¿He especificado con claridad lo que esta persona significa para mí?	5. Revisa o amplía la exposición de tu idea principal.

Compara las dos versiones siguientes de un párrafo inicial en una semblanza.

MODELOS

Borrador 1

Mi abuela Elisa ha sido una persona importante en mi vida desde que yo era niña. Parecía como si siempre supiera decir las palabras adecuadas en una crisis y hacerme sentir bien. Cuando tuvimos que mudarnos a otra ciudad hace un año, me sentí muy triste. Mi abuela me dijo que no me desesperara.

Evaluación: Este párrafo es muy general y abstracto. Necesitamos visualizar al personaje y la situación.

Borrador 2

«¡Cuando una puerta se cierra, Gloria, recuerda que otra se abre!» Nunca he olvidado cómo mi abuela Elisa me consoló cuando nos marchábamos de nuestra antigua casa. Sentí que dejaba atrás todo lo que era familiar e importante en mi vida. A medida que veía cómo nuestra casa desaparecía de mi vista, mi abuela sacó un pedazo de papel y un lápiz de su bolso. Cuando le pregunté qué estaba haciendo, me respondió que estaba haciendo una lista de todas las cosas divertidas que haríamos cuando llegáramos.

Evaluación: Mejor. El párrafo comienza con una cita interesante. La escena nos prepara para apreciar el significado del personaje en la vida del escritor.

Corrección de pruebas

Intercambia trabajos con un(a) compañero(a) y corrijan con cuidado las respectivas semblanzas. Señalen cualquier error de gramática, ortografía o puntuación.

Publicación

Usa estos métodos para publicar o compartir tu escrito:

- Reúnete con otros estudiantes para crear un portafolio ilustrado de biografías.

- Regala al sujeto de tu biografía un ejemplar autografiado de la misma.

Reflexión

Escribe una respuesta breve a una o varias de estas preguntas:

- ¿De qué manera me ha ayudado esta tarea para aprender más de mí mismo como escritor? ¿y como persona?

- ¿Qué resultó más fácil de toda la tarea? ¿Cuál fue la parte más difícil?

- ¿Qué sugerencias puedo apuntar en mi CUADERNO DEL ESCRITOR que me ayuden en futuras tareas?

Estímulos para la reflexión
Me resultó difícil determinar exactamente por qué mi abuela Elisa significa tanto para mí. Reconozco la influencia tranquilizante que tiene para toda nuestra familia.

PREPARA TU PORTAFOLIO
Taller de oraciones

ORACIONES COORDINADAS Y SUBORDINADAS

Mira el organigrama de una agencia de investigadores. ¿Qué personas tienen una relación de dependencia o **subordinación**? ¿A quién? ¿Qué personas tienen entre ellos una relación **coordinada**, es decir, de igual a igual?

Guía del lenguaje

Ver Oraciones, pág. 370.

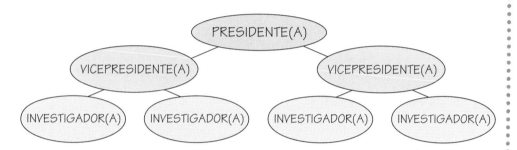

Las oraciones **coordinadas** son oraciones relacionadas que pertenecen a la misma categoría y no dependen la una de la otra. Si se quita la palabra de enlace funcionan independientemente con un sentido completo. Quítale a esta oración la palabra de enlace «y». ¿Son oraciones independientes?

Timoteo miraba por los binoculares y Rita rebuscaba por el cuarto.

Una oración está **subordinada** a otra cuando depende de ella. Si quitas la palabra de enlace «que» la oración subordinada no tiene un sentido completo. Compruébalo:

Rita encontró una foto que aclaró el misterio.

Al revisar tu trabajo:

Busca partes de tu semblanza donde haya oraciones cortas. Une las oraciones con palabras de enlace coordinantes como «y», «o», «pero» y «sin embargo».

Inténtalo tú

Di cuál es la oración subordinada y cuál es la oración principal en cada caso:

1. Los investigadores tienen una clave secreta que proviene de Egipto.
2. Juliana le da a Pepe un chaleco que lo hará invisible.
3. Roberto envía la carta con una paloma mensajera para que llegue cuanto antes.

COLECCIÓN 3

Laberintos de la imaginación

Eco ilógico de Turizzo (1952–).
Courtesy of the artist.

ANTES DE LEER
Un pacto con el diablo

Punto de partida

Ejercita la imaginación

Muchas obras de literatura ponen a prueba las fronteras de la realidad. Describen sucesos fantásticos que para la mayoría de la gente resultan difíciles de creer. Las selecciones de esta colección no sólo muestran lo imaginativa que puede ser la mente, sino también lo ingeniosos que pueden ser los personajes cuando se enfrentan a una situación fantástica y poco común.

Comparte tus ideas

Analiza lo que es un pacto y qué significa establecer un pacto con alguien. Con un(a) compañero(a), establece un pacto ficticio por el cual te comprometes a algo en particular, como hacer una cantidad de ejercicios abdominales al día, leer un libro dentro de un determinado plazo de tiempo, o ayudar más en las tareas caseras. ¿En que consistiría el pacto? ¿Cuáles son sus condiciones?

Máscara del diablo, de la comunidad mestiza de El Pueblito.

From Mask Arts of Mexico by Ruth D. Lechuga and Chloe Sayer, photographs by David Lavender, published by Chronicle Books, San Francisco.

Diálogo con el texto

Cuando leas «Un pacto con el diablo», escribe algunas notas sobre el carácter del protagonista y el dilema que lo convierte en alguien cuyo destino puede interesar a los lectores.

Telón de fondo

En la literatura, el demonio aparece a menudo como un personaje humorístico que trata de aprovecharse de la gente pero que suele salir burlado. Los cuentos populares, como los de Pedro Urdemales, a menudo giran en torno a las cómicas relaciones de un personaje con el diablo.

Se han escrito muchos cuentos muy conocidos en los que el diablo promete dar a una persona riqueza y poder a cambio de su alma. Dos de estas historias son «The Devil and Tom Walker», de Washington Irving, y «The Devil and Daniel Webster», de Stephen Vincent Benét. En el cuento de Benét, el famoso orador Daniel Webster consigue burlar al diablo con palabras. Cuando leas el cuento de Arreola, ten en mente estas preguntas: ¿Cuáles son las ventajas y las desventajas de las dos opciones que se le presentan al personaje principal? La decisión que toma al final, ¿qué revela de sus valores morales?

Elementos de literatura

Suspenso

A la mayoría de los lectores les gustan las historias que contienen una dosis de **suspenso**. Pero para que una historia tenga suspenso, el lector debe sentir simpatía por el dilema en que se encuentra el personaje principal. De otra forma, puede que al lector no le interese el protagonista lo suficiente como para preguntarse lo que va a ocurrir después.

> El **suspenso** es la incertidumbre que siente el lector sobre lo que puede ocurrir en una historia.
>
> *Para más información, ver el GLOSARIO DE TÉRMINOS LITERARIOS.*

DIARIO DEL LECTOR

Un pacto con el diablo

Juan José Arreola

Aunque me di prisa y llegué al cine corriendo, la película había ya comenzado. En el salón oscuro traté de encontrar un sitio. Vine a quedar junto a un hombre de aspecto distinguido.

—Perdone usted —le dije—, ¿no podría contarme brevemente lo que ha ocurrido en la pantalla?

—Sí. Daniel Brown, a quien ve usted allí, ha hecho un pacto con el diablo.

—Gracias. Ahora me gustaría conocer las condiciones de ese pacto: ¿podría explicármelas?

—Con mucho gusto. El diablo se compromete a <u>proporcionar</u> la riqueza a Daniel Brown durante siete años. Naturalmente, a cambio de su alma.

—¿Siete nomás?

—El contrato puede renovarse. No hace mucho, Daniel Brown lo firmó con un poco de sangre.

Yo podía completar con estos datos el <u>argumento</u> de la película. Eran suficientes, pero quise saber algo más. El complaciente[1] desconocido parecía ser hombre de <u>criterio</u>. En tanto que Daniel Brown embolsaba una buena cantidad de monedas de oro, pregunté:

—En su <u>concepto</u>, ¿quién de los dos se ha comprometido más?

—El diablo.

—¿Cómo es eso? —repliqué sorprendido.

—El alma de Daniel Brown, créame usted, no valía gran cosa en el momento en que la cedió.

> **DIARIO DEL LECTOR**
>
> Me pregunto por qué alguien desearía hacer un pacto con el diablo.
>
> No estoy de acuerdo. Daniel Brown se ha comprometido más que el diablo. El alma de una persona es más importante que cualquier cantidad de dinero.
>
> Está claro que el narrador tiene pena de Daniel Brown. Él también debe ser pobre.

1. **complaciente:** que se muestra atento y solícito con los demás, que complace.

ADUÉÑATE DE ESTAS PALABRAS

proporcionar *v.:* dar, poner algo en disposición para conseguir lo que se desea.
argumento *m.:* asunto o materia de una obra o una película.
criterio *m.:* capacidad para razonar y conocer la verdad.
concepto *m.:* conocimiento; juicio; opinión.

—Entonces el diablo...

—Va a salir muy perjudicado en el negocio, porque Daniel se manifiesta deseoso de dinero, mírelo usted.

Efectivamente, Brown gastaba el dinero a puñados. Su alma de campesino se desquiciaba. Con ojos de reproche, mi vecino añadió:

—Ya llegarás al séptimo año, ya.

Tuve un estremecimiento. Daniel Brown me inspiraba simpatía. No pude por menos de preguntar:

—Usted, perdóneme, ¿no se ha encontrado pobre alguna vez?

El perfil de mi vecino, esfumado[2] por la oscuridad, sonrió débilmente. Apartó los ojos de la pantalla donde ya Daniel Brown comenzaba a sentir remordimientos, y dijo sin mirarme:

—Ignoro en qué consiste la pobreza, ¿sabe usted?

—Siendo así...

—En cambio, sé muy bien lo que puede hacerse en siete años de riqueza.

Hice un esfuerzo para comprender lo que serían esos años, y vi la imagen de Paulina, sonriente, con un traje nuevo y rodeada de cosas hermosas. Esta imagen dio origen a otros pensamientos:

—Usted me dijo hace poco que el alma de Daniel Brown no valía nada: ¿cómo, pues, el diablo le ha dado tanto?

—El alma de ese pobre muchacho puede mejorar, los remordimientos pueden hacerla crecer —contestó filosóficamente mi vecino, agregando luego con malicia—: entonces el diablo no habrá perdido su tiempo.

—¿Y si Daniel se arrepiente?...

Mi interlocutor[3] pareció disgustado por la piedad que yo manifestaba. Hizo un movimiento como para hablar, pero solamente salió de su boca un pequeño sonido gutural. Yo insistí:

—Porque Daniel Brown podría arrepentirse, y entonces...

2. **esfumado:** que va desapareciendo poco a poco, desvaneciéndose.
3. **interlocutor:** persona que toma parte en un diálogo.

—No sería la primera vez que al diablo le salieran mal estas cosas. Algunos hombres se le han ido ya de las manos a pesar del contrato.

—Realmente es muy poco honrado —dije, sin darme cuenta.

—¿Qué dice usted?

—Si el diablo cumple, con mayor razón debe el hombre cumplir —añadí como para explicarme.

—Por ejemplo... —y mi vecino hizo una pausa llena de interés.

—Aquí está Daniel Brown —contesté. Adora a su mujer. Mire usted la casa que le ha comprado. Por amor ha dado su alma y debe cumplir.

A mi compañero le desconcertaron mucho estas razones.

—Perdóneme —dijo—, hace un instante usted estaba de parte de Daniel.

—Y sigo de su parte. Pero debe cumplir.

—Usted, ¿cumpliría?

No pude responder. En la pantalla, Daniel Brown se hallaba sombrío. La opulencia[4] no bastaba para hacerle olvidar su vida sencilla de campesino. Su casa era grande y lujosa, pero extrañamente triste. A su mujer le sentaban mal las galas y las alhajas.[5] ¡Parecía tan cambiada!

Los años transcurrían veloces y las monedas saltaban rápidas de las manos de Daniel, como antaño[6] la semilla. Pero tras él, en lugar de plantas, crecían tristezas, remordimientos.

Hice un esfuerzo y dije:

—Daniel debe cumplir. Yo también cumpliría.

4. **opulencia:** abundancia de bienes materiales y de riquezas.
5. **alhajas:** joyas, cosas de mucho valor.
6. **antaño:** en el año anterior, en un tiempo pasado.

ADUÉÑATE DE ESTAS PALABRAS

perjudicado, -da *adj.:* dañado.
desquiciaba, de **desquiciar** *v.:* trastornar, descomponer, sacar de quicio.
filosóficamente *adv.:* con conocimiento de las causas y los efectos de las cosas.
agregando, de **agregar** *v.:* añadir.
desconcertaron, de **desconcertar** *v.:* turbar, confundir.

Nada existe peor que la pobreza. Se ha sacrificado por su mujer, lo demás no importa.

—Dice usted bien. Usted comprende porque también tiene mujer, ¿no es cierto?

—Daría cualquier cosa porque nada le faltase a Paulina.

—¿Su alma?

Hablábamos en voz baja. Sin embargo, las personas que nos rodeaban parecían molestas. Varias veces nos habían pedido que calláramos. Mi amigo, que parecía vivamente interesado en la conversación, me dijo:

—¿No quiere usted que salgamos a uno de los pasillos? Podremos ver más tarde la película.

No pude rehusar y salimos. Miré por última vez a la pantalla: Daniel Brown confesaba llorando a su mujer el pacto que había hecho con el diablo.

Yo seguía pensando en Paulina, en la desesperante estrechez con que vivíamos, en la pobreza que ella soportaba dulcemente y que me hacía sufrir mucho más. Decididamente, no comprendía yo a Daniel Brown, que lloraba con los bolsillos repletos.

—Usted, ¿es pobre?

Habíamos atravesado el salón y entrábamos en un angosto[7] pasillo, oscuro y con un leve olor de humedad. Al trasponer la cortina gastada, mi acompañante volvió a preguntarme:

—Usted, ¿es muy pobre?

—En este día —le contesté—, las entradas al cine cuestan más baratas que de ordinario y, sin embargo, si supiera usted qué lucha para decidirme a gastar ese dinero. Paulina se ha empeñado en que viniera; hablando con ella se me ha pasado la hora del programa.

—Entonces, un hombre que resuelve sus problemas tal como lo hizo Daniel, ¿qué concepto le merece?

—Es cosa de pensarlo. Mis asuntos marchan muy mal. Las personas ya no se cuidan de vestirse. Van de cualquier modo. Reparan sus trajes, los limpian, los arreglan una y otra vez. Paulina misma sabe entenderse muy bien. Hace combinaciones y añadidos, se improvisa trajes; lo cierto es que desde hace mucho tiempo no tiene un vestido nuevo.

—Le prometo hacerme su cliente —dijo mi interlocutor compadecido—; en esta semana le encargaré un par de trajes.

—Gracias. Tenía razón Paulina al pedirme que viniera al cine; cuando sepa esto va a ponerse contenta.

—Podría hacer algo más por usted —añadió el nuevo cliente—; por ejemplo, me gustaría proponerle un negocio, hacerle una compra...

—Perdón —contesté con rapidez—, no tenemos ya nada para vender; lo último, unos aretes de Paulina...

—Piense usted bien, hay algo que quizás olvida...

Hice como que meditaba un poco. Hubo una pausa que mi benefactor[8] interrumpió con voz extraña:

—Reflexione usted, mire, allí tiene usted a Daniel Brown. Poco antes de que usted llegara, no tenía nada para vender, y, sin embargo...

Noté, de pronto, que el rostro de aquel hombre se hacía más agudo. La luz roja de un letrero puesto en la pared daba a sus ojos un fulgor extraño, como fuego. Él advirtió mi turbación y dijo con voz clara y distinta:

—A estas alturas, señor mío, resulta por demás una presentación. Estoy completamente a sus órdenes.

Hice instintivamente la señal de la cruz con mi mano derecha, pero sin sacarla del bolsillo. Esto pareció quitar al signo su virtud, porque el

8. **benefactor:** bienhechor, persona que es caritativa.

- -

ADUÉÑATE DE ESTAS PALABRAS
rehusar v.: negar, rechazar.
estrechez f.: pobreza, escasez de recursos materiales.
agudo, -da adj.: más delgado y afilado.
fulgor m.: destello, brillo, resplandor.

- -

7. **angosto:** estrecho, reducido de espacio.

diablo, componiendo el nudo de su corbata, dijo con toda calma:

—Aquí, en la cartera, llevo un documento que...

Yo estaba perplejo. Volví a ver a Paulina de pie en el umbral de nuestra casa, con su traje gracioso y desteñido, en la actitud en que se hallaba cuando me vine: el rostro inclinado y sonriente, las manos ocultas en los pequeños bolsillos de su delantal.

Pensé que nuestra fortuna estaba en mis manos. Esta noche apenas si teníamos algo para comer. Mañana habría manjares[9] sobre la mesa. Y también vestidos y joyas, y una casa grande y hermosa. ¿El alma?

Mientras me hallaba sumergido en tales pensamientos, el diablo había sacado un pliego crujiente y en una de sus manos brillaba una aguja.

«Daría cualquier cosa porque nada te faltara». Esto lo había dicho yo muchas veces a mi mujer. Cualquier cosa. ¿El alma? Ahora está frente a mí el que podía hacer efectivas mis palabras. Pero yo seguía meditando. Dudaba. Sentía una especie de vértigo. Bruscamente, me decidí:

—Trato hecho. Sólo pongo una condición.

El diablo, que ya trataba de pinchar mi brazo con su aguja, pareció desconcertado:

—¿Qué condición?

—Me gustaría ver el final de la película —contesté.

—¡Pero qué le importa a usted lo que ocurra con ese imbécil de Daniel Brown! Además, eso es un cuento. Déjelo usted y firme, el documento está en regla, sólo hace falta su firma, aquí, sobre esta raya.

La voz del diablo era insinuante, ladina,[10] como un sonido de monedas de oro. Añadió:

—Si usted gusta, puedo hacerle ahora mismo un anticipo.[11]

Parecía un comerciante astuto. Yo repuse con energía:

9. **manjares:** comidas deliciosas y exquisitas.
10. **ladina:** astuta, sagaz.
11. **anticipo:** adelanto de dinero.

—Necesito ver el final de la película. Después firmaré.

—¿Me da usted su palabra?

—Sí.

Entramos de nuevo en el salón. Yo no veía en absoluto, pero mi guía supo hallar fácilmente dos asientos.

En la pantalla, es decir, en la vida de Daniel Brown, se había operado un cambio sorprendente, debido a no sé qué misteriosas circunstancias.

Una casa campesina, destartalada y pobre. La mujer de Brown estaba junto al fuego, preparando la comida. Era el crepúsculo y Daniel volvía del campo con la azada[12] al hombro. Sudoroso, fatigado, con su burdo traje lleno de polvo, parecía, sin embargo, dichoso.

Apoyado en la azada, permaneció junto a la puerta. Su mujer se le acercó, sonriendo. Los dos contemplaron el día que se acababa dulcemente, prometiendo la paz y el descanso de la noche. Daniel miró con ternura a su esposa, y recorriendo luego con los ojos la limpia pobreza de la casa, preguntó:

—Pero, ¿no echas tú de menos nuestra pasada riqueza? ¿Es que no te hacen falta todas las cosas que teníamos?

La mujer respondió lentamente:

—Es que tu alma vale más que todo eso, Daniel...

El rostro del campesino se fue iluminando, su sonrisa parecía extenderse, llenar toda la casa, salir al paisaje. Una música surgió de esa sonrisa y parecía disolver poco a poco las imágenes. Entonces, de la casa dichosa y pobre

12. **azada:** instrumento de agricultura que sirve para remover la tierra.

ADUÉÑATE DE ESTAS PALABRAS

perplejo, -ja *adj.:* indeciso, confuso, que no sabe qué hacer.

umbral *m.:* parte inferior o superior de la puerta o entrada de una casa.

vértigo *m.:* mareo o desvanecimiento.

de Daniel Brown brotaron tres letras blancas que fueron creciendo, creciendo, hasta llenar toda la pantalla.

Sin saber cómo, me hallé de pronto en medio del <u>tumulto</u> que salía de la sala, empujando, atropellando, abriéndome paso con violencia. Alguien me cogió de un brazo y trató de sujetarme. Con gran energía me solté, y pronto salí a la calle.

Era de noche. Comencé a caminar de prisa, cada vez más de prisa, hasta que acabé por echar a correr. No volví la cabeza una sola vez ni me detuve hasta que llegué a mi casa. Entré lo más tranquilamente que pude y cerré la puerta con cuidado.

Paulina me esperaba. Echándome los brazos al cuello, me dijo:

— Pareces agitado.

— No, nada, es que...

— ¿No te ha gustado la película?

— Sí, pero...

Yo me hallaba turbado. Me llevé las manos a los ojos. Paulina se quedó mirándome, y luego, sin poderse contener, comenzó a reír, a reír alegremente de mí, que deslumbrado y confuso me había quedado sin saber qué decir. En medio de su risa, me dijo con festivo <u>reproche</u>:

ADUÉÑATE DE ESTAS PALABRAS

tumulto *m.*: confusión, alboroto causado por una multitud.
reproche *m.*: acusación, queja.

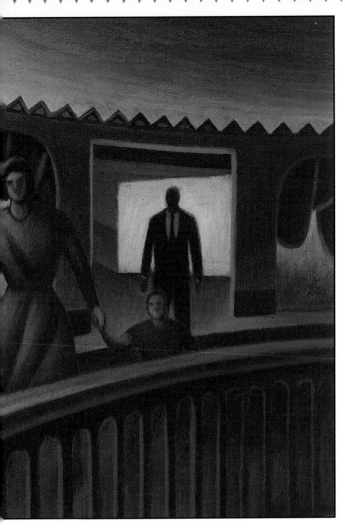

— ¿Es posible que te hayas dormido?

Estas palabras me tranquilizaron. Me señalaron un rumbo. Como avergonzado, contesté:

— Es verdad, me he dormido.

Y luego, en son de disculpa, añadí:

— Tuve un sueño, y voy a contártelo.

Cuando acabé mi relato, Paulina me dijo que era la mejor película que yo podía haberle contado. Parecía contenta y se rió mucho.

Sin embargo, cuando yo me acostaba, pude ver cómo ella, sigilosamente, trazaba con un poco de ceniza la señal de la cruz sobre el umbral de nuestra casa.

CONOCE AL ESCRITOR

Juan José Arreola (1918–   ) cree que su pasión por la escritura está relacionada con el interés artesanal de su familia. Nació en Ciudad Guzmán, en el estado mexicano de Jalisco, en una familia de catorce hermanos. A los doce años se convirtió en aprendiz de encuadernador. Más tarde trabajó en una imprenta. Aunque recibió escasa educación formal, leía todo aquello que pasaba por sus manos, sobre todo los clásicos. De adolescente comenzó a escribir historias cortas para el teatro.

La originalidad de Arreola como escritor se hizo patente en 1952, cuando publicó *Confabulario,* una novedosa colección de cuentos, fábulas y viñetas, caracterizados por su ingenio satírico y su imaginación. Como has visto en «Un pacto con el diablo», Arreola es capaz de mezclar elementos de la realidad y la fantasía de una forma tan efectiva que incluso acontecimientos extraordinarios parecen perfectamente naturales.

CREA SIGNIFICADOS

Primeras impresiones

1. ¿Qué tipo de persona es el narrador? Escoge tres palabras para describir su personalidad y las circunstancias de su vida.

Interpretaciones del texto

2. ¿Por qué crees que Arreola nunca menciona el nombre de su narrador?

3. ¿Qué opciones tiene el narrador una vez que el diablo le propone un pacto? ¿Cuáles son las consecuencias de cada una de las opciones? Prepara un cuadro como el que aparece a la derecha. Incluye las opciones que el narrador debería considerar.

4. El narrador le hace una promesa al diablo. ¿Cuáles son sus razones para hacerla? El hecho de que rompe esta promesa, ¿qué dice de él?

5. ¿En qué medida la situación del narrador en la historia es similar a la de Daniel Brown en la película? ¿Por qué el narrador está interesado en averiguar lo que le ocurre finalmente a Brown?

6. ¿Por qué el narrador duda al final del cuento si el episodio le ha ocurrido realmente? ¿Por qué Paulina reacciona de la forma en que lo hace cuando escucha la historia?

Opciones	Consecuencias
1.	→ 1. 2. → 3.
2.	→ 1. 2. → 3.
3.	→ 1. 2. → 3.

Preguntas al texto

7. Analiza cómo aparece retratado el diablo en la historia. ¿Estás de acuerdo con la caracterización que hace el autor de él? ¿Por qué?

Conexiones con el texto

8. ¿En qué circunstancias piensas que sería necesario romper un pacto?

Más allá del texto

9. ¿Te gustan las películas o novelas de horror que tratan de temas sobrenaturales? ¿Por qué crees que la gente disfruta de este tipo de historias?

OPCIONES: Prepara tu portafolio

Cuaderno del escritor

1. Compilación de ideas para un cuento

En el cuento de Arreola, un hombre común y corriente tiene un encuentro extraordinario en una sala de cine. Divide una página de tu cuaderno de notas en dos columnas. A la izquierda, anota cinco personas que conozcas. A la derecha, anota cinco ambientes de la vida diaria. Escoge luego a una de las personas e imagínatela en uno de los ambientes. Describe por escrito la situación como la imaginas.

El electricista en el sótano

- encuentra un pasaje secreto
- escucha a unos ladrones que planean un robo
- lo ataca un animal

Personajes	Ambientes
hermano	lavandería
enfermera	sótano
profesor	estación de autobuses
vecino	piscina pública
electricista	frutería y verdulería

Escritura

2. El punto de vista de Paulina

Al final de la historia, aparece la esposa del narrador, Paulina. Todo lo que sabemos de Paulina se debe al punto de vista del narrador. Basándote en lo que sabes, escribe un **monólogo interior** con la voz de Paulina. Un monólogo interior se escribe de manera que presente las emociones y los pensamientos íntimos de un personaje. Deja que Paulina nos exprese lo que siente al día siguiente del incidente. ¿Qué piensa de las experiencias de su marido y de la decisión que ha tomado? ¿Está de acuerdo? ¿Cuáles son sus preocupaciones y esperanzas?

Dramatización

3. Noche de estreno

Tal vez te gustaría interpretar con actores «Un pacto con el diablo». Piensa en la manera de presentarlo a una pequeña audiencia. ¿Cómo organizarías las diferentes escenas? ¿Qué vestuario usarían los actores? ¿Cómo editarías el cuento para adaptarlo a una obra dramática corta?

Debate

4. Tomar partido

Imagina que un tercer personaje importante interviene en «Un pacto con el diablo». Se trata del ángel de la guarda del personaje principal. ¿Qué tipo de debate se produciría entre el diablo y el ángel de la guarda por la posesión del alma del hombre? Representa con otro(a) estudiante un debate ficticio donde uno trata de expulsar al otro de la escena. Si es posible, procura que varios estudiantes escuchen el debate y escojan a un ganador.

LENGUA Y LITERATURA MINI LECCIÓN

Guía del lenguaje

Ver Raya, pág. 382.

El diálogo le da vida a los personajes

Con el diálogo se trata de imitar por escrito la conversación entre las personas tal como hablan en la vida real. Los siguientes recursos te ayudarán a darle colorido al diálogo y adaptarlo más a la lengua hablada.

Refranes o frases hechas: «Pues, ya ve. Más vale pájaro en mano que ciento volando».

Exclamaciones: «¡Pero qué le importa a usted lo que ocurra con ese imbécil de Daniel Brown!»

Oraciones incompletas: «No, nada, es que...».

Palabras o expresiones coloquiales: «¿Siete nomás? Pero hombre, usted no tiene tres dedos de frente».

Busca en el texto otros ejemplos de oraciones incompletas y piensa en tres refranes y tres expresiones coloquiales. Anótalas en tu cuaderno y úsalas como modelo al escribir tu diálogo.

Inténtalo tú

En los diálogos, los personajes cobran vida. Al escribir un diálogo, el autor nos deja escuchar a los personajes como si los estuviéramos conociendo en persona. Analiza la conversación entre el diablo y el protagonista. ¿Cómo se manifiestan estos personajes por medio del diálogo?

VOCABULARIO LAS PALABRAS SON TUYAS

ALCANCÍA DE PALABRAS

agudo
fino
vivo
mono
diestro
corto

Los chistes son juegos de palabras

Los chistes muchas veces se basan en palabras que tienen dos significados: uno **literal** y otro **figurado.** Por ejemplo, la definición de «agudo» es delgado y afilado, pero también se usa para describir a alguien que es gracioso o perspicaz. En el diccionario, el uso figurado se indica con la abreviación «fig.».

Piensa cuál es el significado literal y figurado de las palabras de la ALCANCÍA. Entonces, invéntate un chiste con la fórmula «tan, tan».

EJEMPLO: Había un muchacho tan, tan, tan agudo que se volvió alfiler.

Ilustra cada chiste con una caricatura.

ESTRATEGIAS PARA LEER

Predecir desenlaces: ¿Qué es lo próximo que va a ocurrir?

En la página 69 aprendimos una estrategia de lectura llamada **hacer deducciones.** Una estrategia parecida es la de **predecir desenlaces.** La diferencia es que al predecir desenlaces debes tomar en consideración un espectro más amplio de evidencias, como las **motivaciones de los personajes principales, lo que han hecho hasta el momento** y **los temas recurrentes.** Una vez que hayas obtenido un buen dominio de estos aspectos de la historia, puedes hacer una **predicción.** Imagina que haces una pausa en medio de la lectura de «Un pacto con el diablo» y avanzas con lo que ya sabes.

Factores de motivación

Hombre: Lucha por ganarse la vida. Quiere mucho a su esposa, pero no puede ofrecerle un mejor estilo de vida.

Diablo: Su objetivo en la vida es tentar a la gente y corromper su alma.

Acciones previas

Hombre: Ha sugerido que él también, como Daniel Brown, podría considerar la idea de hacer un pacto con el diablo.

Diablo: Ha interrogado al hombre para averiguar su voluntad de establecer un pacto.

Temas

• ¿Qué puede llegar a hacer una persona para ser rica y poderosa?

• ¿Aceptaría una persona voluntariamente la condenación eterna para disfrutar de riqueza y poder durante un corto periodo de su vida?

En este momento tienes un dominio suficiente de la historia como para hacer una predicción sobre lo que sucederá después. Al personaje principal se le presenta la oportunidad de establecer el mismo tipo de pacto al que ha llegado Daniel Brown en la película. Si en este momento ya has logrado entender el tema de la historia, es decir, ¿cuán lejos puede llegar una persona para lograr riqueza y poder?, podrías realizar la siguiente predicción: el diablo va a proponerle un pacto al hombre.

Como puedes ver, hacer predicciones es posible solamente si tomas en consideración toda la información que ya ha sido revelada en la historia. Sin un dominio firme de esta información, hay pocas posibilidades de predecir el giro que puede tomar la historia. Hacer predicciones es una actividad en la que deberías entretenerte hasta que hayas terminado la historia. Es parte del proceso de lectura activa. Además, predecir desenlaces puede ser divertido, como resolver un misterio.

El corazón delator
El crimen perfecto

Punto de partida

¿Verdad o fantasía?

¿Alguna vez has escuchado a alguien contar una historia y has pensado que esa historia no puede ser verdad? Como verás, los narradores en «El corazón delator» y «El crimen perfecto» imaginan cosas increíbles cuando la culpa resulta demasiado difícil de sobrellevar.

Sin título. Maqueta de Manuel Acevedo.
Courtesy of the artist.

En tu DIARIO DEL LECTOR, escribe libremente sobre lo que puede significar el título «El corazón delator». ¿A qué corazón podría estar refiriéndose el autor? ¿Al del narrador? ¿Al de alguna otra persona? ¿Qué hace que un corazón sea un corazón delator?

Elementos de literatura

El narrador no confiable

Tanto en «El corazón delator» como en «El crimen perfecto», el narrador cuenta su historia en primera persona. En otras palabras, el narrador habla usando el pronombre «yo». En el punto de vista de la primera persona, el narrador nos habla de sus pensamientos, sentimientos y percepción de los sucesos. A veces, el narrador en primera persona no es **confiable,** lo que significa que hay algo en su personalidad que nos hace dudar de su percepción de los hechos o su dominio de la realidad. Cuando comiences a leer la historia, decide si hay alguna razón para dudar de la credibilidad del narrador.

> El **narrador** es la persona que cuenta la historia.
>
> *Para más información, ver el GLOSARIO DE TÉRMINOS LITERARIOS.*

El corazón delator

Edgar Allan Poe

¡Es verdad! Nervioso, muy, muy nervioso, lo he sido y lo soy; pero ¿por qué *dirán* que estoy loco? El mal ha agudizado mis sentidos, no los ha destruido ni los ha entorpecido. Sobre todo tenía un oído muy fino. Oía todas las cosas del cielo y de la tierra, y además muchas del infierno. Así que ¿cómo voy a estar loco? Atien-

dan y observen con qué cordura,[1] con qué tranquilidad les puedo contar toda la historia.

Me es imposible decir cómo se me metió por primera vez la idea en la cabeza; pero, una vez dentro, me obsesionaba día y noche. ¿Propósito? Ninguno. ¿Pasión? Descartada.[2] Yo quería al viejo. Nunca me había hecho daño.

1. **cordura:** prudencia, buen uso del juicio y la razón.
2. **descartada:** eliminada.

ADUÉÑATE DE ESTAS PALABRAS

obsesionaba, de **obsesionar** *v.:* preocupar constantemente.

pasión *f.:* emoción intensa de atracción, interés o amor.

Le Coeur Révélateur (1883) de Odilon Redon. Dibujo al carbón (15 3/4" x 13 1/8").

Nunca me había insultado. Su oro no me atraía. Creo que fue su ojo. ¡Sí, eso fue! Tenía el ojo de un buitre, un ojo azul pálido, velado[3] con una membrana.[4] Cada vez que me echaba la vista encima se me helaba la sangre; y *así* poco a poco — muy paulatinamente[5] — fui tomando la decisión de matar al viejo y con ello librarme del ojo para siempre.

Ahora, fíjense en esto. Ustedes se empeñan en decir que estoy loco. Los locos no saben nada, pero tenían que haberme visto a *mí*. Tenían que haber visto con qué cordura pro-

3. **velado:** cubierto, ocultado.
4. **membrana:** capa de tejido de piel delgado y blando.

5. **paulatinamente:** gradualmente, poco a poco.

cedí, ¡con qué cautela, con qué previsión, con qué disimulo puse manos a la obra! Jamás fui más amable con el viejo que la semana entera antes de matarlo. Y cada noche, a eso de las doce, hacía girar el picaporte[6] de su puerta y la abría ¡tan despacito! Y luego, cuando la abertura era lo suficientemente grande como para que me cupiera la cabeza, introducía una linterna cerrada, cerrada, cerradísima para que no saliera ninguna luz, y luego metía la cabeza. ¡Oh, se hubieran reído al ver con qué habilidad la metía! La movía despacio, muy, muy despacio, para no turbar[7] el sueño del viejo. Me llevaba una hora meter toda la cabeza por la abertura hasta conseguir verlo echado en la cama. ¿Qué? ¿Un loco hubiera sido capaz de esto? Y entonces, cuando tenía la cabeza completamente dentro del cuarto, abría la linterna cautelosamente —eso sí, con toda cautela (porque las bisagras[8] crujían)—, y la abría justo para que un solo rayito de luz cayera sobre el ojo de buitre. Y así lo hice durante siete largas noches —cada noche exactamente a las doce—, pero siempre encontré el ojo cerrado; y no era el viejo lo que me irritaba, sino su ojo malvado. Y cada mañana, al amanecer, me iba descaradamente a su cuarto y le hablaba tan tranquilo, llamándole por su nombre en tono cordial y preguntándole cómo había pasado la noche. Ya ven ustedes, tenía que haber sido en verdad un viejo muy astuto para sospechar que cada noche, justo a las doce, le contemplaba mientras él dormía.

La octava noche procedí con más cautela que nunca al abrir la puerta. El minutero de un reloj se mueve con más rapidez de lo que se movía mi mano. Jamás hasta aquella noche llegué a *sentir* el alcance de mi propio poder, de mi sagacidad. Apenas podía dominar mi sensación de triunfo. ¡Pensar que yo estaba ahí, abriendo la puerta poco a poco, y que él ni siquiera imaginaba mis actos ni pensamientos

6. **picaporte:** parte con la que se abre o se cierra una puerta.
7. **turbar:** interrumpir; aturdir.
8. **bisagras:** ejes que unen la puerta al marco y sobre los cuales ésta gira.

más recónditos! Casi tuve que reírme entre dientes al pensarlo; y tal vez me oyera, porque de repente se movió en la cama como si se sobresaltase. ¿Y creen ustedes que me eché atrás? Pues no. Su cuarto estaba tan negro como un pozo, con una densa oscuridad (porque las contraventanas estaban bien cerradas por miedo a los ladrones), y por eso yo sabía que no podía ver la abertura de la puerta y seguí empujándola, empujándola sin cesar.

Ya tenía la cabeza dentro y estaba a punto de abrir la linterna, cuando mi pulgar resbaló en el cierre de lata, y el viejo pegó un salto en la cama gritando: «¿Quién está ahí?»

Me quedé muy quieto sin decir nada. Toda una hora estuve sin mover un solo músculo y durante este tiempo no le oí acostarse. Todavía estaba sentado en la cama, escuchando igual que he hecho yo noche tras noche, escuchando en la pared la carcoma[9] de la muerte.

Al rato oí un leve gemido, y me percaté de que era el gemido de un terror mortal. No era un gemido de dolor ni de pena —ya lo creo que no—, era el sonido sofocado que surge del fondo del alma cuando la oprime un temor reverencial.[10] Conocía bien ese sonido. Muchas noches, exactamente a medianoche, cuando todo el mundo dormía, ha brotado de mi propio pecho, ahondando con su horrible eco los terrores que me enloquecían. Digo que lo conocía bien. Sabía lo que el viejo sentía, y le compadecía, aunque me reía en el fondo de mi corazón. Sabía que él había estado despierto desde que oyó el primer leve ruido, cuando se movió en la cama. Desde entonces el miedo lo embargaba cada vez con más fuerza. Intentaba

9. **carcoma:** cosa que mortifica e irrita.
10. **reverencial:** solemne y grave.

- -
ADUÉÑATE DE ESTAS PALABRAS
cautela *f.*: cuidado, precaución.
disimulo *m.*: el tratar de esconder o encubrir sus intenciones.
sagacidad *f.*: astucia, ingenio.
recóndito, -ta *adj.*: muy escondido u oculto.
- -

inútilmente convencerse de que era infunda-do; había estado diciéndose: «No es más que el viento en la chimenea, es sólo un ratón que corre por el suelo», o «es simplemente un grillo que chirrió una sola vez». Sí, había estado tratando de animarse con estas suposiciones, pero se dio cuenta de que todo era en vano. *Todo era en vano;* porque la muerte se le acercaba acechándolo con su negra sombra y envolvía a su víctima. Y fue la fúnebre influen-cia de la invisible sombra lo que le hizo sentir — porque ni la vio ni la oyó —, *sentir* la presen-cia de mi cabeza dentro del cuarto.

Luego de esperar un buen rato, con mucha paciencia, sin oír que volvía a acostarse, decidí abrir una ranura — pequeña, pequeñísima — en la linterna. Así la abrí — no pueden imaginarse con cuantísimo cuidado —, hasta que por fin un rayo muy tenue, como un hilo de araña, salió de la ranura[11] y cayó de lleno sobre el ojo de buitre.

Estaba abierto — muy, muy abierto — y me puse furioso mientras lo observaba. Lo vi con perfecta claridad todo de un azul apagado, con una horrible membrana que me helaba la sangre en las venas; pero no acerté a ver el resto de la cara ni del cuerpo del viejo; porque había dirigido el rayo, como por instinto, precisamente sobre ese maldito punto.

¿Y no les he dicho ya que lo que ustedes toman equivocadamente por locura no es más que una exagerada agudeza de los sentidos? Pues resulta que me llegó a los oídos un sonido bajo, sordo y rápido como el que hace un reloj cuando va envuelto en un trapo. De sobra conocía *aquel* sonido también. Era el latir del corazón del viejo. Aumentó aún más mi furia, como el redoblar de los tambores estimula el valor del soldado.

Pero aún entonces me contuve y permanecí inmóvil, casi sin respirar. Mantenía quieta la linterna. Intentaba mantener el rayo lo más fijo posible sobre el ojo. Mientras tanto el infernal tamborilear[12] del corazón aumentaba. Se hacía

cada vez más rápido, más fuerte por momentos. ¡El terror del viejo *tuvo* que haber sido enorme! Les digo que cada vez se oía más fuerte. ¿Se enteran? Ya les he dicho que soy nervioso; y es que lo soy. Así que en esa hora siniestra de la noche, en el horrible silencio de aquella vieja casa, un ruido tan extraño como aquél me llenó de un terror incontrolable. Sin embargo, me contuve todavía algunos minutos más y me quedé inmóvil. ¡Pero los latidos se oían cada vez más fuertes, más fuertes! Pensé que el corazón iba a estallar. Y entonces una nueva ansiedad se apoderó de mí: ¡algún vecino podía oír aquel nuevo sonido! ¡Al viejo le había llegado su hora! Con un fuerte alarido[13] abrí la linterna y salté dentro del cuarto. Él pegó un grito... sólo uno. En un momento lo tiré al suelo y le eché la pesada cama encima. Entonces sonreí alegre-mente, al ver que ya iba tan adelantado. Pero, durante muchos minutos, el corazón siguió la-tiendo con un ruido ahogado. Esto, sin embargo, no me irritaba; no podía oírse a través de la pared. Por fin cesó. El viejo estaba muerto. Quité la cama y examiné el cadáver. Sí, estaba muerto, completamente muerto. Puse mi mano sobre su corazón y la mantuve allí varios minutos. No había ninguna pulsación.[14] Estaba completa-mente muerto. Su ojo ya no me molestaría más.

Si ustedes creen que estoy loco, cambiarán de opinión en cuanto les describa las sabias precau-ciones que adopté para esconder el cuerpo. La noche avanzaba y yo actuaba rápidamente, pero en silencio. Primero, despedacé el cadáver. Le corté la cabeza, los brazos y las piernas.

Luego levanté tres tablas del suelo de la habitación y deposité los restos en el hueco. Volví a colocar las tablas con tanta habilidad,

11. **ranura:** pequeño espacio abierto.
12. **tamborilear:** hacer sonar algo imitando el sonido de un tambor.

13. **alarido:** grito.
14. **pulsación:** latido, palpitación.

Reverb (1988) de Elizabeth Berdann. Óleo sobre tablón
con marco de madera (26" x 24").

Courtesy of the artist. Photo by D. James Dee.

con tanta astucia, que ningún ojo humano — ni
siquiera el *suyo* — hubiera podido descubrir
el menor error. No había nada que lavar
—ningún tipo de mancha—, ni rastro de
sangre. Buen cuidado había tenido yo de ello:
lo había puesto todo en una tina… ¡ja, ja!

Cuando hube terminado todas estas faenas[15]
ya eran las cuatro, pero seguía tan oscuro como
a medianoche. Al oírse las campanadas de la
hora, llamaron a la puerta de la calle. Bajé a
abrir tan tranquilo, pues ¿qué podía temer *ya*?
Entraron tres hombres y se presentaron, muy
cortésmente, como agentes de policía. Durante la noche, un vecino había oído un grito; se
despertaron sospechas de algún delito; presentaron una denuncia en la comisaría y los
enviaron a ellos para registrar el lugar.

Sonreí, pues ¿*qué* tenía que temer? Di la
bienvenida a los caballeros. El grito, les dije, fui
yo, soñando. Les conté que el viejo estaba
fuera, en el campo. Acompañé a mis visitantes
por toda la casa. Les rogué que registraran, que

15. **faenas:** tareas, trabajo.

registraran *a fondo.* Y acabé llevándolos a *su
cuarto.* Les mostré sus tesoros, intactos, cada
uno en su lugar. Entusiasmado al sentirme tan
seguro, traje sillas al cuarto y les pedí que
descansaran *allí* de su fatiga, mientras yo
mismo, con la alocada audacia de mi perfecto
triunfo, colocaba mi silla en el mismísimo lugar
bajo el cual reposaba el cadáver de la víctima.

Los agentes se mostraban satisfechos. Mi
actitud los había convencido. Me encontraba
especialmente tranquilo. Se sentaron y charla-
ban de cosas corrientes, mientras yo les
contestaba con alegría. Pero al poco rato sentí
que empezaba a ponerme pálido y deseé que
se marcharan. Me dolía la cabeza y tenía como
un zumbido en los oídos; pero ellos seguían allí
sentados y charlando. El zumbido se hizo más
claro, seguía oyéndolo, sólo que más claro aún;
yo hablaba sin parar para acallar esa sensación;
pero el zumbido continuaba, cada vez con
mayor precisión, hasta que, por fin, descubrí
que el ruido *no* estaba dentro de mis oídos.

Sin duda me puse *muy pálido* entonces, pero
seguí hablando con mucha labia y en voz bien
alta. Sin embargo, el sonido aumentaba… ¿y yo
qué iba a hacer? Era un sonido *bajo, sordo,
rápido…*, semejante al sonido que hace un reloj
que va envuelto en un trapo. Yo me ahogaba y,
sin embargo, los agentes no oían nada. Hablaba
más deprisa, con más vehemencia, pero el ruido
seguía creciendo. Me levanté y me puse a discutir sobre trivialidades[16] en un tono estridente[17] y
con gestos violentos; pero el ruido seguía creciendo. ¿Por qué no se *marcharían?* Recorrí el
cuarto de arriba a abajo a grandes zancadas,[18]
como si me hubieran puesto furioso los comen-

16. **trivialidades:** cosas comunes y sin importancia.
17. **estridente:** ruidoso, como un duro chillido.
18. **a grandes zancadas:** dando pasos grandes.

- -

ADUÉÑATE DE ESTAS PALABRAS

fatiga *f.*: cansancio.
audacia *f.*: atrevimiento, valentía.
reposaba, de **reposar** *v.*: descansar.
vehemencia *f.*: intensidad y excitación.

- -

tarios de aquellos hombres, pero el ruido seguía creciendo. ¡Oh, Dios! ¿Qué *podía* yo hacer? ¡Echaba espuma por la boca, <u>deliraba</u>, maldecía! Agarré la silla en la que había estado sentado y la arrastré por las tablas del suelo, pero el ruido se oía por encima de los demás y seguía creciendo más fuerte..., más fuerte..., *fuertísimo.* Y los hombres seguían charlando tan tranquilos y sonreían. ¿Era posible que no lo oyeran? ¡Santo Cielo! ¡No, no! ¡Lo oían, lo sospechaban, lo *sabían!* ¡Estaban burlándose de mi horror! Eso creí y eso creo aún. ¡Pero cualquier cosa era preferible a aquella agonía! ¡Cualquier cosa sería más tolerable que aquel escarnio![19] ¡No podía

soportar más aquellas sonrisas hipócritas! Me di cuenta de que o me ponía a gritar o me moría, y entonces —otra vez—, ¡escúchenlo, más fuerte, más fuerte, más fuerte, *fuertísimo!*

—¡Malvados! —grité—. ¡Basta ya de disimular! ¡Admito los hechos! ¡Levanten las tablas! ¡Aquí... aquí! ¡Es el latir de su horrible corazón!

—Traducción de Doris Rolfe y Julio Gómez de la Serna

---

19. **escarnio:** burla que tiene la intención de provocar o molestar.

ADUÉÑATE DE ESTAS PALABRAS

deliraba, de **delirar** *v.:* sentir confusión del juicio y la razón; decir disparates.

CONOCE AL ESCRITOR

Edgar Allan Poe (1809–1849) nació en Boston, hijo de actores ambulantes. Quedó huérfano antes de que cumpliera tres años. Poe fue entonces adoptado por la rica familia de los Allan en Richmond, Virginia, y recibió una educación de primer rango. A los doce años ya había escrito suficientes poemas como para llenar un libro. Cuando cumplió veinte años ya había publicado dos libros de poesía.

Poe discutía constantemente por dinero con su padre adoptivo, John Allan. Finalmente, Allan rompió sus relaciones con Poe y lo dejó sin dinero. En 1831 Poe se mudó a la casa de su tía Maria Clemm en Baltimore, probablemente en un intento de encontrar una nueva familia. Cinco años después se casó con su prima Virginia Clemm.

Poe se hizo famoso por sus cuentos de terror y misterio, además de su poesía. Poe ganó poco dinero como escritor; con uno de sus más famosos poemas, «El cuervo» («The Raven»), ganó solamente nueve dólares, y siempre pareció vivir al borde del desastre. La muerte por tuberculosis de su mujer en 1847 fue un duro golpe para el escritor y causó un empeoramiento en su salud física y emocional. Lo encontraron tendido inconsciente en una zanja en Baltimore un día de lluvia de 1849; murió tres días después de causas desconocidas.

Poe es reconocido por explorar el lado oscuro de la imaginación. Entre sus cuentos de terror están «La máscara de la Muerte Roja» («The Masque of the Red Death»), «El pozo y el péndulo» («The Pit and the Pendulum») y «La caída de la casa Usher» («The Fall of the House of Usher»).

EL CRIMEN PERFECTO

Enrique Anderson Imbert

—Creí haber cometido el crimen perfecto. Perfecto el plan, perfecta su <u>ejecución</u>. Y para que nunca se encontrara el cadáver lo escondí donde a nadie se le ocurriría buscarlo: en un cementerio. Yo sabía que el convento de Santa Eulalia estaba desierto desde hacía años y que ya no había monjitas que enterrasen a monjitas en su cementerio. Cementerio blanco, bonito, hasta alegre con sus cipreses y paraísos[1] a orillas del río. Las lápidas,[2] todas iguales y ordenadas

1. **paraíso:** pequeño árbol asiático que generalmente se planta como adorno.
2. **lápida:** piedra llana que lleva una inscripción.

ADUÉÑATE DE ESTAS PALABRAS
ejecución *m.*: forma de realizar un plan.

---

como canteros de jardín alrededor de una hermosa imagen de Jesucristo, lucían como si las mismas muertas se encargasen de mantenerlas limpias. Mi error: olvidé que mi víctima había sido un furibundo ateo.[3] Horrorizadas por el compañero de sepulcro que les acosté al lado, esa noche las muertas decidieron mudarse: cruzaron a nado el río llevándose consigo las lápidas y arreglaron el cementerio en la otra orilla, con Jesucristo y todo. Al día siguiente los viajeros que iban por lancha al pueblo de Fray Bizco vieron a su derecha el cementerio que siempre habían visto a su izquierda. Por un instante se les confundieron las manos y creyeron que estaban navegando en dirección contraria, como si volvieran de Fray Bizco, pero en seguida advirtieron que se trataba de una mudanza y dieron parte[4] a las autoridades. Unos policías fueron a inspeccionar el sitio que antes ocupaba el cementerio y, cavando donde la tierra parecía recién removida, sacaron el cadáver (por eso, a la noche, las almas en pena de las monjitas volvieron muy aliviadas, con el cementerio a cuestas) y de investigación en investigación... ¡bueno!... el resto ya lo sabe usted, Señor juez.

3. **ateo:** persona que niega o no cree en la existencia de Dios.

4. **dieron parte:** avisaron, notificaron.

CONOCE AL ESCRITOR

Enrique Anderson Imbert (1910–) ha dedicado su vida a la literatura y a la enseñanza. Nació en Córdoba, Argentina, y obtuvo su doctorado en la Universidad Nacional de Buenos Aires. En 1947 emigró a los Estados Unidos. Ha sido profesor en la Universidad de Michigan y en Harvard. En 1980 se jubiló de la enseñanza y desde entonces ocupa el puesto de vicepresidente de la Academia Argentina de Letras.

Anderson Imbert es conocido como novelista y poeta que gusta mezclar en sus textos elementos de la realidad y la fantasía. Como en «El crimen perfecto», en sus cuentos cualquier cosa es posible: los cubos de basura hablan entre sí, un hombre se convierte en tigre, un juego de ajedrez puede ser una metáfora de la vida misma. Los lectores de Anderson Imbert nunca saben qué rumbo puede tomar el cuento. En «Viento norte», uno de sus relatos más conocidos, un artista hace un retrato del hombre que más tarde ha de matarlo, y luego se tropieza con un cantero que está tallando la lápida de su sepultura.

Es importante prestar mucha atención a lo que hace Anderson Imbert en su obra. Un cuento fantástico puede ser en realidad una parodia de otro cuento fantástico, con muy ligeras diferencias de sentido o de tono. Si te gustó «El crimen perfecto», seguramente disfrutarás también de otros cuentos de la colección *El gato de Cheshire* (1965) o *El grimorio* (1961).

CREA SIGNIFICADOS

Primeras impresiones

1. Regresa a tu DIARIO de la página 103. Tus expectativas sobre lo que podría significar el título «El corazón delator», ¿fueron satisfechas tras la lectura? ¿Por qué?

Interpretaciones del texto

2. ¿A quién podría estar contando el narrador esta historia? ¿Dónde crees que se encuentra mientras la cuenta?

3. El narrador trata desesperadamente de convencer a su oyente de que está cuerdo. ¿Qué evidencia ofrece? ¿De qué manera sus argumentos demuestran realmente su locura?

4. ¿De qué manera el párrafo inicial anuncia o sugiere los sucesos que ocurren en la historia?

5. ¿Cómo compararías el tono de «El corazón delator» con el de «El crimen perfecto»? ¿Qué imagen del narrador da el tono de «El crimen perfecto»?

Preguntas al texto

6. Poe escribió una vez que cada palabra de un cuento debería ayudar a crear una «única y abrumadora impresión» en la mente del lector. ¿Qué impresión crees que trataba de crear en «El corazón delator»? ¿Lo consiguió? Explica tu respuesta.

> **Repaso del texto**
>
> La historia de Poe ofrece una información limitada; parte de esta información es sospechosa porque la única fuente es un narrador no confiable. Anota tres preguntas que te gustaría hacerle a una fuente de mayor credibilidad. Explica cómo te ayudaría cada respuesta a entender mejor el crimen.

Sin título (1989) de Manuel Acevedo. Dibujo 6" x 8". Tinta sobre papel.
Courtesy of the artist.

Cuaderno del escritor

1. Compilación de ideas para un cuento

Apunta ideas para una historia de misterio o suspenso llamada «El/La _____ delator/a» y utiliza una de las palabras que aparecen en la lista a la derecha o una palabra de tu elección para llenar el espacio en blanco. ¿Cuál es el secreto que se revela? ¿De quién es el secreto? ¿De qué manera el objeto que aparece en el título revela el secreto?

reloj
estatua
gato
huella
fotografía
libro
espejo
pintura

Escritura

2. La escena del crimen

Imagina que eres uno de los policías que respondió al llamado de los vecinos en «El corazón delator». Escribe el informe que tienes que presentar cuando regreses a la comisaría. Explica las circunstancias de la investigación y lo que descubriste cuando llegaste a la escena. Incluye una descripción del supuesto asesino y de tus impresiones. ¿Cuándo te comenzó a parecer extraño el comportamiento del sospechoso?

Arte

3. Poe en Hollywood

Dibuja un cartel para anunciar una versión cinematográfica de «El corazón delator» o «El crimen perfecto». ¿Quiénes podrían desempeñar los papeles principales? Para ilustrar tu cartel, escoge una escena interesante de la historia que hayas elegido.

Hablar y escuchar

4. Crimen y castigo

Representa un juicio fingido del narrador de «El corazón delator» o de «El crimen perfecto». El acusado, ¿se declarará inocente o culpable? ¿Qué testigos serán convocados? Éstos son otros personajes que podrías incluir:
  equipo de abogados
  equipo de fiscales
  juez
  jurado
  reportero judicial

LENGUA Y LITERATURA

Gestos y actitudes en el lenguaje oral

Guía del lenguaje

Ver Raya, pág. 382.

Las **acotaciones** son los comentarios que el narrador interpone en un diálogo para indicar quién habla. Las acotaciones también sirven para aportar información acerca de las acciones, gestos y actitudes de cada personaje. Al escribir tu diálogo, no te olvides de indicar:

Inténtalo tú

En la realidad, los gestos y las actitudes nos comunican mucho acerca de lo que se dice. Interpreta los gestos de los personajes en las tiras cómicas e inventa un diálogo.

Cómo habla el personaje
…me indicó en voz baja.
…repitió a gritos.

Cuál era su estado de ánimo
…comentó exhausto.
…exclamó alegre.

Qué gestos hizo
…dijo soltando una carcajada.
…me explicó con una mueca de disgusto.

Qué hizo mientras hablaba
…gritó desmayándose de golpe.
…tartamudeaba señalando con el dedo.

VOCABULARIO

ALCANCÍA DE PALABRAS

atormentar
encolerizar
desconcertar
incesantemente
implacable

Claves para descifrar palabras misteriosas

Las palabras a veces son un misterio: todas las palabras de la ALCANCÍA esconden otra palabra. ¿Qué palabra te recuerda «atormentar»? Para descifrar las palabras, encuentra la palabra que se esconde y busca su significado en el diccionario. (Pistas: concierto, aplacar) Luego, usa la lista para entender la primera sílaba o el **prefijo**.

a- parecido a,
en- poner en
des- fuera de

in- sin
im- sin (es «in» pero con «m»)

Elementos de literatura

CUENTOS II: Punto de vista, ironía y tema

El saber más sobre los elementos literarios de los cuentos aumentará tu aprecio por esta forma de ficción. En la última colección, estudiaste tres elementos importantes: argumento, caracterización y ambiente. Ahora aprenderás otros tres: punto de vista, ironía y tema.

Punto de vista

El **punto de vista** de un cuento es la perspectiva desde la que se narra. Los puntos de vista más comunes en la ficción son tres.

En el **punto de vista en primera persona**, uno de los personajes cuenta la historia utilizando sus propias palabras y el pronombre «yo». Bajo este punto de vista, solamente se puede contar lo que el narrador sabe y siente. Juan José Arreola utiliza este punto de vista en su cuento «Un pacto con el diablo» (página 91). Aunque este tipo de punto de vista establece una relación especialmente cercana entre el narrador y

el lector, a veces el narrador de una historia en primera persona resulta no ser confiable. Edgar Allan Poe utiliza este tipo de narrador en «El corazón delator» (página 103).

En el **punto de vista del narrador omnisciente en tercera persona**, el narrador no participa en la historia y lo sabe todo acerca de los personajes y sus problemas. El narrador puede incluso decirnos lo que el personaje está pensando. Ya has visto un ejemplo de este punto de vista en la sección de poesía narrativa, donde se utiliza en «El corrido de Gregorio Cortez» (página 38).

En el **punto de vista limitado en tercera persona,** el narrador no participa en la historia y se concentra en los pensamientos y sensaciones de un solo personaje, con referencias ocasionales a lo que piensan los demás. Gary Soto utiliza este punto de vista en «Cadena rota» (página 57),

donde vemos la acción casi totalmente desde el punto de vista de Alfonso.

La elección del punto de vista por parte del escritor tiene un efecto muy importante en la manera que se relata el argumento. Esta elección afecta también la manera en que los lectores reaccionan ante los personajes. Por ejemplo, el punto de vista en primera persona nos ofrece una visión íntima de la historia de un narrador y a menudo esto nos lleva a simpatizar o incluso identificarnos con este personaje.

Ironía

La **ironía** es un contraste entre la apariencia y la realidad. Los escritores pueden utilizar la ironía en distintas formas literarias, como el cuento, la poesía, el teatro y el ensayo. En literatura, se utilizan tres clases de ironía: verbal, de sucesos y dramática.

Mediante la **ironía verbal**, un escritor u orador dice una

cosa con un sentido muy diferente a lo que aparenta. Si calificas una película aburrida de «interesantísima», estás utilizando una ironía verbal. En «Un pacto con el diablo», ¿por qué pueden considerarse irónicas las palabras del diablo al narrador: «Estoy completamente a sus órdenes» (página 94)?

La **ironía de sucesos** se produce cuando lo que ocurre es muy diferente de lo que esperamos que suceda. Por ejemplo, el narrador de «El crimen perfecto» cree que nadie encontrará el cadáver si lo entierra en el cementerio. La ironía consiste en que la decisión de enterrar a la víctima en el cementerio es la que lleva a que la policía detenga al narrador. ¿Qué resulta irónico de la situación en la última oración de «Un pacto con el diablo»?

La **ironía dramática** se produce cuando el lector sabe algo que un personaje no sabe. Por ejemplo, el que gradualmente nos demos cuenta de

que el narrador en «El corazón delator» está loco contrasta irónicamente con su insistencia de que está perfectamente cuerdo.

La ironía causa gracia, piedad o miedo. ¿Qué tipo de ironía es evidente en «El crimen perfecto», de Enrique Anderson Imbert (página 109)?

Tema

La idea dominante en un trabajo literario se llama **tema.** Muchos cuentos tratan de expresar un comentario o un mensaje sobre la vida humana. A veces, el tema se expresa directamente. Esto ocurre por lo común en las fábulas, que enseñan una lección moral o práctica. Más a menudo, sin embargo, el tema se sugiere. El lector debe pensar en los sucesos y personajes, y preguntarse lo que el autor quiere que aprendamos de la vida a través de su cuento. Puedes utilizar las siguientes estrategias para descubrir el tema en un cuento.

1. Piensa en el título del cuento. ¿Ofrece un indicio del tema? ¿De qué manera el título «Un corazón delator» ofrece una pista del mensaje del cuento de Poe?

2. Piensa de qué manera el personaje principal ha cambiado a lo largo del cuento. ¿Qué ha llegado a aprender sobre la vida?

3. ¿Hay pasajes claves en el cuento que parecen hablar directamente al lector? ¿Cómo se relacionan estos pasajes con el mensaje general del autor?

Recuerda que el tema de una narración no es lo mismo que el asunto. El asunto es sobre lo que trata el cuento; el tema es lo que se da a entender por medio del asunto del cuento.

ANTES DE LEER
El grillo
Día de felicidad sin causa

Punto de partida

Deja volar la imaginación

En los dos poemas que ahora vas a leer se exploran mundos imaginarios. ¿Cómo sería el mundo visto a través de los ojos de un grillo? ¿Cómo sería visitar una tierra imaginaria llamada «las islas de la Alegría sin Causa»? Los dos poemas que aparecen a continuación muestran la capacidad de la mente de ser imaginativa y nos llevan a explorar nuevas formas de ver el mundo.

Toma nota 1

Piensa en cómo se ve el mundo a través de los ojos de una criatura como una mariposa, un murciélago, una jirafa, una marmota o un leopardo. En tu cuaderno, anota las cosas que el animal podría ver o experimentar. ¿De qué manera la experiencia del mundo visto a través de los ojos de este animal es diferente a la de un ser humano?

Toma nota 2

Piensa en un lugar o un país que has querido visitar. ¿Cómo sería el viaje? ¿Qué verías al llegar? ¿Cómo te sentirías? Utiliza tu imaginación para realizar un viaje a ese lugar y toma notas sobre las cosas que podrías ver.

Elementos de literatura

Tono

El **tono** está presente en todo tipo de escritura. Los sentimientos del escritor hacia su personaje se revelan en el tono de sus palabras. El tono puede ser, por ejemplo, serio, humorístico, sarcástico o afectuoso. Identifica cuál es el tono de los poemas que aparecen a continuación.

> El **tono** es la actitud que adopta el escritor hacia el tema que trata.
>
> *Para más información, ver el GLOSARIO DE TÉRMINOS LITERARIOS.*

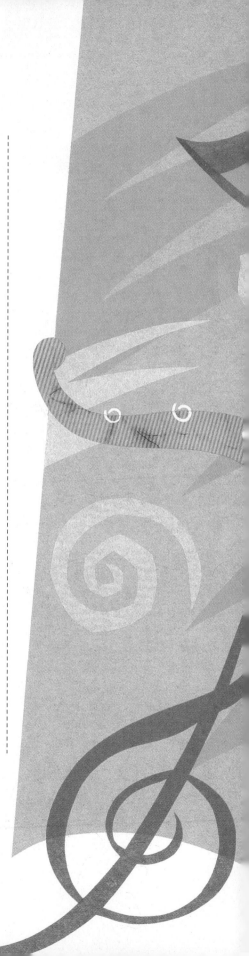

EL GRILLO

Conrado Nalé Roxlo

Música porque sí, música vana
como la vana música del grillo;
mi corazón eglógico° y sencillo
se ha despertado grillo esta mañana.

5 ¿Es este cielo azul de porcelana?
¿Es una copa de oro el espinillo?°
¿O es que, en mi nueva condición de grillo,
veo todo a lo grillo esta mañana?

¡Qué bien suena la flauta de la rana!...
10 Pero no es son de flauta: es un platillo
de vibrante cristal que a dos desgrana°

gotas de agua sonora. ¡Qué sencillo
es, a quien tiene el corazón de grillo,
interpretar la vida esta mañana!

3. eglógico: que idealiza el campo. **6. espinillo:** árbol
con ramas cubiertas de espinas y flores amarillas.
11. desgrana: separa, suelta.

DÍA DE FELICIDAD SIN CAUSA

Juana de Ibarbourou

En la piragua° roja del mediodía
he arribado a las islas de la Alegría sin Causa.
El pan tiene un sabor de pitangas° y han mezclado miel
a la frescura desconocida del agua.

5   Luego ¡oh sol!, remero indio,
me llevarás por los ríos en declive° de la tarde
hasta la costa donde la noche
abre el ramaje° de sus sauces° finos.

Traspasa una de tus flechas en mi puño.
10   Yo la llevaré en alto como un brazalete flamígero°
cuando veloz atraviese los bosques nocturnos.

En mi corazón se hará clarín° de bronce resonante
un grito de triunfo y de plenitud.
Y llegaré a las colinas de la mañana nueva
15   con la sensación maravillada de haber dormido
apoyando la cabeza en las rodillas de la luz.

1. **piragua:** barca larga y estrecha que navega a remo y vela.
3. **pitangas:** frutos rojos comestibles. 6. **declive:** llegando al fin, el
terminar. 8. **ramaje:** conjunto de ramas. **sauces:** árboles que crecen
a las orillas de los ríos; algunos tienen ramas que cuelgan hasta el suelo.
10. **flamígero:** que arroja llamas. 12. **clarín:** instrumento musical
parecido a la trompeta pero más pequeño y de sonido más agudo.

CONOCE A LOS ESCRITORES

Conrado Nalé Roxlo (1898–1971) nació en Buenos Aires, Argentina, en época de Carnaval y solía referirse a sí mismo como «un hijo del Carnaval». Toda su vida se identificó con el mundo de los payasos y desarrolló lo que él mismo calificó de «espíritu de farsa». A menudo hablaba de la habilidad de su madre para contar historias, que prefería a los cuentos que encontraba en los libros.

Después de estudiar filosofía y literatura en Buenos Aires, Nalé Roxlo comenzó a relacionarse con un grupo de escritores. En 1923 publicó su primer libro de poemas, *El grillo,* que ganó el concurso Babel. Al año siguiente empezó a colaborar con las revistas *Proa* y *Martín Fierro*. También se convirtió en director de la revista de humor *Don Goyo*. En 1937 su segundo libro de poemas, *Claro desvelo,* fue publicado. Nalé Roxlo comenzó entonces a escribir obras de teatro y obtuvo numerosos premios por su labor. Bajo el seudónimo de Chamico escribió historias de humor. Asimismo publicó trabajos para niños, como *El diario de mi amiga Cordelia, la niña hada* (1953).

Juana de Ibarbourou (1892–1979) es una de las poetas más famosas y queridas de Latino-américa. Su nombre de soltera era Juanita Fernández Morales y nació en Melo, Cerro Largo, Uruguay. Allí creció en la finca de la familia, «Los Paraísos», sobre el río Tacuarí. Comenzó a escribir sus poemas desde muy joven. En 1914 se casó con el capitán Lucar Ibarbourou y la pareja se estableció con su hijo en Montevideo, la capital del Uruguay.

Un día, Juana de Ibarbourou acudió a las oficinas del diario *La Razón,* habló con el jefe de la sección literaria y le dejó siete poemas. El periodista quedó tan sorprendido con estos poemas que los publicó en su diario. Muy pronto apareció el primer libro de Juana, *Las lenguas del diamante* (1919). Tuvo un gran éxito al igual que sus dos libros siguientes, *Cántaro fresco* (1920) y *Raíz salvaje* (1922). En 1929, en un acto al que acudieron más de 10.000 personas, Juana fue proclamada «Juana de América». Le entregaron numerosos premios y un anillo que representaba su compromiso con las Américas. Durante los siguientes 50 años, Juana siguió escribiendo y obtuvo muchos premios más. Sus poemas sobre la naturaleza y el amor siguen deleitando a los lectores de todo el mundo.

CREA SIGNIFICADOS

Primeras impresiones

1. A medida que leías cada poema, ¿qué imágenes te vinieron a la mente?

Interpretaciones del texto

2. ¿A qué hora del día tiene lugar la acción de «El grillo»? ¿Por qué el poeta escogió esa hora concreta del día para situar su poema?

3. ¿Por qué crees que el poeta eligió a un grillo en lugar de otro animal para representar su nueva perspectiva del mundo?

4. ¿De qué manera la autora de «Día de felicidad sin causa» crea la sensación de un viaje? ¿Cómo el transcurrir del tiempo crea la sensación de un viaje?

5. Describe el tono de cada poema y compara el tono de un poema con el del otro.

Conexiones con el texto

6. ¿Crees que los poemas fueron inspirados por la fantasía? ¿Es la fantasía algo positivo? ¿Por qué?

Preguntas al texto

7. Los dos poemas que has leído tratan situaciones que son imaginarias en lugar de reales: un hombre contempla el mundo como lo haría un grillo y el sol dirige a una mujer en un viaje a través de un territorio mágico. ¿Por qué piensas que a los escritores les gusta a veces escribir sobre cosas imaginarias? ¿Por qué la gente disfruta de estas fantasías?

OPCIONES: Prepara tu portafolio

Cuaderno del escritor

1. Compilación de ideas para un cuento

Puede decirse que ambos poemas tienen las características de un sueño. Algunas obras han sido inspiradas por los sueños. Trata de recordar uno de los sueños más interesantes que hayas tenido. Comienza a escribir libremente sobre tu sueño. ¿Puede utilizarse como la base de un cuento?

Escritura

2. Convertir la poesía en prosa

A veces, es posible sacar ideas para cuentos de poemas y otras obras literarias. Convierte uno de los poemas en un cuento. Una historia basada en «El grillo» trataría sobre alguien que cree que se ha convertido de la noche a la mañana en un grillo o en otro animal. Una historia basada en «El día de la felicidad sin causa» describiría un viaje a una tierra imaginaria. Revisa las notas de tu DIARIO para obtener ideas.

Arte

3. Imágenes poéticas

Las imágenes de los poemas sirven para crear cuadros vívidos que se graban en la mente de un lector atento. ¿Cómo ilustrarías las imágenes de uno de los poemas en una pintura o un dibujo? Compara tu trabajo artístico con el de los demás. Las diferencias en la interpretación artística pueden ser sorprendentes.

Artesanía

4. Esculturas móviles

Crea una escultura móvil que se inspire en las imágenes y los temas de cualquiera de los poemas que has leído. Escoge un área de tu salón de clase donde puedan exhibirse las esculturas que tú y los otros estudiantes hayan creado.

Sea Scape (1947) de Alexander Calder. Madera pintada, cuerda y metal. 36½ x 60 x 21 in.

Collection of Whitney Museum of American Art Purchase, with funds from the Howard and Jean Lipman Foundation, Inc. Photograph © 1995: Whitney Museum of American Art.

Tarea
Escribe un cuento.

LA NARRACIÓN

CUENTO

Un cuento eficaz es aquel que entretiene a los lectores mediante el desarrollo de un conflicto o problema. En las dos últimas colecciones, has estudiado algunos de los elementos básicos del cuento (ver páginas 78 y 114). Ahora tendrás la oportunidad de escribir tu propia narración breve.

Antes de escribir

1. Cuaderno del escritor

¿Cómo escoger el tema de tu cuento? Comienza revisando las anotaciones que hiciste en tu CUADERNO DEL ESCRITOR. ¿Hay algunas ideas que te gustaría desarrollar más ampliamente? Piensa también en el título de esta colección, *Laberintos de la imaginación*. ¿No te sugiere este asunto la idea para un cuento? Dibuja una constelación como la que aparece a la izquierda.

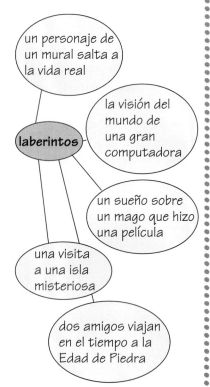

2. Lluvia de ideas

Para obtener más ideas, anota preguntas del tipo «¿Qué ocurriría si...?», como las que siguen:

The history
of the written
word is rich and

Había una vez

3. Utiliza las noticias

Los cuentos están basados a menudo en sucesos y personas de
la vida real. Otra forma de producir ideas para cuentos es mirar
o escuchar las noticias en la televisión y la radio. Anota dos o
tres historias interesantes donde se produzca un conflicto: por
ejemplo, el rescate de un niño atrapado en una cueva o la lucha
de un grupo de gente por salvar sus casas en una inundación.
Luego, invéntate más detalles para cada conflicto y escribe libremente durante unos minutos.

4. Desarrollo de la acción

Después de haber escogido una historia prometedora, desarrolla en torno a ella un plan más detallado. Toma notas sobre
los siguientes elementos: exposición, conflicto, complicaciones,
clímax y desenlace.

Presta atención especial al **conflicto** o problema más importante que debe resolver tu personaje principal. Procura introducir temprano este conflicto para atrapar el interés del lector.
Recuerda que puedes elegir entre tres tipos principales de
conflicto:

- una persona frente a otra persona o grupo
- una persona frente a una fuerza de la naturaleza
- una lucha interior de ideas o sentimientos

También decide de antemano el acontecimiento que conduzca
hacia el **clímax** o momento culminante de la historia.

5. Preparación de personajes, ambiente
y punto de vista

Toma notas sobre otros elementos importantes de un cuento.
Por ejemplo, un cuento normalmente tiene por lo menos dos
personajes. Rellena una ficha como la siguiente para cada uno
de tus personajes.

Plan del cuento

Título:_____

Ambiente
Tiempo:_____
Lugar:_____

Personajes
1:_____
2:_____
3:_____

Acción
Exposición:_____
Conflictos:
1:_____
2:_____
3:_____
Clímax:_____
Desenlace:_____
Punto de vista:_____
Tema:_____

Palabras de enlace

después	entretanto
ya	próximo
por fin	de pronto
antes	entonces
eventualmente	cuando
finalmente	mientras
primero	

DATOS DEL PERSONAJE

Nombre: _____ Edad: _____
Aspecto: _____
Rasgos de su personalidad: _____
Forma de moverse y hablar:_____
Hábitos/Gustos y aversiones: _____

Estudia también el **ambiente** de tu historia. Haz una lista de detalles que describan el tiempo y el lugar donde se produce la acción. Luego, decide el **punto de vista** que piensas utilizar. ¿Será más interesante la historia si utilizas el punto de vista en primera persona? Si utilizas este punto de vista, recuerda que el conocimiento del narrador será limitado, porque solamente puede hablar de sucesos de los que es o ha sido testigo.

Ahora estás preparado para recopilar todas tus notas y realizar un **plan del cuento.** Haz un esquema como el que aparece a la izquierda.

El borrador

1. Escribe tu primer borrador

Un primer borrador ofrece la posibilidad de descubrir más cosas sobre el mundo que encierra tu historia. Concéntrate en escribir tus ideas y no te preocupes si están pulidas o no. Anota en **orden cronológico** los sucesos. Recuerda utilizar **palabras de enlace** para indicar la relación que existe entre los sucesos y las ideas. Algunas expresiones útiles para la escritura narrativa aparecen en la lista a la izquierda.

2. Trabaja con el diálogo

Utiliza el **diálogo** para mostrar directamente lo que dicen tus personajes y lo que otras personas dicen de ellos. He aquí algunas pautas a seguir cuando escribas un diálogo:

- Haz que las conversaciones sean realistas, en la forma en que la gente habla en la vida real. No utilices palabras innecesarias o muletillas como «Bueno...», «Usted sabe...».

- Asegúrate de que el diálogo haga avanzar la acción. No dejes que tus personajes hablen por hablar.

- Trata de que cada personaje individual tenga su propia manera de hablar.

- Indica cómo hablan tus personajes utilizando verbos precisos y apropiados en las **acotaciones al diálogo**, como «ella repitió» o «él gritó».

3. Utiliza imágenes sensoriales

Experimenta con **imágenes** que estimulan los sentidos. Mientras escribes, imagina que estás mirando una fotografía en color de cada escena importante de tu historia.

Evaluación y revisión

1. Intercambio entre compañeros

Intercambien trabajos entre compañeros. Por cada borrador que leas, rellena una ficha de evaluación como la que aparece a continuación:

EVALUACIÓN DE LA HISTORIA

Lo que más me gustó de esta historia fue _____.
Me gustaría saber más sobre _____.
Pensé que la parte más importante fue cuando _____.
Al final, pensé que _____, porque _____.

---

2. Autoevaluación

Utiliza la guía siguiente para revisar lo que has escrito.

Pautas de evaluación	Técnicas de revisión
1. ¿Logro atrapar el interés del lector en el primer párrafo?	**1.** Lánzate a describir una escena de acción interesante; luego utiliza la narración retrospectiva cuando la necesites.
2. ¿Está claro el conflicto?	**2.** Añade oraciones que revelen la lucha o el problema del personaje principal.
3. ¿Crea suspenso mi historia para mantener el interés del lector?	**3.** Elimina detalles que estorben la acción o añade detalles que creen incertidumbre y complicaciones.
4. ¿Está claro el orden de los sucesos?	**4.** Utiliza el orden cronológico o la narración retrospectiva.
5. ¿Son los personajes reales y creíbles?	**5.** Añade detalles realistas y diálogo eficaz.
6. ¿Tiene el cuento un clímax efectivo?	**6.** Muestra cómo se resuelve el conflicto principal.

Compara estas dos versiones del primer párrafo de un cuento.

Borrador 1

Llegué al aeropuerto y me paré en la fila que había frente al mostrador de la línea aérea. Había mucha gente delante de mí. Estaba impaciente, sobre todo cuando escuché que mi teléfono celular, que tenía en el bolsillo, empezó a sonar. Desesperado, saqué el teléfono.

Evaluación: El escritor describe la escena, pero no consigue introducir imágenes que hagan que los lectores puedan «visualizar» la situación.

Borrador 2

Al principio no tuve la menor idea de dónde podrían venir aquellos sonidos mecánicos y demasiado altos. En la fila que se alargaba hasta el mostrador de la línea aérea, varias personas que había delante giraron la cabeza. Luego me di cuenta de dónde procedía el ruido: del elegante y minúsculo teléfono celular que tenía en el bolsillo izquierdo de la chaqueta. Me molestó la interrupción. Busqué el aparato con impaciencia.

Evaluación: Mejor. Las imágenes nos ayudan a penetrar en el mundo que encierra la historia.

Corrección de pruebas

Intercambia trabajos con un(a) compañero(a) y corrijan con cuidado las pruebas de los cuentos.

Publicación

Evalúa los métodos siguientes para publicar tu escrito:

- Crea una antología de cuentos con tus compañeros.

- Presenta tu cuento a la revista o al diario escolar.

- Lee tu cuento en voz alta en una reunión familiar o ante una clase de estudiantes más jóvenes.

Reflexión

Escribe una respuesta breve a una o varias de estas preguntas:

- ¿Qué problemas tuviste cuando estabas escribiendo o revisando este cuento? ¿Cómo los resolviste?

- ¿Cuál es tu diálogo favorito o el pasaje más vívido del relato?

Estímulos para la reflexión
El mayor problema fue encontrar una idea para el cuento. Cuando vi las noticias en la televisión y leí los diarios y las revistas, aprendí que la vida diaria está llena de dramas y conflictos que se pueden relatar.

Taller de oraciones

EMOCIONES FUERTES Y DECISIONES DIFÍCILES

Busca en este borrador oraciones relacionadas y únelas con la palabra «y».

> Pedro se asomaba asustado al balcón. La gente lo miraba desde abajo. Las llamas salían por las ventanas. Rozaban la fachada del edificio con furia. Los bomberos extendieron la malla. Le gritaron que saltara.

Además de la palabra «y», hay muchas más palabras de enlace o **conjunciones** que indican distintos tipos de relación entre las oraciones.

1. La palabra **y** indica una coordinación **copulativa.** Une acciones que pasan a la vez o una después de la otra. Sirve para comunicar sensaciones de prisa o de ansiedad. Cuando no ocurre ninguna de las acciones, se usa la palabra **ni.**

> <u>Ni</u> Pedro saltó, <u>ni</u> subieron por él los bomberos.

2. En la coordinación **adversativa,** se contraponen dos acciones. La segunda acción es inesperada.

> Las llamas lo rozaban <u>pero</u> sorprendentemente no lo quemaban.

Para expresar una relación adversativa, se usan las palabras de enlace **pero, sin embargo, en cambio.**

3. La coordinación **disyuntiva** presenta una situación en la que hay que elegir entre dos posibilidades. Se expresa con las palabras de enlace **o, u.**

> «¿Salto <u>o</u> espero?», pensó Pedro indeciso.

Al revisar tu trabajo:

1. Escoge un punto donde quieras dar la sensación de que las cosas pasan a la vez. Coordina oraciones con la palabra de enlace «y».

2. Intercala una oración con la palabra «ni» para subrayar lo que no ocurrió.

3. Incorpora un suceso inesperado utilizando «pero» o «sin embargo».

4. Haz que el protagonista tome una decisión difícil. Usa la palabra «o».

Guía del lenguaje

Ver Conjunciones coordinantes, pág. 372.

Inténtalo tú

Di a qué clase pertenecen estas oraciones coordinadas:

Se mira pero no se toca.

¿Vamos o nos quedamos?

Ni llueve ni hace buen tiempo.

Ana adora los perros; sin embargo, odia los gatos.

Yo hago este experimento y tú preparas el siguiente.

Yo prefiero el monte; en cambio, a él le gusta más la playa.

COLECCIÓN 4

Recuerdos inolvidables

Les valeurs personnelles (1952)
de René Magritte (1898–1967).

© ARS, New York. Private Collection.
Herscovici/Art Resource, New York.

ANTES DE LEER
La vieja llave

Punto de partida

Un tesoro personal

¿Cuáles son tus posesiones más valiosas? ¿Un osito de peluche viejo? ¿La medalla que te dio tu abuela? ¿Tu colección de tarjetas de béisbol? ¿Una fotografía de la antigua casa donde viviste?

Las historias y los poemas de esta colección tratan sobre las cosas, la gente y los lugares más queridos. No todas estas cosas son tan pequeñas como una llave. No cabrían en un bolsillo. En muchos casos los objetos no sirven ya para nada, como la llave en el poema de Amado Nervo «La vieja llave».

Una cosa es especial no necesariamente porque sea valiosa, sino porque la persona que la posee la asocia con algo importante. A veces sólo nos damos cuenta del auténtico valor de un objeto cuando ya no podemos usarlo y admirarlo, cuando existe únicamente en nuestros recuerdos.

¿Qué cosas atesoras? En una constelación como la que aparece a continuación, llena los espacios en blanco con el nombre de las cosas que consideras especiales. Guarda tu constelación para la actividad que sigue.

Comparte tus ideas

Piensa en un objeto que atesores, sin decirle a los demás qué es. Después, se selecciona a un(a) compañero(a) y los demás le van haciendo por turnos preguntas sobre el lugar, aspecto y uso del objeto. A las preguntas solamente se puede responder afirmativa o negativamente. El objetivo del juego consiste en adivinar cuál es el objeto que cada quien atesora. El nombre del objeto debe ser la última de las preguntas. (Por ejemplo: ¿es un guante de béisbol?)

Diálogo con el texto

Cuando leas, trata de encontrar partes del texto donde el significado se destaque

DIARIO DEL LECTOR

mediante el uso de recursos poéticos como el ritmo, la repetición y otros efectos de sonido.

Elementos de literatura

Ritmo

El **ritmo** es un énfasis repetitivo que se escucha en una serie de palabras o sonidos. En algunos poemas, el énfasis se produce de una manera regular y se crea un ritmo que se puede reconocer al oírlo.

La colocación de las palabras que riman al final de cada línea también contribuye al ritmo, porque la rima crea una estructura de sonido que se puede reconocer. La rima no solamente se utiliza para lograr un sonido agradable. Los poetas usan a menudo la rima para destacar el significado de las palabras.

El **ritmo** es una combinación de diferentes elementos: rima, sílabas acentuadas y número de sílabas en un verso.

Para más información, ver la página 143 y el GLOSARIO DE TÉRMINOS LITERARIOS.

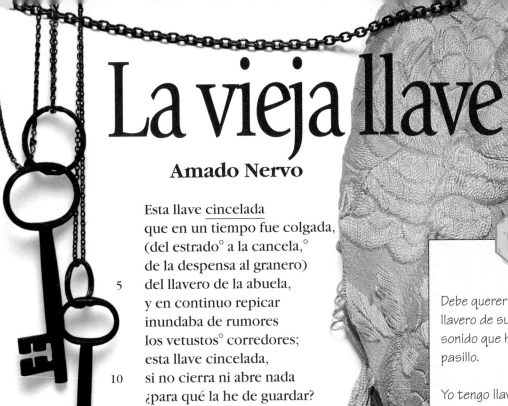

La vieja llave

Amado Nervo

Esta llave cincelada
que en un tiempo fue colgada,
(del estrado° a la cancela,°
de la despensa al granero)
5   del llavero de la abuela,
y en continuo repicar
inundaba de rumores
los vetustos° corredores;
esta llave cincelada,
10 si no cierra ni abre nada
¿para qué la he de guardar?

Ya no existe el gran ropero,
la gran arca° se vendió;
sólo en un baúl de cuero,
15 desprendida del llavero
esta llave se quedó.

Herrumbrosa, orinecida,°
como el metal de mi vida,
como el hierro de mi fe,

3. **estrado:** conjunto de muebles que
servía para adornar el lugar donde se
recibían las visitas. **cancela:** verja
pequeña a la entrada de una casa.
8. **vetustos:** antiguos, muy viejos.
13. **arca:** caja de madera con tapa llana
asegurada con candados.
17. **herrumbrosa, orinecida:** que
está oxidada.

- -

ADUÉÑATE DE ESTAS PALABRAS

cincelada, -do *adj.:* cuando un metal o una piedra
está grabado o labrado con una herramienta a
golpe de martillo.

- -

DIARIO DEL LECTOR

Debe querer decir que la llave en el
llavero de su abuela despedía un
sonido que hacía ecos por el
pasillo.

Yo tengo llaves viejas. Tampoco
me gusta deshacerme de ellas.

Me parece que suena algo triste
cuando piensa en la pérdida de
objetos del pasado.

Ahora está utilizando la llave
como un símbolo de su vida.

20 como mi querer de acero,
esta llave sin llavero
¡nada es ya de lo que fue!

Me parece un amuleto
sin virtud y sin respeto;
25 nada abre, no resuena...
¡me parece un alma en pena!

Pobre llave sin fortuna
...y sin dientes, como una
vieja boca, si en mi hogar
30 ya no cierras ni abres nada,
pobre llave desdentada,
¿para qué te he de guardar?

Sin embargo tú sabías
de las glorias de otros días:
35 del mantón de seda fina
que nos trajo de la China
la gallarda, la ligera
española nao° fiera.
Tú sabías de tibores°
40 donde pájaros y flores
confundían sus colores;
tú, de lacas, de marfiles,
y de perfumes sutiles
de otros tiempos; tu cautela
45 conservaba la canela,
el cacao, la vainilla,
la suave mantequilla,
los grandes quesos frescales
y la miel de los panales,
50 tentación del paladar;
mas si hoy, abandonada,
ya no cierras ni abres nada,
pobre llave desdentada,
¿para qué te he de guardar?

55 Tu torcida arquitectura
es la misma del portal
de mi antigua casa obscura,
(¡que un día de premura°
fue preciso vender mal!)

60 Es la misma de la ufana
y luminosa ventana,
donde Inés, mi prima y yo
nos dijimos tantas cosas
en las tardes misteriosas
65 del buen tiempo que pasó...

Me recuerdas mi morada,°
me retratas mi solar;
mas si hoy, abandonada,
ya no cierras ni abres nada,
70 pobre llave desdentada,
¿para qué te he de guardar?

58. premura: aprieto, apuro, urgencia.
66. morada: hogar, casa.

38. nao: nave, embarcación. **39. tibores:** grandes vasos de barro de China o de Japón con decoraciones en el exterior.

CREA SIGNIFICADOS

Primeras impresiones

1. ¿Qué te parece el dilema del poeta en torno a la llave? ¿Entiendes por qué se siente tan apegado a la llave? Explica tu respuesta.

Interpretaciones del texto

2. ¿Por qué le pregunta constantemente a la llave para qué debe guardarla? ¿En qué parte del poema encuentras una respuesta a esta pregunta?

3. Hay varios tipos de rima, por ejemplo, las **rimas finales** y las **rimas internas.** En las rimas finales, las palabras que riman aparecen al final de las líneas; en las rimas internas, las palabras que riman aparecen dentro de las líneas. Identifica, de las líneas 3 a la 5, las rimas finales e internas.

4. ¿Qué otro tipo de repeticiones descubriste mientras leías?

5. ¿Cómo se siente el poeta con respecto al pasado? ¿Cómo lo sabes?

Preguntas al texto

6. Es natural que los recuerdos nos provoquen diversos sentimientos, sin embargo, algunas personas podrían decir que el poeta vive demasiado en el pasado. ¿Qué opinas tú?

OPCIONES: Prepara tu portafolio

Cuaderno del escritor

1. Compilación de ideas para un ensayo de observación

Observar, recordar e **imaginar** son algunas de las técnicas que Nervo utiliza para describir un objeto común en su poema. También utiliza adjetivos como «cincelada», «herrumbrosa» y «orinecida» para ayudarnos a visualizar la llave. Recuerda dónde estaba colgada e imagina los valiosos objetos que guardaba el baúl de cuero cuya cerradura la llave llegó a abrir y cerrar en sus tiempos.

Haz una lista de cosas comunes que podrían servir como objeto de observación.

El reloj del abuelo

Unas viejas zapatillas

Un amuleto

Un balón de fútbol

Un platillo para dar de comer a los pájaros

Escritura

2. Tesoros personales

Escribe un poema sobre uno de tus objetos más preciados. Comienza explicsando por qué es especial. Como lo hace Nervo, describe con qué personas, lugares o cosas importantes asocias el objeto que elegiste.

Planificación en grupo

3. Recuerdos de la clase

Con otros estudiantes, organiza una vitrina con objetos que representen todas las cosas hermosas que han hecho como grupo: fotos de paseos al campo, trofeos, proyectos, artesanías y otros recuerdos de actividades memorables y divertidas. Traten de que el mayor número posible de gente contribuya con ideas sobre lo que se debe exponer. A medida que avance el año escolar, añadan y reemplacen objetos según el criterio de la clase.

LENGUA Y LITERATURA

Cómo describir los olores

Guía del lenguaje

Ver Adjetivos, pág. 375.

«La vieja llave» es un poema lleno de imágenes que exaltan los sentidos. Busca en el poema imágenes que sugieran olores. Luego, piensa en uno de tus olores favoritos y trata de explicárselo a un(a) compañero(a). ¿Qué expresiones has usado para describirlo?

Hay varias formas de expresar cómo son los olores:

- **Empleando adjetivos**
  Para olores que te gustan: aromático, refrescante, embriagador, floral...
  Para olores que no te gustan: fétido, pestilente, hediondo, apestoso, viciado, mareante, sofocante...
  Para olores en general: persistente, penetrante, concentrado...

- **Señalando el origen**
  Un olor puede tener varios componentes: el olor de un guiso, por ejemplo, resulta de una combinación de distintas especias; el olor de un campo procede de la combinación de flores y hierbas. Para describir los olores, puedes indicar su origen. Puedes decir que huele a heno, a pimienta o a jazmín.

- **Explicando qué te recuerdan**
  También puedes explicar los olores hablando de los recuerdos que despiertan en ti. Un olor te puede hacer pensar en un hospital, en una gasolinera o en el mar.

> **Inténtalo tú**
>
> Busca especias o hierbas olorosas, productos de baño y del campo. Véndale los ojos a un(a) compañero(a) y preséntale varias sustancias. Tiene que describir los olores y luego adivinarlos.

VOCABULARIO LAS PALABRAS SON TUYAS

ALCANCÍA DE PALABRAS

sabroso
almibarado
picante
ácido
rancio
acaramelado
picante
suculento
agridulce
insulso

El mundo profesional: La hostelería

1. Imagina que eres dueño(a) de un restaurante. Unos clientes te piden que les expliques estos platos: chiles rellenos, pavo asado, pizza de jamón y piña, flan, ensaladilla de frutas.

2. Eres un(a) jefe de cocina y es una noche desastrosa. Te informan de que algo está <u>rancio</u>. ¿Qué crees que puede ser: la harina, el pollo, el aceite? Además, la comida está <u>insulsa</u>. ¿Qué añades: pimienta, agua, papas?

ANTES DE LEER
Oda a los calcetines

Punto de partida

Una celebración de lo cotidiano

¿Quién hubiera pensado que un par de calcetines inspiraría un poema? «Oda a los calcetines» de Pablo Neruda demuestra cómo el objeto más práctico y común puede convertirse, también, en algo hermoso.

Toma nota

Escribe un poema breve en honor de un objeto común, pero útil. Presenta sus cualidades de un modo divertido. Una forma de hacerlo podría ser utilizar figuras retóricas.

Elementos de literatura

Figuras retóricas

En este poema vas a encontrar dos tipos de figuras retóricas, la **metáfora** y el **símil**. Es muy posible que ya sepas que la metáfora describe algo como si fuera otra cosa.

Metáfora: «mis pies fueron/dos pescados/de lana,/ dos largos tiburones...».

El **símil** compara una cosa con otra, utilizando la palabra **como.**

Símil: «mis pies me parecieron/ inaceptables/ **como** dos decrépitos bomberos...».

A medida que leas, busca otros ejemplos de metáfora y símil.

DIARIO DEL LECTOR

Oda a los calcetines

Pablo Neruda

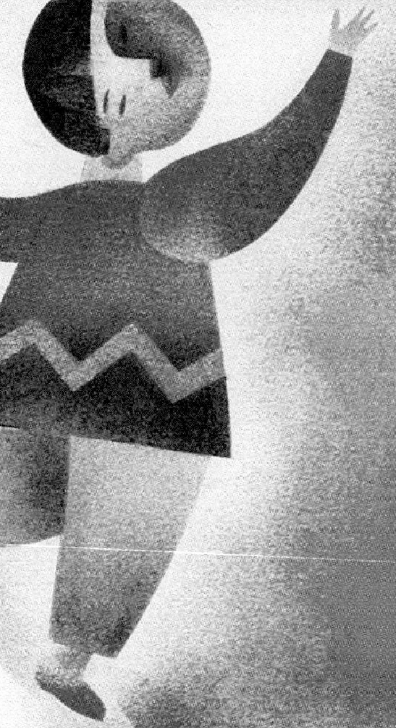

Me trajo Maru Mori
un par
de calcetines
que tejió con sus manos
5   de pastora,
dos calcetines suaves
como liebres.
En ellos
metí los pies
10 como en
dos
estuches
tejidos
con hebras del
15 crepúsculo
y pellejo de ovejas.

Violentos calcetines,
mis pies fueron
dos pescados
20 de lana,
dos largos tiburones
de azul ultramarino
atravesados
por una trenza de oro,
25 dos gigantescos mirlos,°

dos cañones:
mis pies
fueron honrados
de este modo
30 por
estos
celestiales
calcetines.
Eran
35 tan hermosos
que por primera vez
mis pies me parecieron
inaceptables
como dos decrépitos
40 bomberos, bomberos
indignos
de aquel fuego
bordado,
de aquellos luminosos
45 calcetines.

°**oda:** poema en alabanza a algo
o alguien.
25. mirlo: pájaro de plumaje
oscuro que se domestica con
facilidad.

ADUÉÑATE DE ESTAS PALABRAS

estuche *m.:* caja donde se guardan las cosas para
protegerlas.
decrépito, -ta *adj.:* muy viejo.

Sin embargo
resistí
la tentación aguda
de guardarlos
50 como los colegiales°
preservan
las luciérnagas,°
como los eruditos°
coleccionan
55 documentos sagrados,
resistí
el impulso furioso
de ponerlos
en una jaula
60 de oro
y darles cada día
alpiste°
y pulpa de melón rosado.
Como descubridores
65 que en la selva

entregan el rarísimo
venado verde
al asador
y se lo comen
70 con remordimiento,
estiré
los pies
y me enfundé
los
75 bellos
calcetines
y
luego los zapatos.
Y es ésta
80 la moral de mi oda:
dos veces es belleza
la belleza
y lo que es bueno es
       doblemente
bueno
85 cuando se trata de dos
       calcetines
de lana
en el invierno.

50. colegiales: estudiantes de
primaria o secundaria.
52. luciérnaga: insecto
coleóptero. La hembra despide
una luz verdosa fosforescente.
53. eruditos: personas que
tienen mucho conocimiento de
varias materias. **62. alpiste:**
planta cuya semilla sirve para
alimento de los pájaros.

ADUÉÑATE DE ESTAS PALABRAS

remordimiento *m.*: inquietud; pesar que queda
   después de haber hecho un mal.
enfundé, de **enfundar** *v.*: meter en una funda,
   cubierta o envoltura que sirve de protección.

CONOCE AL ESCRITOR

Pablo Neruda (1904–1973) podía escribir con la misma elegancia y soltura sobre problemas políticos que sobre el amor, o sobre sus calcetines. El autor de «Oda a los calcetines», cuyo verdadero nombre era Neftalí Reyes, nació en Parral, Chile, y creció en una lejana provincia del sur. Uno de sus maestros fue la poeta Gabriela Mistral, quien más tarde ganaría el Premio Nobel. A los catorce años ya escribía poesía bajo el nombre Pablo Neruda y enviaba sus poemas a periódicos y revistas de Santiago, donde ganó varios concursos literarios. En 1921 se trasladó a Santiago para estudiar francés, pero su pasión literaria pudo más que sus estudios y abandonó la educación para dedicarse por completo a la poesía. Su segundo libro, *Veinte poemas de amor y una canción desesperada,* publicado en 1924, lo convirtió en un poeta chileno importante.

Neruda comenzó su carrera política como cónsul de Chile en Rangún, después de lo cual siguieron numerosos viajes por todo el sureste asiático. De 1933 a 1934 fue cónsul de Chile en Buenos Aires y allí conoció al poeta Frederico García Lorca, que estaba de gira por Sudamérica. Por estas fechas Neruda publicó *Residencia en la*

tierra y participó en la Guerra Civil Española ayudando a refugiados. Después formó parte de la embajada chilena en la Ciudad de México. Al regresar a Chile, fue elegido senador, pero él siguió trabajando en un poema épico que habría de recoger toda la historia de Latinoamérica. Terminó su *Canto General* mientras se ocultaba de la policía por haber escrito cartas en las que criticaba al gobierno. Aclamada como una de las obras maestras de la literatura de América, esta obra le trajo fama, pero también la antipatía de algunos círculos.

Con el paso de los años, Neruda se alejó de la política como tema y comenzó a escribir en un estilo más accesible. En los poemas de este periodo, examina las cosas sencillas con un estilo pausado y majestuoso. Siempre mantuvo su interés por la política y fue candidato a la presidencia de Chile en los últimos años de su vida, pero él retiró su nombre de la campaña electoral. En 1971 recibió el Premio Nobel de Literatura por su enorme y maravillosa producción literaria. Era un hombre a quien le importaban la gente, la poesía y las cosas que nos dividen y nos unen en este mundo confuso. Si te gusta su estilo, lee alguna de sus obras en *Poemas Selectos* (1970).

CREA SIGNIFICADOS

Primeras impresiones

1. Describe una de las imágenes que recuerdas después de haber leído el poema.

Interpretaciones del texto

2. ¿Qué **metáforas** y **símiles** encontraste?

3. ¿Cuál es el conflicto del poeta? ¿Cómo lo resuelve?

4. ¿Cuál es la moraleja de la oda de Neruda? ¿Qué significa?

Conexiones con el texto

5. ¿Has tenido una experiencia parecida a la de Neruda con un objeto? ¿Pensaste que era demasiado hermoso o maravilloso como para usarlo? ¿De qué se trataba? Describe qué lo hacía tan maravilloso.

OPCIONES: Prepara tu portafolio

Cuaderno del escritor

TRABAJO EN CURSO

1. Compilación de ideas para un ensayo de observación

En la «Oda a los calcetines», Pablo Neruda describe cómo la belleza de un nuevo par de calcetines tejidos a mano le produce un gran placer a una persona. También describe en un lenguaje colorido otros objetos, criaturas y personas como mirlos, bomberos, luciérnagas, conejos, cañones, tiburones y descubridores en la selva.

Escoge, de la lista anterior, uno de los elementos que te gustaría describir con más cuidado. Anota detalles sobre el objeto, animal o persona que seleccionaste. Trata de ser descriptivo, pero también imaginativo. Guarda tus notas.

Escritura creativa

2. Celebración de lo ordinario

Convierte el poema que escribiste bajo TOMA NOTA en un poema como el de Neruda.

Arte y publicación

3. Ilustrar un libro para niños

Imagina que te han encargado ilustrar el poema de Neruda en un libro para niños. Recuerda que tienes que ayudar a los lectores jóvenes a apreciar un poema que tal vez no podrían entender sin la ayuda de dibujos vívidos e interesantes. Decide cómo piensas dividir el poema a lo largo del libro y qué partes del texto vas a representar con ilustraciones.

LENGUA Y LITERATURA `MINI LECCIÓN`

Cómo indicar la forma de los objetos

Guía del lenguaje

Ver Adjetivos, pág. 375.

¿Has observado que los objetos dejan rastro? A veces, el polvo marca el lugar donde estaba un jarrón que has retirado o un mueble que has corrido para limpiar. ¿Qué huella deja un libro en una mesita, una persona en un sofá, una tortuga en la arena? Hay varias maneras de describir las formas:

- **Usando adjetivos de la geometría**: esférico, circular, rectangular, cónico, cilíndrico, piramidal, curvo, cóncavo, convexo...

- **Haciendo comparaciones**: en forma de escalones, de espiral, de torres, de pera, de cuchara...

Ahora, piensa qué harías para describir una forma complicada como una llave o un calcetín. Una forma difícil se describe por partes con mucha atención al orden: de izquierda a derecha, de arriba a abajo, de lejos a cerca. Escoge el orden según la sensación que quieras crear: excitación, claridad, miedo. ¿Qué orden seguirías al describir una llave o un calcetín?

> **Inténtalo tú**
>
> En geometría o en el juego del Tangram, se dividen los objetos complicados en formas sencillas. Dibuja el calcetín o la llave y trata de dividirlo en formas geométricas que conozcas. A continuación, dibuja y luego describe la forma de un objeto complicado como un paraguas o una nube.

VOCABULARIO `LAS PALABRAS SON TUYAS`

ALCANCÍA DE PALABRAS

arracimado
apiñado
abarquillado
acaracolado
aplanado
acanalado
acampanado

Adjetivos que encierran una comparación

Ciertos adjetivos describen la forma de una cosa al compararla con otra. Por ejemplo, la palabra «ovalado» quiere decir en forma de huevo, «almendrado» en forma de almendra, «pisciforme» en forma de pez. ¿Qué querrán decir los adjetivos de la ALCANCÍA? (Pista: fíjate en la parte subrayada y piensa a qué palabra se parece.) Piensa en objetos a cuya forma puedan aplicarse estos adjetivos.

Estrategias para leer

Uso de métodos de comparación y contraste

La comparación y **el contraste** son métodos que utilizamos todos los días para tratar de darle un sentido al mundo que nos rodea. Por ejemplo, si nuestro equipo de básquetbol gana un partido de las eliminatorias para el campeonato, pero luego pierde el siguiente encuentro de la serie, probablemente trataremos de comparar y contrastar nuestra estrategia durante el primer partido con la que aplicamos en el segundo. Sería una buena idea averiguar cuál fue nuestra estrategia ganadora en el primer encuentro y aplicarla de nuevo en el próximo, si queremos tener alguna esperanza de llevarnos el trofeo.

> **Inténtalo tú**
>
> Mediante un diagrama de Venn, compara tus pensamientos y sentimientos hacia un objeto que atesoras con aquellos que se expresan en el poema de Neruda o en el de Nervo. ¿Qué nuevas ideas sobre este poema se te ocurrieron después de comparar y contrastar tus experiencias con las que se describen en el poema?

La comparación y el contraste son instrumentos útiles para comprender mejor lo que leemos. Cuando leemos literatura, encontramos parecidos y diferencias entre historias, poemas, ensayos y experiencias propias. Recuerda, sin embargo, que este método solamente funciona cuando analizamos dos cosas que comparten una o más características importantes, como el tema o la estructura. Por ejemplo, el darnos cuenta de que los pases de nuestro equipo de básquetbol tienen que mejorar, no nos ayudará a la hora de jugar un partido de tenis de dobles. Aunque tanto el tenis de dobles como el básquetbol son deportes, sus reglas son muy diferentes.

Observemos los poemas «Oda a los calcetines» y «La vieja llave». Por medio de la comparación y el contraste, alcanzamos una mayor comprensión de cómo los poemas tratan de expresar temas similares. Un diagrama de Venn nos puede ayudar a organizar nuestras observaciones sobre estos poemas.

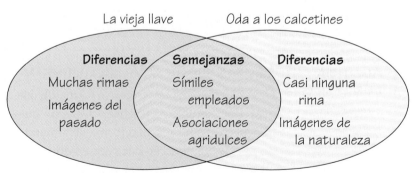

La vieja llave   Oda a los calcetines

Diferencias   Semejanzas   Diferencias

Muchas rimas   Símiles   Casi ninguna
                   empleados   rima
Imágenes del
pasado   Asociaciones   Imágenes de
                   agridulces   la naturaleza

¿Qué opinas de este diagrama de Venn? Mediante este diagrama, podemos decir más cosas sobre estos poemas que si los hubiéramos observado por separado.

Elementos de literatura

POESÍA I: Recursos de sonido e imágenes

Los poetas han sido a menudo comparados con los magos: usan su arte para convertir lo común en algo extraordinario. Las imágenes y los efectos sonoros creados por los poetas cautivan nuestros sentidos.

Música en la poesía:
Rima

Muchos lectores asocian la poesía con la **rima.** Además de su agradable sonido, la rima puede destacar las palabras clave y las relaciones entre los diferentes versos. El **tipo de rima** también le da forma al poema.

La mayoría de las rimas aparecen al final de los versos. En la **rima consonante o total,** como en este ejemplo tomado de «La vieja llave», los sonidos de las vocales y de las consonantes se repiten de manera idéntica:

Esta llave cincel**ada**
que en un tiempo fue
  colg**ada**

En la **rima asonante o parcial,** sólo se repite el

sonido de las vocales, como en los versos 2 y 4 de esta estrofa de «Meciendo»:

Dios Padre sus miles de
  mundos mece sin ru**ido**.
Sintiendo su mano en la
  sombra mezo a mi n**iño**.

Ritmo

En música, identificamos el **ritmo** como el compás (tiempo) de una canción. El **ritmo** es especialmente importante en la poesía, donde tiene diferentes efectos.

Al igual que la rima, el ritmo da a la poesía una cierta cualidad musical agradable. El ritmo puede servir también para imitar una acción que es descrita y así ayuda a expresar esa imagen. El ritmo también interviene en el tono (ánimo) o efecto general de un poema.

El ritmo se aprecia mejor cuando el poema se lee en voz alta. Lee esta estrofa en voz alta. En ella, Nicolás Guillén imita el sonido de los tambores africanos de Cuba:

¡Yambambó, yambambé!
Repica el congo solongo,
repica el negro bien negro;
congo solongo del Songo
baila yambó sobre un pie.
  —*Sóngoro Cosongo*

El ritmo es una combinación de diferentes elementos: rima, sílabas acentuadas y número de sílabas en un verso.

No todos los poemas tienen una rima o un ritmo regular. En «Oda a los calcetines», por ejemplo, Pablo Neruda utiliza el **verso libre,** poesía sin rima fija ni esquema rítmico.

Repetición y paralelismo

Los poetas se valen de la repetición para destacar palabras clave y versos. La repetición que usa Neruda de las palabras «dos», «como», «calcetines» y «resistí» ayuda a crear la estructura básica de la «Oda».

El **paralelismo** es la repetición de frases o de oraciones completas que son similares en la estructura o en el sonido. En «La vieja llave»,

Amado Nervo emplea el paralelismo para sugerir la intensa emoción que se experimenta al recordar el pasado:

Herrumbrosa, orinecida
como el metal de mi vida,
como el hierro de mi fe...

Otros efectos sonoros: Onomatopeya

Se llama **onomatopeya** al uso de palabras cuyos sonidos imitan o sugieren su significado. El poeta puede utilizar una sola palabra o una serie de palabras para imitar un sonido. A continuación encontrarás algunos ejemplos de onomatopeyas. Cuando lees las palabras en voz alta, ¿notas cómo los sonidos sugieren su significado?

miau	roncar
runrún	borbotón
rataplán	silbar
susurrar	

¿Qué ejemplos puedes añadir a esta lista?

Aliteración

La **aliteración** es la repetición de sonidos similares en un grupo de palabras. La aliteración es un recurso musical atrayente y efectivo. Al igual que la rima, la aliteración puede servir de ayuda para memorizar o añadir énfasis a un grupo de palabras y crear el tono.

En la siguiente estrofa de «Meciendo», ¿qué ejemplos de aliteración encuentras?

El mar sus millares de olas mece, divino.
Oyendo a los mares amantes, mezo a mi niño.

Imágenes

Las **imágenes** son un conjunto de palabras o frases que cautivan cualquiera de los cinco sentidos: vista, oído, tacto, gusto y olfato. Las imágenes no sólo se encuentran en la poesía sino que también son una parte muy importante de toda buena obra de literatura descriptiva. José Martí usa numerosas imágenes vívidas en «Escena neoyorquina» (página 147). En poesía a menudo encontramos las imágenes más sorprendentes. Al cautivar nuestros sentidos, los poetas nos animan a leer de una manera más activa e imaginativa.

En este pasaje de «La vieja llave» encontrarás imágenes dirigidas a los diferentes sentidos.

Sin embargo tú sabías
de las glorias de otros días:
del mantón de seda fina
que nos trajo de la China
la gallarda, la ligera
española nao fiera.
Tú sabías de tibores
donde pájaros y flores
confundían sus colores;
tú, de lacas, de marfiles,
y de perfumes sutiles
de otros tiempos, tu cautela
conservaba la canela,
el cacao, la vainilla,
la suave mantequilla...

¿Identificas imágenes que despiertan los sentidos?

ANTES DE LEER
Escena neoyorquina

Punto de partida

Congelado en el tiempo

Se sabe que las cosas en la vida cambian con frecuencia. La gente envejece, las máquinas se vuelven obsoletas y los paisajes cambian constantemente debido a la intervención del hombre o a la de las fuerzas de la naturaleza.

En la lectura que viene a continuación, el escritor describe una escena que ha dejado de existir en la ciudad de Nueva York. Sin embargo, por medio de su escritura, José Martí ha capturado un momento particular en el tiempo y, siempre que leemos su descripción, recibimos la clara impresión de que el pasado ha revivido una vez más. Es como si nos hubieran enviado hacia el pasado para que nos maravillemos con las mismas cosas que Martí vio hace más de un siglo.

Imagina que preparas una cápsula del tiempo que será lanzada al espacio en un cohete. La cápsula del tiempo contendrá objetos que definen tu época. ¿Qué te gustaría que la gente del futuro encontrara en la cápsula del tiempo cuando la traigan de nuevo a la Tierra y la abran? Dibuja un diagrama como el siguiente y trabaja con un grupo de compañeros para decidir qué debería colocarse en la cápsula. ¡Recuerda que el espacio es limitado!

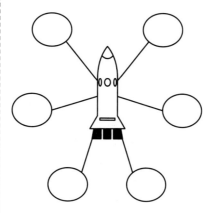

Elementos de literatura

Personificación

Igual que la metáfora y el símil, la **personificación** es un tipo de figura retórica. Cuando hablamos de cosas que no son humanas y les damos características humanas, estamos usando la personificación. A medida que leas el texto de Martí, presta atención al uso de la personificación para describir una máquina.

> Por medio de la **personificación**, se habla de algo que no es humano como si tuviera vida humana, o características y sentimientos humanos.
>
> *Para más información, ver la página 193 y el GLOSARIO DE TÉRMINOS LITERARIOS.*

Puente de Brooklyn, 1914 (1981) de Milton Bond.

ESCENA NEOYORQUINA

José Martí

Es mañana de otoño, clara y alegre. El sol amable calienta y conforta. Agólpase la gente a la puerta del tranvía del puente de Brooklyn:[1] que ya corre el tranvía y toda la ciudad quiere ir por él.

Suben a saltos la escalera de granito y repletan de masa humana los andenes. ¡Parece como que se ha entrado en casa de gigantes y que se ve ir y venir por todas partes a la dueña de la casa!

Bajo el amplio techado se canta este poema. La dama es una linda locomotora en traje negro. Avanza, recibe, saluda, lleva a su asiento al huésped, corre a buscar otro, déjalo en nuevo sitio, adelántase a saludar a aquel que llega. No pasa de los dinteles de la puerta. Gira: torna: entrega: va a diestra y a siniestra: no reposa un instante. Dan deseos, al verla venir, campaneando alegremente, de ir a darle la mano. Como que se la ve tan avisada y diligente, tan útil y animosa, tan pizpireta[2] y gentil, se siente amistad humana por la linda locomotora. Viendo a tantas cabecillas

1. **Brooklyn:** uno de los cinco condados de Nueva York; es muy industrial y tiene extensos muelles.
2. **pizpireta:** vivaracha, lista para realizar cualquier cosa.

menudas de hombres asomados al borde del ancho salón donde la dama colosal deja y toma carros, y revolotea, como rabelaisiana[3] mariposa, entre rieles, andenes y casillas — dijérase que los tiempos se han trocado y que los liliputienses han venido a hacer visita a *Gulliver.*[4]

Los carros que atraviesan el puente de Brooklyn vienen de New York, traídos por la cuerda movible que entre los rieles se desliza velozmente por sobre ruedas de hierro, y, desde las seis de la mañana hasta la una de la madrugada del día siguiente, jamás para. Pero donde empieza la colosal estación, el carro suelta la cuerda que ha venido arrastrándolo, y se detiene. La locomotora, que va y viene como ardilla de hierro, parte a buscarlo. Como que mueve

3. **rabelaisiana:** referencia al escritor francés Rabelais, autor de *Gargantúa y Pantagruel.*
4. **Gulliver:** protagonista de *Los viajes de Gulliver,* novela escrita por el autor irlandés Jonathan Swift.

ADUÉÑATE DE ESTAS PALABRAS

agólpase, de **agolpar** v.: juntar muchas cosas en un lugar.
repletan, de **repletar** v.: llenar demasiado.
trocado, de **trocarse** v.: cambiar, modificar, reemplazar una cosa por otra.

Puente de Brooklyn (1898), detalle.

En el Puente de Brooklyn (1894), detalle.
J. S. Johnston. Museum of the City of New York.

al andar su campana sonora, parece que habla. Llega al carro, lo <u>unce</u> a su zaga;[5] arranca con él, estación <u>adentro</u>, hasta el vecino chucho;[6] llévalo, ya sobre otros rieles, con gran son de campana <u>vocinglera</u>, hasta la salida de la estación, donde abordan el carro, ganosos de contar el nuevo viaje, centenares de pasajeros. Y allá va la coqueta de la casa en busca de otro carro, que del lado contiguo deja su carga de <u>transeúntes</u> neoyorquinos.

Abre el carro los grifos complicados que salen de debajo de su pavimento; muerde con ellos la cuerda rodante, y ésta lo <u>arrebata</u> a paso de tren, por entre ambas calzadas de carruajes del puente, por junto a millares de curiosos, que en el camino central de a pie miran absortos; por sobre las casas altas y vastos talleres, que como enormes juguetes se ven allá en lo hondo;

5. **zaga:** la parte trasera de un carro.
6. **chucho:** aguja que sirve para el cambio de vía del ferrocarril.

arrastra la cuerda al carro por sobre el armazón[7] del ferrocarril elevado, que parece fábrica de niños; por sobre los largos muelles, que parecen siempre abiertas fauces; por sobre los topes de los mástiles;[8] por sobre el río turbio y solemne, que corre abajo, como por cauce[9] abierto en un abismo; por entre las <u>entrañas</u> solitarias del puente magnífico, gran trenzado de hierro, bosque extenso de barras y puntales, suspendido en longitud de media legua, de borde a borde de las aguas. ¡Y el vapor, que parece botecillo! ¡Y el botecillo, que parece mosca! ¡Y el silencio, cual si entrase en celestial espacio! ¡Y la palabra humana, palpitante en los hilos numerosos de enredados telégrafos, serpeando, recodeando, hendiendo la acerada y colgante maleza, que sustenta por encima del agua vencida sus carros volantes!

Y cuando se sale al fin al nivel de las calzadas del puente, del lado de New York, no se siente que se llega, sino que se desciende.

Y se cierran involuntariamente los ojos, como si no quisiera dejarse de ver la maravilla.

7. **armazón:** armadura o esqueleto sobre el que se construye algo.
8. **los topes de los mástiles:** la parte superior de los palos en un barco.
9. **cauce:** conducto descubierto por donde corren las aguas.

ADUÉÑATE DE ESTAS PALABRAS

unce, de **uncir** v.: atar a algo.
vocinglera, -ro adj.: sonora, que emite mucho ruido.
transeúnte m. y f.: pasajero, persona que no permanece en un sitio por mucho tiempo.
arrebata, de **arrebatar** v.: quitar apresuradamente o con violencia, arrancar con precipitación.
entraña f.: lo más oculto, lo más interno.

CONOCE AL ESCRITOR

José Martí (1853–1895), el autor de «Escena neoyorquina», no sólo fue un periodista, ensayista y poeta de talento, sino también un patriota valiente que defendió la causa de la liberación cubana. A lo largo de su vida utilizó su don de la palabra para proclamar insistentemente que la humanidad era capaz de algo más que brutalidad y represión. Murió combatiendo por la libertad.

Hijo de españoles, José Martí nació en La Habana, Cuba. Durante su adolescencia, se dedicó a escribir y editar periódicos que proponían la independencia para Cuba. En aquellos días, Cuba era una colonia española. En 1869 sus actividades llamaron la atención de las autoridades y fue detenido y condenado a trabajos forzados en las canteras de San Lázaro, en La Habana. Como testimonio de esta experiencia escribió *El presidio político de Cuba* (1871), obra en la que proponía una reforma política. Conmutada su condena por el exilio en España, Martí consiguió licenciarse en derecho y filosofía por las universidades de Zaragoza y Madrid. Realizó numerosos viajes por toda Latinoamérica y residió en México, Guatemala y Venezuela, donde escribió constantemente poesía y ensayos. En 1879 regresó a La Habana, donde su fuerte oposición al gobierno lo llevó nuevamente al exilio en España.

De España se trasladó primero a Francia y luego a Nueva York, donde el editor Charles A. Dana le pidió que escribiera para el *New York Sun*. Nueva York ejercía sobre Martí una atracción especial. La gran ciudad le fascinaba y horrorizaba a la vez.

Martí escribió tres celebrados libros de poemas y una novela, además de dedicarse con pasión a la causa de la libertad cubana. Organizó y encabezó la rebelión de 1895, para la cual regresó a Cuba y perdió la vida combatiendo. Se consideraba ciudadano de las Américas y es recordado como un magnífico escritor y un hombre dispuesto a morir por sus ideales.

Si te gustó «Escena neoyorquina», quizá quieras leer algunos poemas suyos, como los que aparecen en *Versos sencillos* (1891) y *Versos libres* (1913).

Dos amigos de Raúl Martínez (retrato de José Martí).
Courtesy of the Center for Cuban Studies.

CREA SIGNIFICADOS

Primeras impresiones

1. ¿Qué impresión te causó la descripción que hace Martí de la escena en el Puente de Brooklyn? ¿Te sentiste como si estuvieras allí? Si es así, ¿por qué? Si no, explica por qué el texto de Martí no consiguió transladarte al pasado.

Interpretaciones del texto

2. ¿Quién es la «dama» en el tercer párrafo? ¿Qué es lo que hace?

3. Escoge ejemplos de verbos en la lectura que crean una impresión de actividad y movimiento.

4. ¿Qué quiere decir Martí con: «Y cuando se sale al fin al nivel de las calzadas del puente, del lado de New York, no se siente que se llega, sino que se desciende»?

5. Al leer sobre el viaje en el tranvía, ¿tuviste la misma sensación que Martí describe al final de «Escena neoyorquina»? ¿Por qué?

Conexiones con el texto

6. «Escena neoyorquina» utiliza imágenes para describir escenas. Piensa en obras de arte que representan escenas. Compara, por ejemplo, el uso de las palabras con la pintura en la creación de escenas. ¿Qué medio crees que es más eficaz? ¿Por qué?

Más allá del texto

7. A muchas personas les gustan las novelas y las películas sobre el pasado; sienten nostalgia o una sensación de haber perdido algo cuando piensan en lugares y épocas que ya no existen. ¿Cómo te sientes cada vez que lees o escuchas algo sobre el pasado? ¿Qué le dirías a la gente que a menudo piensa en el pasado, pero que a la vez se pone triste haciéndolo?

> ### Repaso del texto
> Dibuja, utilizando la descripción de Martí, un diagrama del puente con su sistema de tranvías. Utiliza flechas y etiquetas que indiquen cómo funciona el tranvía. Compara tu trabajo con el de otros estudiantes. Comenten las diferencias que existan en las interpretaciones de la descripción de Martí.

Billete de tranvía para el Puente de Brooklyn, c. 1890.
Museum of the City of New York. Gift of Albert M. Kohn.

OPCIONES: Prepara tu portafolio

Cuaderno del escritor

1. Compilación de ideas para un ensayo de observación

Observa cómo funciona una máquina. Escribe una breve descripción de cómo funciona. Trata de hallar una forma de comparar sus movimientos con los de los seres humanos. En otras palabras, ¿hay alguna manera de **personificar** la máquina? Guarda tus notas para un ensayo de observación.

> Máquina de recortar grama
> —Camina por encima del césped, se echa la grama a la boca y la mastica.

Escribe una reseña

2. Viaje a través del tiempo

Muchos libros y películas exploran el viaje a través del tiempo. Escribe una reseña de un libro o una película que trate este tema. Procura sacar una conclusión que explique por qué la gente tiene tanto interés en los viajes a través del tiempo. Si no conoces ningún trabajo que trate de viajes a través del tiempo, escoge para tu reseña libros o películas sobre el pasado. Analiza, en estos trabajos, si el pasado se recrea de una manera auténtica.

Planificación en grupo

3. Transporte

Con un grupo de estudiantes, investiga y comparte información sobre la evolución del transporte público. Asígnenle un periodo histórico diferente a cada persona. Obtengan y compartan información importante que incluya: (a) una breve descripción de cada sistema de transporte y (b) cómo cada sistema significó una superación de las formas anteriores. Si quieren, imaginen formas de transporte del futuro. Tengan una sesión de preguntas y respuestas después de la presentación.

Motor que transportaba el cableado de tranvías por el Puente de Brooklyn (1884).
Museum of the City of New York. Gift of Edward J. Francis.

Arte

4. Crea un modelo

Basándote en la descripción de Martí, crea una maqueta del tranvía y el puente con pintura, cartón, palos de golosinas u otros materiales. Podría ser útil observar fotos de tranvías o del Puente de Brooklyn. Si quieres, puedes dibujar un bosquejo de tu maqueta o utilizar un programa gráfico para computadora.

ANTES DE LEER
de Los sabuesos de Bafut

Punto de partida

Animales inolvidables

El autor de la selección que vas a leer dedicó toda su vida al estudio de los animales. Gerald Durrell describió su trabajo como un compromiso para proteger la vida de los animales. Por medio de su escritura, Durrell nos dejó su legado, un tesoro de conocimientos personales y recuerdos de todos los animales que conoció durante sus viajes por el mundo.

¿Qué sabes de la conducta de los animales? ¿Has comparado alguna vez la conducta de un animal con la de un humano? Escoge un animal que hayas observado de cerca. Compara las reacciones de los humanos y los animales en diferentes circunstancias, por ejemplo, cuando están hambrientos, tienen sueño, están enfadados o tienen ganas de jugar. Organiza tus ideas con un diagrama de Venn.

Elementos de literatura

Personificación

Ya has visto que Martí utiliza la personificación cuando describe una máquina. La próxima selección muestra que la personificación se usa también para describir animales. Cuando leas, fíjate cómo la personificación en el texto de Durrell dice algo muy importante sobre los animales.

Ronronea cuando está contento. Gruñe cuando se enfada.

Bosteza cuando tiene sueño.

Silba cuando está contento. Grita cuando se enfada.

de Los sabuesos de Bafut

Gerald Durrell

Les construí una jaula bonita y grande y se instalaron en ella con gran satisfacción, pero a fin de mantenerlos en buen estado de salud, les permitía dar un paseo diario por el jardín. Cuando la colección aumentó, vi que tenía demasiado trabajo para vigilar a mis dos aristócratas de sangre azul mientras tomaban el aire y, muy a su pesar, tuve que acortar los paseos. Un día, de repente, encontré a un guardián en cuyas manos podía dejarlos tranquilo mientras realizaba mi trabajo. Este guardián no era otro que *Pavlova*, la mona patas.

Pavlova era mansa y gentil en extremo y sentía un profundo interés por todo lo que ocurría a su alrededor. La primera vez que saqué de paseo a los sapos ceñudos[1] y ella

1. **ceñudos:** con la frente arrugada.

los vio, se mostró cautivada y se levantó sobre las patas traseras, estirando el cuello para verlos mejor pasear con lentitud por el recinto. Cuando volví diez minutos después a supervisar el paseo, vi que se habían acercado al lugar en donde estaba atada *Pavlova* y ésta, en cuclillas entre los dos, los acariciaba suavemente con sus manos y proferían cariñosas exclamaciones de sorpresa y placer. Los sapos tenían en sus caras las expresiones complacidas más ridículas que he visto y se mantenían inmóviles, al parecer halagados[2] y felices por las caricias.

En lo sucesivo dejé a los sapos cerca de donde estaba atada *Pavlova* y ella vigilaba sus andanzas. De vez en cuando gritaba de asombro al verlos o los acariciaba hasta que yacían en un estado semihipnótico. Si se alejaban en exceso y corrían el peligro de desaparecer entre la maleza del borde del recinto, *Pavlova* se excitaba mucho y me llamaba con gritos estridentes[3] para hacerme saber que sus pupilos se escapaban, entonces yo corría a devolvérselos. Un día me llamó cuando los sapos se habían alejado demasiado; no la oí y, al salir al jardín un rato después, la encontré bailando histéricamente al final de la cuerda y gritando con fuerza porque los sapos no se veían por ninguna parte. La solté y ella me condujo inmediatamente hacia los tupidos matorrales del borde del recinto; al poco rato encontró a los fugitivos y saltó sobre ellos con efusivos gritos de alegría.

En realidad, *Pavlova* se encariñó muchísimo con los rechonchos sapos y era conmovedor ver

2. **halagados:** satisfechos.
3. **estridentes:** de tono agudo.

ADUÉÑATE DE ESTAS PALABRAS

recinto *m.*: espacio determinado por límites.
profería, de **proferir** *v.*: decir.
yacían, de **yacer** *v.*: estar tendido.
tupido, -da *adj.*: espeso.

---

la ilusión con que los saludaba por la mañana, acariciándolos y dándoles suaves palmaditas, y su preocupación cuando los perdía de vista. Algo que le costaba mucho comprender era por qué los sapos no estaban cubiertos de pelaje, como lo estaría cualquier otro mono. Les tocaba con los dedos la lisa piel, tratando de apartar el inexistente pelo con una expresión perpleja en el pequeño rostro negro; de vez en cuando se inclinaba y les lamía el lomo con aire pensativo. Pasado un tiempo, su calvicie[4] dejó de preocuparla y los trató con el mismo afecto y ternura que habría prodigado a su propia prole. Los sapos también parecían quererla, a su modo curioso, aunque a veces ofendía su dignidad, lo cual les molestaba. Recuerdo que una mañana yo acababa de darles un baño, algo que les procuraba un gran placer, y al andar por el recinto, trocitos de hierba y lodo se adhirieron a sus vientres húmedos. Esto disgustó a *Pavlova*, que quería ver a sus protegidos limpios y aseados. La encontré sentada al sol, con los pies sobre el lomo de un sapo ceñudo, como si fuera un taburete, mientras el otro pendía de su mano del modo más indecoroso,[5] girando en el aire, para que *Pavlova* pudiera arrancar de su vientre con expresión solemne todos los trocitos de suciedad, al tiempo que le hablaba sin pausa con una serie de chillidos y gorjeos. Cuando hubo acabado con él, lo puso en el suelo, donde lo dejó con aspecto abatido, y levantó a su pareja para someterla a la misma indignidad. Los pobres sapos ceñudos no tenían oportunidad de ser superiores y altaneros[6] cuando *Pavlova* estaba cerca.

—Traducción de Pilar Giralt Gorina

4. **calvicie:** falta de pelo.
5. **indecoroso:** indecente, sin honor ni dignidad.
6. **altaneros:** demasiado orgullosos, arrogantes.

ADUÉÑATE DE ESTAS PALABRAS

lomo *m.:* espalda de un animal.
prole *f.:* hijos, descendencia.

CONOCE AL ESCRITOR

Gerald Durrell (1925–1995), autor de *Los sabuesos de Bafut,* fue un notable zoólogo y naturalista. Comenzó a interesarse en la historia natural en la isla griega de Corfú, donde su familia se estableció antes de la Segunda Guerra Mundial. De niño coleccionó decenas de criaturas, entre ellas escorpiones y búhos. Cuando cumplió veintiún años, dirigió una expedición al Camerún Británico en búsqueda de animales raros. Después dirigió expediciones a Nigeria, Argentina, Australia, Nueva Zelanda, México e India, entre otros lugares. Con su esposa fundó un zoológico en la isla de Jersey, en el Canal de la Mancha, donde muchas especies en peligro de extinción se hallan protegidas. Durrell resumió su vida de trabajo con las siguientes palabras: «Estamos implorando en nombre de estas plantas y animales porque ellos no pueden defenderse por su cuenta, y, después de todo, es el mundo de ustedes lo que les pedimos que preserven». Si te gustó su cuento sobre sapos y monos, también te gustará *The Overloaded Ark* (1953) y *A Zoo in My Luggage* (1960).

CREA SIGNIFICADOS

Primeras impresiones

1. Antes de leer la historia, ¿qué pensabas de los sapos y los monos? ¿De qué manera cambió tu impresión de los sapos y los monos después de leer la historia?

Interpretaciones del texto

2. ¿Cómo describe Durrell los sapos? A pesar de que Durrell parece reírse de los sapos, ¿cómo sabemos que en realidad los aprecia?

3. Describe los pasajes en que Durrell **personifica** a los sapos y a Pavlova. ¿De qué manera usa Durrell la personificación para inspirar simpatía y comprensión por los animales?

4. ¿Qué significa tener una personalidad? ¿Cómo describirías las personalidades de Pavlova y de los sapos?

5. ¿Qué cosas **deduce** Durrell de Pavlova al observar su personalidad? ¿Crees que sus **conclusiones** o **deducciones** son sólidas? ¿Por qué?

Más allá del texto

6. Imagina que se está estudiando lo que les ocurriría a animales como Pavlova y los sapos si se construyera en su hábitat una carretera. ¿Cómo contribuirían las observaciones de Durrell a analizar el impacto de semejante plan en la vida de estos animales? ¿Qué información adicional sería necesaria?

7. Si fueras un naturalista como Durrell, ¿crees que sería posible mantener un punto de vista objetivo sobre los animales que estás estudiando? ¿O, como Durrell, descubrirías que cada vez aprecias más a los animales? ¿Por qué?

> **Repaso del texto**
>
> Resume lo que ocurre en la historia. Compara tu resumen con el de otro estudiante. ¿En qué detalles se diferencian? ¿Qué detalles fueron dejados de lado? ¿Qué aprendiste al comparar tu trabajo con el de otros?

Cuaderno del escritor

1. Compilación de ideas para un ensayo de observación

Durante varios días, observa de cerca las actividades de un animal como una mascota casera. Si no tienes una mascota, visita el zoológico o ve al parque a observar un animal. Toma notas sobre la conducta del animal para usarlas luego en el ensayo de observación.

Escritura y presentación

2. Estudia al naturalista

Muchos naturalistas y científicos han escrito sobre sus investigaciones y observaciones de los animales. Lee uno de los libros de Durrell o los escritos de otro naturalista y escribe un informe del libro. Si lo deseas, haz una presentación ante la clase sobre el trabajo del autor.

Investigación y arte

3. Cartel sobre animales en peligro de extinción

Con uno o dos compañeros, prepara un cartel sobre animales en peligro de extinción. Investiguen qué animales del mundo están en ese peligro. Para determinar el número de animales que incluirán en el cartel, seleccionen un tipo de animal o un lugar particular en el que habitan determinados animales. Ilustren el cartel y preparen un texto. Pueden mencionar: cuántos miembros de cada especie sobreviven, una explicación de las causas de la extinción de cada especie y qué esfuerzos se realizan para salvar al animal.

Fotografía

4. La vida animal en película

Si puedes conseguir una cámara o un vídeo, trata de capturar al animal en película. El tema de tu trabajo no tiene que ser sobre un animal exótico como un orangután o un leopardo. Muchos estudios fílmicos de animales domésticos y comunes han captado conductas interesantes. Tu propia mascota puede ser un tema apropiado. También podrías visitar un parque local o una reserva de vida salvaje para observar y filmar animales.

El buen ejemplo

Vicente Riva Palacio

Si yo afirmara que he visto lo que voy a referir, no faltaría, sin duda, persona que dijese que eso no era verdad; y tendría razón, porque no lo vi, pero lo creo, porque me lo contó una señora anciana, refiriéndose a personas a quienes daba mucho crédito y que decían haberlo oído de una persona que llevaba amistad con un testigo fidedigno,[1] y sobre tales bases de certidumbre bien puede darse fe a la siguiente narración:

En la parte sur de la República mexicana, y en las faldas de la Sierra Madre, que van a perderse en las aguas del Pacífico, hay un pueblecito como son en general todos aquellos: casitas blancas cubiertas de encendidas[2] tejas o de brillantes hojas de palmera, que se refugian de los ardientes rayos del sol tropical a la fresca sombra que les prestan enhiestos[3] cocoteros, copudos tamarindos y crujientes platanares y gigantescos cedros.

El agua en pequeños arroyuelos cruza retozando por todas las callejuelas, y ocultándose a veces entre macizos de flores y de verdura.

En ese pueblo había una escuela, y debe haberla todavía; pero entonces la gobernaba

1. **fidedigno:** que se puede creer o confiar.
2. **encendida:** de colores muy vivos.
3. **enhiestos:** elevados o derechos.

don Lucas Forcida, personaje muy bien querido por todos los vecinos. Jamás faltaba a las horas de costumbre al cumplimiento de su pesada obligación. ¡Qué vocaciones de mártires necesitan los maestros de escuela de los pueblos!

En esa escuela, siguiendo tradicionales costumbres y uso general en aquellos tiempos, el estudio para los muchachos era una especie de orfeón,[4] y en diferentes tonos, pero siempre con desesperante monotonía, en coro se estudiaban y en coro se cantaban lo mismo las letras y las sílabas que la doctrina cristiana o la tabla de multiplicar.

Don Lucas soportaba con heroica resignación aquella ópera diaria, y había veces que los chicos, entusiasmados gritaban a cuál más y mejor; y era de ver entonces la estupidez

4. **orfeón:** grupo de cantantes en coro.

ADUÉÑATE DE ESTAS PALABRAS

certidumbre *f.:* seguridad, certeza.
retozando, de **retozar** *v.:* brincar y saltar con alegría.
mártir *m.:* persona que sacrifica su vida por sus creencias.
monotonía *f.:* falta de variedad; rutina.
resignación *f.:* el aceptar lo que sucede sin luchar ni quejarse.

amoldando las facciones de la simpática y honrada cara de don Lucas.

Daban las cinco de la tarde; los chicos salían escapados de la escuela, tirando pedradas, coleando perros y dando gritos y silbidos, pero ya fuera de las aguas jurisdiccionales[5] de don Lucas, que los miraba alejarse, como diría un novelista, trémulo de satisfacción.

Entonces don Lucas se pertenecía a sí mismo: sacaba a la calle una gran butaca de mimbre;[6] un criadito le traía una taza de chocolate acompañada de una gran torta de pan, y don Lucas, disfrutando del fresco de la tarde y recibiendo en su calva frente el vientecillo perfumado que llegaba de los bosques, como para consolar a los vecinos de las fatigas del día, comenzaba a despachar su modesta merienda, partiéndola cariñosamente con su loro.

Porque don Lucas tenía un loro que era, como se dice hoy, su debilidad, y que estaba siempre en una percha a la puerta de la escuela, a respetable altura para escapar de los muchachos, y al abrigo del sol por un pequeño cobertizo de hojas de palma. Aquel loro y don Lucas se

entendían perfectamente. Raras veces mezclaba sus palabras, más o menos bien aprendidas, con los cantos de los chicos, ni aumentaba la algazara[7] con los gritos estridentes[8] y desentonados que había aprendido en el hogar materno.

Pero cuando la escuela quedaba desierta y don Lucas salía a tomar su chocolate, entonces aquellos dos amigos daban expansión libre a todos sus afectos. El loro recorría la percha de arriba abajo, diciendo cuanto sabía y cuanto no sabía; restregaba con satisfacción su pico en ella, y se colgaba de las patas, cabeza abajo, para recibir la sopa de pan con chocolate que con paternal cariño le llevaba don Lucas.

Y esto pasaba todas las tardes.

Transcurrieron así varios años, y don Lucas llegó a tener tal confianza de su querido *Perico,*

---

5. **jurisdiccionales:** bajo la autoridad de alguien.
6. **mimbre:** varitas de la mimbrera, un arbusto con ramillas largas y flexibles usadas en la construcción de muebles.

7. **algazara:** ruido.
8. **estridentes:** de tono agudo.

- -

ADUÉÑATE DE ESTAS PALABRAS

amoldando, de **amoldar** *v.:* poner en un molde, dar forma.
trémulo, -la *adj.:* que tiembla.
transcurrieron, de **transcurrir** *v.:* pasar el tiempo.

- -

como lo llamaban los muchachos, que ni le cortaba las alas ni cuidaba de ponerle calza.

Una mañana, serían como las diez, uno de los chicos, que casualmente estaba fuera de la escuela, gritó espantado: «Señor maestro, que se vuela *Perico*». Oír esto y lanzarse en precipitado tumulto a la puerta maestro y discípulos, fue todo uno; y, en efecto, a lo lejos, como un grano de esmalte verde herido por los rayos del sol, se veía al ingrato esforzando su vuelo para ganar cuanto antes refugio en el cercano bosque.

Como toda persecución era imposible, porque ni aun teniendo la filiación del prófugo[9] podría habérsele distinguido entre la multitud de loros que pueblan aquellos bosques, don Lucas, lanzando de lo hondo de su pecho un «sea por Dios», volvió a ocupar su asiento, y las tareas escolares continuaron, como si no acabara de pasar aquel terrible acontecimiento.

Transcurrieron varios meses, y don Lucas, que había echado al olvido la ingratitud de *Perico,* tuvo necesidad de emprender un viaje a uno de los pueblos circunvecinos, aprovechando unas vacaciones.

Muy de madrugada ensilló su caballo, tomó un ligero desayuno y salió del pueblo, despidiéndose muy cortésmente de los pocos vecinos que por las calles encontraba.

En aquel país, pueblos cercanos son aquéllos que sólo están separados por una distancia de doce o catorce leguas, y don Lucas necesitaba caminar la mayor parte del día.

Eran las dos de la tarde; el sol derramaba torrentes de fuego; ni el viento más ligero agitaba los penachos[10] de las palmas que se dibujaban sobre un cielo azul con la inmovilidad de un árbol de hierro. Los pájaros enmudecían ocultos entre el follaje, y sólo las cigarras cantaban te-

nazmente en medio de aquel terrible silencio a la mitad del día.

El caballo de don Lucas avanzaba haciendo sonar el acompasado[11] golpeo de sus pisadas con la monotonía del volante de un reloj.

Repentinamente don Lucas creyó oír a lo lejos el canto de los niños de la escuela cuando estudiaban las letras y las sílabas.

Al principio aquello le pareció una alucinación producida por el calor, como esas músicas y esas campanadas que en el primer instante creen oír los que sufren un vértigo; pero, a medida que avanzaba, aquellos cantos iban siendo más claros y más perceptibles; aquello era una escuela en medio del bosque desierto.

Detúvose asombrado y temeroso, cuando de los árboles cercanos se desprendió, tomando vuelo, una bandada de loros que iban cantando acompasadamente ba, be, bi, bo, bu; la, le, li, lo, lu; y tras ellos, volando majestuosamente un loro que, al pasar cerca del espantado maestro, volvió la cabeza, diciéndole alegremente:

«Don Lucas, ya tengo escuela».

Desde esa época los loros de aquella comarca, adelantándose a su siglo, han visto disiparse[12] las sombras del obscurantismo[13] y la ignorancia.

11. **acompasado:** lento, pausado, al ritmo de compás.
12. **disiparse:** desaparecerse.
13. **obscurantismo:** oposición a que se difunda la educación.

ADUÉÑATE DE ESTAS PALABRAS

calza *f.:* liga que se pone en las patas de algunos animales para distinguirlos de otros de su misma especie.

precipitado, -da *adj.:* con exagerada prisa.

tumulto *m.:* confusión, alboroto.

ingrato, -ta *m. y f.:* desagradecido.

derramaba, de **derramar** *v.:* verter en una superficie, fluir, correr.

tenazmente *adv.:* con fuerza, firme en su propósito.

repentinamente *adv.:* de repente, súbitamente.

alucinación *f.:* visión que no es verdadera.

---

9. **la filiación del prófugo:** datos personales de un escapado de la justicia.
10. **penacho:** forma del grupo de plumas que un ave tiene en la cabeza.

CONOCE
AL ESCRITOR

Vicente Riva Palacio
(1832–1896), quien nació en
México, fue una figura política y
literaria importante. Se enroló
en el ejército y ascendió hasta el
grado de general. Luchó contra Maximilia-
no, el archiduque austriaco que en 1864 fue

nombrado emperador de
México por los franceses. Riva
Palacio produjo varias novelas
históricas sobre el pasado de
México y también es muy
conocido por sus narraciones
breves. En 1886 lo nombraron
embajador de México en España.
Las historias de Riva Palacio pueden hallarse
en *Los cuentos del general*.

Taller del escritor

Tarea
Escribe un ensayo de observación.

LA DESCRIPCIÓN

ENSAYO DE OBSERVACIÓN

En esta colección has observado que tanto los poetas como los prosistas utilizan descripciones vívidas para representar una escena. En tu **ensayo de observación** utiliza un lenguaje claro y preciso para describir tu tema.

Antes de escribir

1. Cuaderno del escritor

A fin de escoger un asunto para el ensayo, revisa las notas que has tomado en tu CUADERNO DEL ESCRITOR. Las siguientes estrategias te ayudarán a pensar en temas:

- Piensa en una persona, lugar o cosa familiar.
- Escoge algo que puedas observar directamente.
- Escoge un problema que te preocupe y que te gustaría explicar o describir a otras personas.

A lo mejor encuentras temas sugerentes si miras fotografías de la familia, álbumes de recortes, edificios del vecindario u objetos comunes en tu habitación o en la escuela.

2. Concéntrate en el tema

Cuando hayas escogido el tema, piensa en aspectos que puedas describir en varios párrafos. Haz un diagrama de concentración como el que tienes a la izquierda.

3. Piensa en un objetivo y un público

En un ensayo de observación, puedes ofrecer a los lectores información basada en hechos o te puedes concentrar, de una forma más subjetiva, en tus propios sentimientos e impresiones sobre el tema. Decide si el **objetivo** del ensayo es informar o expresar tu opinión. De acuerdo a tu objetivo, puedes utilizar el cuadro siguiente como una guía para bosquejar el ensayo:

Diagrama de concentración

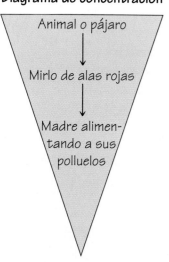

Animal o pájaro

Mirlo de alas rojas

Madre alimentando a sus polluelos

Objetivo:	Informativo	Expresivo
Tono:	Formal, basado en hechos	Informal, personal
Punto de vista:	Tercera persona	Primera persona: Yo

Piensa también en el **público** al que está dirigido tu ensayo. Tus lectores, ¿están familiarizados con el tema que has escogido o es nuevo para ellos? De acuerdo a sus conocimientos, deberás decidir cuánta información incluir.

4. Recopila detalles físicos y sensoriales

La buena escritura de observación siempre contiene **detalles** claros que ayudan a los lectores a visualizar lo que se describe. Los **detalles físicos** ofrecen información específica que puede medirse y contrastarse: por ejemplo, tamaño, forma, color, peso y demás. Los **detalles sensoriales** se dirigen a uno de los cinco sentidos: vista, oído, gusto, tacto y olfato.

Utiliza las siguientes técnicas para recopilar detalles para el ensayo: observar, recordar, investigar, imaginar.

Enumera los detalles en un cuadro como el que aparece a continuación y recuerda siempre que cada elemento debe ser lo más específico posible.

Cuadro de observación

Tema de observación:_____

Detalles basados en los hechos	Detalles sensoriales
_____	_____
_____	_____
_____	_____

5. Ordena los detalles

En la escritura de observación, es muy importante seguir un orden a la hora de presentar los detalles. Cuando hayas recopi-

Esquema para un ensayo de observación
I. Introducción
   A. Capta la atención del publico.
   B. Presenta el tema.
II. Cuerpo
   A. Utiliza el orden espacial o el orden de importancia para describir el tema.
   B. Incluye tus propios pensamientos y emociones.
III. Conclusión
   Resume la impresión principal.

Pautas de escritura
Recuerda el uso de expresiones enlace para indicar las relaciones en tu escritura. Abajo hay dos grupos de palabras útiles.

Orden espacial

encima	en
a lo largo	por último
alrededor	cerca de
antes	fuera
debajo	sobre
abajo	entonces
primero	allí
aquí	debajo
dentro	arriba

Orden de importancia

finalmente
primero
además
mayormente
más aún
más importante

lado todos los detalles que creas necesarios, trata de ordenarlos según uno de los métodos que aparecen a continuación:

- **Orden espacial:** Organiza los detalles en el orden en que los ves: de izquierda a derecha, de cerca a lejos, o de arriba a abajo. Por ejemplo, puedes describir un caballo empezando por la cabeza y las orejas, luego continuar a lo largo del cuerpo, a lo largo de los lomos hasta la parte trasera y la cola; o puedes describir un animal alto como la jirafa de arriba hacia abajo.

- **Orden de importancia:** Decide si vas a empezar con los detalles más importantes o con los menos importantes. Ambos métodos son útiles. Si dejas los detalles más importantes para el final, creas suspenso y mantienes interesado al lector. Sin embargo, si lo que prefieres es resaltar los detalles más importantes, debes ponerlos al principio.

El borrador
1. Escribe tu primer borrador

Después de haber organizado los detalles en tus notas, estás ya preparado para escribir un borrador inicial. Trata de seguir el plan que aparece en la página 163. Mientras escribas, recuerda que los sustantivos, verbos, adjetivos y adverbios que emplees deben ser tan precisos como sea posible. Compara los ejemplos en las dos columnas del cuadro:

	Vago	Más preciso
Sustantivos:	zapatillas, zapatos	zapatillas de básquetbol, mocasines
Verbos:	caminó, se movió	se deslizó, se tambaleó
Adjetivos:	ligero, de madera	alado, de caoba
Adverbios:	lentamente, ruidoso	arrastrándose, estruendosamente

2. Utiliza figuras retóricas

Si estás escribiendo un ensayo personal y expresivo, podrías experimentar con **figuras retóricas** para mejorar la descripción. Las figuras retóricas son expresiones imaginativas que no están pensadas para tomarse literalmente.

3. Crea una impresión única

Si estás escribiendo una descripción basada en los hechos, debes concentrarte en sus características de manera objetiva: tamaño, color, función, utilidad, etc. Si estás escribiendo una descripción expresiva, debes concentrarte en la emoción más importante, en el sentimiento general que te inspira o en lo que representa para ti: amabilidad, ternura, sorpresa, alegría, etc.

Evaluación y revisión

1. Intercambio entre compañeros

Reúnete con un(a) compañero(a) y lean sus borradores en voz alta. Luego, háganse preguntas como éstas:

- ¿Qué imagen del objeto observado presenta el ensayo?

- ¿Crea el ensayo una imagen clara?

- ¿Podrían tus lectores ver el tema más claramente si se presentaran los detalles en un orden diferente?

2. Autoevaluación

Utiliza la guía siguiente para revisar tu escrito.

Pautas de evaluación	Técnicas de revisión
1. ¿Presento claramente el tema?	1. Incorpora una oración o dos que sirvan de introducción.
2. ¿He creado una imagen clara del tema?	2. Incorpora detalles basados en los hechos y detalles sensoriales específicos.
3. ¿He presentado los detalles de una forma clara y lógica?	3. Emplea un orden lógico para los detalles y relaciónalos con transiciones.
4. ¿Contribuyen a dar una impresión única?	4. Elimina detalles que no apoyen la impresión principal general.
5. El objetivo de mi ensayo, ¿es básicamente informativo y basado en los hechos o es expresivo? ¿He incluido mis propios pensamientos y emociones?	5. Incorpora emociones y pensamientos en un ensayo expresivo. Elimínalos si estás escribiendo un ensayo objetivo.

Compara las dos versiones siguientes de un párrafo inicial en un ensayo de observación.

Borrador 1

La semana pasada en el zoológico, le di de comer a una jirafa por primera vez. La alimenté desde una plataforma elevada que sirve para observarlas. Inclinó el cuello hasta mi altura para comer un pedazo de manzana de mi mano.

Evaluación: Esta descripción mejoraría si empleara un lenguaje más preciso y detalles sensoriales.

Borrador 2

Después de haber avanzado tímidamente hacia la barandilla de la plataforma de observación, el animal inclinó lentamente su cabeza triangular hasta llegar casi a la altura de la mía. Desde lejos, me había parecido un enorme juguete mecánico. Ahora las largas y oscuras pestañas por encima de sus ojos acuosos la hacían parecer humana. La lengua azul de un pie de largo surgió de su hocico estrecho. Mientras sostenía un crujiente pedazo de manzana para alimentar la jirafa por primera vez, sentí timidez a pesar de tanta docilidad.

Evaluación: Mejor. Las palabras precisas y las figuras retóricas nos permiten "visualizar" la escena. El retraso en la descripción de la jirafa ayuda a captar la atención del lector.

Corrección de pruebas

Intercambia trabajos con tu compañero(a). Señalen cualquier error de gramática, ortografía o puntuación.

Publicación

Evalúa estos métodos para publicar o compartir tu escrito:
- Ilustra tu ensayo con un dibujo, una tira cómica o una fotografía, y luego pégalo en el panel de la clase.

- Reúnete con tus compañeros para crear un mural compuesto de ensayos de observación ilustrados.

Reflexión

Escribe una breve reflexión sobre tu experiencia al trabajar en este ensayo. Tal vez te gustaría terminar con uno de los estímulos para la reflexión que aparecen a la izquierda.

Estímulos para la reflexión
- La observación cuidadosa de un asunto exige un esfuerzo consciente y práctico porque...
- He descubierto que la mejor manera de escoger un tema para este trabajo ha sido...
- Trabajar con un(a) compañero(a) me sirvió de ayuda porque...

Taller de oraciones

ORACIONES QUE MODIFICAN AL NOMBRE

Acaba de salir esta noticia en la primera plana del periódico:

PERICO HABLADOR Y MAESTRO

En la comarca sur, don Lucas, vecino de esa localidad, afirma haber visto un perico que habla y que tiene su propia escuela.

Los complementos del nombre «perico» están expresados de forma diferente en el título y en el texto de la noticia: «hablador» y «que habla». ¿En qué se diferencian? ¿Qué construcción en el texto corresponde a la palabra «maestro»?

Para hacer un complemento del nombre se puede usar una oración subordinada. Este tipo de oración se llama **oración adjetiva** porque tiene la misma función que el adjetivo. Sustituye los adjetivos siguientes por oraciones adjetivas: un loro <u>extraño</u>, un perico <u>veloz</u>, unos pájaros <u>parlanchines.</u>

Para crear oraciones adjetivas, **también se puede meter una oración dentro de otra:**

1. El perico se escapó.

+ 2. El perico era amigo de don Lucas.

El perico que era amigo de don Lucas se escapó.

Para no repetir dos veces el nombre «perico», se usa una **palabra de enlace:** el pronombre relativo **que.** Combina las oraciones cambiando el orden. ¿Cuál es el resultado? Al combinar las oraciones de distinta manera, obtienes significados distintos. En la primera combinación, se destaca que el perico se escapó. ¿Qué se destaca en tu combinación?

Las oraciones adjetivas permiten aportar información y ordenar datos según su importancia.

Al revisar tu trabajo:

1. Busca lugares en los que haya muchos adjetivos. Convierte algunos adjetivos en oraciones adjetivas. ¿Cómo queda mejor?

2. Encuentra oraciones cercanas que tengan el mismo sujeto. Coloca una oración dentro de la otra. ¿Por qué suena mejor?

Inténtalo tú

Inventa oraciones adjetivas: Un platillo volador aterrizó en un campo. Se bajó un ser que... y empezó a hablar. Logramos entender su lenguaje enigmático gracias a una computadora que... Traía un mensaje que...

COLECCIÓN 5

*Save the Earth
(Conservemos la Tierra)*
de Corbert Gauthier.

El frágil medio ambiente

ANTES DE LEER
de Gorilas en la niebla

Punto de partida

Una vida dedicada a salvar a los animales

Dian Fossey fue una naturalista que estudió los gorilas de las tierras bajas de Ruanda y que llegó a sacrificar su vida para salvarlos. A diferencia de Fossey, que defendió a los animales salvajes, algunas personas sostienen que las necesidades de los seres humanos son más importantes. Por eso, cuando una población humana en crecimiento necesita recursos naturales, como leña, tierra o petróleo, estas personas creen que el hábitat, la fuente de alimentación e incluso las vidas de los animales pueden sacrificarse.

¿Qué te parece este debate sobre la preservación de la vida salvaje? ¿Crees que se puede llegar a un pacto? Si es así, describe qué tipo de pacto se puede lograr.

Lluvia de ideas

Las constelaciones ilustran las ideas que se asocian con un asunto concreto. Utiliza la constelación que aparece a continuación como ejemplo y escoge uno de los temas siguientes para crear tu propia constelación: «El medio ambiente», «Especies en peligro de extinción» o «Conservación de la naturaleza».

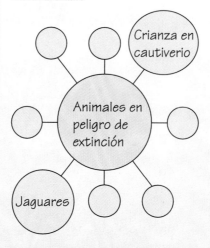

Diálogo con el texto

Cuando leas, toma notas sobre la información que recogió Fossey en su investigación sobre el comportamiento de los gorilas.

Estrategias para leer

Identificar el objetivo del autor

Al descubrir el objetivo de un autor en un escrito, podemos analizar, evaluar y disfrutar mejor su trabajo. Cuando nos percatamos del objetivo del escritor, sabemos automáticamente a qué cuestiones debemos prestar mayor atención y en qué concentrar nuestras ideas mientras leemos. Por ejemplo, si el escrito es un artículo científico, sabemos que el objetivo del autor es proporcionar información sobre un tema concreto. Al darnos cuenta de esto, nos concentramos en los hechos y tratamos de asimilarlos. Si el escrito es sobre un tema controversial, entonces sabemos que probablemente el autor esté tratando de comunicarnos su opinión sobre el asunto. Como lectores, trataremos entonces de analizar y sopesar las opiniones del autor en base a nuestras propias ideas o experiencias. Cuando leas *Gorilas en la niebla,* pregúntate cuál es el objetivo de Fossey. ¿Quiere dar información, entretener al lector, presentar una interpretación personal o combinar estos objetivos?

de Gorilas en la niebla

Dian Fossey

Un día, mientras paseábamos por una zona nueva, Pucker salió corriendo, de rebato, hacia un grupo de *Hagenia* en el <u>lindero</u> del bosque que conduce a la montaña. Coco saltó de mis brazos en rápida persecución —lo cual se salía de la norma—. Pensé que huían hacia la montaña, y ya estaba sacando a toda prisa los plátanos cuando las vi detenerse debajo de uno de los árboles más grandes. <u>Escudriñaban</u> el árbol como niños que miran por la chimenea la víspera de Navidad. Nunca las había visto tan fascinadas con un árbol, ni pude averiguar qué les atraía con tanta fuerza. Acto seguido, empezaron a trepar, frenéticas, por el enorme tronco, dejándome, si cabe, más <u>perpleja</u>. Se detuvieron a unos nueve metros del suelo, se intercambiaron unos gruñidos y se lanzaron a morder, con avidez, una gran ménsula[1] de hongos. Ya antes me había <u>percatado</u> de esas masas, a modo de anaqueles,[2] que sobresalen de los troncos de *Hagenia* y recuerdan mucho a un champiñón superdesarrollado y solidificado. No abundan en el bosque, son más bien raras, y hasta que me hice cargo de Coco y Pucker nunca había observado a los gorilas interesarse por ellas. Por mucho que se esforzaron, ni la una ni la otra consiguieron arrancar el hongo de su lugar, de modo que hubieron de contentarse con morderlo a trozos. Media hora después sólo quedaban vestigios. Bajaron de mala gana, y

1. **ménsula:** forma que sobresale para dar apoyo.
2. **anaqueles:** tablas colocadas contra una pared para poner cosas.

ADUÉÑATE DE ESTAS PALABRAS

lindero *m.:* borde, límite.
escudriñaban, de **escudriñar** *v.:* examinar cuidadosamente, averiguar, tener curiosidad por saber algo.
perpleja, -jo *adj.:* confusa, incierta.
percatado, de **percatarse** *v.:* darse cuenta.

mientras caminábamos se volvían <u>anhelantes</u> a mirar el árbol con aroma a hongo. Huelga decirlo, al día siguiente pedí a todo el mundo en el campamento que fuera a buscar hongos de esa especie al bosque.

Otro alimento raro que suscitaba riñas entre Coco y Pucker era el <u>parásito</u> *Loranthus luteoaurantiacus*. Por fortuna para los gorilas, el personal del campamento sabía dónde encontrar sobrada provisión de este manjar.

Aunque por mis investigaciones con los gorilas sabía que a menudo sacaban <u>larvas</u> y gusanos de la parte interior hueca y muerta de los tallos, me asombró ver que las dos cautivas pasaban por alto <u>exquisiteces</u> como, por ejemplo, las moras, para buscar gusanos y orugas. Con frecuencia, parecían saber con exactitud dónde desprender la corteza de los troncos vivos o muertos para hallar larvas en abundancia. Mientras lamían un fragmento de corteza hasta dejarlo limpio, ronroneando de satisfacción por el festín, ya arrancaban otro en busca de fuentes proteínicas más <u>recónditas</u>. En cuanto descubrían un gusano, lo cortaban de inmediato por la mitad — espectáculo bastante repugnante — y masticaban, entusiasmadas, cada uno de los trozos, aunque no siempre los ingerían. Al ver que Coco y Pucker ansiaban estos alimentos, incorporé una hamburguesa cocida a su dieta, que se comían antes que cualquiera de sus apreciados frutos y hojas.

La libertad de las dos jóvenes se hacía extensible a la seguridad de su cuarto, donde tres veces al día se introducían todos los alimentos naturales de un gorila, además de los medicamentos acostumbrados.

Por regla general, la pareja se levantaba por propia iniciativa a las siete de la mañana; y no paraban mientes en hacerme saber que estaban despiertas, golpeando con gran estrépito la puerta de alambre que había entre nuestros cuartos. Después de un intercambio de abrazos a tres bandas, deseándonos los buenos días, les servía sus respectivas leches

medicamentosas en sendas tazas independientes, sujetas a la tapa del corral de juego. Luego arrojaba alimentos como plátanos y

moras silvestres al patio exterior para vernos libres de las pequeñas mientras fregábamos el piso, los estantes del cuarto y retirábamos cuantos fragmentos de vegetación y demás residuos hubieran quedado del día anterior. Durante ese rato, otros miembros del personal recogían plantas frescas con fines nutritivos y de nidificación;[3] así es que cuando la puerta de paso se abría de nuevo, los gorilas podían

3. **nidificación:** proceso de hacer un nido.

volver a un «bosque fresco», aunque, eso sí, con cierto olor a desinfectante.

Si el cielo estaba encapotado[4] o hacía frío, pasaban una hora comiendo tranquilamente y luego se construían el nido con la vegetación nueva. Si estaba soleado, pedían que las sacara al aire libre, donde podían desatar la energía reprimida, luchando, persiguiéndose y trepando a los árboles.

Entre las doce y media y la una del mediodía las traía de vuelta a la cabaña para repetir la rutina de primera hora de la mañana: medicación, comida favorita y vegetación fresca. Las actividades de la tarde las dictaba asimismo el estado del tiempo, aunque las muy canallas preferían descansar durante esa parte del día. A las cuatro de la tarde sustituía la vegetación vieja por otra nueva, con pilas de frondosos arbolitos de *Vernonia* para mí, más tarde para ellas, como material de nidificación nocturna. El programa de las cinco era prácticamente idéntico, con la salvedad[5] de que a las jóvenes se las dejaba tranquilas durante una hora para comer. Durante ese rato, sus canturreos de satisfacción y vocalizaciones eructivas casi apagaban el ruido que procedía de mi máquina de escribir en la habitación contigua, lo que prestaba un aire de serenidad y regocijo al ya muy próximo ocaso del día.

Una vez habíamos comido, las cuatro, Cindy incluida, hacíamos temblar la estructura de la cabaña persiguiéndonos, retozando y luchando en el minibosque de su cuarto. Recuerdo aquellas horas entre las más felices que haya conocido en el campamento, porque Pucker, un tanto inhibida durante el día cuando había más gente alrededor de la cabaña, se tornaba

4. **encapotado:** nublado.
5. **salvedad:** excepción.

exuberante y bulliciosa[6] mientras estábamos las cuatro juntas, a solas.

En esos periodos de esparcimiento, aprendí muchas cosas sobre el comportamiento de los gorilas que no había advertido antes en los animales en libertad, por no estar todavía éstos habituados por completo a mi presencia. Hacerse cosquillas la una a la otra provocaba risas estrepitosas y prolongaba además las sesiones de juego. A modo de prueba, intenté primero hacer cosquillas a Coco, y como la respuesta fue muy favorable, lo intenté también con Pucker. Al cabo de unas semanas cambié de método; pasé de las «cosquillitas» suaves a las más atormentadoras cosquillas que hacen los padres y los abuelos cuando hurgan, con un dedo incordiante, el ombligo de un chiquillo.

Más adelante tuve ocasión de cosquillear —de igual manera— a gorilas jóvenes que vivían en libertad, y obtuve la misma respuesta regocijada que dieron Coco y Pucker. Esto lo hacía muy de vez en cuando, pues el observador no debe interferir en el comportamiento de los sujetos salvajes.

6. **bulliciosa:** muy alegre y vivaz.

Cuando me parecía que estaban cansadas de tan agotadoras sesiones, partía los extremos frondosos de las ramas de *Vernonia* para colocarlas sobre lechos frescos de musgo en el anaquel más alto. Esta operación marcaba el momento en que las pequeñas debían irse al nido nocturno. Transcurridas unas siete semanas, Coco y Pucker eran capaces de construir sus propios nidos y elegían las ramas más pobladas como material de construcción. Ése era exactamente el tipo de comportamiento independiente que estaba esperando, condición indispensable para poder ser devueltas al estado salvaje. En la quietud de la noche, a menudo me entristecía pensar en la inevitable separación, y, sin embargo, me emocionaba imaginarlas como miembros del grupo 8, libres, pasando el resto de sus vidas en los bosques donde nacieron.

—Traducción de Marcela Chinchilla y Manuel Crespo

ADUÉÑATE DE ESTAS PALABRAS

esparcimiento *m.*: recreo, diversión; tiempo libre.
frondoso, -sa *adj.*: con abundancia de hojas.

LITERATURA Y CIENCIA

Omnívoros como nosotros

Mientras estudiaba los hábitos alimenticios de los dos gorilas huérfanos que protegía, ¡Fossey descubrió que disfrutaban comer gusanos! Esto le sorprendió, porque creía que los gorilas eran vegetarianos. Jane Goodall, que viajó a Tanzania en 1960 a estudiar a los chimpancés, descubrió algo similar. Los naturalistas habían creído siempre que estos primates eran vegetarianos, pero Jane Goodall descubrió que los chimpancés comían carne. Todos los días, científicos como Fossey y Goodall realizan descubrimientos científicos que aumentan nuestro conocimiento de los animales. Al saber cada vez más cosas sobre los hábitos de los animales, los profesionales dedicados a conservar los recursos naturales comprenden mejor cómo aumentar las posibilidades de supervivencia de las especies en peligro de extinción.

CONOCE A LA ESCRITORA

Durante un viaje a África en 1963, **Dian Fossey** (1932–1985) conoció al antropólogo Louis Leakey, que la animó a que llevara a cabo un estudio a largo plazo sobre los gorilas de las montañas. En 1967 creó el Centro de Investigación Karisoke, en las montañas Virunga de Ruanda.

La investigación de Fossey sobre la vida de una especie esquiva y en peligro de extinción fue impresionante. Se tomó todo el tiempo necesario para conocer a fondo el objeto de su estudio y se resistió a cualquier explicación simplista. Consideraba a los gorilas individuos e hizo todo lo que pudo para preservar su medio ambiente y protegerlos de los cazadores furtivos, los zoológicos y la violencia política que amenazaba sus vidas. Fossey pagó un precio terrible por su devoción a estos animales: en 1985 fue asesinada, tal vez por cazadores furtivos, en su remoto campamento de las montañas. En su lápida se puede leer simplemente «Nyiramacibili», que en ruandés significa «la dama que vive sola en el bosque». En 1988 se presentó una película basada en su trabajo. Si te gusta leer ensayos sobre animales, uno de los mejores libros sobre el tema es *Gorilas en la niebla,* cuyo título original es *Gorillas in the Mist.*

CREA SIGNIFICADOS

Primeras impresiones

1. Ofrece varias posibilidades para completar esta oración:

   Si encontrara dos gorilas pequeños abandonados, yo_____.

Interpretaciones del texto

2. ¿Qué significa ser un científico? ¿Qué pistas en el texto indican que la escritora es una científica?

3. ¿Considera Fossey que los gorilas son simplemente un objeto de investigación científica? ¿Qué pistas revelan que sus sentimientos por ellos podrían ser más profundos?

4. Aunque el objetivo de Fossey es estudiar a los gorilas, ¿qué planea hacer finalmente con ellos? ¿Qué piensas de sus planes?

5. ¿De qué forma la relación de Fossey con los gorilas es similar a la que existe entre una madre y sus hijos?

Más allá del texto

6. Fossey dedicó toda su vida al estudio y la preservación de los gorilas. Vivió de una manera sencilla, sin muchas de las comodidades que hoy en día nos parecen absolutamente necesarias. ¿Qué te parece la idea de vivir una vida sin comodidades a cambio de trabajar en pro de una causa en la que crees con firmeza?

OPCIONES: Prepara tu portafolio

1. Compilación de ideas para un artículo informativo

En su informe científico, Fossey combina sus reacciones personales ante los gorilas con bastante información objetiva. Imagina que tienes la oportunidad de observar de cerca un animal salvaje en su hábitat por un periodo significativo de tiempo. ¿Qué especie escogerías? ¿Qué tipo de información buscarías? Anota tus respuestas y guarda tu trabajo.

Coyote
— descripción del hábitat
— alimentación
— conducta con otros animales
— crianza de los cachorros
— territorio y comunicación
— conducta predatoria

Escribir un editorial

2. Toma partido

Escribe un editorial para tu periódico escolar en el que presentes tus puntos de vista acerca del medio ambiente. Escoge un tema concreto, algo que afecte a tu comunidad o a otras partes de los Estados Unidos o del resto del mundo. Presenta los puntos de vista opuestos y tus opiniones. Ofrece una solución. Recuerda que los editoriales se utilizan a menudo para convencer a la gente de que deben adoptar el punto de vista del escritor.

Hablar y escuchar

3. Debate la cuestión

Prepara con un(a) compañero(a) un debate sobre un tema del medio ambiente. Investiguen el tema y tomen partido. Pídanle a otro(a) compañero(a) familiarizado(a) con el asunto que se debate, que actúe como moderador. Procuren que el moderador prepare con antelación una serie de preguntas para interrogar a los que debaten. Presenten el debate a la clase. Pidan que se escoja un ganador, después de decidir quién presentó los argumentos más convincentes.

Escritura

4. Comenta una película

Existe una película en inglés sobre la vida de Dian Fossey. También se llama *Gorilas en la niebla*. Pídela prestada o alquila una copia. Escribe un comentario sobre la película.

LENGUA Y LITERATURA   MINI LECCIÓN

Trucos para evitar la repetición

Guía del lenguaje

Ver Pronombres, pág. 374.

Cuando escribes, los **pronombres** te ayudan a no repetir siempre el nombre de las personas. Recuerda que los pronombres son palabras que reemplazan al nombre. Por ejemplo:

Dian Fossey fue una pionera en el estudio de los gorilas. Aunque siempre se había pensado que estos mamíferos eran herbívoros, ella descubrió que también comían carne.

A veces, se puede sustituir dos nombres con un pronombre. Observa:

Pepa y Ramón = Ellos
El científico y yo = Nosotros
Tu amigo y tú = Ustedes

No olvides, sin embargo, que los **pronombres personales** (como «yo», «tú» y «nosotros») por lo general se utilizan para personas y no para otros seres y objetos inanimados. Hay muchas palabras que puedes utilizar en estos casos para no repetir el nombre. En el texto, Fossey se refiere a Coco y Pucker de muchas maneras. Dice por ejemplo:

La pareja se levantaba por propia iniciativa a las siete de la mañana.

Busca otras palabras que utiliza Fossey para referirse a los gorilas y haz un campo de palabras. ¿Qué palabras se te ocurren a ti?

Inténtalo tú

Para no repetir nombres al escribir, haz un campo de palabras que sirvan para referirte a una persona o cosa de otro modo. ¿Qué palabras podrías usar para referirte a Fossey?

VOCABULARIO   LAS PALABRAS SON TUYAS

ALCANCÍA DE PALABRAS

larva
parásito
anhelante
perpleja
inhibida

¿Te gustaría ser científico?

1. Los biólogos son científicos que estudian la naturaleza. Imagina que eres un(a) biólogo(a) que acompaña a Dian Fossey en su investigación. Tu misión es hacer un cuaderno con ilustraciones de todos los animales y plantas que encuentran, como las larvas y los parásitos.

2. Los biólogos llevan cuadernos «de campo» donde apuntan sus observaciones. Para describir a los animales usan adjetivos como «anhelante», «perpleja» e «inhibida». Observa y describe el comportamiento de un animal de tu entorno o de un animal presentado en un documental de televisión.

ESTRATEGIAS PARA LEER

Establecer diferencias entre hecho y opinión

Cuando leas ensayos u otro tipo de narrativa que no sea ficción, te encontrarás con comentarios que pueden ser hechos u opiniones. *Gorilas en la niebla* contiene información sobre la conducta de Coco y Pucker que se considera factual, porque Fossey observó estos hechos y los registró objetivamente. Por ejemplo, escribe: «Por regla general, la pareja se levantaba por propia iniciativa a las siete de la mañana». Sin embargo, los juicios a que llega a causa de su afecto por los dos gorilas abandonados son obviamente opiniones.

Un **hecho** es algo que puede comprobarse y que está basado en un razonamiento coherente. Las **opiniones** son creencias o actitudes que varían de una persona a la otra. Por ejemplo, el comentario de que las abejas producen miel es un hecho. Uno puede comprobar esta información en una enciclopedia u otro material de consulta. El comentario de que la miel sabe muy bien cuando se mezcla con cereal, es una opinión. Aunque tú estés de acuerdo en que la miel sabe bien mezclada con cereal, a tu amigo la combinación puede resultarle desagradable.

Decide qué oraciones son hechos y cuáles son opiniones en el siguiente párrafo:

> Las abejas son criaturas sorprendentes. Porque saben adaptarse con facilidad, llevan viviendo mucho tiempo. El fósil de abeja más antiguo, que se dice que tiene 80 millones de años, se encontró atrapado en ámbar. Pero los científicos han descubierto recientemente en Arizona abejas fosilizadas en maderos petrificados, que se convirtieron en piedra por lo menos hace 220 millones de años. Como puedes ver, las abejas viven desde prácticamente el inicio de los tiempos y merecen tanto respeto como los dinosaurios, si no más.

En «La fiesta del árbol», la selección que sigue a continuación, Gabriela Mistral expresa sus opiniones sobre la relación ideal entre los seres humanos y la naturaleza. Inmediatamente te darás cuenta de que la escritora está firmemente a favor de que los seres humanos respeten la naturaleza. Aunque no compartas sus creencias, decide si el ensayo de Mistral está compuesto en mayor medida de hechos o de opiniones.

ANTES DE LEER
de La fiesta del árbol

Punto de partida

La ciudad ideal

¿Puedes imaginar un mundo sin árboles? En la siguiente selección, la poeta chilena Gabriela Mistral habla acerca de la necesidad de mantener un vínculo estrecho con la naturaleza. También cree que los jóvenes necesitan crecer en un lugar donde se encuentren en contacto con la naturaleza.

Evalúa la importancia de la naturaleza en tu vida y responde al cuestionario siguiente. Apunta tus respuestas en el cuaderno de notas.

- ¿Cuántos parques hay en tu vecindario o en los alrededores?
- ¿Con qué frecuencia visitas los parques? ¿Casi nunca? ¿A menudo?
- ¿Estás contento con el número de parques que hay en tu comunidad?
- Sin contar los parques, ¿en qué otras partes de tu comunidad hay árboles?
- ¿Crees que tu comunidad podría beneficiarse si se plantaran más árboles?
- En una escala del 1 al 5, ¿cómo calcularías el grado de contacto que tienes con la naturaleza? El número 1

representa el menor grado y 5 el máximo.

Estrategias para leer

Analiza un ensayo sobre problemas y soluciones

A menudo, la gente escribe ensayos para considerar un problema o un tema concreto. El de Mistral puede considerarse un ensayo con un problema y una solución, porque presenta un problema y sugiere una manera de resolverlo. Para analizar correctamente un ensayo, necesitas identificar el problema que se considera y

lo que propone el escritor para resolverlo. Una manera de analizar este tipo de ensayo es preguntarte cómo la solución presentada en el ensayo resuelve el problema. Para hacerlo, piensa en situaciones en las que podrían no producirse los resultados que el escritor considera. Si encuentras que la solución propuesta no logra resolver el problema, entonces podrías decir que el ensayo merece una baja calificación.

de La fiesta del árbol

Gabriela Mistral

Vi a mi paso por Panamá algo que yo había soñado muchas veces: lo que sería la ciudad ideal.

En el sitio elegido para hacer el Panamá norteamericano,[1] había <u>vegetación</u> espléndida. Se hicieron solamente claros en el bosque para las casas; se <u>trazó</u> una red de caminos rurales, y aquello fue una población, sin haber dejado de ser el campo. Se respetaron las palmeras magníficas, los cedros[2] espesos, los luminosos bananeros. Los civilizadores — aquí la palabra es verdadera —, en vez de <u>desposeer</u> a la vegetación, sólo le pidieron su amparo para alzar sus casas.

Afortunadamente, empieza a nacer en nosotros un nuevo sentido de la vida. No es la vuelta a la Naturaleza que quería Rousseau,[3] violenta y absurda; es una especie de transacción entre la vida moderna y la vida antigua. Con todo el <u>refinamiento</u> contemporáneo, queremos plantar la casa en el campo, gozar como el primitivo el aura[4] de la tierra, sin desprendernos de las

3. **Rousseau:** Jean Jacques Rousseau (1712 - 1778), filósofo francés cuya obra *Confesiones* describe la perspectiva romántica a través de la cual veía a la naturaleza.
4. **aura:** energía, aliento.

ADUÉÑATE DE ESTAS PALABRAS

vegetación *f.*: las plantas de un lugar.
trazó, de **trazar** *v.*: delinear o diseñar.
desposeer *v.*: quitar; destruir lo que alguien posee.
refinamiento *m.*: esmero, cuidado, perfección.

---

1. **el Panamá norteamericano:** Se refiere a la zona del canal de Panamá, construido en 1914, en donde viven los ciudadanos estadounidenses.
2. **cedro:** tipo de árbol.

ventajas que nos ha dado la época, como son la facilidad en el trabajo y la comunicación rápida entre los hombres. Y éste es el acuerdo, que nunca debió quebrantarse, la alianza[5] que Dios quiere entre las criaturas.

Los hombres hemos mirado con exceso este mundo como campo de explotación. Fuimos puestos en la Naturaleza no sólo para aprovecharla, sino para contemplarla y velar por ella con amor. Somos la conciencia en medio de la Tierra, y esa conciencia pide la conservación matizada[6] con el aprovechamiento, la ternura mezclada con el servicio.

Yo deseo que la ciudad futura sea solamente el conjunto de los palacios levantados para el comercio, la masa de las fábricas, el agrupamiento necesario de las oficinas públicas. Las casas de los hombres, que queden lejos de esa mancha de humo y de ese vértigo de agio.[7] Así, el rico y el obrero tendrán, al caer la tarde, sobre sus espíritus, la misericordia del descanso verdadero y el ofrecimiento suave del paisaje. Así, ellos poseerán los dos hemisferios de la vida que hacen al hombre completo: la diaria acción y el recogimiento.

Pero sobre todo, yo deseo que desaparezca el tipo de nuestras ciudades por una cosa: por la infancia, que se desarrolla monstruosamente en las poblaciones fabriles. El niño debe crecer en el campo; su imaginación se anula o se hace morbosa[8] si no tiene, como primer alimento, la tierra verde, el horizonte límpido, la perspec-

tiva de montañas. El niño criado en el campo entra en la ciudad con un capital de salud; lleva todas sus facultades vivas y ricas, y posee dos virtudes profundas, que son las del campesino en todo el mundo: la fuerza y la serenidad, que emanan de la tierra y del mar.

Yo soy uno de los inadaptados de la urbe, uno de los que han transigido[9] sólo parcialmente con la tiranía[10] de su tiempo. Mi trabajo está siempre en las ciudades; pero la tarde me lleva a mi casa rural. Llevo a mi escuela al otro día un pensamiento y una emoción llenos de la frescura y la espontaneidad del campo. Se me disminuye o se me envenena la vida del espíritu cuando quebranto el pacto.

Plantaremos hoy los árboles que no hemos de gozar, que no sombrearán para nuestro reposo. Somos generosos: damos a los que vendrán lo que no recibimos. Los grandes pueblos se hacen con estas generosidades de una generación hacia la siguiente. Las instituciones, la legislación, todo lo que se hace para beneficio de los que vienen, son también plantaciones de bosques, cuyas resinas no serán fragancia que aroma nuestra dicha.

9. **transigido:** que ha sido tolerante en parte con lo que uno está en desacuerdo.
10. **tiranía:** abuso del poder, dominio excesivo.

- -

ADUÉÑATE DE ESTAS PALABRAS

quebrantarse, de **quebrantar** v.: romper; violar una ley u obligación.
velar v.: cuidar mucho a una cosa.
anula, de **anular** v.: eliminar, suprimir.
emanan, de **emanar** v.: provenir, venir.

- -

5. **alianza:** unión entre personas o cosas para un mismo fin.
6. **matizada:** mezclada, juntada.
7. **vértigo de agio:** mareo producido por el trabajo.
8. **morbosa:** enferma, moralmente insana.

CONOCE A LA ESCRITORA

Gabriela Mistral (1889–1957) es el seudónimo de una famosa poeta chilena cuyo nombre verdadero era Lucila Godoy Alcayaga. Sus primeros años de vida fueron duros y dolorosos. Su padre abandonó a la familia cuando ella era aún muy pequeña. Fue una niña tranquila que pasaba la mayor parte del tiempo fuera de casa, para admirar el paisaje. Debido a su timidez, sus compañeros de clase se burlaban de ella. Cuando tenía once años, dejó la escuela. Había comenzado a escribir poesía y a publicar algunos de sus trabajos bajo diferentes seudónimos. A la edad de quince años, se enamoró de un muchacho que trabajaba en la estación de ferrocarril de la ciudad. Cuando él murió de pronto, quedó destrozada.

Aunque nunca se casó ni tuvo hijos, dedicó su vida a trabajar en favor de los niños, especialmente de las zonas pobres. En 1914 participó en un concurso de poesía en Santiago de Chile, con poemas que había escrito después de la muerte del hombre que amaba. Por primera vez utilizó el nombre de Gabriela Mistral, que era tal vez una referencia conjunta al arcángel Gabriel y al *mistral,* un fuerte viento norteño que sopla en el sur de Francia, o un homenaje a dos poetas: Gabriele

D'Annunzio y Frédéric Mistral. Sus «Sonetos de la muerte» ganaron el primer premio.

En los años veinte, Mistral trabajó de consejera de José Vasconcelos, ministro mexicano de educación. Viajó mucho por zonas rurales, creó escuelas y sirvió de faro de la enseñanza en ciudades remotas. Su experiencia en educación, así como su cada vez mayor reputación como escritora, llevó a que la nombraran embajadora y diplomática de Chile en lugares tan diversos como Nápoles, Italia, París, Francia, y Madrid, España. Participó en misiones que ayudaron a mejorar las vidas de los niños en muchos lugares. Sus artículos sobre América Latina y su poesía fueron ampliamente leídos y admirados, y gran parte del resto de su vida lo empleó en viajar al servicio de los niños, los pobres y los desamparados.

Con el tiempo, la poesía de Mistral pasó de la desesperación de su primer libro, *Desolación* (1922), a una mayor fe y esperanza. En 1945 ganó el Premio Nobel de Literatura. Se la recuerda como una de las mayores poetas de todos los tiempos y una trabajadora infatigable por un mundo mejor. Tal vez te gustaría leer su libro *Ternura* (1924), que trata los temas de la maternidad y la esperanza.

CREA SIGNIFICADOS

Primeras impresiones

1. Comenta tus respuestas al cuestionario que contestaste antes de leer el ensayo de Mistral. ¿Crees que tu comunidad se acerca a la noción que tiene Mistral del lugar ideal para vivir?

Interpretaciones del texto

2. Describe la noción que tiene Mistral de una ciudad ideal.

3. ¿Por qué piensa Mistral que el término «los civilizadores» es apropiado para describir a los que construyeron la ciudad de Panamá?

4. Describe en una oración el tipo de relación que Mistral cree que la gente debe tener con la naturaleza.

5. Según Mistral, ¿cómo sufren los niños si no crecen rodeados por la naturaleza? ¿Qué propone Mistral para resolver este problema?

6. ¿Qué crees que motivó a Mistral a escribir este ensayo?

Preguntas al texto

7. Hay expertos que se ganan la vida diseñando los lugares donde la gente vive y trabaja. Estas personas se llaman urbanistas. ¿Crees que alguien que no es un experto en urbanismo, como Mistral, puede contribuir con buenas ideas al debate sobre la forma más efectiva de diseñar comunidades para mejorar la calidad de vida de la gente? ¿Por qué?

8. ¿Estás de acuerdo con que los hogares de la gente deben estar lejos de los lugares donde trabajan? ¿Por qué?

Más allá del texto

9. ¿Cómo imaginas la ciudad ideal? ¿Es como la que imagina Mistral? ¿Es totalmente diferente?

Repaso del texto

Imagina que eres un periodista que entrevista a Mistral. El objetivo de tu entrevista es aclarar si has comprendido sus puntos de vista en «La fiesta del árbol». Anota cinco preguntas que te gustaría hacerle. Intercambia tu lista de preguntas con la de otro(a) compañero(a). Trata de responder sus preguntas como lo haría Mistral.

OPCIONES: Prepara tu portafolio

Cuaderno del escritor

1. Compilación de ideas para un artículo informativo

Elige un aspecto de la conservación de la naturaleza o la preocupación por el medio ambiente que te interese. Por ejemplo, puedes seleccionar uno o dos de los asuntos que se presentan en el cuaderno de la derecha.

Una vez que hayas escogido los temas, reúnete con un grupo de compañeros e intercambien ideas sobre lo que saben o lo que les gustaría averiguar sobre los temas escogidos. Apunta algunas notas y guarda tu escrito.

(Sello: TRABAJO EN CURSO)

Notas del cuaderno:
- —parques nacionales
- —bosques tropicales
- —polución ambiental
- —lluvia ácida
- —la capa de ozono
- —reciclaje
- —especies en peligro de extinción
- —pantanos
- —alimentos orgánicos

Investigación y presentación

2. Realizar una encuesta

¿Crees que la mayor parte de la gente opina lo mismo que Mistral sobre la necesidad de que los seres humanos establezcan una relación estrecha con la naturaleza? Escribe un cuestionario para averiguar qué piensa la gente de la idea de tener más zonas naturales en su comunidad. Distribuye el cuestionario entre tus familiares y amigos. Presenta el resultado en tu clase. Siempre que te sea posible, utiliza gráficas que ilustren el porcentaje de gente que da una respuesta concreta a una determinada pregunta.

Crear modelos

3. Construir la comunidad ideal

Antes de la construcción definitiva, los arquitectos y los urbanistas crean modelos en miniatura para mostrar a la gente el aspecto de sus edificios, comunidades y ciudades. Utiliza un material adecuado, como cartón y pintura, para crear un pequeño modelo de la comunidad que Mistral podría considerar como ideal. Si lo prefieres, crea un modelo basado en tus propias nociones de un lugar ideal donde la gente vive y trabaja.

Escribir cartas

4. Expresa tu punto de vista

Si el ensayo de Mistral te ha inspirado, tal vez te gustaría escribir una carta al alcalde con ideas para mejorar tu comunidad o ciudad. Si estás de acuerdo con Mistral, podrías recomendar la construcción de más parques, el mejoramiento de los actuales o el cultivo de más árboles cerca de las casas y los negocios.

ANTES DE LEER
Árbol adentro
Paisaje
Meciendo

Punto de partida

La naturaleza y el poeta

¿Has contemplado alguna vez una puesta de sol? ¿Has estado alguna vez en la playa y has cerrado los ojos para escuchar el sonido del mar? ¿Has realizado alguna vez una excursión a la montaña y has visto a un ciervo y su cervatillo alimentarse con moras silvestres? ¿Recuerdas cómo te sentiste y lo que pensaste en ese momento?

La simple acción de contemplar la naturaleza afecta a los seres humanos de maneras diferentes. Algunos pueden sentir sorpresa, otros tristeza, y algunos una alegría increíble. Los poetas y los pintores tratan de expresar su experiencia personal y su visión de la naturaleza por medio de sus creaciones. Cuando leas los tres poemas que aparecen a continuación, piensa si alguna vez habías experimentado lo expresado en los poemas.

Comparte tus ideas

Crea un juego de palabras con tus compañeros. Cada estudiante debe hacer una lista de elementos de la naturaleza, como árboles, mares, bosques y animales. Mientras uno menciona uno de los elementos de su lista, otro debe entonces anotar con qué cosas lo asocia. Después de haber terminado con una de las listas, los compañeros deben intercambiar sus trabajos. Las respuestas sobre estas asociaciones de palabras pueden guardarse para futuros proyectos de creación de portafolios.

Árbol adentro

Octavio Paz

Creció en mi frente un árbol,
Creció hacia dentro.
Sus raíces son venas,
nervios sus ramas,
    5   sus confusos <u>follajes</u> pensamientos.
Tus miradas lo encienden
y sus frutos de sombra
son naranjas de sangre,
son granadas° de lumbre.
  10   Amanece
en la noche del cuerpo.
Allá adentro, en mi frente,
el árbol habla.
               Acércate, ¿lo oyes?

9. granada: fruto del árbol del granado que tiene cientos de semillas carnosas de color rojo y de sabor agridulce.

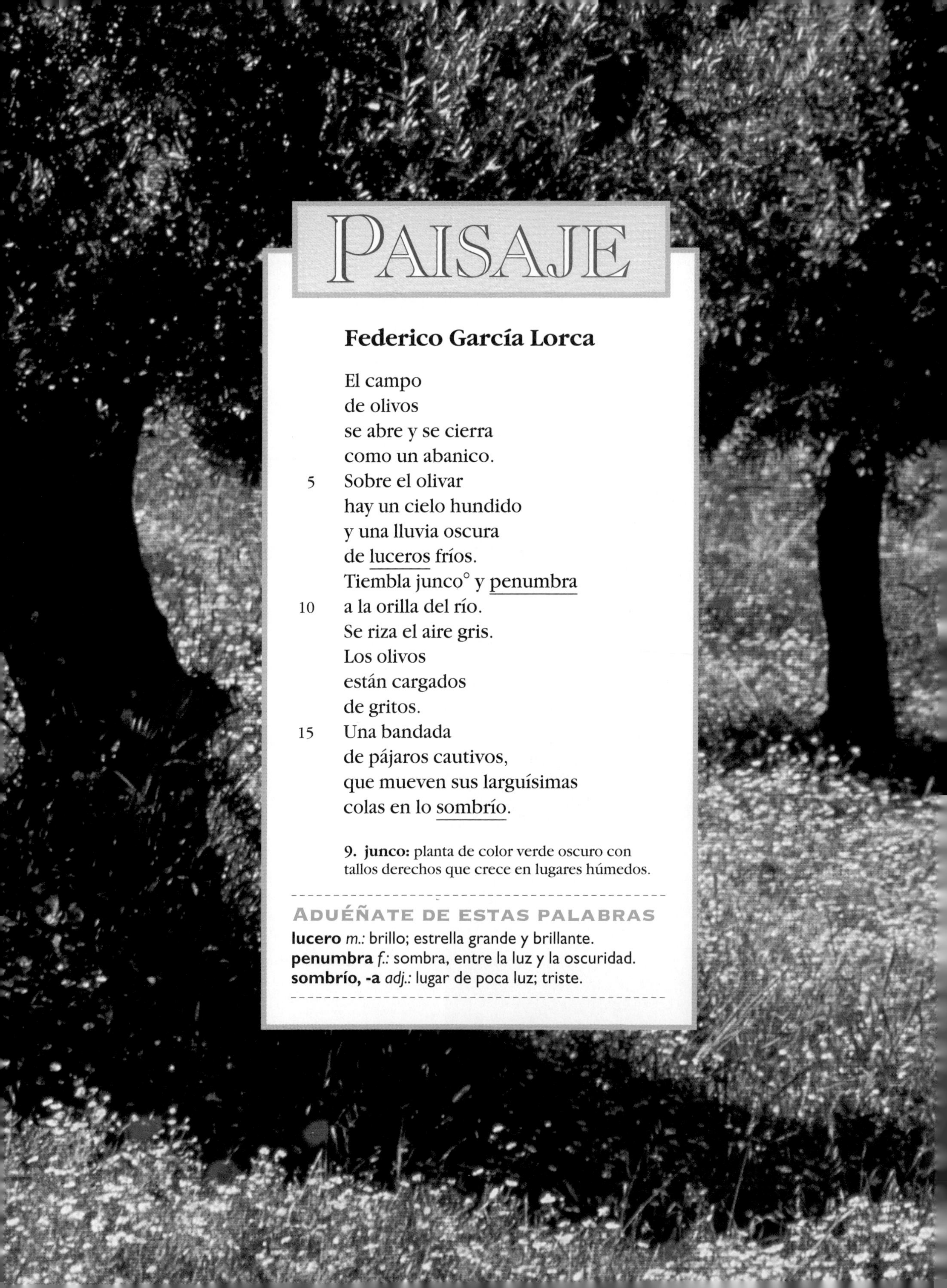

PAISAJE

Federico García Lorca

El campo
de olivos
se abre y se cierra
como un abanico.
5   Sobre el olivar
hay un cielo hundido
y una lluvia oscura
de <u>luceros</u> fríos.
Tiembla junco° y <u>penumbra</u>
10   a la orilla del río.
Se riza el aire gris.
Los olivos
están cargados
de gritos.
15   Una bandada
de pájaros cautivos,
que mueven sus larguísimas
colas en lo <u>sombrío</u>.

9. junco: planta de color verde oscuro con
tallos derechos que crece en lugares húmedos.

ADUÉÑATE DE ESTAS PALABRAS

lucero *m.*: brillo; estrella grande y brillante.
penumbra *f.*: sombra, entre la luz y la oscuridad.
sombrío, -a *adj.*: lugar de poca luz; triste.

MECIENDO

Gabriela Mistral

El mar sus millares de olas
mece, divino.
Oyendo a los mares amantes,
mezo a mi niño.

5   El viento <u>errabundo</u> en la noche
mece a los trigos.
Oyendo a los vientos amantes,
mezo a mi niño.

Dios Padre sus miles de mundos
10   mece sin ruido.
Sintiendo su mano en la sombra,
mezo a mi niño.

ADUÉÑATE DE ESTAS PALABRAS

errabundo, -da *adj.:* vagabundo, que va de una
    parte a otra.

CONOCE A LOS ESCRITORES

Octavio Paz (1914–   ), nacido en México, es un poeta, ensayista y filósofo reconocido mundialmente. Cuando tenía diecisiete años, Paz colaboró en la fundación y dirección de la revista literaria *Barandal.* En 1933 apareció su primer libro de poemas, *Luna Silvestre.* A fin de organizar una escuela para los hijos de trabajadores y campesinos, Paz viajó a Yucatán. Fue allí donde la magia de las ruinas mayas en la selva lo inspiró a componer el poemario *Entre la piedra y la flor* en 1941.

Como resultado de su poema «¡No pasarán!», escrito en 1937, Paz fue invitado a España a reunirse con otros escritores que protestaban contra la rebelión militar que culminó en la Guerra Civil Española.

En 1945 Paz entró en el servicio diplomático mexicano y durante los siguientes veintitrés años fue asignado a diversas embajadas. Desde 1968 se ha concentrado principalmente en la escritura y la enseñanza. Entre los numerosos premios que ha recibido están el Gran Premio Internacional de Poesía (1963), el Premio Cervantes (1982), el Premio Internacional de Literatura (1982) y el Premio Internacional Menéndez Pelayo (1987). En 1990 Paz se convirtió en el primer mexicano en obtener el Premio Nobel de Literatura.

Federico García Lorca (1898–1936) nació en Andalucía, una región del sur de España. Allí absorbió las leyendas, las tradiciones y la lengua de los campesinos españoles, elementos que figurarían más adelante en su obra.

En 1909 la familia se mudó a Granada, donde Lorca cursó estudios en una escuela secundaria progresista y en la Universidad de Granada. Publicó su primer libro, *Impresiones y paisajes,* a la edad de veinte años. A continuación se trasladó a la Universidad de Madrid en 1919, pero una vez allí abandonó sus estudios atraído por las ideas experimentales que estaban de moda.

Lorca descubrió en el cante jondo, un estilo sencillo de música popular que habla de la vida cotidiana. En 1922 apareció su libro de poemas *Poema del cante jondo* seguido de *Romancero gitano* en 1928. Fue este libro el que lo hizo famoso en todo el mundo hispanohablante. El lenguaje de Lorca, su imaginación y su sofisticada comprensión de los sentimientos humanos convierten estos poemas, aparentemente sencillos, en pequeñas obras maestras.

Después de pasar un año en Nueva York, Lorca regresó a España en 1930, decidido a escribir obras teatrales. Encontró en el drama de la vida diaria un estilo y un tema con los cuales cosecharía sus cuatro triunfos de los años treinta: *Doña Rosita la soltera, Bodas de sangre, Yerma* y *La casa de Bernarda Alba.*

CREA SIGNIFICADOS

Primeras impresiones

1. Si te pidieran que recitaras de memoria uno de los poemas que acabas de leer, ¿qué poema sería y por qué escogerías ese poema?

Interpretaciones del texto

2. Compara lo que sabes sobre la estructura del cuerpo humano y la estructura de un árbol. ¿De qué manera Octavio Paz compara el árbol con el cuerpo humano?

3. ¿Crees que el poeta de «Árbol adentro» se dirige a una persona importante para él? ¿Cómo lo sabes?

4. ¿Qué palabras describirían mejor las emociones que te produjeron las imágenes de «Paisaje»?

5. ¿Qué ideas o impresiones sobre la naturaleza trata de comunicar García Lorca en su poema?

6. En «Meciendo», ¿cuáles son las tres fuerzas que impulsan a la madre a mecer al niño? ¿Qué fuerza crees que la madre considera como la más poderosa? ¿Por qué?

7. ¿Cómo caracterizarías la relación de la madre con la naturaleza?

Más allá del texto

8. La naturaleza parece ser la fuente de inspiración de los tres poemas que acabas de leer. ¿Por qué crees que la naturaleza es un tema popular entre los poetas?

Cuaderno del escritor

1. La naturaleza como inspiración

Escribe un poema sobre tus experiencias con la naturaleza, tales como acampar al aire libre, observar las estrellas, ir a la playa o visitar un parque donde se recrea la vida salvaje. Describe los pensamientos y emociones que te produjo esa visión de la naturaleza. Utiliza metáforas y símiles para ayudar al lector a visualizar tus comentarios sobre la naturaleza de una forma vívida e interesante. Organiza una reunión de lectura de poesía en la que varios estudiantes lean sus poemas en voz alta.

Publicación y poesía

2. Cómo convertirse en un editor de poesía

Si te pidieran que publicaras una colección de poesía de la naturaleza, ¿qué poemas escogerías? Busca antologías de poesía en tu biblioteca y elige por lo menos cinco poemas que te gusten. Tal vez te gustaría incluir algunos poemas tuyos. ¿Cómo presentarías los poemas en un libro? ¿Pondrías ilustraciones o diseños en cada página? En la introducción de tu libro, explica las razones que te llevaron a seleccionar estos poemas y di algo de cada uno de los poetas.

Arte

3. Ilustración de un poema

Escoge uno de los poemas presentados en esta colección que has leído. Trata de

representar en un dibujo, una pintura o un boceto las imágenes que evoca ese poema. Organiza una exposición de arte con todos los trabajos de los estudiantes que hayan participado en este proyecto.

Elementos de literatura

POESIA II: Figuras retóricas y de estilo

Los poetas utilizan varias técnicas para darle forma al idioma y ofrecernos visiones originales de la experiencia humana y del mundo de la naturaleza. En la última colección estudiaste la rima, el ritmo, la repetición, el paralelismo, la aliteración y la onomotopeya, así como el uso de imágenes que cautivan los cinco sentidos: vista, oído, tacto, gusto y olfato. Ahora vas a estudiar el **hipérbaton** y las **figuras retóricas.**

Hipérbaton

El **hipérbaton** es una alteración del orden normal y lógico de una oración para conseguir un efecto especial. Los poetas a veces utilizan un orden diferente para enfatizar una palabra o una idea. En las líneas siguientes del poema de Gabriela Mistral «Meciendo» (página 189), por ejemplo, el objeto directo «sus miles de mundos» precede al verbo «mece». El hipérbaton marca el contraste entre la inmensidad del universo y la calma de las acciones de Dios:

Dios Padre sus miles de
  mundos
mece sin ruido.

Figuras retóricas

Una expresión que describe una cosa como si fuera otra sin que el autor pretenda que se entienda como una verdad literal se denomina **figura retórica.** Los expertos en la lengua han identificado unas 250 **figuras retóricas** diferentes. Aquí solamente aprenderás cinco: símil, metáfora, personificación, símbolo e hipérbole. Recuerda que tanto los poetas como los prosistas utilizan figuras retóricas.

Un **símil** es una comparación entre dos cosas mediante el uso de las palabras «como», «igual que», «más que» o «parecido». Federico García Lorca comienza su poema «Paisaje» con un símil (página 188):

El campo
de olivos
se abre y se cierra
como un abanico.

Una comparación entre dos cosas por medio de la cual una cosa se identifica con otra se llama **metáfora.** Las metáforas se distinguen de los símiles porque no usan palabras específicas del tipo «como» o «igual que» para establecer comparaciones. Octavio Paz utiliza metáforas en las siguientes líneas de «Árbol adentro» (página 187):

Sus raíces son venas
nervios sus ramas.

La **personificación** es una figura retórica por medio de la cual se atribuye a un objeto o a un animal sentimientos, pensamientos o actitudes humanas. Amado Nervo utiliza la personificación en «La vieja llave» (página 131):

Sin embargo tú sabías
de las glorias de otros días...

En «Meciendo», Gabriela Mistral personifica al viento:

El viento errabundo en la
  noche
mece a los trigos.

García Lorca implica una personificación de los olivos en estas líneas de «Paisaje»:

Los olivos
están cargados
de gritos.

En «Árbol adentro», ¿dónde puedes hallar una personificación?

Un **símbolo** es una persona, lugar, objeto o suceso que tiene un significado literal y a la vez puede representar otro concepto. Algunos símbolos son convencionales y muy conocidos: por ejemplo, una paloma blanca simboliza la paz. Los escritores crean símbolos al hacer que los objetos representen ideas. Por ejemplo, en este pasaje del poema «La muralla», Nicolás Guillén combina la personificación y el simbolismo:

— ¡Tun, tun!
— ¿Quién es?
— Una rosa y un clavel...
— ¡Abre la muralla!
— ¡Tun, tun!
— ¿Quién es?
— El sable del coronel...
— ¡Cierra la muralla!

En este contexto, una rosa y un clavel simbolizan la paz, mientras que el sable del coronel simboliza la guerra.

Los símbolos pueden ser más complejos que una simple correspondencia entre un concepto y otro. Puede haber más niveles de significado, o pueden sugerir diferentes asociaciones a lectores distintos. Para hacer la prueba, vuelve a leer el poema «Naranjas» de Gary Soto (página 65) y presta atención especial a las últimas líneas. Luego, debate el poema en un grupo pequeño. ¿Qué simboliza para el poeta la única naranja que le queda? En el poema de Amado Nervo «La vieja llave», ¿qué simboliza la llave?

La **hipérbole** es una exageración que logra un efecto especial, como en estas líneas de «¿Puedes?» de Nicolás Guillén (página 210):

¿Puedes venderme selvas
  ya sepultadas, aves muertas,
peces de piedra, azufre
de los volcanes, mil
  millones de años
en espiral subiendo?

La hipérbole se utiliza a menudo para lograr un tono divertido. Otras veces, la hipérbole se usa para crear un tono serio. ¿Qué tipo de efecto trata de lograr Guillén con el uso de la hipérbole en las líneas mencionadas?

Ahora que ya sabes más acerca de las diferentes técnicas utilizadas por los poetas para darle forma al lenguaje literario, trata de descubrir estos elementos en los poemas que leas a partir de ahora.

ANTES DE LEER
Las abejas de bronce

Punto de partida

La tecnología y la naturaleza

Todos los animales buscan en la naturaleza los alimentos que necesitan para sobrevivir; los seres humanos no son una excepción. De hecho, han sido particularmente habilidosos en desarrollar una tecnología eficaz para cultivar, aprovechar y procesar los recursos naturales, por ejemplo, por medio de la agricultura y la minería.

La historia que vas a leer a continuación, un tipo de fábula moderna en la que intervienen animales, utiliza el ejemplo de la elaboración de la miel para ilustrar los peligros de una tecnología demasiado avanzada.

Lluvia de ideas

Ciertos recursos naturales que los seres humanos consumen en grandes cantidades son cada vez más escasos. Participa con un(a) compañero(a) en una sesión de lluvia de ideas para preparar una lista de recursos naturales que se han vuelto escasos debido a un consumo excesivo por parte de los seres humanos. Comparen su lista con la de otros grupos.

Elementos de literatura

Fábulas

Una **fábula** es una narración corta con una moraleja sobre la conducta humana. El tipo más común de fábula es la fábula de animales, en la cual los protagonistas son animales que hablan y actúan como seres humanos. Cuando leas «Las abejas de bronce», fíjate en qué los animales de la historia se parecen a los humanos. Comenta las posibles moralejas de la historia.

Una **fábula** es una narración corta que se cuenta para ofrecer una lección moral o práctica.

Para más información, ver el GLOSARIO DE TÉRMINOS LITERARIOS.

Las abejas de bronce

Marco Denevi

Desde el principio del tiempo el Zorro vivió de la venta de miel. Era, aparte de una tradición de familia, una especie de vocación hereditaria. Nadie tenía la maña del Zorro para tratar a las Abejas (cuando las Abejas eran unos animalitos vivos muy irritables) y hacerles rendir al máximo. Esto por un lado.

Por otro lado el Zorro sabía entenderse con el Oso, gran consumidor de miel y, por lo mismo, su mejor cliente. No resultaba fácil llevarse bien con el Oso. El Oso era un sujeto[1] un poco brutal, un poco salvaje, al que la vida al aire libre, si le proporcionaba una excelente salud, lo volvía de una rudeza de maneras que no todo el mundo estaba dispuesto a tolerarle.

1. **sujeto:** persona, individuo.

Incluso el Zorro, a pesar de su larga práctica, tuvo que sufrir algunas experiencias desagradables en ese sentido. Una vez, por ejemplo, a causa de no sé qué cuestión baladí,[2] el Oso destruyó de un zarpazo la balanza para pesar la miel. El Zorro no se inmutó[3] ni perdió su sonrisa. (*Lo enterrarán con la sonrisa puesta,*

2. **baladí:** insignificante, sin importancia.
3. **inmutó:** alteró, se sintió afectado.

ADUÉÑATE DE ESTAS PALABRAS

vocación *f.*: dedicación a una actividad determinada.
maña *f.*: astucia, habilidad.
proporcionaba, de **proporcionar** *v.*: dar.
rudeza *f.*: falta de cortesía.

----

decía de él, desdeñosamente, su tío el Tigre.) Pero le hizo notar al Oso que, conforme a la ley, estaba obligado a indemnizar[4] aquel perjuicio.

—Naturalmente —se rió el Oso— te indemnizaré. Espera que corro a indemnizarte. No me alcanzan las piernas para correr a indemnizarte.

Y lanzaba grandes carcajadas y se golpeaba un muslo con la mano.

—Sí —dijo el Zorro con su voz tranquila—, sí, le aconsejo que se dé prisa, porque las Abejas se impacientan. Fíjese, señor.

Y haciendo un ademán teatral, un ademán estudiado, señaló las colmenas. El Oso se fijó e instantáneamente dejó de reír. Porque vio que millares de abejas habían abandonado los panales y con el rostro rojo de cólera, el ceño fruncido y la boca crispada, lo miraban de hito en hito[5] y parecían dispuestas a atacarlo.

—No aguardan sino mi señal —agregó el Zorro, dulcemente—. Usted sabe, detestan las groserías.

El Oso, que a pesar de su fuerza era un fanfarrón,[6] palideció de miedo.

—Está bien, Zorro —balbuceaba—, repondré la balanza. Pero por favor, dígales que no me miren así, ordéneles que vuelvan a sus colmenas.

—¿Oyen, queriditas? —dijo el Zorro muy melífluo,[7] dirigiéndose a las Abejas—. El señor Oso nos promete traernos otra balanza.

Las Abejas zumbaron a coro. El Zorro las escuchó con expresión respetuosa. De tanto en tanto asentía con la cabeza y murmuraba:

—Sí, sí, conforme. Ah, se comprende. ¿Quién lo duda? Se lo trasmitiré.

El Oso no cabía en su vasto pellejo.

—Qué es lo que están hablando, Zorro. Me tienen sobre ascuas.

El Zorro lo miró fijo.

—Dicen que la balanza deberá ser flamante.[8]

—Claro está, flamante. Y ahora, que se vuelvan.

—Niquelada.

—De acuerdo, niquelada.[9]

—Fabricación extranjera.

—¿También eso?

—Preferentemente suiza.

—Ah, no, es demasiado. Me extorsionan.

—Repítalo, señor Oso. Más alto. No lo han oído.

—Digo y sostengo que... Está bien, está bien. Trataré de complacerlas. Pero ordénales de una buena vez que regresen a sus panales. Me ponen nervioso tantas caras de abeja juntas, mirándome.

El Zorro hizo un ademán raro, como un ilusionista, y las Abejas, después de lanzar al Oso una última mirada amonestadora,[10] desaparecieron dentro de las colmenas. El Oso se alejó, un tanto mohíno y con la vaga sensación de que lo habían engañado. Pero al día siguiente reapareció trayendo entre sus brazos una balanza flamante, niquelada, con una chapita de bronce donde se leía: *Made in Switzerland*.

Lo dicho: el Zorro sabía manejar a las Abejas y sabía manejar al Oso. Pero ¿a quién no sabía manejar ese zorro del Zorro?

Hasta que un día se inventaron las abejas artificiales.

Sí. Insectos de bronce, dirigidos electrónicamente, a control remoto (como decían los prospectos[11] ilustrativos), podían hacer el mismo trabajo que las abejas vivas. Pero con enormes ventajas. No se fatigaban, no se extraviaban, no

9. **niquelada:** cubierta con níquel, un mineral color blanco grisáceo.
10. **amonestadora:** que advierte o reprocha.
11. **prospectos:** folletos, papeles que acompañan a ciertos productos.

- -

ADUÉÑATE DE ESTAS PALABRAS
perjuicio m.: daño, pérdida.
ademán m.: gesto.
ceño m.: espacio entre las cejas en la frente.
grosería f.: acto descortés.
balbuceaba, de **balbucear** v.: hablar con dificultad.

- -

4. **indemnizar:** pagar a alguien lo debido por la pérdida sufrida.
5. **de hito en hito:** mirar fijamente.
6. **fanfarrón:** presumido, vano, imprudente.
7. **melífluo:** suave, dulce.
8. **flamante:** brillante, nueva.

quedaban atrapadas en las redes de las Arañas, no eran devoradas por los Pájaros; no se alimentaban, a su vez, de miel, como las Abejas naturales (miel que en la contabilidad[12] y en el alma del Zorro figuraba con grandes cifras rojas[13]); no había, entre ellas, ni reinas, ni zánganos; todas iguales, todas obreras, todas dóciles, obedientes, fuertes, activas, de vida ilimitada, resultaban, en cualquier sentido que se considerase la cuestión, infinitamente superiores a las abejas vivas.

El Zorro en seguida vio el negocio, y no dudó. Mató todos sus enjambres,[14] demolió[15] las colmenas de cera, con sus ahorros compró mil abejas de bronce y su correspondiente colmena también de bronce, mandó instalar el tablero de control, aprendió a manejarlo, y una mañana los animales presenciaron, atónitos, cómo las abejas de bronce atravesaban por primera vez el espacio.

El Zorro no se había equivocado. Sin levantarse siquiera de su asiento, movía una palanquita, y una nube de abejas salía rugiendo hacia el norte, movía otra palanquita, y otro grupo de abejas disparaba hacia el sur, un nuevo movimiento de palanca, y un tercer enjambre se lanzaba en dirección al este, *et sic de ceteris*.[16] Los insectos de bronce volaban raudamente,[17] a velocidades nunca vistas, con una especie de zumbido amortiguado que era como el eco de otro zumbido; se precipitaban como una flecha sobre los cálices,[18] sorbían rápidamente el néctar, volvían a levantar vuelo, regresaban a la colmena, se incrustaban cada una en su alvéolo,[19] hacían unas rápidas contorsiones, unos ruiditos secos, *tric, trac, cruc,* y a los pocos instantes destilaban la miel, una miel pura, limpia, dorada, incontaminada, aséptica; y ya estaban en condiciones de recomenzar. Ninguna distracción, ninguna fatiga, ningún capricho, ninguna cólera. Y así las veinticuatro horas del día. El Zorro se frotaba las manos.

La primera vez que el Oso probó la nueva miel puso los ojos en blanco, hizo chasquear la lengua y, no atreviéndose a opinar, le preguntó a su mujer:

—Vaya, ¿qué te parece?

—No sé —dijo ella—. Le siento gusto a metal.

—Sí, yo también.

Pero sus hijos protestaron a coro:

—Papá, mamá, qué disparate. Si se ve a la legua[20] que esta miel es muy superior. Superior en todo sentido. ¿Cómo pueden preferir aquella otra, elaborada por unos insectos tan sucios? En cambio ésta es más limpia, más higiénica, más moderna y, en una palabra, más miel.

El Oso y la Osa no encontraron razones con qué rebatir a sus hijos y permanecieron callados, pero cuando estuvieron solos insistieron:

16. *et sic de ceteris:* del latín «Y las demás igual».
17. **raudamente:** rápidamente; con diligencia.
18. **cálices:** cubierta externa de una flor en su base, generalmente verde.
19. **alvéolo:** hueco, celdilla en el panal de abejas.
20. **legua:** medida que indica gran distancia.

12. **contabilidad:** llevar las cuentas.
13. **cifras rojas:** dinero que hace falta; deudas.
14. **enjambres:** grupos de abejas.
15. **demolió:** destrozó, rompió.

ADUÉÑATE DE ESTAS PALABRAS

atónito, -ta *adj.*: asombrado a causa de un evento extraordinario.
rebatir *v.*: refutar, rechazar las razones que dan otros.

—Qué quieres, sigo prefiriendo la de antes. Tenía un sabor...

—Sí, yo también. Hay que convenir, eso sí, en que la de ahora viene pasteurizada. Pero aquel sabor...

Tampoco se atrevieron a decirlo a nadie, porque, en el fondo, se sentían orgullosos de servirse en un establecimiento donde trabajaba esa octava maravilla de las abejas de bronce.

—Cuando pienso que, bien mirado, las abejas de bronce fueron inventadas exclusivamente para nosotros...—decía la mujer del Oso.

El Oso no añadía palabra y aparentaba indiferencia, pero por dentro estaba tan ufano como su mujer.

De modo que por nada del mundo hubieran dejado de comprar y comer la miel destilada por las abejas artificiales. Y menos todavía cuando notaron que los demás animales también acudían a la tienda del Zorro a adquirir miel, no porque les gustase la miel, sino a causa de las abejas de bronce y para alardear[21] de modernos.

Y, con todo esto, las ganancias del Zorro crecían como un incendio en el bosque. Tuvo que tomar a su servicio un ayudante y eligió, después de meditarlo mucho, al Cuervo, sobre todo porque le aseguró que aborrecía la miel. Las mil abejas fueron pronto cinco mil; las cinco mil, diez mil. Se comenzó a hablar de las riquezas del Zorro como de una fortuna fabulosa. El Zorro se sonreía y se frotaba las manos.

Y entretanto los enjambres iban, venían, salían, entraban. Los animales apenas podían seguir con la vista aquellas ráfagas[22] de puntos dorados que cruzaban sobre sus cabezas. Las únicas que, en lugar de admirarse, pusieron el grito en el cielo, fueron las arañas, esas analfabetas. Sucedía que las abejas de bronce atravesaban las telarañas y las hacían pedazos.

—¿Qué es esto? ¿El fin del mundo? —chillaron las damnificadas la primera vez que ocurrió la cosa.

Pero como alguien les explicó luego de qué se trataba, amenazaron al Zorro con iniciarle pleito[23] por daños y perjuicios. ¡Qué estupidez! Como decía la mujer del Oso:

—Es la eterna lucha entre la luz y la sombra, entre el bien y el mal, entre la civilización y la barbarie.

También los Pájaros se llevaron una sorpresa. Porque uno de ellos, en la primera oportunidad en que vio una

23. **iniciarle pleito:** comenzar una disputa.

21. **alardear:** presumir.
22. **ráfagas:** nubecillas.

abeja de bronce, abrió el pico y se la tragó. ¡Desdichado! La abeja metálica le desgarró las cuerdas vocales, se le embutió en el buche[24] y allí le formó un tumor, de resultas del cual falleció al poco tiempo, en medio de los más crueles sufrimientos y sin el consuelo del canto, porque había quedado mudo. Los demás Pájaros escarmentaron.

Y cuando ya el Zorro paladeaba[25] su prosperidad, comenzaron a aparecer los inconvenientes. Primero una nubecita, después otra nubecita, hasta que todo el cielo amenazó tormenta.

La cadena de desastres quedó inaugurada[26] con el episodio de las peonías[27] de la Gansa. Una tarde, al vaciar una colmena, el Zorro descubrió entre la miel rubia unos goterones grises, opacos, repugnantes. Los probó con la punta del dedo y los halló amargos y de un olor nauseabundo. Tuvo que tirar toda la miel restante, que había quedado contaminada. Y estaba en eso cuando la Gansa entró como un huracán.

—Zorro —silabeó—, ¿recuerdas aquellas peonías artificiales con que adornaba el *porch*[28] de mi casa y que eran un recuerdo de mi finado marido? ¿Las recuerdas? Y bien: mira lo que tus abejas han hecho de mis peonías.

Alzó una mano. El Zorro miró, vio una masa informe, comprendió y, como buen comerciante, no anduvo con rodeos.

—¿Cuánto? —preguntó.

—Veinte pesos —respondió la Gansa.

—Quince.

—Veinticuatro.

—Dieciséis.

—Veintiocho.

—¿Estás chiflada? Si crees que esto es la Bolsa...

—No creo que sea la Bolsa. Pero hago correr los intereses.

—¡Basta! Toma tus veinte pesos.

—Treinta y dos.

—Está bien, no sigas, me rindo.

Cuando la Gansa, recontando su dinero, hubo desaparecido, el Zorro se abandonó a todos los excesos del furor. Se paseaba por la tienda, daba patadas en el suelo, golpeaba con el puño las paredes, gritaba, aunque entre dientes:

—La primera vez, la primera vez que alguien me saca dinero. Y miren quién, esa imbécil de Gansa. Treinta y dos pesos por unas peonías artificiales que no valen más de cuarenta. Y todo por culpa de las abejas de bronce, malditas sean. La falta de instinto les hace cometer equivocaciones. Han confundido flores artificiales con flores naturales. Las otras jamás habrían caído en semejante error. Pero quién piensa en las otras. En fin, no todo es perfecto en esta vida.

24. **se le embutió en el buche:** se le metió entre el estómago y la garganta.
25. **paladeaba:** saboreaba.
26. **inaugurada:** iniciada, empezada.
27. **peonías:** flores grandes rojas o rosáceas.
28. *porch:* palabra del inglés que significa «porche».

Otro día, una abeja, al introducirse como una centella[29] en la corola[30] de una azucena,[31] degolló a un Picaflor que se encontraba allí alimentándose. La sangre del pájaro tiñó de rojo la azucena. Pero como la abeja, insensible a olores y sabores, no atendía sino sus impulsos eléctricos, libó[32] néctar y sangre, todo junto. Y la miel apareció después con un tono rosa que alarmó al Zorro. Felizmente su empleado le quitó la preocupación de encima.

—Si yo fuese usted, Patrón —le dijo con su vocecita ronca y su aire de solterona—, la vendería como miel especial para niños.

—¿Y si resultase venenosa?

—En tan desdichada hipótesis yo estaría muerto, Patrón.

—Ah, de modo que la ha probado. De modo que mis subalternos[33] me roban la miel. ¿Y no me juró que la aborrecía?

—Uno se sacrifica, y vean cómo le pagan —murmuró el Cuervo, poniendo cara de dignidad ultrajada—. La aborrezco, la aborreceré toda mi vida. Pero quise probarla para ver si era venenosa. Corrí el riesgo por usted. Ahora, si cree que he procedido mal, despídame, Patrón.

¿Qué querían que hiciese el Zorro, sino seguir el consejo del Cuervo? Tuvo un gran éxito con la miel rosa especial para niños. La vendió íntegramente. Y nadie se quejó. (El único que pudo quejarse fue el Cerdo, a causa de ciertas veleidades[34] poéticas que asaltaron por esos días a sus hijos. Pero ningún Cerdo que esté en su sano juicio es capaz de relacionar la extraña locura de hacer versos con un frasco de miel tinta en la sangre de un Picaflor.)

El Zorro se sintió a salvo. Pobre Zorro, ignoraba que sus <u>tribulaciones</u> iban a igualar a sus abejas.

Al cabo de unos días observó que los insectos tardaban cada vez más tiempo en regresar a las colmenas.

Una noche, encerrados en la tienda, él y el Cuervo consideraron aquel nuevo enigma.

—¿Por qué tardan tanto? —decía el Zorro—. ¿A dónde diablos van? Ayer un enjambre demoró cinco horas en volver. La producción diaria, así, disminuye, y los gastos de electricidad aumentan. Además, esa miel rosa la tengo todavía atravesada en la garganta. A cada momento me pregunto: ¿Qué aparecerá hoy? ¿Miel verde? ¿Miel negra? ¿Miel azul? ¿Miel salada?

—Accidentes como el de las peonías no se han repetido, Patrón. Y en cuanto a la miel rosa, no creo que tenga de qué quejarse.

—Lo admito. Pero ¿y este misterio de las demoras? ¿Qué explicación le encuentra?

—Ninguna. Salvo...

—¿Salvo qué?

El Cuervo cruzó gravemente las piernas, juntó las manos y miró hacia arriba.

—Patrón —dijo, después de reflexionar unos instantes—. Salir y vigilar a las abejas no es fácil. Vuelan demasiado rápido. Nadie, o casi nadie, puede seguirlas. Pero yo conozco un pájaro que, si se le unta la mano,[35] se ocuparía del caso. Y le doy mi palabra que no volvería sin haber averiguado la verdad.

—¿Y quién es ese pájaro?

—Un servidor.

El Zorro abrió la boca para cubrir de injurias[36] al Cuervo, pero luego lo pensó mejor y optó por aceptar. Pues cualquier recurso era preferible a quedarse con los brazos cruzados, contemplando la progresiva e implacable disminución de las ganancias.

El Cuervo regresó muy tarde, jadeando como si hubiese vuelto volando desde la China.

29. **centella:** relámpago, rayo.
30. **corola:** conjunto de pétalos de una flor.
31. **azucena:** flores grandes, blancas y muy olorosas.
32. **libó:** chupó.
33. **subalternos:** personas que están bajo el mando de alguien.
34. **veleidades:** deseos, antojos.
35. **si se le unta la mano:** si se le paga cierta cantidad de dinero.
36. **injurias:** ofensas, insultos.

ADUÉÑATE DE ESTAS PALABRAS

tribulación f.: pena, disgusto o preocupación.

(El Zorro, de pronto, sospechó que todo era una farsa y que quizá su empleado conocía la verdad desde el primer día.) Su cara no hacía presagiar[37] nada bueno.

—Patrón —balbuceó—, no sé cómo decírselo. Pero las abejas tardan, y tardarán cada vez más, porque no hay flores en la comarca y deben ir a libarlas en el extranjero.

—Cómo que no hay flores en la comarca. ¿Qué tontería es ésa?

—Lo que oye, Patrón. Parece ser que las flores, después que las abejas les han sorbido el néctar, se doblan, se debilitan y se mueren.

—¡Se mueren! ¿Y por qué se mueren?

—No resisten la trompa de metal de las abejas.

—¡Diablos!

—Y no termina ahí la cosa. La planta, después que las abejas le asesinaron las flores...

—¡Asesinaron! Le prohíbo que use esa palabra.

—Digamos mataron. La planta, después que las abejas le mataron sus flores, se niega a florecer nuevamente. Consecuencia: en toda la comarca no hay más flores. ¿Qué me dice, Patrón?

El Zorro no decía nada. Nada. Estaba alelado.

Y lo peor es que el Cuervo no mentía. Las abejas artificiales habían devastado las flores del país. Entonces pasaron a los países vecinos, después a los más próximos, luego a los menos próximos, más tarde a los remotos y lejanos, y así, de país en país, dieron toda la vuelta al mundo y regresaron al punto de partida.

Ese día los Pájaros se sintieron invadidos de una extraña congoja,[38] y no supieron por qué. Algunos, inexplicablemente, se suicidaron. El Ruiseñor quedó afónico y los colores del Petirrojo palidecieron. Se dice que, por ejemplo, los ríos dejaron de correr y las fuentes, de cantar. No sé. Lo único que sé es que, cuando las abejas de bronce, de país en país, dieron toda la vuelta al mundo, ya no hubo flores en el mundo, ya no hubo flores ni en el campo, ni en las ciudades, ni en los bosques.

Las abejas volvían de sus viajes, anidaban en sus alvéolos, se contorsionaban, hacían *tric, trac, cruc,* pero el Zorro no recogía ni una miserable gota de miel. Las abejas regresaban tan vacías como habían salido.

---

37. presagiar: anunciar, indicar.

38. congoja: tristeza, angustia.

El Zorro se desesperó. Sus negocios se desmoronaron. Aguantó un tiempo gracias a sus reservas. Pero incluso estas reservas se agotaron. Debió despedir al Cuervo, cerrar la tienda, perder la clientela.

El único que no se resignaba era el Oso.

—Zorro —vociferaba—, o me consigues miel o te levanto la tapa de los sesos.

—Espere. Pasado mañana recibiré una partida del extranjero —le prometía el Zorro. Pero la partida del extranjero no llegaba nunca.

Hizo unas postreras tentativas. Envió enjambres en distintas direcciones. Todo inútil. El *tric, trac, cruc* como una burla, pero nada de miel.

Finalmente, una noche el Zorro desconectó todos los cables, destruyó el tablero de control, enterró en un pozo las abejas de bronce, recogió sus dineros y al favor de las sombras huyó con rumbo desconocido.

Cuando iba a cruzar la frontera escuchó a sus espaldas unas risitas y unas vocecitas de vieja que lo llamaban.

—¡Zorro! ¡Zorro!

Eran las arañas, que a la luz de la luna tejían sus telas prehistóricas.

El Zorro les hizo una mueca obscena y se alejó a grandes pasos.

Desde entonces nadie volvió a verlo jamás.

ADUÉÑATE DE ESTAS PALABRAS

desmoronaron, de **desmoronar** *v.*: deshacer y arruinar.

CONOCE AL ESCRITOR

Marco Denevi (1922–   ) nació en Sáenz Peña, Argentina, el último de siete hermanos. Quería ser músico, pero estudió leyes y trabajó en un banco hasta 1954, cuando escribió su primera novela. Al año siguiente, participó en un concurso convocado por la prestigiosa firma editorial de Guillermo Kraft. Su novela, una obra de misterio llamada *Rosaura a las diez,* ganó el premio. La obra fue publicada, se convirtió en un éxito de ventas y posteriormente en película, obra de teatro y serie de televisión. Luego fue traducida a otros idiomas. Denevi, que nunca antes había publicado, se transformó en un escritor muy conocido en un breve periodo de tiempo. Cinco años después de su triunfo, su novela corta *Ceremonia secreta* se impuso a otras 3.000 obras presentadas en un concurso de la revista *Life.* Este libro se convirtió también en película.

En 1968, Denevi abandonó su trabajo para concentrarse en la literatura. Desde entonces ha publicado novelas, cuentos y obras de teatro y también escribe para revistas y diarios. Vive casi como un recluso en Buenos Aires y mantiene su independencia como escritor y periodista. Los únicos actos a los que asiste son sus propios «Sábados con mis amigos», en los cuales seis u ocho de sus mejores amigos se reúnen para hablar. El resto del tiempo lo dedica a leer y escribir. Ha escrito dos obras para jóvenes, *Robotobor* y *Furmila la hermosa.*

CREA SIGNIFICADOS

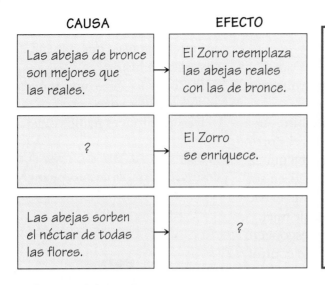

CAUSA | EFECTO

Las abejas de bronce son mejores que las reales. → El Zorro reemplaza las abejas reales con las de bronce.

? → El Zorro se enriquece.

Las abejas sorben el néctar de todas las flores. → ?

Repaso del texto

En «Las abejas de bronce», varios sucesos importantes tienen una relación causal. En otras palabras, un suceso causa el siguiente. Copia el gráfico y rellena los recuadros para mostrar la relación de causa y efecto entre diferentes sucesos. Añade otros recuadros.

Primeras impresiones

1. Utiliza cinco palabras para describir el carácter del Zorro.

Interpretaciones del texto

2. ¿Es el Zorro un buen comerciante? ¿Por qué?

3. ¿Qué problemas empiezan a surgir cuando el Zorro comienza a utilizar las abejas de bronce? ¿Por qué crees que sigue utilizando las abejas de bronce a pesar de todos los problemas?

4. ¿De qué manera la fábula muestra las ventajas y las desventajas de la innovación tecnológica?

5. ¿Cuál es la moraleja de la fábula? Si lo deseas, haz una lista de posibilidades.

Preguntas al texto

6. Regresa a la lista de recursos naturales escasos que preparaste en la sección ANTES DE LEER. ¿Cómo «Las abejas de bronce» ilustra la forma en que los recursos naturales se agotan en la vida real?

7. ¿Cuál es el punto de vista del autor con respecto a las innovaciones tecnológicas que permiten a los seres humanos depender menos de la naturaleza? ¿Estás de acuerdo?

Más allá del texto

8. ¿Qué otras especies además de las abejas pueden utilizarse en una historia para ilustrar los peligros en que se incurre cuando se trata de reemplazar o superar con tecnología la capacidad productiva de la naturaleza?

Cuaderno del escritor

1. Compilación de ideas para un artículo informativo

¿Está justificado el miedo que la gente le tiene a las abejas? Realiza una investigación en la biblioteca sobre la conducta de las abejas o de otra especie que provoque a menudo temor o incomprensión. Presenta tus hallazgos a la clase en forma de afirmaciones verdaderas o falsas. En cada caso, ofrece respuestas y una explicación más detallada del asunto. Guarda tus notas en caso de que desees ampliar tu investigación y convertirla en un artículo informativo.

TRABAJO EN CURSO

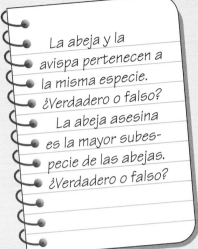

La abeja y la avispa pertenecen a la misma especie. ¿Verdadero o falso?

La abeja asesina es la mayor subespecie de las abejas. ¿Verdadero o falso?

Dramatización

2. Representa una obra dramática

Convierte «Las abejas de bronce» en una obra de teatro con la colaboración de otros estudiantes. Dividan la obra en escenas y, siempre que sea necesario, añadan escenas con diálogo y acción para reemplazar el material descriptivo. Probablemente querrán que algunos estudiantes representen a las abejas. Tomen decisiones sobre el vestuario y la música de fondo.

Escribir un panfleto informativo

3. Ayuda a la madre naturaleza

Investiga la manera en que la gente puede conservar el medio ambiente o contribuir a un medio ambiente más limpio. Escribe un panfleto con algunos consejos prácticos que la gente puede seguir en su vida diaria para conservar los recursos naturales y evitar la contaminación. Distribuye el panfleto entre amigos y familiares.

Escritura

4. Fábulas

Escribe por tu cuenta una fábula moderna. Piensa en un dicho como: «Haz bien sin mirar a quién». Luego, escribe una fábula sobre lo que ocurre cuando no se cumple con este principio o regla. Selecciona los animales que protagonizarán tu historia.

Si respondiste a la pregunta número 8 en MÁS ALLÁ DEL TEXTO, podrías tratar de escribir una fábula como «Las abejas de bronce», pero con un animal diferente.

LENGUA Y LITERATURA   **MINI LECCIÓN**

Cómo esconder el sujeto

Guía del lenguaje

Ver *Sujeto, pág. 370.*

Un truco para evitar la repetición del nombre es esconder el sujeto. Fíjate en esta adivinanza. ¿Cuál es el sujeto?

> Nada como los peces,
> vuela como las aves,
> pasea y corre
> como otros animales.
> Lo mismo está en el aire
> que en el agua o en la tierra.

(Solución: el pato)

En las adivinanzas, el contenido delata el sujeto pero también hay otras pistas que te ayudan a descubrirlo, como los pronombres y los verbos. ¿Cómo sabemos cuál es el sujeto en las oraciones siguientes?

EJEMPLO
(Yo) Sueño con un mundo donde se respete la naturaleza.

Habían diseñado una máquina especial.
Montó un negocio de miel del campo.
Ayudamos a establecer un jardín en nuestro pueblo.

¿Cómo descubriste el sujeto? Cuando varias oraciones tienen el mismo sujeto, sólo ponlo en la primera oración.

Inténtalo tú

Quita los sujetos que no hagan falta:

Paula es una muchacha estupenda. Paula viene del campo. Paula tiene un hermano, Esteban, que es agrónomo. Esteban estudia cómo hacer crecer a las plantas. Paula también tiene mucho interés en el tema y ha plantado un jardín en su vecindario.

¿Por qué no has podido esconder siempre el sujeto?

VOCABULARIO   **LAS PALABRAS SON TUYAS**

ALCANCÍA DE PALABRAS

vocación
maña
perjuicio
ceño
grosería
balbucear
rebatir
aborrecer
analfabeta
tribulación

Greguerías

Las greguerías son juegos de palabras, a menudo divertidos, que inventó el escritor español Ramón Gómez de la Serna. Observa:

> El hielo se derrite porque llora de frío.
> La coliflor es un cerebro vegetal que nos comemos.
> ¿Y si las hormigas fuesen marcianos establecidos en la Tierra?

Busca el significado de las palabras y escribe las greguerías que se te ocurran para acordarte de las letras difíciles de cada palabra. Por ejemplo:

> Balbucear es un señor al que se le atrangantó la «b».
> La «b» de tribulación es la «p» naufragada de tripulación.

También puedes hacer una caricatura.

Conservar la naturaleza es un reto

ACTIVIDAD PARA EMPEZAR

Determina lo que sabes sobre las cuestiones que aparecen en la constelación siguiente. Luego cópiala en una hoja de papel o en una página del CUADERNO DEL ESCRITOR. En grupos, tengan una sesión de lluvia de ideas para incluir más cuestiones en la constelación.

La biodiversidad en peligro

Biodiversidad es el término que los científicos utilizan para referirse a la gran variedad de vida que existe en nuestro planeta. Hay tantas especies de seres vivos que los expertos creen que sólo han encontrado e identificado hasta ahora a menos de un 20%.

Por lo que respecta al otro 80%, el tiempo se está agotando. Más de la mitad de las especies terrestres viven en los bosques tropicales. Solamente quedan tres zonas extensas de bosques tropicales, de las cuales la mayor es la cuenca del río Amazonas, en Sudamérica. Los ecosistemas más antiguos y ricos de la Tierra desaparecen a un ritmo extraordinario de cincuenta acres por minuto. Esto equivale cada año a una zona del tamaño de West Virginia. Sin los bosques tropicales, la biodiversidad desaparecerá.

¿Por qué es preciso salvar los bosques tropicales? Aparte de la dolorosa verdad que encierra la frase «la extinción es para siempre», hay algunas razones muy prácticas. Por ejemplo, en los bosques tropicales de América Latina, África y Asia habitan muchos pueblos tribales que son desplazados cada vez más a medida que aumenta el ritmo de destrucción. Los bosques ejercen también un enorme impacto sobre la calidad del clima y del suelo. Además, más de 120 medicinas muy importantes proceden de plantas y más de un tercio se obtienen en bosques tropicales. Sin embargo, menos de un 1% de las plantas de los bosques tropicales han sido analizadas para estudiar sus propiedades curativas.

América Latina, algunos éxitos en la conservación

¿Qué hacen las personas dedicadas a la conservación de la naturaleza para proteger la diversidad de la vida? He aquí algunas muestras de éxitos en América Latina:

- Ecuador se encuentra a la cabeza del mundo en el porcentaje de tierra que dedica a la conservación (38%).

- La Reserva de la Biosfera en Manu, Perú, alberga más especies que ningún otro sistema del mundo. Esta zona de protección cubre unas 6.000 millas cuadradas.

- La primera reserva creada para proteger el jaguar, el predador terrestre más poderoso de las Américas y una especie en grave peligro de extinción, se estableció en 1986 en la cuenca del Cockscomb, en Belice.

- Cuando el tití aleonado, un pequeño primate nativo del norte de Brasil, se vio amenazado de extinción a comienzos de los años ochenta, un programa de crianza en cautividad consiguió elevar el número de este tipo de monos. Posteriormente se los introdujo de nuevo a la vida salvaje con éxito.

Los éxitos en la esfera de la conservación se basan en la dedicación, la administración eficaz y los avances en ciencia y tecnología. La pequeña nación latinoamericana de Costa Rica, por ejemplo, ha desarrollado uno de los mejores programas de conservación del mundo. Con un 10% de todas las especies de mariposas y pájaros que hay en el planeta, Costa Rica tiene una amplia red de parques nacionales, un número cada vez mayor de especialistas en la vida salvaje y una industria del turismo de la naturaleza que se equipara a la de Kenya y Tanzania en África Oriental. Y sin embargo, a pesar de los éxitos de Costa Rica en las labores de conservación, los bosques tropicales del país siguen destruyéndose y los expertos predicen que para fines de siglo Costa Rica tendrá que importar la mayor parte de la madera que necesitará.

ACTIVIDADES DE CIERRE

1. Examina con un grupo de compañeros las posibilidades de participar en tareas de conservación a nivel local: por ejemplo, operaciones de limpieza de la comunidad, cuidado de las carreteras, programa de reciclaje y protección de terrenos pantanosos.

2. ¿Cuáles son las especies que se hallan en mayor peligro de extinción en tu estado o región y qué se está haciendo para salvarlas? Consulta un libro o lleva a cabo entrevistas en un zoológico de tu zona para averiguar más sobre cómo los programas de crianza en cautiverio podrían servir para salvar especies en peligro de extinción. Presenta tus resultados en un informe oral a la clase. Si es posible, ilustra tu informe con diapositivas, fotografías u otros elementos visuales.

3. Investiga cómo el estudio de ciertas especies de plantas de los bosques tropicales ha conducido al descubrimiento de remedios curativos. Trabaja con otros estudiantes para investigar y presenta tus hallazgos a la clase.

¿Puedes?

Nicolás Guillén

¿Puedes venderme el aire que pasa entre tus
    dedos
y te golpea la cara y te despeina?
¿Tal vez podrías venderme cinco pesos° de viento,
o más, quizás venderme una tormenta?
5   ¿Acaso el aire fino
me venderías, el aire
(no todo) que recorre
en tu jardín corolas y corolas,
en tu jardín para los pájaros,
10   diez pesos de aire fino?

    El aire gira y pasa
    en una mariposa.
    Nadie lo tiene nadie.

¿Puedes venderme cielo,
15   el cielo azul a veces,
o gris también a veces,
una <u>parcela</u> de tu cielo,

el que compraste, piensas tú, con los árboles
de tu huerto, como quien compra el techo
    con la casa?
20   ¿Puedes venderme un dólar
de cielo, dos kilómetros
de cielo, un trozo, el que tú puedas,
de tu cielo?

3. **peso:** unidad monetaria de varios países
americanos.

- -

ADUÉÑATE DE ESTAS PALABRAS

parcela *f.*: porción de terreno.

- -

El cielo está en las nubes.
25 Altas las nubes pasan.
Nadie las tiene, nadie.

¿Puedes venderme lluvia, el agua
que te ha dado tus lágrimas y te moja la lengua?
¿Puedes venderme un dólar de agua
30 de manantial, una nube preñada°
crespa° y suave como una cordera,
o bien agua llovida en la montaña,
o el agua de los charcos
abandonados a los perros,
35 o una legua de mar, tal vez un lago,
cien dólares de lago?

El agua cae, rueda.
El agua rueda, pasa.
Nadie la tiene, nadie.

40 ¿Puedes venderme tierra, la profunda
noche de las raíces; dientes
de dinosaurios y la cal°
dispersa de lejanos esqueletos?
¿Puedes venderme selvas ya sepultadas,°
     aves muertas,
45 peces de piedra, azufre°
de los volcanes, mil millones de años
en espiral subiendo? ¿Puedes

venderme tierra, puedes
venderme tierra, puedes?

50 La tierra tuya es mía.
Todos los pies la pisan.
Nadie la tiene, nadie.

30. **preñada:** llena. 31. **crespa:** rizada, ensortijada.
42. **cal:** óxido de calcio, sustancia de color blanco
o blanco grisáceo. 44. **sepultadas:** enterradas.
45. **azufre:** sustancia química de color amarillento.
- -
ADUÉÑATE DE ESTAS PALABRAS
manantial *m.*: agua que brota de la tierra.
- -

Taller del escritor

Tarea
Escribe un artículo informativo.

Instrucciones para escoger un tema
Usa estas instrucciones para explorar algunos temas posibles:

- Escoge algo que hagas bien o que te interese mucho.
- Escoge algo que tenga valor o atractivo para los demás.
- Escoge algo que no sea ni demasiado amplio («cómo funciona el gobierno») ni muy limitado («cómo secar la vajilla»).

LA EXPOSICIÓN

ARTÍCULO INFORMATIVO

En un artículo informativo, tu objetivo es explicar al público un tema determinado de una manera interesante. Con frecuencia, para dar información es necesario explicar cómo funciona algo o cómo se hace. En otras palabras, es preciso describir un «proceso». En esta tarea, tendrás la posibilidad de organizar una explicación detallada sobre un tema que te interese.

Antes de escribir

1. Cuaderno del escritor

A fin de encontrar un buen tema para tu informe, comienza por revisar las notas que hiciste en tu CUADERNO DEL ESCRITOR. ¿Te sirven tus notas para escribir un ensayo que explique cómo hacer algo o de qué manera funciona un proceso?

TRABAJO EN CURSO

2. Preguntas

Otra manera de encontrar un tema es hacerse preguntas de este tipo:

- ¿Qué aficiones tengo?
- ¿Qué hago bien?
- ¿Cómo funciona un/una _____? [Llena la parte en blanco]
- ¿Qué procesos naturales despiertan mi curiosidad?

3. Piensa en el público y la idea principal

Después de que hayas anotado algunas preguntas sobre posibles temas, piensa en el público al que está dirigido tu artículo. ¿Por qué tus lectores deberían interesarse en los hechos que les presentas? ¿Por qué el tema escogido es interesante o valioso para los demás?

The history
of the written
word is rich and

Page 1

Había una vez

Después de asegurarte de que el tema escogido es interesante para el público al que te diriges, trata de resumir en una oración la **idea principal.** Por ejemplo, si estás escribiendo sobre cómo plantar árboles y ocuparse de ellos en una ciudad, podrías formular tu idea principal de la siguiente forma: «Para convertir el vecindario en un lugar más agradable se puede plantar un árbol».

4. Enumera los pasos y los materiales

Cuando explicas un proceso, como el plantar y cuidar de los árboles, presentas los pasos del proceso y los materiales necesarios.

Tema: Cómo lograr que crezcan los árboles en un lugar rodeado de cemento

Pasos	Materiales
1. A fines de la primavera y a lo largo de todo el verano, riega los retoños con 15 a 20 galones de agua a la semana. Deja que el agua penetre lentamente en el suelo.	1. Un recipiente grande donde puedas cargar al menos un galón de agua.
2. Coloca sobre la tierra una capa de dos pulgadas de humus. El humus o tierra vegetal enriquece y desapelmaza la tierra, y deja que el agua penetre libremente hasta llegar a las raíces del árbol.	2. Humus
3. Cubre la tierra con una capa (2 ó 3 pulgadas de espesor) de paja o de maderitas, para ayudar a mantener la humedad, evitar el crecimiento de maleza y mejorar la fertilidad.	3. Paja y maderitas

El borrador

1. Organización

Ahora ha llegado el momento de poner por escrito todos tus datos. Recuerda que el primer borrador te ofrece la oportunidad de pensar en lo que tienes que decir y organizar tu material. Como guía para el **cuerpo** de tu ensayo, utiliza el cuadro que hiciste antes de escribir. Para el resto del escrito, trata de seguir un esquema como el que aparece a la izquierda.

2. Relaciona ideas

Usa el **tiempo cronológico** u **orden temporal** para explicar los pasos o etapas del proceso en la secuencia exacta en que deben realizarse. A continuación aparece una lista de algunas **palabras de enlace** útiles que puedes utilizar para relacionar ideas:

después	en primer lugar	antes
finalmente	a continuación	en segundo lugar
entonces	en tercer lugar	cuando

Evaluación y revisión

1. Intercambio entre compañeros

Reúnete con un grupo pequeño de compañeros. Lean sus primeros borradores en voz alta por turnos. Después de cada lectura, cada uno de los miembros del grupo puede completar una o más de las oraciones siguientes:

- ¡Estupendo! Me gustaría intentar este proceso porque...

- Me hubiera gustado saber más sobre...

- Un término que no comprendí fue...

Escucha los comentarios y preguntas del grupo. Toma notas sobre las partes de tu ensayo que te gustaría ampliar, eliminar o cambiar.

2. Autoevaluación

Utiliza la guía siguiente para revisar tu escritura. Añade, elimina o reorganiza los detalles. Haz también los cambios que sean necesarios en el orden de las palabras o la organización.

Pautas de evaluación

1. ¿Capto desde el comienzo el interés del lector?

2. ¿Describo con claridad el proceso y expreso la idea principal?

3. ¿Señalo en el ensayo todos los materiales que se necesitan?

4. ¿Presento todos los pasos en el orden apropiado?

5. ¿He definido los términos poco comunes?

6. ¿Termino con una conclusión efectiva?

Técnicas de revisión

1. Comienza con una cita interesante o un detalle sorprendente.

2. Especifica el tema y la idea principal sobre el proceso en una o dos oraciones.

3. Incluye una lista de los materiales que se necesitan antes de explicar el proceso.

4. Incluye los detalles que hayas olvidado y elimina los que sean innecesarios. Asegúrate de que has presentado los pasos en el orden correcto.

5. Define los términos que el público desconozca.

6. Resume tu idea principal; vuelve a enunciar las ventajas del proceso.

Compara las dos versiones siguientes del párrafo introductorio de un artículo informativo.

MODELOS

Borrador 1

Me hicieron plantar y ocuparme de este árbol a las puertas de mi edificio. ¿Me dijeron que era muchísimo trabajo? No, por supuesto que no. Esto es lo que hice durante todo el verano. Varias veces pensé que me iba a desmayar porque hacía mucho calor. Y entonces, un día, descubrí el árbol. Me hizo tan feliz mirarlo que no me importó haber perdido peso sudando para sacarlo adelante.

Evaluación: Este primer párrafo no logra atraer la atención del lector. El escritor no explica claramente el proceso ni establece la idea principal.

Borrador 2

«Ricardo, tienes que ocuparte de este árbol. Si le ocurre algo, con él se muere el orgullo del 1515 de Clearview Lane.» Mientras el Sr. Santiago me decía estas palabras, el retoño larguirucho y descolorido parecía marchitarse ante mis ojos. Luego descubrí que los vecinos de nuestra calle habían decidido plantar árboles. Por una razón misteriosa, me habían elegido para que me ocupara del que tenía que estar frente a nuestro edificio. Fue un montón de trabajo. Mientras el árbol, al que bauticé «Flaquito», crecía cada vez más alto y grueso, yo perdí unas diez libras. Pero una mañana miré a la calle y allí estaba mi árbol, casi tan alto como mi ventana en el segundo piso. ¿Por qué sé que un árbol merece todo el trabajo duro que exige ocuparse de él? Todo lo que tengo que hacer es mirar el rostro de la gente cuando pasea por nuestra calle y entonces lo sé.

Evaluación: Mejor. El escritor comienza con una cita que atrae la atención y luego continúa el párrafo especificando el tema e incluyendo la idea principal.

Corrección de pruebas

Revisen los ensayos entre compañeros. Presten atención al orden de los pasos y a la claridad de la información.

Publicación

Evalúa los métodos siguientes para publicar o compartir tu artículo informativo:

- Ilustra tu informe con dibujos, diagramas u otros gráficos que se ajusten al tema y luego colócalo en el tablero de la clase.

- Presenta tu ensayo a un concurso de escritura.

Reflexión

Utiliza los estímulos que aparecen al margen para escribir tu reflexión.

Estímulos para la reflexión

- Escoger un tema para esta tarea fue fácil/difícil porque...
- Escribir y revisar este escrito me demostró que soy bueno en... pero necesito trabajar en...
- Durante mi trabajo en esta tarea, descubrí que me gustaría averiguar más sobre...

Taller de oraciones

ORACIONES QUE SUSTITUYEN AL NOMBRE

Observa las siguientes oraciones:

> El folleto indica que se plante al atardecer.
> El urbanista quiere que plantemos árboles distintos.

En cada línea hay una oración principal y una **oración subordinada**. ¿Las ves? Completa las siguientes oraciones con una oración subordinada:

> Los vecinos dicen que...
> Un señor les contó que...

Las oraciones subordinadas que toman el lugar del nombre se llaman **oraciones sustantivas**. La palabra de enlace **que** actúa de **conjunción**. Une el verbo y la oración sustantiva. Las oraciones sustantivas te permiten aportar más información. Observa:

> Un hombre misterioso pidió plantas.
> Un hombre misterioso pidió que se plantaran rosales.

Continúa:

> Óscar nos contó el suceso.
> Rita explicó el asunto.
> La radio transmitió la noticia.

Las oraciones sustantivas también pueden hacer de sujeto. Observa:

> La llegada de la primavera parecía imposible.
> El que llegara la primavera parecía imposible.

Con frecuencia se utilizan oraciones sustantivas como sujeto con expresiones como: **es necesario, importa, conviene, gusta.**

Al revisar tu trabajo:

1. Busca palabras vagas que no describen bien las etapas del proceso. Sustitúyelas con palabras precisas o con oraciones sustantivas.

2. En tus instrucciones, utiliza oraciones sustantivas con expresiones como: no importa que..., no conviene que..., es fundamental que..., no tema que...

Guía del lenguaje

*Ver
Oraciones,
pág. 370.*

Inténtalo tú

Las oraciones sustantivas que hacen de sujeto pueden ponerse después o antes del verbo. Para ponerlas antes del verbo, usa la palabra de enlace «el que».

EJEMPLO:
No me gusta que llegues tarde.
El que llegues tarde no me gusta.

Me sorprendió que no llamaras.
Les extrañó que se fuera sin despedirse.
Nos alegró mucho que fueran a la fiesta.

Pruebas

ANTES DE LEER
El anillo del general Macías

Punto de partida

Hacer lo que se debe

¿En qué consiste una prueba de valor? ¿Y una prueba de fe o una prueba de lealtad? ¿Has sido sometido a alguna prueba de este tipo? Si un(a) amigo(a) te pidiera que lo ayudaras o la ayudaras a hacer trampa en un examen, ¿qué harías? Éste es un caso en el que tus principios de lealtad y honestidad serían puestos a prueba. ¿Qué otras situaciones ponen a prueba los valores y principios morales de una persona?

La literatura que presentamos en esta colección demuestra que, con frecuencia, las circunstancias de la vida someten a prueba a los seres humanos y sus valores. Cuando enfrentamos dilemas que nos obligan a tomar decisiones difíciles, solemos aprender bastante sobre nosotros mismos.

Lluvia de ideas

Haz una lista de valores y principios que te parezcan importantes. Honestidad, diligencia, lealtad a los amigos y respeto a los mayores son unos cuantos ejemplos. Luego, coloca cada principio por orden de importancia. No es fácil decidir si un principio es más importante que otro. Pero

como podrás observar en *El anillo del general Macías,* a veces se producen situaciones que obligan a una persona a establecer prioridades.

Telón de fondo

Literatura e historia

La obra de teatro que vas a leer a continuación tiene lugar durante la Revolución Mexicana. A comienzos de siglo, México era gobernado por un general llamado Porfirio Díaz. Tenía bajo control al ejército y tomó decisiones en contra de la constitución mexicana como ejecutar, encarcelar o deportar a sus enemigos.

En sus esfuerzos por mejorar la economía mexicana por medio de la minería, los yacimientos petrolíferos y la construcción de ferrocarriles, Díaz mantuvo los salarios bajos y aplastó a los sindicatos. Bajo su mandato, los grandes terratenientes se apropiaron de tierras que pertenecían a los pueblos indígenas y explotaron a los campesinos. La mayoría de los mexicanos, que permanecían pobres y oprimidos a pesar de la mejora en la economía del país, se unieron finalmente en oposición al dominio de Díaz bajo el liderazgo de Francisco I. Madero, un terrateniente

liberal. La lucha por derribar al gobierno de Díaz se convirtió en lo que se conoce como la Revolución Mexicana.

Diálogo con el texto

Al leer una obra de teatro te conviertes de repente en director. Comienzas a imaginar el vestuario, a escuchar los diálogos y a contemplar las expresiones y gestos de cada uno de los actores. Cuando leas *El anillo del general Macías,* toma notas sobre cómo montarías cada escena y dirigirías a los actores si fueras el director.

Estrategias para leer

Hacer un resumen

Los resúmenes nos ayudan a recordar los elementos esenciales de una historia. También utilizamos resúmenes, ya sean orales o escritos, para comunicar información de una forma condensada. En la página 240 aprenderás más sobre la técnica de resumir.

El anillo del general Macías

Josefina Niggli

Personajes

Mariana, hermana del general Macías, un general federal
Raquel, esposa del general Macías
Andrés de la O, capitán del Ejército Revolucionario
Cleto, un soldado raso del Ejército Revolucionario
Basilio Flores, capitán del Ejército Federal

Escena LUGAR: Las afueras de la Ciudad de México; HORA: Una noche de abril de 1912, durante la Revolución Mexicana.[1]

El salón de casa del general MACÍAS *está lujosamente amueblado en el dorado y ornamental estilo Luis XVI. En la pared de la derecha hay puertaventanas que dan al patio. A los lados de estas ventanas hay estanterías bajas. En la pared del fondo hay, a la derecha, la puerta de un armario; y en el centro, una mesa donde están colocadas una garrafa[2] de vino y copas. La pared de la derecha tiene una puerta hacia el fondo del escenario y al frente del escenario hay un escritorio con una silla recta. Cerca del escritorio hay una butaca. Al frente del escenario, a la derecha, hay un sofá pequeño, con una mesa que sostiene una lámpara al fondo. En las paredes hay cuadros. El salón tiene un aspecto* abarrotado *y revela poco uso. Cuando se abre el telón, el escenario está oscuro excepto por la luz de la luna que entra por las puertaventanas. Entonces se abre la puerta de la casa y una joven en bata entra furtivamente. Lleva en la mano una vela encendida. Por un momento permanece cerca*

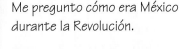

Me pregunto cómo era México durante la Revolución.

La gente que vive aquí está bien económicamente.

«Un aspecto abarrotado y revela poco uso». Creo que sé lo que Niggli quiere decir con esta descripción.

---

1. **Revolución Mexicana:** La Revolución comenzó en el año 1910 y culminó en 1920 con el principio de una república constitucional.
2. *garrafa:* vasija con un cuello largo y estrecho para servir bebidas.

ADUÉÑATE DE ESTAS PALABRAS

abarrotado, -da *adj.:* lleno de muchas cosas.

---

de la puerta, escuchando el ruido de un posible perseguidor, y luego avanza rápidamente hacia la estantería de la derecha, al frente. Coloca la vela encima de la estantería y luego comienza a buscar entre los libros. Finalmente encuentra lo que está buscando: una botellita. Mientras está buscando, se abre la puerta de la casa silenciosamente y entra una mujer, también en bata. (Estas batas siguen la última moda parisiense.) La mujer avanza en silencio a través de la habitación hacia la mesa cercana al sofá, y cuando la joven se da la vuelta con la botella, la mujer enciende la luz. La chica da un pequeño grito y retrocede, asustada. La luz revela que es bastante joven —no más de veinte años— una criatura tímida, frágil como una paloma. La mujer tiene un aire regio,[3] e independientemente de si es bella o no, la gente piensa que lo es. Tiene unos treinta y dos años.*

Mariana *(trata de esconder la botellita detrás de ella).* ¡Raquel! ¿Qué haces aquí?

Raquel. ¿Qué tienes escondido tras los libros, Mariana?

Mariana *(intenta una risa forzada).* ¿Yo? Nada. ¿Por qué piensas que tengo algo?

Raquel *(avanza un paso hacia ella).* Dámelo.

Mariana *(retrocede).* No. No lo haré.

Raquel *(alarga su mano).* Te pido que me lo des.

Mariana. Tú no tienes derecho a darme órdenes. Soy una mujer casada. Yo...Yo... *(Comienza a sollozar y se arroja al sofá.)*

Raquel *(más amablemente).* No deberías estar levantada. El médico te dijo que te quedaras en la cama. *(Se inclina sobre* MARIANA *y suavemente le quita la botellita de la mano.)* Era veneno. Lo sabía.

Mariana *(asustada).* No se lo dirás al cura, ¿verdad?

Raquel. El suicidio es un pecado, Mariana. Un pecado contra Dios.

3. *regio:* magnífico, con actitud de rey o reina.

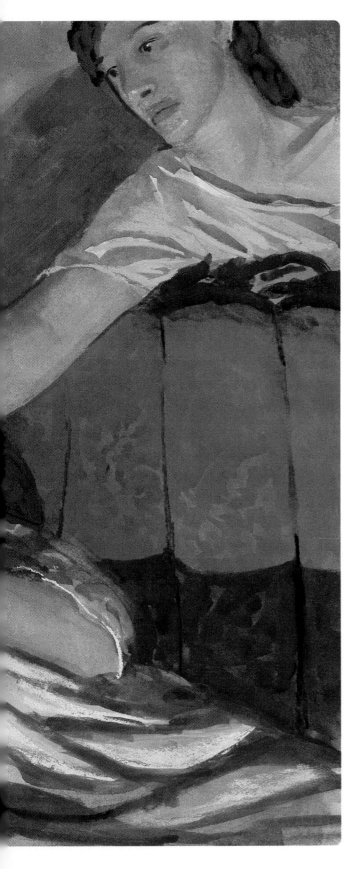

Mariana. Lo sé. Yo... (*Agarra la mano de* RAQUEL.) Oh, Raquel, ¿por qué tenemos que tener guerras? ¿Por qué los hombres tienen que ir a la guerra y morir?

Raquel. Los hombres tienen que pelear por lo que creen que está bien. Es algo muy honroso morir como soldado por tu país.

Mariana. ¿Cómo puedes decir eso mientras Domingo está por ahí luchando también? ¿Y luchando contra quién? Contra hombres que ni siquiera son hombres. Campesinos, esclavos de los ranchos. Hombres a quienes no les deberían permitir luchar.

Raquel. Los campesinos son hombres, Mariana. No son animales.

Mariana. Hombres. Siempre los hombres. ¿Y qué pasa con las mujeres? ¿Qué ocurre con nosotras?

Raquel. Podemos rezar.

Mariana (*con amargura*). Sí, podemos rezar. Y entonces llega la noticia terrible, y rezar no sirve ya de nada. El motivo de nuestros rezos está muerto. ¿Por qué tengo que seguir viviendo si Tomás está muerto?

Raquel. El vivir es una obligación.

Mariana. ¿Cómo puedes ser tan fría, tan dura? Eres una mujer dura y fría, Raquel. Mi hermano te adora. No ha vuelto a mirar a ninguna mujer desde el primer día en que te vio. ¿Acaso sabe cuán fría y dura eres?

Raquel. Domingo es — mi reverenciado marido.

Mariana. Llevas diez años casada. Y yo he estado casada por tres meses. Si matan a Domingo, no será lo mismo para ti. Has tenido diez años. (*Llora terriblemente.*) Yo no he tenido nada... nada en absoluto.

Raquel. Tuviste tres meses, tres meses de risas. Y ahora tienes lágrimas. Qué suerte la tuya. Tienes lágrimas. Tal vez cinco meses de lágrimas. Nada más. Solamente tienes veinte años. Y en cinco meses Tomás se convertirá en un hermoso recuerdo.

Mariana. Recordaré a Tomás toda mi vida.

Raquel. Por supuesto, pero estará distante y muy lejos. Pero tú eres joven... y los jóvenes necesitan reír. Los jóvenes no pueden vivir llorando. Y un día en París, o Roma, o incluso en la Ciudad de México, conocerás a otro hombre. Te casarás de nuevo y en tu casa habrá hijos. Qué suerte tienes.

Mariana. Nunca me volveré a casar.

Raquel. Solamente tienes veinte años. Pensarás de una manera diferente cuando tengas veintiocho, o veintinueve, o treinta.

Mariana. ¿Qué harás tú si matan a Domingo?

Raquel. Estaré muy orgullosa de que haya muerto con coraje... con toda la grandeza de un héroe.

Mariana. Pero no llorarías, ¿verdad? ¡No tú! No creo que tengas ninguna lágrima.

Raquel. No, no lloraría. Me sentaría en esta casa vacía y esperaría.

Mariana. ¿Esperarías a qué?

Raquel. Al cascabeleo[4] de sus espuelas mientras camina por el corredor enlosado. Al sonido de su risa en el patio. Al eco de su voz cuando grita al mozo de cuadra que guarde su caballo. Al tacto de su mano...

Mariana (grita). ¡Para!

Raquel. Lo siento.

Mariana. Tú le amas, ¿verdad?

Raquel. No creo que ni siquiera él sepa cuánto.

Mariana. Pensaba que después de diez años la gente dejaba de amarse. Pero tú y Domingo, vaya. Eres lo único en lo que él piensa. Cuando no está a tu lado no hace más que hablar de ti. Una vez le escuché decir que cuando tú estabas fuera de su vista era como un hombre sin ojos ni oídos ni manos.

Raquel. Lo sé. Yo también conozco esa sensación.

Mariana. Entonces, ¿cómo pudiste dejar que se marchara a la guerra? Tal vez para morir. ¿Cómo pudiste?

Raquel (abruptamente). Mariana, tú eres de la familia de los Macías. Tu familia es una familia de grandes guerreros. Un Macías estaba con Fernando cuando los moros fueron expulsados de España. Un Macías estaba con Cortés cuando los aztecas se rindieron.[5] Tu abuelo luchó en la guerra de la independencia. Tu propio padre fue ejecutado a menos de 30 kilómetros de esta casa por los franceses. ¿Debe su hijo ser menos valiente porque ama a una mujer?

Mariana. Pero Domingo te amaba lo bastante como para olvidar todo aquello. Si se lo hubieras pedido, no se habría marchado a la guerra. Se habría quedado aquí contigo.

Raquel. No, no se habría quedado. Tu hermano es un hombre de honor, no un cobarde quejica y rastrero.[6]

Mariana (comienza a llorar otra vez). Yo le rogué a Tomás que no fuera. Se lo rogué.

Raquel. ¿Le habrías amado si se hubiese quedado?

Mariana. No lo sé. No lo sé.

Raquel. Esa es tu respuesta. Lo habrías despreciado. Lo habrías amado y despreciado. Ahora ven, Mariana, es hora de que te vayas a la cama.

Mariana. No se lo dirás al cura, lo del veneno, quiero decir.

Raquel. No, no se lo diré.

Mariana. Gracias, Raquel. Qué buena eres. Qué amable y buena.

Raquel. Hace un momento era dura y cruel. Qué niña eres. Ahora vete a la cama.

Mariana. ¿Tú no vienes también arriba?

Raquel. No... no he estado durmiendo muy bien últimamente. Creo que voy a leer un rato.

Mariana. Buenas noches, Raquel. Y gracias.

Raquel. Buenas noches, pequeña.

[MARIANA *sale por la puerta de la casa a la izquierda, llevándose la vela.* RAQUEL *mira la botella de veneno que tiene en la mano, y luego la guarda en uno de los pequeños cajones del escritorio. Después escoge un libro de la estantería situada al frente del escenario,*

---

4. **cascabeleo:** ruido leve y repetido como el que hace un cascabel.

5. **Un Macías...cuando los aztecas se rindieron:** Los moros fueron expulsados de España a finales del siglo XV por órdenes del rey Fernando de Aragón. México se transformó en colonia española cuando Hernán Cortés venció a los aztecas en 1521.

6. **quejica y rastrero:** despreciable, desdichado.

y se sienta en el sofá a leerlo, pero siente frío, se levanta y avanza hacia el armario, al fondo a la derecha, y saca de allí una manta. De vuelta al sofá, se pone cómoda con la manta sobre las rodillas. De pronto, oye un ruido en el patio. Escucha y luego, cuando se convence de que no es nada, vuelve a la lectura. Pero escucha otra vez el ruido. Avanza hacia la puerta del patio y se asoma.]

Raquel *(llama en voz baja).* ¿Quién está ahí? ¿Quién está ahí fuera? ¡Oh! *(Jadea y regresa a la habitación. Dos hombres —o más bien un hombre y un muchacho— vestidos con la ropa de algodón blanca que usan los campesinos mexicanos, con los sombreros caídos sobre sus caras, entran en la habitación.* RAQUEL *se levanta majestuosamente.*

Su voz es fría y autoritaria.) ¿Quiénes son y qué es lo que quieren aquí?

Andrés. Estamos buscando a la esposa del general Macías.

Raquel. Yo soy Raquel Rivera de Macías.

Andrés. Cleto, haz guardia en el patio. Si escuchas algún ruido sospechoso, me lo adviertes enseguida.

Cleto. Sí, mi capitán. *(El muchacho regresa al patio.)*

[El hombre, con los pulgares sujetos al cinturón, avanza por la habitación, mirando a todas partes. Cuando llega a la mesa que hay al fondo, ve la garrafa de vino. Con una

---

ADUÉÑATE DE ESTAS PALABRAS

jadea, de **jadear** v.: respirar con dificultad.

pequeña inclinación hacia RAQUEL *se sirve un vaso de vino y lo vacía. Se limpia la boca con el dorso de la mano.*]

Raquel. Qué interesante.

Andrés *(soprendido)*. ¿Qué?

Raquel. Poder beber vino con ese sombrero puesto.

Andrés. ¿El sombrero? Oh, perdóneme, señora. *(Golpea el ala del sombrero con los dedos para que caiga hacia atrás y cuelgue del cordón a su espalda.)* En el campamento militar uno se olvida de los buenos modales. ¿Le importaría acompañarme a tomar un trago?

Raquel *(sentada en el sofá).* ¿Por qué no? Es mi vino.

Andrés. Y un vino excelente. *(Sirve dos vasos y se lo ofrece a ella mientras habla.)* Diría que es un amontillado de la cosecha del 87.

Raquel. ¿Aprendió eso en un campamento militar?

Andrés. Solía vender vino... entre otras cosas.

Raquel *(tratando de tapar un bostezo ostentosamente).* Estoy desolada.

Andrés *(se sienta en el sillón y se pone cómodo).* No le importa, ¿verdad?

Raquel. ¿Significaría algo si me importara?

Andrés. No. Los federales están buscándonos en las calles y tenemos que quedarnos en algún lugar. Pero las mujeres de su clase parecen esperar siempre ese tipo de pregunta sin sentido.

Raquel. Por supuesto, podría hasta gritar.

Andrés. Naturalmente.

Raquel. Mi cuñada está en el piso de arriba dormida. Y en la parte trasera de la casa hay varios criados, la mayoría hombres. Hombres muy grandes.

Andrés. Muy interesante. *(Bebe el vino a sorbos con gran placer.)*

Raquel. ¿Qué haría usted si me pusiera a gritar?

Andrés *(analizando la pregunta como si fuera otro vaso de vino).* Nada.

Raquel. Me temo que usted me está mintiendo.

Andrés. Las mujeres de su clase parecen esperar pequeñas mentiras educadas.

Raquel. Deje de llamarme «mujer de su clase».

Andrés. Perdóneme.

Raquel. Usted es uno de los campesinos en lucha, ¿no es cierto?

Andrés. Soy un capitán del Ejército Revolucionario.

Raquel. Esta casa es totalmente leal al gobierno Federal.

Andrés. Lo sé. Por eso estoy aquí.

Raquel. Y ahora que usted está aquí, ¿qué espera que yo haga?

Andrés. Espero que nos ofrezca refugio a Cleto y a mí.

Raquel. ¿Cleto? *(Lanza una mirada hacia el patio y añade con sarcasmo.)* Oh, su ejército.

Cleto *(aparece en el vano de la puerta).* Lo siento, mi capitán. Acabo de escuchar un ruido. *(*RAQUEL *se levanta y* ANDRÉS *avanza con rapidez hacia ella y con sus manos le coge los brazos por la espalda.* CLETO *se da la vuelta y se asoma al patio. Entonces el muchacho se calma.)* Todavía estamos a salvo, mi capitán. Era sólo un conejo. *(Regresa al patio.* RAQUEL *se zafa de* ANDRÉS *y se dirige al escritorio.)*

Raquel. Vaya un ejército tan magnífico que usted tiene. Tan inteligente. Estoy segura de que debe obtener muchas victorias.

Andrés. Ciertamente. Y ganaremos la mayor victoria, recuérdelo.

Raquel. La farsa ha durado demasiado. ¿Me haría el favor de recoger su ejército y saltar el muro del patio con él?

Andrés. Ya le dije que hemos venido aquí para que usted nos pueda dar refugio.

Raquel. Mi querido capitán —capitán sin nombre...

- -

ADUÉÑATE DE ESTAS PALABRAS

dorso *m.*: revés o espalda de una cosa.

ostentosamente *adv.*: con grandeza exterior y visible.

desolada, -do *adj.*: angustiada; muy preocupada.

se zafa, de **zafarse** *v.*: librarse; escaparse.

farsa *f.*: enredo o trama con el propósito de engañar; obra cómica.

- -

Andrés. Andrés de la O, para servirla. *(Hace una inclinación.)*

Raquel *(asombrada).* ¡Andrés de la O!

Andrés. Me siento halagado. Usted ha oído hablar de mí.

Raquel. Naturalmente. Todo el mundo en la ciudad ha oído hablar de usted. Tiene la reputación de ser un hombre galante, especialmente con las mujeres.

Andrés. Veo que los cuentos sobre mí no han perdido nada a la hora de contarlos.

Raquel. No lo puedo decir. No estoy interesada en los chismes sobre soldados como usted.

Andrés. Entonces déjeme darle algo para aumentar su interés. *(De pronto la coge entre sus brazos y la besa. Ella se pone rígida por un momento, y luego permanece completamente inmóvil. Él se separa de ella.)*

Raquel *(la rabia le obliga a murmurar).* Váyase de aquí, ¡ahora mismo!

Andrés *(mirándola con admiración).* Puedo entender por qué Macías la ama. Antes no podía, pero ahora lo entiendo.

Raquel. Márchese de mi casa.

Andrés *(se sienta en el sofá y saca de la camisa una bolsa pequeña de cuero. Vacía el contenido sobre la mano).* Tan cruel conmigo, señora, y yo que tengo un regalo para usted. He aquí una medalla sagrada. Mi madre me dio esta medalla. Murió cuando yo tenía diez años. Era una mendiga callejera. Murió de hambre. Pero yo no estuve allí. Yo estaba en la cárcel. Había sido condenado a cinco años de cárcel por robar cinco naranjas. El juez pensó que era una broma excelente. Un año por cada naranja. Se rió. Soltó una sonora carcajada. *(Pausa.)* Lo asesiné hace dos meses. Lo colgué del poste del teléfono que había frente a su casa. Y me reí. *(Pausa.)* También solté una sonora carcajada. *(Abruptamente,* RAQUEL *le da la espalda.)* La otra noche le conté esta historia a una muchacha y pensó que era muy divertida. Pero, por supuesto, era una muchacha campesina, una muchacha que no sabe leer ni escribir. No

había nacido en una gran casa en Tabasco. No tuvo una institutriz inglesa. No fue a la escuela de monjas en París. No se casó con uno de los jóvenes más ricos de la República. Pero pensó que mi historia era muy divertida. Por supuesto, ella podía entenderla. A su hermano lo habían matado a latigazos porque había huido de la hacienda donde era una mera propiedad. *(Deja de hablar y la mira. Ella no se mueve.)* ¿Todavía está enfadada conmigo? ¿Incluso a pesar de que le he traído un regalo? *(Muestra su mano abierta.)* Un regalo muy bonito de... su marido.

Raquel *(se da la vuelta y lo mira asombrada).* ¡Un regalo! ¿De Domingo?

Andrés. No lo conozco tan íntimamente. Yo lo llamo general Macías.

Raquel *(excitada).* ¿Se encuentra bien? ¿Qué aspecto tiene? *(Horrorizada al entender la situación.)* ¡Está prisionero... es su prisionero!

Andrés. Naturalmente. Por eso es que sé tanto sobre usted. El general Macías menciona a su esposa constantemente.

Raquel. Usted no sabe nada de él. Me está mintiendo.

[CLETO *se asoma a la ventana.*]

Andrés. Le aseguro, señora...

Cleto *(interrumpiendo).* Mi capitán...

Andrés. ¿Qué pasa ahora, Cleto? ¿Otro conejo?

Cleto. No, mi capitán. Hay soldados al final de la calle. Están buscando en todas las casas. Pronto llegarán aquí.

Andrés. No te preocupes. Estamos bastante seguros aquí. Quédate en el patio hasta que te llame.

Cleto. Sí, mi capitán. *(Regresa al patio.)*

Raquel. Usted no está seguro aquí. Cuando esos soldados lleguen le entregaré.

Andrés. Pienso que no.

ADUÉÑATE DE ESTAS PALABRAS
halagado, -da *adj.:* deleitado, satisfecho.

Raquel. No puede escapar. Y ellos no son amables con los prisioneros campesinos. Tienen buenas razones para no serlo.

Andrés. Mire este anillo. *(Muestra su mano abierta, con el anillo en la palma.)*

Raquel. Pues, es un anillo matrimonial.

Andrés. Lea la inscripción que hay dentro. *(Como ella duda, él añade abruptamente.)* ¡Léala!

Raquel *(coge lentamente el anillo. Mientras lee, su voz se convierte en un murmullo).* «D.M. —R.R.— 2 de junio de 1902». ¿De dónde lo sacó?

Andrés. El general Macías me lo dio.

Raquel *(firme y claramente).* No este anillo. Nunca le hubiese dado este anillo. *(Con un asomo de horror.)* Está muerto. Se lo robó de su dedo muerto. Está muerto.

Andrés. Todavía no. Pero morirá si yo no regreso mañana sano y salvo al campamento cuando se ponga el sol.

Raquel. No le creo. No le creo. Usted me está mintiendo.

Andrés. Esta casa es famosa por su lealtad al gobierno Federal. Usted me va a esconder hasta que los soldados hayan salido de este distrito. Cuando esté lo suficientemente seguro, Cleto y yo nos marcharemos. Pero si usted me traiciona, su marido será fusilado mañana por la tarde a la puesta del sol. ¿Entiende? *(Sacude el brazo de* RAQUEL. *Ella le mira* aturdida. CLETO *se asoma a la ventana.)*

Cleto. Los soldados se acercan, mi capitán. Están en la casa de al lado.

Andrés *(a* RAQUEL*).* ¿Dónde debemos escondernos? *(*RAQUEL *está aún aturdida.* ANDRÉS *le da otra pequeña sacudida.)* ¡Piense, mujer! Si usted ama algo a su marido, ¡piense!

Raquel. No lo sé. Mariana está arriba, los criados en el resto de la casa, no lo sé.

Andrés. El general se ha jactado de usted con nosotros. Dice que usted es más valiente que muchos hombres. Dice que es muy inteligente. Este es el momento de ser valiente e inteligente.

Cleto *(señalando el armario).* ¿Adónde da esa puerta?

Raquel. Es un armario... una alacena.

Andrés. Nos esconderemos ahí.

Raquel. Es muy pequeño. No es lo suficientemente grande para los dos.

Andrés. Cleto, escóndete tú allí.

Cleto. Pero, mi capitán...

Andrés. ¡Es una orden! Escóndete.

Cleto. Sí, señor. *(Entra dentro del armario.)*

Andrés. Y ahora, señora, ¿dónde me va a esconder a mí?

Raquel. ¿Cómo convenció a mi marido de que le diera su anillo?

Andrés. Esa es una historia muy larga, señora, para la que no tenemos tiempo ahora mismo. *(Coloca de nuevo el anillo y la medalla en la bolsa y la mete dentro de su camisa.)* Más tarde estaré encantado de darle todos los detalles. Pero en estos momentos lo único necesario es que usted recuerde que su vida depende de la mía.

Raquel. Sí, sí, por supuesto. *(Pierde su expresión de aturdimiento y parece ponerse cada vez más señorial[7] a medida que se hace cargo de la situación.)* Déme su sombrero. (AN-DRÉS *se encoge de hombros y se lo pasa. Ella lo lleva al armario y se lo entrega a* CLETO.) Hay un batín colgado ahí dentro. Démelo. (CLETO *le entrega un batín de terciopelo, que ella ofrece a* ANDRÉS.) Póngaselo.

Andrés *(se lo pone y se mira los pies).* Una pena que mis zapatos no sean unas confortables pantuflas.

Raquel. Siéntese en esa silla. *(Señala la butaca.)*

Andrés. Mi querida señora...

Raquel. Si he de salvarle la vida, permítame que lo haga a mi manera. Siéntese. (ANDRÉS *se sienta. Ella recoge la manta del sofá y la coloca sobre las piernas y los pies de* ANDRÉS,

---

7. *ponerse cada vez más señorial:* asumir dignidad.

- -

- -

doblándola cuidadosamente para cubrir su cuerpo hasta la cintura.) Si alguien le habla, no responda. No gire la cabeza. Para usted no hay nadie en esta habitación, ni siquiera yo. Simplemente mire hacia adelante y...

Andrés (*cuando ella se detiene*). ¿Y qué?

Raquel. Iba a decir «y rece», pero ya que usted es miembro del Ejército Revolucionario, supongo que no cree en Dios ni en la oración.

Andrés. Mi madre me dejó una medalla sagrada.

Raquel. Oh, sí, ya recuerdo, una historia muy entretenida. (*Llega un sonido de voces de hombres en el patio.*) Los soldados federales ya están aquí. Si usted puede rezar, pídale a Dios que Mariana se quede arriba. Es muy joven y

muy estúpida. Le traicionará antes de que yo pueda callarle la boca.

Andrés. Yo...

Raquel. ¡Silencio! Mire hacia adelante y rece. (*Avanza hacia la puertaventana y habla en voz alta con los soldados.*) ¡Realmente! ¿Qué significa todo este ruido?

Flores (*fuera de escena*). No se alarme, señora. (*Llega a la habitación. Viste el uniforme de soldado federal.*) Soy el capitán Basilio Flores, para servirle, señora.

Raquel. ¿Qué quiere usted hacer, invadiendo mi casa y haciendo tanto ruido a estas horas de la noche?

Flores. Estamos buscando a dos espías. Uno de

ellos es el famoso Andrés de la O. Usted a lo mejor ha oído hablar de él, señora.

Raquel (*mirando a* ANDRÉS). Considerando lo que le hizo a mi primo... sí, he escuchado hablar de él.

Flores. ¿Su primo, señora?

Raquel (*avanza hacia* ANDRÉS *y le coloca la mano en el hombro. Él mira inmóvil hacia adelante*). Felipe fue su prisionero antes de que el pobre muchacho consiguiera escapar.

Flores. ¿Es posible? (*Avanza hacia* ANDRÉS.) Capitán Basilio Flores, a su servicio. (*Saluda.*)

Raquel. Felipe no le puede oír. Ni siquiera sabe que usted se encuentra en la habitación.

Flores. Eh, es algo triste.

Raquel. ¿Tienen que hacer tanto ruido sus hombres?

Flores. La búsqueda debe continuar, señora. Y ahora, si algunos de mis hombres pueden registrar el resto de la casa...

Raquel. ¿Por qué?

Flores. Pero ya se lo dije, señora. Estamos buscando a dos espías...

Raquel (*hablando rápido a causa de su nerviosismo controlado*). ¿Y piensa usted que yo los tengo escondidos en alguna parte, yo, la esposa del general Macías?

Flores. ¡El general Macías! No sabía...

Raquel. Ahora que lo sabe, le sugiero que saque a sus hombres y a su ruido de inmediato.

Flores. Lo siento, señora, pero todavía tengo que registrar la casa.

Raquel. Le puedo asegurar, capitán, que he estado sentada aquí toda la tarde, y ningún espía campesino ha pasado delante de mí ni ha entrado al resto de la casa.

Flores. Varias habitaciones dan al patio, señora. No necesitan haber pasado por aquí.

Raquel. Entonces... usted piensa que yo escondo espías en esta casa. Entonces regístrela de todas formas. Mire debajo del sofá... bajo la mesa. En los cajones del escritorio. Y no deje de mirar ese armario, capitán. Dentro de ese armario está escondido un feroz y malvado espía.

Flores. Por favor, señora...

Raquel (*avanza hacia la puerta del armario*). ¿O usted prefiere que yo la abra por usted?

Flores. Sólo estoy cumpliendo con mi obligación, señora, y usted me lo está haciendo muy difícil.

Raquel (*calmándose y apoyándose contra la puerta del armario*). Lo siento. Mi cuñada está arriba. Acaba de recibir la noticia de que su marido ha muerto. Se casaron hace tres meses. Solamente tiene veinte años. No quería...

Mariana (*llamando fuera de escena*). Raquel, ¿qué es todo ese ruido abajo?

Raquel (*va hacia la puerta de la casa y grita*). No es nada. Regresa a la cama.

Mariana. Pero escucho voces de hombres en el patio.

Raquel. Son solamente soldados federales que buscan a dos espías campesinos. (*Se da la vuelta y habla rápidamente a* FLORES.) Si baja aquí, no debería ver a mi primo. Felipe escapó, pero su marido fue asesinado. El doctor dice que el ver a mi pobre primo podría trastornarle. ¿Entiende?

Flores. Ciertamente, señora. Qué cosa más triste.

Mariana (*todavía fuera de escena*). ¡Raquel, tengo miedo! (*Trata de entrar en la habitación empujando a* RAQUEL. *Ésta y* FLORES *se colocan entre ella y* ANDRÉS.) ¡Espías! En esta casa. ¡Oh, Raquel!

Raquel. El doctor se enfadará muchísimo si no regresas de inmediato a la cama.

Mariana. Pero estos hombres terribles nos matarán. ¿Qué es lo que ocurre con ustedes dos? ¿Por qué están colocados ahí de esa manera? (*Trata de mirar por encima de ellos, pero los dos se mueven para que no pueda ver a* ANDRÉS.)

Flores. Será mejor que usted regrese a su habitación, señora.

Mariana. ¿Por qué? Arriba estoy sola. Estos hombres terribles me matarán. Sé que me matarán.

Flores. No tema, señora. No hay espías en esta casa.

Mariana. ¿Está usted seguro?

Raquel. Lo que el capitán Flores quiere decir es que ningún espía se atrevería a buscar refugio en la casa del general Macías. ¿No es cierto, capitán?

Flores *(riendo)*. Por supuesto. Todo el mundo conoce al valiente general Macías.

Raquel. Ahora, vuelve a la cama, Mariana. Por favor, hazlo por mí.

Mariana. Ustedes dos están actuando de forma muy extraña. Pienso que tienen algo escondido en esta habitación que no quieren que yo vea.

Raquel *(abruptamente)*. Tienes toda la razón. El capitán Flores ha capturado a uno de los espías. Está sentado en la silla detrás de mí. Está muerto. ¡Ahora vuelve arriba, por favor!

Mariana *(emite un sollozo ahogado)*. ¡Oh! Que una cosa tan terrible pueda ocurrir en esta casa. *(Sale de la habitación, todavía sollozando.)*

Flores *(preocupado)*. ¿Fue <u>atinado</u> contarle una historia así, señora?

Raquel *(tensa, con un alivio reprimido)*. Mejor que la verdad. Buenas noches, capitán, y muchas gracias.

Flores. Buenas noches, señora. Y no se preocupe. Esos espías no la molestarán. Si estuvieran en algún lugar de este distrito, mis hombres los habrían encontrado.

Raquel. Estoy segura de ello.

[*El capitán la saluda, mira hacia* ANDRÉS *y lo saluda, luego sale al patio. Se le puede escuchar llamando a sus hombres. Ni* ANDRÉS *ni* RAQUEL *se mueven hasta que las voces se apagan en la lejanía. Luego* RAQUEL *se tambalea y casi se cae, pero* ANDRÉS *la agarra a tiempo.*]

Andrés *(llamando suavemente)*. Se han marchado, Cleto. *(*ANDRÉS *lleva a* RAQUEL *al sofá mientras* CLETO *sale del armario.)* Tráeme un vaso de vino. Rápido.

Cleto *(mientras alcanza el vino)*. ¿Qué pasó?

Andrés. No es nada. Sólo un desmayo. *(Coloca el vino en sus labios.)*

Cleto. Ésta es una gran dama. Cuando quiso abrir la puerta del armario, mis rodillas estaban temblando, se lo puedo decir.

Andrés. Mis propios huesos estaban tocando una hermosa canción.

Cleto. ¿Por qué cree usted que se casó con Macías?

Andrés. El amor es algo especial, Cleto.

Cleto. No lo entiendo.

Raquel *(emite un quejido y se sienta)*. ¿Se han... se han marchado?

Andrés. Sí, se han marchado. *(Besa su mano.)* No he conocido una mujer más valiente.

Raquel *(alejando su mano)*. ¿Quiere marcharse ahora, por favor?

Andrés. Tendremos que esperar hasta que se marchen del distrito, pero si usted quiere escribir una carta a su marido mientras esperamos...

Raquel *(sorprendida ante su amabilidad)*. ¿Se la llevaría? ¿Realmente se la llevaría?

Andrés. Por supuesto.

Raquel. Gracias. *(Va hacia el escritorio y se sienta.)*

Andrés *(se dirige a* CLETO, *que ha estado mirando a* RAQUEL *fijamente todo ese tiempo)*. Tú quédate aquí con la señora. Yo voy a averiguar si el distrito está <u>despejado</u>.

Cleto *(mirando aún a* RAQUEL*)*. Sí, mi capitán.

[ANDRÉS *se marcha por las puertaventanas.* CLETO *sigue mirando a* RAQUEL *mientras ella comienza a escribir. Después de un rato, se da la vuelta hacia él.*]

Raquel *(irritada)*. ¿Por qué no dejas de mirarme?

Cleto. ¿Por qué se casó usted con un hombre como ése, señora?

Raquel. Eres muy impertinente.

Cleto *(tímidamente)*. Lo siento, señora.

Raquel *(después de una breve pausa)*. ¿Qué quieres decir con «un hombre como ése»?

Cleto. Bueno, usted es muy valiente, señora.

Raquel *(gentilmente)*. ¿Y tú no crees que el general es muy valiente?

ADUÉÑATE DE ESTAS PALABRAS

atinado, -da *adj.*: acertado, apropiado; de buen juicio.

despejado, -da *adj.*: libre de estorbos, sin peligro.

Cleto. No, señora. No mucho.

Raquel *(mirándolo con asombro).* ¿Qué es lo que estás tratando de decirme?

Cleto. Nada, señora. No es asunto mío.

Raquel. Ven aquí. *(Él se acerca a ella lentamente.)* Dime lo que piensas.

Cleto. No sé, señora. No lo entiendo. El capitán dice que el amor es algo especial, pero yo no lo entiendo.

Raquel. Cleto, ¿el general le dio voluntariamente el anillo a tu capitán?

Cleto. Sí, señora.

Raquel. ¿Por qué?

Cleto. El general quería salvar su vida. Dijo que la amaba a usted y que quería salvarse la vida.

Raquel. ¿Y de qué manera se habría salvado la vida el general dando ese anillo a tu capitán?

Cleto. El general debía ser fusilado mañana al atardecer. Pero ha hablado mucho sobre usted, y cuando mi capitán supo que teníamos que venir a la ciudad, pensó que quizás podíamos refugiarnos aquí si los federales se enteraban de nuestra presencia. Entonces fue a ver al general y le dijo que si arreglaba eso y nosotros podíamos estar a salvo aquí, mi capitán le salvaría del pelotón de fusilamiento.

Raquel. Este viaje de ustedes a la ciudad, ¿era muy importante... para la causa de ustedes, me refiero?

Cleto. Claro que sí, señora. El capitán consiguió mucha información. Esto significa que ganaremos la próxima gran batalla. Mi capitán es un hombre muy inteligente, señora.

Raquel. ¿Sabía el general toda esta información cuando le dio el anillo a tu capitán?

Cleto. No veo cómo podría dejar de saberlo, señora. Nos escuchó hablar bastante sobre ello.

Raquel. ¿Quién sabe sobre este trato para salvar la vida del general además de ti y tu capitán?

Cleto. Nadie, señora. El capitán no es de los que hablan y yo no he tenido tiempo aún.

Raquel *(mientras el muchacho habla, ella parece haber perdido completamente la vitalidad).* ¿Cuántos años tienes, Cleto?

Cleto. No lo sé, señora. Creo que tengo veinte, pero no lo sé.

Raquel *(hablando más con ella misma que con él).* Tomás tenía veinte.

Cleto. ¿Quién es Tomás?

Raquel. Estaba casado con mi cuñada. Cleto, ¿tú piensas que mi marido es un cobarde, verdad?

Cleto *(con vergüenza).* Sí, señora.

Raquel. ¿Tú no crees que ninguna mujer lo vale, verdad? Quiero decir, que vale el precio de una gran batalla.

Cleto. No, señora. Pero como dice el capitán, el amor es una cosa muy especial.

Raquel. Si tu capitán amase a una mujer tanto como el general me ama, ¿le habría dado su anillo al enemigo?

Cleto. Ah, pero el capitán es un gran hombre, señora.

Raquel. Y también mi marido es un gran hombre. Es de la familia Macías. Todos en esta familia han sido grandes hombres. Todos ellos, hombres valientes y honorables. Siempre han creído que su honor era más importante que sus vidas. Es una tradición en su familia.

Cleto. Tal vez ninguno de ellos amara a mujer como usted, señora.

Raquel. Qué extraño eres. Yo te salvé de los federales porque quería salvar la vida de mi marido. A mí me llamas valiente y sin embargo a él le llamas cobarde. No hay ninguna diferencia en lo que hemos hecho.

Cleto. Pero usted es una mujer, señora.

Raquel. Entonces, ¿una mujer tiene menos honor que un hombre?

Cleto. No, señora. No sé cómo decirlo. El general es un soldado. Tiene una obligación con su propia causa. Usted es una mujer. Usted tiene una obligación con su marido. Está bien que usted trate de salvarlo. Pero no está bien que él trate de salvarse a sí mismo.

Raquel *(torpemente).* Sí, por supuesto. Está bien que yo deba salvarlo. *(Volviéndose otra vez una mujer práctica.)* Tu capitán se ha marchado hace un buen rato, Cleto. Mejor averigua si se encuentra a salvo.

Cleto. Sí, señora. *(Cuando llega a las puertaventanas, ella le detiene.)*

Raquel. Espera, Cleto. ¿Tienes madre... o una esposa, tal vez?

Cleto. Oh, no señora. No tengo a nadie más que al capitán.

Raquel. Pero el capitán es un soldado. ¿Qué harás si lo matan?

Cleto. Es muy simple, señora. Yo moriré también.

Raquel. Hablas sobre la muerte con tanta calma. ¿No tienes miedo, Cleto?

Cleto. No señora. Es como dice el capitán... morir por lo que uno cree... ésa es la mejor muerte que hay.

Raquel. ¿Y tú crees en la causa revolucionaria?

Cleto. Sí, señora. Yo soy un pobre campesino, es verdad. Pero a pesar de ello tengo el derecho a vivir como un hombre, con mi propio suelo, mi propia familia y mi propio futuro. *(Abruptamente deja de hablar.)* Lo siento, señora. Usted es una gran dama. No comprende estas cosas. Me debo ir y encontrar a mi capitán. *(Sale.)*

Raquel *(descansa la cara contra su mano).* Es tan joven. Pero Tomás no era mayor. Y no tiene miedo. Lo dijo. ¡Oh, Domingo, Domingo!

[*Rápidamente se endereza, alcanza la botella de veneno del cajón del escritorio y la observa detenidamente. Luego avanza hacia la mesa donde está la garrafa y mezcla el vino con el veneno. Vuelve rápidamente al escritorio y está muy ocupada escribiendo cuando regresan* ANDRÉS *y* CLETO.]

Andrés. Tendrá que darse prisa con esa carta. El distrito ya está despejado.

Raquel. Terminaré en un momento. Ustedes pueden si quieren terminar el vino mientras esperan.

Andrés. Gracias, es una idea excelente. *(Se sirve un vaso de vino. Mientras lo levanta hacia los labios ella habla.)*

Raquel. ¿Por qué no le da un poco a... Cleto?

Andrés. Es un vino muy fino para desperdiciarlo en un muchacho.

Raquel. Probablemente nunca volverá a tener otra oportunidad para probar un vino así.

Andrés. Muy bien, sírvete un vaso, Cleto.

Cleto. Gracias. *(Se sirve.)* A su salud, mi capitán.

Raquel *(rápidamente).* Bébetelo fuera, Cleto. Quiero hablar con tu capitán. *(El muchacho mira a* ANDRÉS, *que mueve su cabeza hacia el patio.* CLETO *afirma con la cabeza y se va.)* Quiero dar a mi marido un mensaje. Pero no lo puedo escribir. Tendrá que recordarlo. Pero primero, déme también un vaso de vino.

Andrés *(sirviendo el vino).* Sería más fácil para él si usted lo escribiera.

Raquel. Creo que no. *(Alcanza el vaso.)* Quiero que le diga que hasta esta noche nunca supe cuánto lo amaba.

Andrés. ¿Eso es todo?

Raquel. Sí. ¡Dígame, capitán, usted cree que es posible amar demasiado a una persona?

Andrés. Sí, señora, lo creo.

Raquel. Yo también. Hagamos un brindis, capitán, por el honor. Por el brillante y reluciente honor.

Andrés *(levanta su vaso).* Por el honor.

[*Él vacía su vaso. Ella levanta el suyo casi hasta los labios y después lo baja. Desde el patio llega un grito apagado.*]

Cleto *(llamando apagadamente en un grito que termina en el silencio).* Capitán. Capitán.

[ANDRÉS *se tambalea, tratando de pasarse la mano por el rostro como si quisiera entender algo. Cuando escucha a* CLETO, *trata de avanzar hacia la ventana pero se tambalea y no puede llegar. Agarrándose de la mesa que hay cerca del sofá, la mira acusadoramente. Ella retrocede hacia el sillón.*]

Andrés *(con la voz debilitada por el veneno).* ¿Por qué?

Raquel. Porque lo amo, ¿no lo puede entender?

Andrés. Ganaremos. La revolución ganará. Usted no podrá detenerlo.

Raquel. Sí, ganarán. Ahora lo sé.

Andrés. Esa muchacha… pensó que mi historia era divertida… sobre el ahorcamiento. Pero usted no…

Raquel. Me alegro de que usted lo hubiera colgado. Me alegro.

[ANDRÉS *la mira y trata de sonreír. Consigue sacar la bolsa de su camisa y se la trata de entregar, pero se cae de su mano.*]

Raquel (*corre hacia la puertaventana y grita*). ¡Cleto, Cleto!

[*Momentáneamente oculta su rostro entre las manos, luego regresa hacia donde está* ANDRÉS. *Se arrodilla a su lado y recoge la bolsa de cuero. La abre, saca el anillo y se lo pone en el dedo. Luego ve la medalla. La* recoge y, arrancándose la cadena de la garganta, coloca la medalla en la cadena. Luego camina hacia el sofá y se hunde en él.]

Mariana (*llamando fuera de escena*). ¡Raquel! ¡Raquel! (RAQUEL *apaga la lámpara de un tirón y deja la habitación a oscuras.* MARIANA *abre la puerta de la casa. Lleva una vela a la que hace pantalla con la mano. La luz es muy tenue como para mostrar el cadáver de* ANDRÉS.) ¿Qué haces aquí en la oscuridad? ¿Por qué no vienes a la cama?

Raquel (*haciendo un esfuerzo para hablar*). Voy en un momento.

Mariana. ¿Pero qué estás haciendo, Raquel?

Raquel. Nada. Sólo escucho… escucho el sonido de una casa vacía.

Se cierra el telón.

—Traducción de Carlos Perellón

Conoce a la escritora

Josefina Niggli (1910–1983) nació en Monterrey, México. Durante la Revolución Mexicana (1910), Niggli fue enviada en tren, con sólo la ropa que llevaba puesta y con apenas tres años de edad, a San Antonio, Texas. Su familia pasó los siguientes siete años viajando de un lugar a otro, por lo que se le hizo difícil asistir a la escuela. En 1925 Niggli fue enviada de nuevo a San Antonio. Esta vez ya tenía edad como para matricularse en la escuela superior.

Luego, Niggli se inscribió en el College of the Incarnate Word, donde comenzó a interesarse por la escritura. Las revistas *Ladies' Home Journal* y *Mexican Life* publicaron sus primeras narraciones y poemas. Su primer libro de poesía, *Mexican Silhouettes,* fue publicado de manera particular. En 1931 se graduó de la universidad y estudió arte dramático en San Antonio antes de asistir a la Universidad de Carolina del Norte. Varias de sus obras fueron representadas por el grupo Carolina Players en los años treinta. Cuando se consolidó su reputación, recibió premios y becas para estudiar en Europa, donde también dio clases. Trabajó como docente, principalmente en la Universidad de Western Carolina, donde dio clases hasta su muerte. Además de obras dramáticas y poesía, escribió novelas y ensayos. Su obra más conocida es *Mexican Village* (1945), un libro de narraciones cortas sobre sus experiencias en Hidalgo. Si te gustó *El anillo del general Macías,* también podrás disfrutar *Soldadera,* otra obra que tiene lugar durante la Revolución Mexicana.

With much love to the
Playmates, Josefina Niggli

CREA SIGNIFICADOS

Primeras impresiones

1. A menudo sentimos simpatía por los personajes de las historias que leemos. ¿Con qué personaje de la obra te identificaste más? ¿Por qué?

Interpretaciones del texto

2. Los diálogos, con frecuencia, dicen mucho de la personalidad del que habla. Haz una lista de las oraciones que de alguna manera revelan algo importante del carácter de los personajes.

3. ¿Qué tensiones entre los ricos y los pobres se revelan en la conversación que sostienen Raquel y Andrés?

Repaso del texto

Con un(a) compañero(a), dibuja en un organigrama las acciones principales en orden cronológico.

Organigrama

4. ¿Qué opciones le quedan a Raquel después de que Andrés le dice que su marido será ejecutado si ella no obedece a sus peticiones? ¿Cuáles son las consecuencias de cada acción? Rellena un cuadro como el que aparece a continuación para mostrar cuál es su dilema.

Opciones	Consecuencias
1.	→ 1. → 2. → 3.
2.	→ 1. → 2. → 3.

5. ¿Qué quiere decir Raquel con su frase final: «...escucho el sonido de una casa vacía»?

Preguntas al texto

6. Vuelve a leer las acotaciones escénicas de la obra. ¿Qué cambiarías, añadirías o interpretarías de otra manera si estuvieras dirigiendo la obra?

Conexiones con el texto

7. Considera el dilema de Raquel y la forma en que lo resuelve finalmente. ¿Qué alternativas tenía? Si te hubiera pedido un consejo, ¿qué le habrías sugerido que hiciera?

OPCIONES: Prepara tu portafolio

Cuaderno del escritor

1. Compilación de ideas para un ensayo sobre problemas y soluciones

A continuación aparece una lista de los problemas que confrontan los personajes de *El anillo del general Macías*. ¿Te recuerdan estos problemas los desafíos que alguien que conozcas haya tenido que enfrentar en la vida real? Toma notas en tu CUADERNO DEL ESCRITOR y guárdalas para su uso en el futuro.

- ¿En quién podemos confiar?
- ¿Cuándo, si alguna vez, se justifican la violencia, la crueldad y la mentira?
- En su lucha por la justicia, ¿hasta dónde puede llegar una persona?

¿De verdad podré confiar en que mis amigos me den buenos consejos cuando lo necesite? Ellos entienden lo que es ser adolescente, pero...

Periodismo

2. Explorar puntos de vista opuestos

Imagina que las acciones descritas en la obra se publican en los diarios de México. ¿De qué manera la noticia publicada en un diario partidario del Ejército Federal reflejaría una posición política diferente de la que aparecería en un periódico clandestino que apoya la causa revolucionaria? Escribe un artículo que refleje la posición del diario oficial, así como la interpretación que da Raquel a los sucesos. Luego escribe otro artículo para el diario clandestino pro-revolucionario. Recuerda incluir en cada noticia un titular y declaraciones de cada una de las fuentes.

Escena teatral y representación

3. Tres años después

En grupo, escriban una escena en la que aparece Raquel tres años después. Tal vez quieran hacerse algunas de las siguientes preguntas: ¿Qué sucesos han ocurrido desde la muerte de Andrés? ¿De qué manera ha cambiado la situación política y cómo ha afectado la vida de Raquel? Además de escribir la escena, preparen una representación para el resto de la clase.

Arte y publicidad

4. Creación de un cartel

Imagina que te piden que prepares un cartel publicitario para anunciar una nueva producción de *El anillo del general Macías*. ¿Qué tipo de arte gráfico y de textos pondrías en el cartel? Utiliza como ejemplo los anuncios de obras de teatro y de películas que aparecen en los diarios. Crea un cartel que anime al público a ver la obra.

Estrategias para leer

Los resúmenes nos ayudan a recordar

Los buenos resúmenes tienen detalles importantes, muestran cómo se relaciona cada elemento y a menudo ofrecen información complementaria. Responder a las preguntas del diagrama que aparece a continuación sobre *El anillo del general Macías* te ayudará a decidir qué partes de la obra son importantes.

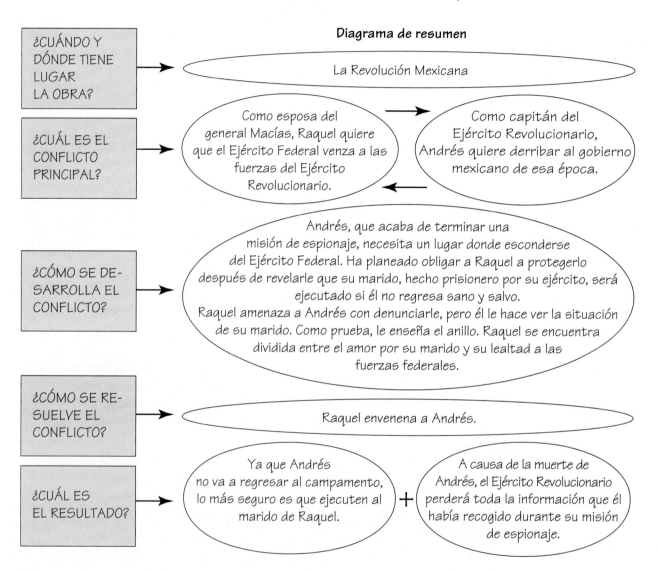

Diagrama de resumen

¿CUÁNDO Y DÓNDE TIENE LUGAR LA OBRA? → La Revolución Mexicana

¿CUÁL ES EL CONFLICTO PRINCIPAL? → Como esposa del general Macías, Raquel quiere que el Ejército Federal venza a las fuerzas del Ejército Revolucionario. → Como capitán del Ejército Revolucionario, Andrés quiere derribar al gobierno mexicano de esa época.

¿CÓMO SE DESARROLLA EL CONFLICTO? → Andrés, que acaba de terminar una misión de espionaje, necesita un lugar donde esconderse del Ejército Federal. Ha planeado obligar a Raquel a protegerlo después de revelarle que su marido, hecho prisionero por su ejército, será ejecutado si él no regresa sano y salvo. Raquel amenaza a Andrés con denunciarle, pero él le hace ver la situación de su marido. Como prueba, le enseña el anillo. Raquel se encuentra dividida entre el amor por su marido y su lealtad a las fuerzas federales.

¿CÓMO SE RESUELVE EL CONFLICTO? → Raquel envenena a Andrés.

¿CUÁL ES EL RESULTADO? → Ya que Andrés no va a regresar al campamento, lo más seguro es que ejecuten al marido de Raquel. + A causa de la muerte de Andrés, el Ejército Revolucionario perderá toda la información que él había recogido durante su misión de espionaje.

Cuando elijas los detalles para un resumen, utiliza un diagrama como el anterior. Hazte preguntas sobre los siguientes aspectos de una obra, una película o un cuento: los objetivos de los personajes, los conflictos, las acciones y las consecuencias de estas acciones. Al escribir tu resumen, no te olvides de eliminar detalles sin importancia; quita oraciones repetitivas e incluye una oración que introduzca el tema principal del párrafo.

El arte de los muralistas

Por una seguridad social completa y para todos los mexicanos de David
Alfaro Siqueiros. Hospital de la Raza, Ciudad de México, México.

Schalkwijk/Art Resource, New York.

David Alfaro Siqueiros
en su taller.

ACTIVIDADES PARA EMPEZAR

Desde los tiempos más remotos, los seres humanos han pintado sobre las paredes y las superficies de los edificios. Las pinturas prehistóricas que se han encontrado en cuevas muestran sobre todo imágenes de cacería de animales. Hoy en día, los muralistas utilizan este tipo de expresión artística para expresar sus puntos de vista políticos y sociales.

¿Has visto algún mural en tu ciudad o tu vecindario? Comenta con tus compañeros algunos de los murales que hayan visto. ¿Cuáles eran los temas que se trataban en estos murales? ¿Qué características en común tenían estas obras? ¿Te han gustado los murales que has visto? Explica por qué te han gustado o por qué no. ¿Qué tema te gustaría ver tratado en un mural?

Los orígenes del movimiento muralista

En México, tanto antes como después de la conquista española en el siglo XVI, había una relación estrecha entre el arte y la religión. Durante la época colonial, las formas y los estilos europeos tuvieron una gran influencia en las artes de toda América Latina.

A partir de 1920 se produjeron grandes cambios en el panorama artístico de la América Hispana. Los cambios que se dieron en México transformaron también la expresión artística hispana en los Estados Unidos, y se debieron sobre todo a tres pintores: Diego Rivera (1886–1957), José Clemente Orozco (1883–1949) y David Alfaro Siqueiros (1896–1973). Estos artistas, a los que se llamó *Los tres grandes,* fueron conocidos con el nombre de **muralistas**, porque pintaron grandes murales en las paredes de edificios públicos.

Probablemente no sea casualidad que los tres pintores que revolucionaron las artes visuales surgieran en tiempos revolucionarios. Rivera, Orozco y Siqueiros comenzaron sus carreras en los años veinte, después de la Revolución Mexicana de 1910 y de una década de desorden civil. Sus primeros encargos importantes vinieron de José Vasconcelos, el que fuera ministro mexicano de Educación entre los años 1921 y 1924. Vasconcelos, un hombre inspirado e idealista que era político y filósofo a la vez, esperaba que los muralistas contribuyeran a la gran renovación del espíritu mexicano. *Los tres grandes* no lo defraudaron.

Los logros de los muralistas

A pesar de ciertas diferencias de estilo y enfoque, *Los tres grandes* compartían ciertas creencias. En primer lugar, eran idealistas con respecto a su arte y la forma que debía tomar. El suyo era un arte *público,* que se centraba en la gente de la nación y se dirigía a ella. No tenían ningún interés en crear un arte que se cubriera de polvo en los museos. José Clemente Orozco creía que la pintura mural era el tipo más poderoso de pintura. Como los murales se pintaban en los espacios públicos, todo el mundo podía disfrutarlos, no sólo aquellos privilegiados que podían ir a los museos.

En segundo lugar, los tres pintores sentían que su juventud coincidía con uno de los momentos cruciales de la historia de México. Rivera,

José Clemente Orozco en su taller.

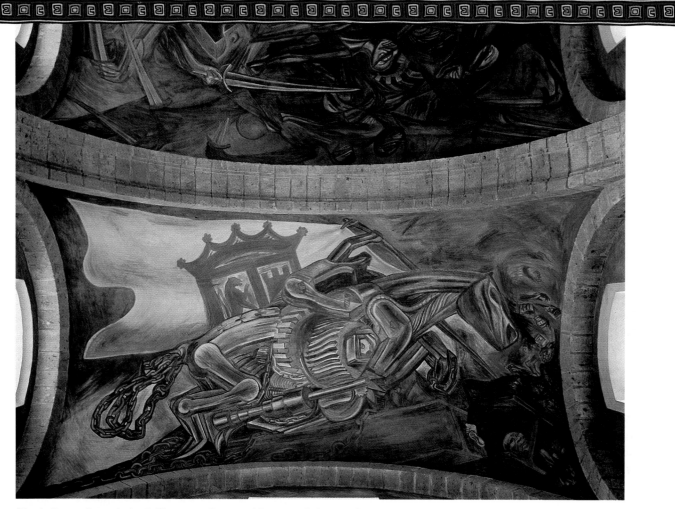

El caballo mecánico de José Clemente Orozco. Hospicio Cabañas, Guadalajara, México.

Schalkwijk/Art Resource, New York.

Orozco y Siqueiros hicieron de la historia su tema principal. Resumieron la experiencia latinoamericana como una combinación única de la tradición indígena nativa y la cultura europea que llegó con los españoles a partir del siglo XVI.

Una de las grandes expresiones de este tema es *La historia de México,* de Diego Rivera, una serie de enormes murales pintados en las paredes del Palacio Nacional de la Ciudad de México. Éste es también el tema de la obra maestra de José Clemente Orozco, *La humanidad, la conquista española y el hombre en su afán de superación,* una serie de murales creados para el Hospicio Cabañas en Guadalajara.

En tercer lugar, intentaban expresar sus ideas políticas en sus gigantescos murales. Los tres creían que el arte debía promover el bien social. Tales principios aparecen, por ejemplo, en el título de uno de los trabajos más originales de David Alfaro Siqueiros, un mural pintado para el Hospital de la Raza en la Ciudad de México: *Por una seguridad social completa y para todos los mexicanos.*

Los tres grandes querían que su arte despertara el orgullo de la gente por la herencia cultural de su país. No es exagerado decir que Rivera, Orozco y Siqueiros trasladaron el museo a la calle. Hicieron que el orgullo por las raíces de la nación se integrara a los espacios públicos.

Diego Rivera en su taller.

El legado de los muralistas

Esta tradición muralista como forma de arte público sobrevive y sigue siendo practicada tanto por pintores aficionados como profesionales, no solamente en México, sino también en los Estados Unidos. Un ejemplo sorprendente es el mural del complejo de viviendas Estrada Courts en el este de Los Ángeles, comenzado en 1973 por Charles Félix. Los jóvenes del vecindario pintaron muchos de los murales que Félix diseñó.

Otro ambicioso mural fue el que se creó en los años setenta en Blue Island, Illinois, un suburbio de Chicago. Titulado *History of the Mexican American Worker,* esta composición de Raymond Patlán, Vicente Mendoza y José Nario contiene una referencia explícita a la filosofía de José Vasconcelos, el político mexicano que respaldó a *Los tres grandes* hace más de medio siglo.

Schalkwijk/Art Resource, New York.

El tianguis (1923–24) de Diego Rivera. Mural (uno de tres paneles) 4.68 x 2.39m. Patio de Fiestas, Nivel 1, Pared norte. Secretaría de Educación Pública, Ciudad de México, México.

Photo: Sherry Felix.

The Sacrifice Wall (Muro de sacrificios) (1973) de Charles "Cat" Félix y Los Niños del Mundo. Estrada Courts Housing Project, Olympic Boulevard and Lorena Street, East Los Angeles.

ACTIVIDADES DE CIERRE

1. Reúne a un pequeño grupo de compañeros. Examinen las pinturas murales que aparecen en las páginas 241–245 y decidan qué mural les gusta más. Luego trabajen juntos para desarrollar una historia breve sobre una de las figuras del mural. Compartan la narración con toda la clase.

2. En un pequeño grupo, planeen una serie de pinturas murales para su propia escuela o vecindario. Primero, escojan un lugar apropiado para las pinturas y luego, comenten los temas. Por ejemplo, pueden concentrarse en un episodio importante o en una serie de incidentes de la historia de la América Latina, o pueden escoger algún aspecto significativo de la cultura o la sociedad local. Finalmente, hagan bocetos de las figuras principales de cada mural. Titulen cada uno de los paneles así como toda la serie.

3. Investiga más a fondo sobre uno de los muralistas mexicanos o méxicoamericanos mencionados en el texto. Comparte tus hallazgos en un informe oral. Otra alternativa sería organizar tu informe como un ensayo fotográfico e ilustrarlo con fotografías del trabajo del artista.

4. ¿Cómo se hace un mural en realidad? ¿Cuáles fueron algunas de las invenciones y técnicas de *Los tres grandes*? (Pista: Siqueiros fue uno de los primeros en usar el vaporizador.) Inicia una misión de investigación con algunos de tus compañeros para ver qué pueden descubrir.

5. El antiguo dios de la mitología tolteca y azteca, Quetzalcóatl y el conquistador español, Hernán Cortés, aparecen con frecuencia en los trabajos de los muralistas mexicanos. Trata de obtener más información que explique por qué los muralistas presentaron estas dos figuras y el significado que tenían para ellos.

Elementos de literatura

DRAMA

Un **drama** es una historia escrita para ser representada por actores y actrices que desempeñan el papel de personajes específicos. Algunos elementos del drama coinciden con los del cuento y la poesía, pero otros son exclusivos de este género literario.

Representación

La palabra «drama» proviene de una palabra griega que significa «acción». Cuando leemos una obra de teatro, debemos imaginar a los personajes que dan vida a la acción en una representación. El texto escrito o guión es solamente el punto de partida.

En una representación dramática hay tres elementos esenciales: actores, público o espectadores, y un espacio específico para la representación. Este espacio para la representación, que no siempre es un escenario, es el sitio que tanto los actores como el público reconocen como el lugar donde se desarrolla la acción de la obra.

Para la mayoría de las obras se prepara una **escenografía**, que representa una habitación, un paisaje u otro lugar donde transcurre la acción. La hora, el lugar y la atmósfera de la acción pueden sugerirse por medio de la **iluminación,** que a menudo cambia sutilmente a lo largo de una escena. Finalmente, en la mayoría de las representaciones dramáticas el **vestuario** y el **maquillaje** contribuyen a que los actores puedan ofrecer una imagen más realista de sus personajes.

Argumento

Las obras de teatro se parecen a los cuentos y a las novelas en que tienen un **argumento,** es decir, presentan una serie de sucesos relacionados. La acción de una obra de teatro puede diagramarse de la siguiente forma:

La **exposición** de una obra de teatro presenta los personajes principales y la situación básica. El elemento más importante de un drama es el **conflicto**, las luchas internas de uno o varios personajes, o las luchas entre ellos. Incluso en una obra de teatro corta como *El anillo del general Macías* pueden desarollarse varios conflictos diferentes, tanto externos como internos. En tu opinión, ¿cuál de estos conflictos es el más importante en la obra de Josefina Niggli?

Igual que en un cuento o una novela, la acción de la obra alcanza un **clímax,** o punto de mayor tensión. ¿Cuál es el clímax en *El anillo del general Macías?*

El **desenlace** de un drama revela su resolución. Esta parte de la obra puede ser muy breve, como en el texto de Niggli.

Diálogo

El **diálogo,** la conversación entre los personajes, es otro elemento importante del

drama. En una obra de teatro, el diálogo sirve para hacer progresar la acción, revelar el carácter de los personajes y establecer el ambiente. El diálogo de una obra no se distingue por ir entre comillas. Aparte de las acotaciones escénicas, una obra consiste completamente de diálogo.

Acotaciones escénicas

La instrucciones que el autor escribe sobre el decorado y la representación se llaman **acotaciones escénicas.** Estas partes del texto de una obra se imprimen normalmente en cursiva. Al comienzo de *El anillo del general Macías,* por ejemplo, las acotaciones escénicas describen la escenografía y ofrecen detalles específicos sobre el vestuario y los movimientos de los dos personajes que participan en la escena inicial, Mariana y Raquel.

Las acotaciones escénicas también son útiles para el director de la obra, que es quien ayuda a los actores a interpretar sus papeles. El director utiliza las acotaciones escénicas del autor para tomar decisiones sobre el momento en que se debe iniciar un diálogo, sobre su ritmo y la forma en que los actores y actrices deben actuar cuando dialogan.

Las acotaciones escénicas también son importantes para el ambiente y la acción de un drama. Por ejemplo, las acotaciones escénicas señalan que el capitán Flores debe saludar a Andrés como si creyera que el oficial es en realidad Felipe, el pobre primo de Raquel. La ironía de esta escena tiene un efecto humorístico. Hacia el final de la obra, las acotaciones escénicas desempeñan un papel esencial al indicar lo que hace Raquel con el veneno.

Utilería

La **utilería** es un conjunto de objetos que se emplea en un escenario teatral. En *El anillo del general Macías,* algunos de estos objetos adquieren un papel importante en la acción; entre otros, la vela de Mariana, la medalla sagrada que la madre de Andrés le había entregado, el anillo de boda, la manta, la carta y la botella de veneno. A veces, un objeto de la utilería es tan importante que se convierte en un **símbolo,** un objeto que tiene un significado propio y a la vez representa algo más allá de sí mismo. En tu opinión, ¿qué parte de la utilería de *El anillo del general Macías* es simbólica? Explica tu punto de vista.

ANTES DE LEER
Cajas de cartón

Punto de partida

El deseo de aprender

La vida de un trabajador migratorio exige un esfuerzo constante. Para el muchacho de «Cajas de cartón», la continua necesidad de su familia de trasladarse en busca de trabajo le impide hacer algo tan simple como ir a la escuela.

Toma notas sobre lo que sabes o imaginas que puede ser la vida de un joven en una familia de trabajadores migratorios del campo. Luego, piensa de qué manera este tipo de trabajo afecta aspectos de su vida como la vivienda, la educación, la salud y los amigos. Con las ideas que se te ocurran sobre estos asuntos, haz una constelación como la que aparece a continuación.

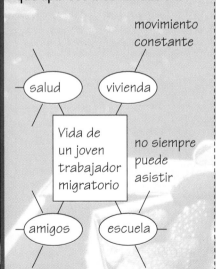

Elementos de literatura

Tema

Cuando hablamos del tema de una historia, no resumimos su argumento. (Ver la página 240 para obtener pistas sobre cómo resumir.) Lo que hacemos es referirnos a la idea central de la historia. Cuando leas «Cajas de cartón» y trates de descubrir su tema, piensa en lo siguiente:

1. Presta atención al título de la historia cuando pienses en el tema.

2. Si el personaje descubre algo sobre sí mismo, este hecho probablemente se relaciona con el tema de la historia.

3. Cuando puedas formular el tema, asegúrate de que guarde relación con los sucesos principales de la historia. Si algo contradice tu noción de la idea general de la historia, comienza de nuevo.

> El **tema** es la idea general o la revelación sobre la experiencia humana que el autor intenta comunicar en su obra.
>
> *Para más información, ver la página 115 y el GLOSARIO DE TÉRMINOS LITERARIOS.*

CAJAS DE CARTÓN

Francisco Jiménez

Era a fines de agosto. Ito, el contratista, ya no sonreía. Era natural. La cosecha de fresas terminaba, y los trabajadores, casi todos braceros, no recogían tantas cajas de fresas como en los meses de junio y julio.

Cada día el número de braceros disminuía. El domingo sólo uno —el mejor pizcador— vino a trabajar. A mí me caía bien. A veces hablábamos durante nuestra media hora de almuerzo. Así es como aprendí que era de Jalisco,[1] de mi tierra natal. Ese domingo fue la última vez que lo vi.

1. Jalisco: estado de México.

Cuando el sol se escondía detrás de las montañas, Ito nos señaló que era hora de ir a casa. «Ya hes horra», gritó en su español mocho.[2] Ésas eran las palabras que yo ansiosamente esperaba doce horas al día, todos los días, siete días a la semana, semana tras semana, y el pensar que no las volvería a oír me entristeció.

Por el camino rumbo a casa, Papá no dijo una palabra. Con las dos manos en el volante miraba fijamente hacia el camino. Roberto, mi hermano mayor, también estaba callado. Echó para atrás la cabeza y cerró los ojos. El polvo que entraba de fuera lo hacía toser repetidamente.

Era a fines de agosto. Al abrir la puerta de nuestra chocita, me detuve. Vi que todo lo que nos pertenecía estaba empacado en cajas de cartón. De repente sentí aún más el peso de las horas, los días, las semanas, los meses de trabajo. Me senté sobre una caja, y se me llenaron los ojos de lágrimas al pensar que teníamos que mudarnos a Fresno.

Esa noche no pude dormir, y un poco antes de las cinco de la madrugada Papá, que a la cuenta tampoco había pegado los ojos en toda la noche, nos levantó. A los pocos minutos los gritos alegres de mis hermanitos, para quienes la mudanza era una gran aventura, rompieron el silencio del amanecer. Los ladridos de los perros pronto los acompañaron.

Mientras empacábamos los trastes del desayuno, Papá salió para encender la «Carcanchita». Ése era el nombre que Papá le puso a su viejo Plymouth negro del año '38. Lo compró en una agencia de carros usados en Santa Rosa en el invierno de 1949. Papá estaba muy orgulloso de su carro. «Mi Carcanchita» lo llamaba cariñosamente. Tenía derecho a sentirse así. Antes de comprarlo, pasó mucho tiempo mirando otros carros. Cuando al fin escogió la «Carcanchita», la examinó palmo a palmo.[3] Escuchó el motor, inclinando la cabeza de lado a lado como un perico, tratando de detectar cualquier ruido que

2. **español mocho:** el español no hablado muy bien.
3. **palmo a palmo:** detenidamente.

pudiera indicar problemas mecánicos. Después de satisfacerse con la apariencia y los sonidos del carro, Papá insistió en saber quién había sido el dueño. Nunca lo supo, pero compró el carro de todas maneras. Papá pensó que el dueño debió haber sido alguien importante porque en el asiento de atrás encontró una corbata azul.

Papá estacionó el carro enfrente a la choza y dejó andando el motor. «Listo», gritó. Sin decir palabra, Roberto y yo comenzamos a acarrear las cajas de cartón al carro. Roberto cargó las dos más grandes, y yo las más chicas. Papá luego cargó el colchón ancho sobre la capota del carro y lo amarró con lazos para que no se volara con el viento en el camino.

Todo estaba empacado menos la olla de Mamá. Era una olla vieja y galvanizada[4] que había comprado en una tienda de segunda en Santa María el año que yo nací. La olla estaba llena de abolladuras y mellas, y mientras más abollada estaba, más le gustaba a Mamá. «Mi olla» la llamaba orgullosamente.

Sujeté abierta la puerta de la chocita mientras Mamá sacó cuidadosamente su olla, agarrándola por las dos asas para no derramar los frijoles cocidos. Cuando llegó al carro, Papá tendió las manos para ayudarle con ella. Roberto abrió la puerta posterior del carro y Papá puso la olla con mucho cuidado en el piso detrás del asiento. Todos subimos a la «Carcanchita». Papá suspiró, se limpió el sudor de la frente con las mangas de la camisa, y dijo con cansancio: «Es todo».

Mientras nos alejábamos, se me hizo un nudo en la garganta. Me volví y miré nuestra chocita por última vez.

Al ponerse el sol llegamos a un campo de trabajo cerca de Fresno. Ya que Papá no hablaba inglés, Mamá le preguntó al capataz si necesitaba más trabajadores. «No necesitamos a nadie», dijo él, rascándose la cabeza. «Pregúntele a Sullivan. Mire, siga este mismo camino

hasta que llegue a una casa grande y blanca con una cerca alrededor. Allí vive él».

Cuando llegamos allí, Mamá se dirigió a la casa. Pasó por la cerca, por entre filas de rosales hasta llegar a la puerta. Tocó el timbre. Las luces del portal se encendieron y un hombre alto y fornido salió. Hablaron brevemente. Cuando el hombre entró en la casa, Mamá se apresuró hacia el carro. «¡Tenemos trabajo! El señor nos permitió quedarnos allí toda la temporada», dijo un poco sofocada de gusto y apuntando hacia un garaje viejo que estaba cerca de los establos.

El garaje estaba gastado por los años. Roídas de comejenes, las paredes apenas sostenían el techo agujereado. No tenía ventanas y el piso de tierra suelta ensabanaba todo de polvo.

Esa noche, a la luz de una lámpara de petróleo, desempacamos las cosas y empezamos a preparar la habitación para vivir. Roberto enérgicamente se puso a barrer el suelo; Papá llenó los agujeros de las paredes con periódicos viejos y con hojas de lata. Mamá les dio de comer a mis hermanitos. Papá y Roberto entonces trajeron el colchón y lo pusieron en una de las esquinas del garaje. «Viejita», dijo Papá, dirigiéndose a Mamá, «tú y los niños duerman en el colchón. Roberto, Panchito y yo dormiremos bajo los árboles».

Muy tempranito por la mañana al día siguiente, el señor Sullivan nos enseñó dónde estaba su cosecha y, después del desayuno, Papá, Roberto y yo nos fuimos a la viña a pizcar.

A eso de las nueve, la temperatura había subido hasta cerca de cien grados. Yo estaba empapado de sudor y mi boca estaba tan seca que parecía como si hubiera estado masticando un pañuelo. Fui al final del surco, cogí la jarra de

4. **galvanizada:** cubierta con una capa de metal.

ADUÉÑATE DE ESTAS PALABRAS

capota f.: techo o parte superior de un automóvil.
mella f.: hueco.
fornido, -da adj.: fuerte, recio.
sofocada, -do adj.: que le falta la respiración.
roídas, de **roer** v.: mordisquear.
comején m.: insectos que comen madera.

agua que habíamos llevado y comencé a beber. «No tomes mucho; te vas a enfermar», me gritó Roberto. No había acabado de advertirme cuando sentí un gran dolor de estómago. Me caí de rodillas y la jarra se me deslizó de las manos.

Solamente podía oír el zumbido de los insectos. Poco a poco me empecé a recuperar. Me eché agua en la cara y el cuello y miré el lodo negro correr por los brazos y caer a la tierra que parecía hervir.

Todavía me sentía mareado a la hora del almuerzo. Eran las dos de la tarde y nos sentamos bajo un árbol grande de nueces que estaba al lado del camino. Papá apuntó el número de cajas que habíamos pizcado. Roberto trazaba diseños en la tierra con un palito. De pronto vi palidecer a Papá que miraba hacia el camino. «Allá viene el camión de la escuela», susurró alarmado. Instintivamente, Roberto y yo corrimos a escondernos entre las viñas. El camión amarillo se paró frente a la casa del señor Sullivan. Dos niños muy limpiecitos y bien vestidos se apearon. Llevaban libros bajo sus brazos. Cruzaron la calle y el camión se alejó. Roberto y yo salimos de nuestro escondite y regresamos a donde estaba Papá. «Tienen que tener cuidado», nos advirtió.

Después del almuerzo volvimos a trabajar. El calor oliente y pesado, el zumbido de los insectos, el sudor y el polvo hicieron que la tarde pareciera una eternidad. Al fin las montañas que rodeaban el valle se tragaron el sol. Una hora después estaba demasiado obscuro para seguir trabajando. Las parras tapaban las uvas y era muy difícil ver los racimos. «Vámonos», dijo Papá señalándonos que era hora de irnos. Entonces tomó un lápiz y comenzó a figurar cuánto habíamos ganado ese primer día. Apuntó números, borró algunos, escribió más. Alzó la cabeza sin decir nada. Sus tristes ojos sumidos estaban humedecidos.

Cuando regresamos del trabajo, nos bañamos afuera con el agua fría bajo una manguera. Luego nos sentamos a la mesa hecha de cajones

de madera y comimos con hambre la sopa de fideos, las papas y tortillas de harina blanca recién hechas. Después de cenar nos acostamos a dormir, listos para empezar a trabajar a la salida del sol.

Al día siguiente, cuando me desperté, me sentía magullado; me dolía todo el cuerpo. Apenas podía mover los brazos y las piernas. Todas las mañanas cuando me levantaba me pasaba lo mismo hasta que mis músculos se acostumbraron a ese trabajo.

Era lunes, la primera semana de noviembre. La temporada de uvas se había terminado y yo ya podía ir a la escuela. Me desperté temprano esa mañana y me quedé acostado mirando las estrellas y saboreando el pensamiento de no ir a trabajar y de empezar el sexto grado por primera vez ese año. Como no podía dormir, decidí levantarme y desayunar con Papá y Roberto. Me senté cabizbajo frente a mi hermano. No quería mirarlo porque sabía que él estaba triste. Él no asistiría a la escuela hoy, ni mañana, ni la próxima semana. No iría hasta que se acabara la temporada de algodón, y eso sería en febrero. Me froté las manos y miré la piel seca y manchada de ácido enrollarse y caer al suelo.

Cuando Papá y Roberto se fueron a trabajar, sentí un gran alivio. Fui a la cima de una pendiente cerca de la choza y contemplé a la «Carcanchita» en su camino hasta que desapareció en una nube de polvo.

Dos horas más tarde, a eso de las ocho, esperaba el camión de la escuela. Por fin llegó. Subí y me senté en un asiento desocupado. Todos los niños se entretenían hablando o gritando.

Estaba nerviosísimo cuando el camión se paró delante de la escuela. Miré por la ventana y vi una muchedumbre de niños. Algunos llevaban libros, otros juguetes. Me bajé del camión,

---

ADUÉÑATE DE ESTAS PALABRAS

muchedumbre *f.*: reunión de muchas personas.

---

metí las manos en los bolsillos, y fui a la oficina del director. Cuando entré oí la voz de una mujer diciéndome: *«May I help you?»* <u>Me sobresalté</u>. Nadie me había hablado inglés desde hacía meses. Por varios segundos me quedé sin poder contestar. Al fin, después de mucho esfuerzo, conseguí decirle en inglés que me quería matricular en el sexto grado. La señora entonces me hizo una serie de preguntas que me parecieron <u>impertinentes</u>. Luego me llevó a la sala de clase.

El señor Lema, el maestro de sexto grado, me saludó cordialmente, me asignó un pupitre, y me presentó a la clase. Estaba tan nervioso y tan asustado en ese momento cuando todos me miraban que deseé estar con Papá y Roberto pizcando algodón. Después de pasar la lista, el señor Lema le dio a la clase la asignatura de la primera hora. «Lo primero que haremos esta mañana, es terminar de leer el cuento que comenzamos ayer», dijo con entusiasmo. Se acercó a mí, me dio su libro y me pidió que leyera. «Estamos en la página 125», me dijo. Cuando lo oí, sentí que toda la sangre se me subía a la cabeza, me sentí mareado. «¿Quisieras leer?», me preguntó en un tono indeciso. Abrí el libro a la página 125. Mi boca estaba seca. Mis ojos se me comenzaron a aguar. El señor Lema entonces le pidió a otro niño que leyera.

Durante el resto de la hora me empecé a enojar más y más conmigo mismo. Debí haber leído, pensaba yo.

Durante el recreo me llevé el libro al baño y lo abrí a la página 125. Empecé a leer en voz baja, pretendiendo que estaba en clase. Había muchas palabras que no sabía. Cerré el libro y volví a la sala de clase.

El señor Lema estaba sentado en su escritorio. Cuando entré me miró sonriéndose. Me sentí mucho mejor. Me acerqué a él y le pregunté si me podía ayudar con las palabras desconocidas. «Con mucho gusto», me contestó.

El resto del mes pasé mis horas del almuerzo

estudiando ese inglés con la ayuda del buen señor Lema.

Un viernes durante la hora del almuerzo, el señor Lema me invitó a que lo acompañara a la sala de música. «¿Te gusta la música?», me preguntó. «Sí, muchísimo», le contesté entusiasmado, «me gustan los corridos mexicanos».[5] El sonido me hizo estremecer. Me encantaba ese sonido. «¿Te gustaría aprender a tocar este instrumento?», me preguntó. Debió haber comprendido la expresión en mi cara porque antes que yo respondiera, añadió: «Te voy a enseñar a tocar esta trompeta durante las horas del almuerzo».

Ese día casi no podía esperar el momento de llegar a casa y contarles las nuevas a mi familia. Al bajar del camión me encontré con mis hermanitos que gritaban y brincaban de alegría. Pensé que era porque yo había llegado, pero al abrir la puerta de la chocita, vi que todo estaba empacado en cajas de cartón...

5. **corridos mexicanos:** tipo de música mexicana.

Un héroe del pueblo

Miles de trabajadores agrícolas migratorios de California experimentaron dificultades parecidas a las que se describen en «Cajas de cartón». Entre ellos estaba César Chávez (1927–1993). Como los personajes de la historia, Chávez viajó con su familia de región en región y trabajó largas horas por salarios muy bajos. Solamente podía acudir a la escuela cuando la cosecha lo permitía y tuvo que abandonarla después de octavo grado.

Chávez creía que los trabajadores agrícolas migratorios necesitaban un sindicato que les ayudara a conseguir salarios y condiciones de trabajo justos. En 1962 organizó la National Farm Workers Association (más tarde llamada United Farm Workers of America). La huelga de cinco años del sindicato contra los productores de uva de California recibió apoyo de todo el país.

Cuando algunos trabajadores recurrieron a la violencia, Chávez inició una huelga de hambre de veinticinco días para demostrar su creencia en métodos pacíficos. «Nuestra lucha no es fácil», dijo una vez, «pero tenemos nuestros cuerpos y nuestros espíritus y la justicia de nuestra causa como armamento».

CONOCE AL ESCRITOR

El cuento «Cajas de cartón» está basado en hechos reales de la vida de **Francisco Jiménez** (1943–   ). Nació en San Pedro Tlaquepaque, en el estado de Jalisco, México, y su familia se instaló en California cuando él tenía cuatro años. A los seis años comenzó a trabajar en el campo. Como su familia tenía que trasladarse de un lugar a otro, Jiménez no pudo aprender inglés y rindió mal en la escuela. Sin embargo, cuando llegó a la escuela superior se empeñó en dominar el inglés y en convertirse en un estudiante excelente. Su perseverancia fue premiada, ya que recibió una beca para estudiar en la universidad, donde cursó estudios avanzados de literatura española y latinoamericana.

Jiménez ha obtenido numerosos premios, entre ellos, el premio anual del *Arizona Quarterly* por «Cajas de cartón» en 1973. Toda su vida ha trabajado para aumentar la comprensión entre las culturas y para ayudar a que la educación sea accesible a todos. Ha colaborado en muchas antologías y revistas.

En una entrevista, Jiménez explicó sus metas como escritor y educador: «Mi principal objetivo al escribir... es satisfacer la necesidad de entendimiento cultural y humano, sobre todo entre los Estados Unidos y México. Escribo en inglés y en español. El idioma que uso depende del periodo de mi vida sobre el que estoy escribiendo. Ya que el español era el idioma dominante durante mi infancia, por lo general escribo sobre esas experiencias en español... Ya que soy bilingüe y bicultural, puedo moverme con facilidad entre las culturas americana y mexicana...».

CREA SIGNIFICADOS

Primeras impresiones

1. Apunta varias palabras que describan lo que sentiste cuando llegaste al final de la historia y descubriste que Panchito y su familia tenían que trasladarse otra vez.

Interpretaciones del texto

2. ¿Cómo describirías la personalidad de Panchito? Haz dos columnas. En la columna de la izquierda, anota los sucesos principales de la historia; en la columna de la derecha, anota lo que has aprendido de la personalidad de Panchito en esos episodios de la historia.

Repaso del texto

Anota las dificultades que Panchito y su familia sufrieron cuando eran trabajadores agrícolas migratorios. Luego, vuelve a examinar la constelación que creaste en la página 248. ¿Cómo podrías mejorarla después de haber leído la historia?

Sucesos	Lo que aprendí de Panchito
1.	
2.	
3.	
4.	

3. Vuelve a examinar el gráfico de la pregunta número 2. ¿Qué episodios de la historia revelan que Panchito es valiente, voluntarioso y paciente?

4. Estudia las dificultades que enfrenta Panchito y cuál es su actitud. ¿Cómo crees que será su futuro?

5. Trata de descubrir y formular el tema de «Cajas de cartón». Considera el título, los sucesos principales de la historia y la conclusión a la que llegaría Panchito al final de la historia acerca de su vida.

Conexiones con el texto

6. ¿Cuáles son los objetivos de Panchito en la vida? Si fueras un amigo de Panchito, ¿qué consejo le darías para ayudarlo a alcanzar estos objetivos?

Preguntas al texto

7. El título «Cajas de cartón», ¿qué significado tiene para ti? Cuando Jiménez tradujo su historia al inglés, cambió el título por el de «The Circuit» («El circuito»). ¿Cuál crees que es el mejor título? Explica tu respuesta.

Cuaderno del escritor

1. Compilación de ideas para un ensayo sobre problemas y soluciones

¿Qué tipo de problemas de la vida real te sugiere esta historia? Reúnete con un pequeño grupo de compañeros e intercambien ideas sobre «Cajas de cartón». He aquí algunos temas que podrían utilizar para iniciar el debate:

- los efectos de las mudanzas familiares
- las condiciones de los trabajadores migratorios
- la importancia de ir a la escuela

Toma notas durante el debate y guárdalas para tus escritos.

> Si Panchito fuera a la escuela, probable-mente conseguiría un mejor trabajo. Así, podría ayudar a su familia más que si continuara empleado como trabajador migratorio.

La literatura y la historia actual

2. Los trabajadores migratorios de hoy

¿Qué sabes de los trabajadores migratorios de hoy en día? Compara lo que sabes sobre el asunto con la información obtenida en los libros. Tu investigación puede abarcar áreas como salarios, calidad de vida y educación. Presenta tus hallazgos ante la clase. Utiliza gráficos u otras ilustraciones que te ayuden a presentar el material.

Traducción

3. Un enfoque bilingüe

Cuando Jiménez tradujo «Cajas de cartón», decidió que había palabras que preferiría dejar en español. ¿Por qué crees que quiso hacerlo? Examina uno de tus propios escritos. Si lo fueras a traducir al inglés, ¿qué palabras te gustaría dejar en español? Trata de traducir al inglés uno o dos párrafos de tu trabajo.

Escribe un folleto

4. Aprender para vivir

Prepara un folleto para los nuevos estudiantes en el que explicas cómo se hacen las cosas en tu escuela. Ofrece pistas para que se ajusten a su nuevo ambiente. Si ya has realizado este tipo de actividad, a lo mejor te gustaría ampliar la información para ayudarles a conocer el vecindario, por ejemplo, dónde se encuentran las librerías, las tiendas y los lugares de diversión.

LENGUA Y LITERATURA {MINI LECCIÓN}

Expresa grandes ideas

Para evaluar un problema y presentar una solución, necesitas usar un vocabulario amplio y conocer bien las palabras relacionadas con el tema que vas a tratar. Cuando usas **palabras clave** para ese tema, le comunicas a tu público que has estudiado bien la situación.

Para defender a los niños trabajadores, Francisco Jiménez podría referirse a este texto de las Naciones Unidas, la Convención sobre los Derechos del Niño:

> Reconocemos... «el derecho del niño a estar protegido contra la explotación económica y contra el desempeño de cualquier trabajo que pueda ser peligroso o entorpecer su educación, o que sea nocivo para su salud o para su desarrollo físico, mental, espiritual, moral o social».

Haz un campo de palabras clave para hablar de los derechos del niño y explícales tus opiniones sobre cada palabra a tus compañeros.

Inténtalo tú
Haz un campo de palabras que tengan relación con un problema que te interese. Invéntate con ellas un eslogan para convencer a tu clase de la necesidad de resolver esa situación.

VOCABULARIO {LAS PALABRAS SON TUYAS}

El español del suroeste de los Estados Unidos

En el suroeste de los Estados Unidos se habla español desde el siglo XVI. Muchos de sus habitantes tienen su propia forma de hablar. Algunas de las palabras que usan son muy antiguas; otras vienen del inglés y son muy nuevas. Averigua lo que quiere decir cada palabra usando la clave.

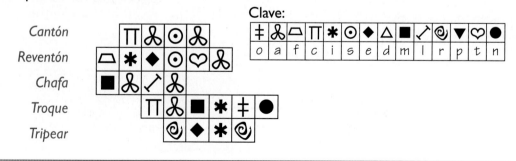

Mi padre en la marina:
Un recuerdo de infancia

Judith Ortiz Cofer

Rígido e inmaculado
en la tela blanca de su uniforme
y una gorra redonda en la cabeza como un halo,
era una aparición venida de un mundo hecho de sombras
5   y sólo carne y hueso cuando subía desde abajo
de la línea de flotación° donde se dedicaba a vigilar los motores
y los cuadrantes° para asegurar que el barco surcara las aguas
con un rumbo firme.
Mi madre, mi hermano y yo nos manteníamos despiertos
10   en las noches y amaneceres de sus llegadas,
vigilando la esquina más allá del signo de neón de un quásar°
a la espera del destello blanco de nuestro padre como un ángel
que anunciara un nuevo día.
Su recibimiento eran los versos
15   que compusimos a través de los años imitando
la canción de la sirena que lo mantuvo regresando
de los estómagos de ballenas de hierro
hasta nuestras noches
como las oraciones de la tarde.

—Traducción de Carlos Perellón

6. **línea de flotación:** línea que separa la parte sumergida de un buque de la que flota. 7. **cuadrantes:** término marítimo referente a las cuatro partes en las que se divide el horizonte y la rosa náutica. 10. **quásar:** cuerpo celeste de color azul que emite líneas anchas y se aleja a gran velocidad.

La canción del camino

Francisco A. de Icaza

Aunque voy por tierra extraña
solitario y <u>peregrino</u>,
no voy solo, me acompaña
mi canción en el camino.

5   Y si la noche está negra
sus negruras ilumino:
canto, y mi canción alegra
la obscuridad del camino.

    La fatiga no me importa,
10   porque el báculo° divino
de la canción, hace corta
la distancia del camino.

    ¡Ay, triste y <u>desventurado</u>
quien va solo y peregrino,
15   y no marcha acompañado
por la canción del camino!

10. báculo: bastón.

ADUÉÑATE DE ESTAS PALABRAS

peregrino, -na *adj.*: que migra, que viaja por
   tierras extrañas.
desventurado, -da *adj.*: desdichado, sin suerte.

CONOCE A LOS ESCRITORES

Judith Ortiz Cofer (1952–   ) nació en Hormigueros, Puerto Rico. Debido a que su padre era militar, pasó su infancia viajando entre un pueblo de Puerto Rico y un vecindario en Paterson, Nueva Jersey. Sobre esos años, ha escrito:

> «Pasé mi primera infancia en los Estados Unidos, donde vivía como en una burbuja creada por mis padres que eran puertorriqueños. Era una casa donde se aglutinaron dos culturas y dos idiomas. Aprendí a escuchar el inglés de la televisión con un oído mientras que con el otro escuchaba a mi madre y a mi padre hablar en español. Pensé que era una muchacha americana cualquiera, igual que los niños de los programas que veía, y que los padres de todo el mundo hablaban un segundo idioma secreto en sus casas.»

Si te ha gustado leer «Mi padre en la marina: Un recuerdo de infancia», también disfrutarás de *The Latin Deli,* una colección de ficción, poesía y ensayos en la que Ortiz Cofer describe su experiencia de crecer entre dos culturas.

Francisco A. de Icaza (1863–1925), poeta y crítico, nació en la Ciudad de México. En 1886 fue enviado a Madrid

como segundo secretario del ministro de México. Fue ascendido a primer secretario en 1895, y después, durante ocho años, desempeñó el cargo de ministro plenipotenciario en Alemania. Cuando la Revolución Mexicana truncó su carrera diplomática en 1914, se dedicó por entero a escribir. Dentro de la literatura, se le conoce tanto por su poesía como por su obra crítica. Al colaborar en varias revistas de México y España, y al sostener correspondencia con escritores como Miguel de Unamuno, Icaza dio a conocer en España a los escritores mexicanos de su época, y a los españoles y alemanes en México. A Icaza se le recuerda por la ternura de sus versos y por haber traducido a nuestro idioma, por primera vez, la obra de varios poetas.

Taller del escritor

Tarea
Escribe un ensayo sobre problemas y soluciones.

Objetivos de un ensayo sobre problemas y soluciones
1. Describir un problema significativo
2. Explorar las posibles soluciones
3. Proponer y respaldar la mejor solución

LA PERSUASIÓN

ENSAYO SOBRE PROBLEMAS Y SOLUCIONES

El objetivo de un ensayo sobre **problemas y soluciones** es interesarse por un problema, para luego presentarlo y ofrecer la mejor solución. Este tipo de escritura de persuasión a menudo aparece en los editoriales de los periódicos y los artículos de las revistas. Ahora tendrás la oportunidad de escribir un ensayo sobre problemas y soluciones de un asunto que te parece importante.

Antes de escribir

1. Cuaderno del escritor

Comienza por revisar las notas que has tomado en tu CUADERNO DEL ESCRITOR. ¿Te gustaría explorar uno de los problemas que describiste en aquellas tareas? He aquí algunas pautas útiles para evaluar los posibles temas de un ensayo:

TRABAJO EN CURSO

- ¿Me afecta el problema solamente a mí o tiene un impacto en mucha más gente?
- ¿Están conscientes de la gravedad del problema las personas afectadas por él?
- ¿Tiene solución el problema?

2. Examina los medios de comunicación

Otra estrategia para escoger un tema para un ensayo sobre problemas y soluciones es examinar los medios de comunicación: periódicos, revistas, radio, televisión y, si tienes acceso a ellos, servicios de comunicación por computadora. Hojea algunos periódicos recientes para hallar un problema que te preocupe: por ejemplo, la seguridad en las escuelas, el presupuesto para un parque en la comunidad, las condiciones de un refugio local para animales o el problema de los desamparados sin hogar.

The history
of the written
word is rich and

Había una vez

3. Explora un problema y su solución

Una vez que hayas escogido un problema que te interese, estúdialo con más profundidad tomando notas sobre cuestiones como las que aparecen a continuación:

- historia
- causas
- alcance
- efectos
- relaciones con otros problemas

Cuando estés seguro de que entiendes completamente el problema que has elegido, puedes pensar en posibles **soluciones.** Hazte preguntas como las que aparecen en la lista a la derecha. A medida que encuentres cada una de las soluciones, examina sus ventajas y desventajas, así como las posibilidades de ponerlas en práctica. Toma notas en un cuadro como el que aparece abajo.

Preguntas para encontrar soluciones

- ¿Qué soluciones se han intentado antes?
- ¿Fueron efectivas?
- ¿Qué ideas se han propuesto ahora?
- ¿Funcionaría mejor alguna de las soluciones por sí sola? ¿Por qué?
- ¿Qué solución sería la mejor para el mayor número de personas?

Problema: Trabajo de menores en las fábricas de alfombras

Posibles soluciones	Ventajas	Desventajas
1. Prohibir la importación de alfombras fabricadas a mano de países donde se sabe que se utiliza la mano de obra de menores.	1. Los fabricantes buscarán empleados mayores de edad.	1. Es prácticamente imposible de llevar a cabo.
2. Exigir que todas las alfombras importadas procedan de fábricas que no empleen la mano de obra de menores.	2. Será difícil vender alfombras hechas por niños.	2. Podría generar un mercado negro de alfombras.
3. Inventar una máquina que ate los nudos de las alfombras tan bien como los seres humanos.	3. Las máquinas sustituirán a los niños trabajadores.	3. Es difícil obligar a las fábricas a comprar maquinaria cara.

Hecho contra opinión

- Un **hecho** es algo que ha ocurrido o puede comprobarse. Los hechos pueden verificarse en libros de consulta como enciclopedias, almanaques o atlas.
- Una **opinión** es algo que expresa una creencia o un juicio que no se ha probado.

Esquema para un ensayo sobre problemas y soluciones

I. Introducción
  A. Capta la atención del lector.
  B. Presenta el problema.
II. Cuerpo
  A. Explica la gravedad del problema.
  B. Discute las posibles soluciones.
  C. Propón y respalda la mejor solución.
III. Conclusión
  A. Resume la propuesta.
  B. Pide que se tomen medidas.

4. Busca y respalda la mejor solución

¡Recuerda que los problemas no serían problemas si fueran fáciles de resolver! La mejor solución a un problema puede no ser perfecta y puede requerir algún tipo de acuerdo. En un ensayo sobre problemas y soluciones no solamente debes proponer una solución; también debes utilizar argumentos convincentes que la respalden. Para respaldar tu propuesta, haz una lista de detalles que puedes utilizar como evidencia de apoyo. Incluye los puntos siguientes: hechos, razones, anécdotas, ejemplos, estadísticas y opiniones de expertos.

Mientras anotas la evidencia, ten en cuenta la diferencia fundamental entre **hecho** y **opinión**.

El borrador
Organiza un borrador

En la **introducción** del ensayo, utiliza un hecho, una anécdota o una cita impactante para captar la atención del lector. Por ejemplo, si estuvieras discutiendo el problema del trabajo de menores, podrías emplear la cita de una entrevista o un artículo sobre la situación de un joven en particular que está obligado a realizar un trabajo difícil. Podrías comenzar el ensayo con una serie de datos o estadísticas de un informe acerca de la Convención de las Naciones Unidas sobre los Derechos del Niño.

En el **cuerpo** de tu ensayo, asegúrate de que tus lectores comprendan el significado y el alcance del problema. Luego, debate los puntos a favor y en contra de las posibles soluciones. Finalmente, formula la mejor solución y apóyala con evidencias concretas.

Utiliza la **conclusión** de tu ensayo para volver a formular la mejor y más práctica solución del problema. En tu última oración, pide a los lectores que apoyen la solución con las medidas apropiadas.

Evaluación y revisión
1. Intercambio entre compañeros

Intercambia borradores con un(a) compañero(a). Luego, completen una evaluación como la que sigue:

El problema que se discute es importante porque _____.

Me gustaría saber más sobre _____.

Las razones que respaldan la mejor solución son _____.

Al final, estoy de acuerdo/en desacuerdo con la propuesta del escritor porque _____.

2. Autoevaluación

Emplea la guía siguiente para revisar tu trabajo. Añade, elimina o reescribe detalles de tu ensayo y haz otros cambios que sean necesarios en el empleo de las palabras o en la organización.

Pautas de evaluación

1. ¿Capto desde el comienzo la atención del lector?

2. ¿He formulado claramente el problema y su alcance?

3. ¿He discutido los pros y los contras de las posibles soluciones?

4. ¿He propuesto y respaldado claramente la mejor solución?

5. ¿Termino con una conclusión sólida?

Técnicas de revisión

1. Comienza con una cita, un hecho o una anécdota impactante.

2. Incorpora hechos y razones que muestren la gravedad del problema.

3. Incorpora detalles sobre posibles soluciones y analízalos.

4. Propón la solución y respáldala con evidencias concretas.

5. Vuelve a proponer la mejor solución y pide al público que la apoye con las medidas adecuadas.

Pautas de escritura
Siempre que sea posible, emplea palabras de enlace para indicar la relación que tienen las ideas de tu ensayo.

Compara las dos versiones siguientes de un párrafo inicial en un ensayo sobre problemas y soluciones.

MODELOS

Borrador 1

El trabajo de menores es una práctica desagradable. Muchos niños sufren bajo condiciones miserables en fábricas y talleres alrededor del mundo. Alguien debería poner fin a esto.

Evaluación: Este párrafo formula el problema, pero no expresa su gravedad de una manera sólida y enérgica.

Borrador 2

Las dos manos del niño tienen grietas verdes y púrpuras. Su espina dorsal se ha doblado, y por ello apenas puede caminar erguido. El esfuerzo ha perjudicado su visión y está a punto de perder el trabajo. El pobre Rahul tiene trece años. Ha estado trabajando en las fábricas de alfombras durante siete años y cuando deje de ser útil, lo van a echar a la calle: prácticamente ha perdido la vida debido a los horrores del trabajo de menores. Nuestro país se debe unir a otras naciones para contribuir a la eliminación del trabajo de menores en todas sus formas.

Evaluación: Mejor. Este párrafo comienza con una imagen impresionante. El escritor utiliza la imagen para formular el problema y señalar su gravedad.

Corrección de pruebas

Intercambia tus apuntes con un(a) compañero(a) y corrijan con cuidado sus respectivos ensayos. Señalen cualquier error de gramática, ortografía o puntuación.

Publicación

He aquí algunos métodos para publicar o compartir tu escrito:
- Adapta tu ensayo en forma de discurso para dirigirlo a tu clase, escuela o grupo comunal.
- Presenta tu ensayo al diario de la escuela o de tu ciudad como columna de opinión.
- Envía tu ensayo con una carta de presentación a una escuela o grupo comunal preocupado por el problema.
- Emplea tu ensayo como «declaración de intenciones» en una mesa redonda en la que participen otros estudiantes interesados en resolver el problema.

Reflexión

Escribe una respuesta breve a una de estas preguntas:
- Mientras estuviste escribiendo el ensayo, ¿qué aprendiste sobre las soluciones prácticas a los problemas de la vida real?
- ¿Qué aprendiste sobre el tratar de convencer a los demás?

Estímulos para la reflexión

A veces una imagen impresionante puede movilizar a una persona a que se preocupe por los demás...

Traté de expresar lo mismo que una fotografía y un artículo sobre el trabajo de menores...

Pienso que el haber comenzado mi ensayo con esta imagen lo hizo más efectivo...

PREPARA TU PORTAFOLIO
Taller de oraciones

ORACIONES CON FUERZA

¿Qué tienen en común estas oraciones de *El anillo del general Macías*?

> Si se lo hubieras pedido, no se habría marchado a la guerra.
> ¿Qué haría usted si me pusiera a gritar?
> Morirá si yo no regreso mañana sano y salvo.

Las oraciones subordinadas que expresan una condición se llaman **oraciones condicionales**. Se construyen con las palabras de enlace **si, como, con tal de que, en caso de, siempre que**. Busca más oraciones condicionales en la obra y escríbelas sustituyendo la palabra «si» con otras palabras de enlace.

Las oraciones condicionales le dan fuerza a los argumentos porque establecen una relación directa entre una condición y una acción. Observa:

Condición   Acción

Si no regreso mañana ⟶ morirá

¿Cuál es la condición y la acción en las oraciones condicionales de la obra?

Al revisar tu trabajo:

1. Puedes emplear oraciones condicionales para mostrar los resultados de una situación problemática. Por ejemplo:

   Si las empresas continúan vertiendo aguas contaminadas, los salmones desaparecerán.

2. También puedes utilizarlas para animar a tu público a adoptar una solución. Por ejemplo:

   Si nos unimos, seremos un cuerpo de voluntarios formidable.

Si eres joven y piensas en el futuro,

INTERMEDIA

te ofrece una posibilidad de desarrollo profesional.

Buscamos jóvenes para el verano para nuestra división de computadoras.

Inténtalo tú

1. Los anuncios de empleo, como el de arriba, utilizan oraciones condicionales. Piensa en varios trabajos y las habilidades que requiere cada uno, y diseña el anuncio.

2. También, puedes crear anuncios de publicidad. Por ejemplo, «Si los ojos no te bastan para ver, prueba con una mano» (para una cámara de video).

COLECCIÓN 7

Mitos

Ilustración para el *Popol Vuh*
(detalle) (1931) de Diego Rivera.
«… así fue la creación de la tierra,
cuando fue formada por el corazón
del cielo, el corazón de la tierra…»
Reproducción autorizada por el Instituto Nacional
de Bellas Artes y Literatura.

ANTES DE LEER
del Popol Vuh

Punto de partida

El *Popol Vuh* es el libro sagrado de los mayas quiché. Estás a punto de leer el comienzo del *Popol Vuh,* donde se describe la creación del mundo. Al igual que los mitos de la creación en otras culturas, este libro también explica cómo se creó el mundo y quién fue el responsable de su creación. En esta historia conocerás a los dioses Tepeu y Gucumatz. Según los mayas, estos dioses crearon el universo y todo lo que hay en él.

Escritura libre

¡Imagina que puedes crear algo que nadie ha visto, pensado o imaginado antes! Describe en un párrafo breve lo que te gustaría crear.

Telón de fondo

Los mayas quiché

El reino maya se extendía sobre el territorio que hoy en día ocupan Guatemala, Belice, el sureste de México y las regiones occidentales de Honduras y El Salvador. Entre los mayas se hablaban muchas lenguas diferentes. La gente que creó el *Popol Vuh* hablaba quiché. En la actualidad, los mayas quiché aún habitan el territorio que se describe en el *Popol Vuh.*

Antes de la llegada de los españoles en el siglo XVI, los textos mayas estaban escritos en jeroglíficos, los cuales son imágenes o símbolos que representan un sonido o un significado. Hoy en día se conservan sólo cuatro libros mayas de jeroglíficos. Cientos de textos de este tipo fueron destruidos por los invasores europeos.

Sin embargo, los europeos no lograron eliminar del todo

la literatura maya. De hecho, fueron ellos quienes les enseñaron a los mayas un nuevo método de hacer manuscritos. Los misioneros querían que los mayas aprendieran oraciones y sermones cristianos. Los misioneros aprendieron a adaptar el alfabeto latino a los sonidos de la lengua quiché; entonces, les enseñaron a los mayas cómo leer quiché en este alfabeto. Al poco tiempo, los mayas empezaron a usar el alfabeto latino para copiar su propia literatura. A principios del siglo XVIII, un cura llamado Francisco Ximénez descubrió, copió y tradujo el manuscrito quiché. Gracias a la copia del Padre Ximénez se ha conservado hasta la fecha el *Popol Vuh.*

Elementos de literatura

Mitos

Entre los diversos tipos de mitos, podemos encontrar los mitos de la creación. Otros tipos de mitos relatan hechos heroicos, cuentan hazañas de personajes legendarios y explican fenómenos naturales como el origen del sol y la luna.

Los **mitos** son historias que nos ayudan a explicar por qué las cosas son como son.

Para más información, ver la página 279 y el GLOSARIO DE TÉRMINOS LITERARIOS.

Diálogo con el texto

Cuando leas esta selección, prepara un diagrama que muestre la secuencia de los sucesos que ocurren durante la creación del mundo maya.

DIARIO DEL LECTOR

del POPOL VUH

Versión de Jorge Luis Arriola

CAPÍTULO PRIMERO

Este es el primer libro escrito en la antigüedad, aunque su vista está oculta al que ve y piensa. Admirable es su aparición y el relato (que hace) del tiempo en el cual acabó de formarse todo (lo que es) en el cielo y sobre la tierra, la cuadratura y la cuadrangulación de sus signos,[1] la medida de sus ángulos, su alineamiento y el establecimiento de las paralelas en el cielo y sobre la tierra, en los cuatro extremos, en los cuatro puntos cardinales,[2] como fue dicho por El Creador y El Formador, La Madre, El Padre de la Vida, de la existencia, aquel por el cual se respira y actúa, padre y vivificador de la paz de los pueblos, de sus vasallos[3] civilizados. Aquel cuya sabiduría ha meditado la excelencia de todo lo que hay en el cielo y en la tierra, en los lagos y en el mar.

Éste es el relato de cómo todo estaba en suspenso, todo estaba en calma y en silencio; todo estaba inmóvil, todo tranquilo, y vacía la inmensidad de los cielos.

Ésta es, pues, la primera palabra y el primer relato. No había aún un solo hombre, un solo animal; no había pájaros, peces, cangrejos, bosques, piedras, barrancas, hondonadas, hierbas ni sotos;[4] sólo el cielo existía.

La faz de la tierra no se manifestaba todavía; sólo el mar apacible y todo el espacio de los cielos.

No había nada que formara cuerpo; nada que se asiese a otra cosa; nada que se moviera, que produjese el más leve roce, que hiciese (el menor) ruido en el cielo.

No había nada erguido. (No había) sino las tranquilas aguas; sino el mar en calma y solo, dentro de sus límites, pues no había nada que existiera.

No había más que la inmovilidad y el silencio en las tinieblas, en la noche. Estaba también solo El Creador, El

¿Quién es el que escribe esta historia?

¿Serán estos los nombres de los dioses?

Me volvería loco si el mundo estuviera vacío.

1. **la cuadratura... de sus signos:** localización de los cuerpos celestes.
2. **puntos cardinales:** norte, sur, este y oeste.
3. **vasallos:** personas que están bajo la autoridad de un rey o gobernante.
4. **barrancas, hondonadas... sotos:** Las barrancas y hondonadas son irregularidades en el terreno. Un soto es un lugar poblado de árboles.

ADUÉÑATE DE ESTAS PALABRAS

antigüedad *f.:* época remota, antigua.
oculta, -to *adj.:* que no se puede ver.
apacible *adj.:* tranquilo.
se asiese, de **asirse** *v.:* agarrarse, sujetarse a una cosa.

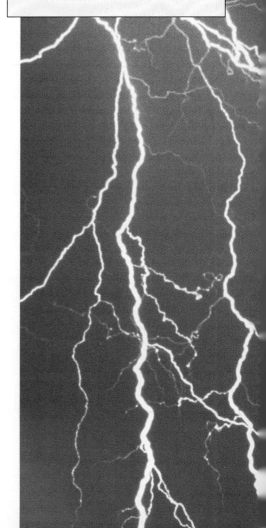

Formador, El Dominador, El Serpiente cubierto de Plumas.[5] Los que engendran, los que dan la vida, están sobre el agua como una luz creciente.

Están cubiertos de verde y azul, y he ahí por qué el nombre de ellos es Gucumatz, cuya naturaleza es de grandes sabios. He aquí cómo existe el cielo; cómo existe igualmente El Corazón del Cielo;[6] tal es el nombre de Dios, así como se le llama. Entonces, fue cuando su palabra llegó aquí con El Dominador y Gucumatz, en las tinieblas y en la noche, y habló con El Dominador, El Gucumatz.

Y ellos hablaron, y entonces se consultaron y meditaron; se comprendieron y unieron sus palabras y sus pensamientos.

Entonces se hizo el día mientras se consultaban y al alba se manifestó el hombre, cuando ellos tenían consejo sobre la creación y crecimiento de los bosques y de los bejucos;[7] sobre la naturaleza de la vida y de la humanidad (creadas) en las tinieblas y en la noche por aquel que es El Corazón del Cielo, cuyo nombre es Hurakán.

El Relámpago es el primer signo de Hurakán; el segundo, El Surco del Relámpago; el tercero, El Rayo que Golpea, y los tres son El Corazón del Cielo.

5. **El Creador... de Plumas:** Otras versiones del *Popol Vuh* identifican a «Tepeu» como El Dominador y a El Serpiente como «Gucumatz». Se cree que El Dominador (Tepeu) y Gucumatz (El Serpiente) son títulos alternativos para designar a la pareja de la creación, El Creador y El Formador. Las palabras del quiché que designan a esta pareja se traducen como «madre» y «padre».
6. **El Corazón del Cielo:** El Corazón del Cielo, conocido también como Hurakán, es considerado el gran dios que incorpora a tres deidades, El Relámpago, El Surco del Relámpago y El Rayo que Golpea, en una sola divinidad. El Corazón del Cielo y la pareja que componen El Dominador y Gucumatz, unen sus fuerzas para crear el mundo.
7. **bejucos:** plantas largas que se extienden por el suelo.

- -

ADUÉÑATE DE ESTAS PALABRAS

alba *m.:* amanecer, primeras horas de la mañana.

- -

Vista lateral del templo de Tikal.

Luego vinieron ellos con El Dominador, El Gucumatz; entonces tuvieron consejo sobre la vida del hombre; cómo se harían las siembras, cómo se haría la luz; quién sería sostén y mantenedor de los dioses.

—¡Que así sea hecho! ¡Fecundaos!,[8] (fue dicho). Que esta agua se retire y cese de estorbar, a fin de que la tierra exista aquí; que se afirme y presente para ser sembrada, y que brille el día en el cielo y en la tierra, pues no habrá gloria, ni honor de todo lo que hemos creado y formado, hasta que no exista la criatura humana, la criatura dotada de razón.

Así hablaron mientras la tierra era creada por ellos.

Así fue en verdad como se hizo la creación de la tierra.

—¡Tierra!, dijeron, y al instante se formó.

Como una neblina, o como una nube se formó en su estado material, cuando semejantes a cangrejos aparecieron sobre el agua las montañas y en un momento existieron las grandes montañas.

Sólo una potencia[9] y un poder maravillosos pudieron hacer lo que fue resuelto (sobre la existencia) de los montes y de los valles, y la creación de los bosques de ciprés y de pino (que aparecieron) en la superficie.

Y así Gucumatz se alegró. ¡Bienvenido seas (exclamó) oh, Corazón del Cielo, oh, Hurakán oh, Surco del Relámpago, oh, Rayo que Golpea!

— Lo que hemos creado y formado tendrá su término, respondieron ellos.

Primero se formaron la tierra, los montes y los valles. El curso de las aguas fue dividido. Los arroyos comenzaron a serpentear entre las montañas. En ese orden existieron las aguas, cuando aparecieron las altas montañas.

Así fue la creación de la tierra cuando fue formada por El Corazón del Cielo y el Corazón de la Tierra que así son llamados los que primero la fecundaron cuando el cielo y la tierra, todavía inertes, estaban suspendidos en medio del agua.

Tal fue su fecundación cuando ellos la formaron mientras meditaban acerca de su composición y perfeccionamiento.

8. **¡Fecundaos!:** procreen.
9. **potencia:** fuerza, facultad.

ADUÉÑATE DE ESTAS PALABRAS

cese, de **cesar** *v.*: parar, detener.
dotada, -do *adj.*: que posee ciertos dones o talentos.
inerte *adj.*: que no está activo.

LITERATURA Y ANTROPOLOGÍA

El perfil maya

Si observas el arte maya te darás cuenta de que la mayor parte de la gente está pintada de perfil, lo que significa que se ven de lado. También te darás cuenta de que los sujetos de las pinturas mayas tienen las cabezas puntiagudas, pero no debes pensar que los pintores mayas no sabían dibujar a la gente. Cuando floreció la civilización maya, las cabezas puntiagudas eran un ideal de belleza. Las mujeres mayas moldeaban en punta las cabezas todavía blandas de sus hijos y a veces las sujetaban con un aparato de madera en forma de cuña para que fueran puntiagudas. Los pintores mayas dibujaban a la gente de perfil para mostrar sus cabezas puntiagudas. Incluso cuando muestran un cuerpo de frente, la cabeza está de perfil. Los mayas pensaban que esto representaba la cumbre de la belleza.

Maya Women (Mujeres mayas) (1926) de Enrique Montenegro. Óleo sobre lienzo, 31 ½ x 27 ½" (80 x 69.8 cm).

CREA SIGNIFICADOS

Primeras impresiones

1. Ya que este texto es solamente el comienzo del *Popol Vuh,* tal vez te preguntes qué otras cosas crearon los dioses mayas. ¿Qué preguntas tienes sobre la creación del mundo maya que hayan quedado sin respuesta?

Repaso del texto

A partir de los sucesos que incluiste en tu diagrama, prepara una serie de ilustraciones que corresponda a cada suceso de la creación del mundo maya.

Interpretaciones del texto

2. El Dominador y Gucumatz crearon juntos el mundo. ¿Se te ocurre alguna razón para utilizar a dos dioses en una historia de la creación?

3. ¿Por qué crees que los dioses quisieron cambiar el mundo en el que vivían? ¿Crees que conocían las consecuencias que sus cambios producirían?

Conexiones con el texto

4. Casi todos los trabajos mayas fueron destruidos por los españoles. Si se destruyeran todos los libros que has leído y todas las obras de teatro y películas que has visto en tu vida, ¿qué historias recordarías y cuáles te gustaría que otros conocieran?

Más allá del texto

5. El mundo maya fue creado por más de un dios. ¿Has formado parte de un grupo que haya logrado hacer algo que ningún miembro del grupo habría podido hacer solo? Si es así, describe la experiencia y explica cómo trabajaron juntos en el grupo.

Cuaderno del escritor

1. Compilación de ideas para una evaluación

Evaluar un trabajo literario significa juzgar su calidad. Para realizar una evaluación convincente, necesitas desarrollar **criterios** o normas para emitir un juicio. Ya que los mitos son narraciones, para evaluar un mito, puedes utilizar las mismas normas que usarías para un cuento. Con un grupo pequeño, establece normas para evaluar el *Popol Vuh* y otros mitos. Utilicen los elementos de los cuentos para ampliar la lista de criterios en las notas que aparecen a la derecha.

> Criterios para una evaluación
>
> 1. Argumento—¿Está claro el transcurso de los sucesos en la narración?
>
> 2. Tema—¿Revela el mito alguna verdad importante?
>
> 3. _____
>
> 4. _____

Arte

2. Postales desde el pasado

Medita sobre el mundo que crearon los dioses mayas. ¿Qué harías si quisieras enviarle a alguien una postal desde ese mundo? Dibuja o pinta una postal típica como la que enviaría cualquier viajero. ¡No te olvides de incluir un mensaje apropiado y un sello!

Presentación

3. El rostro cambiante de la belleza

Tal vez te sorprendió la forma de las cabezas en el arte maya hasta que supiste que las cabezas puntiagudas eran consideradas bellas.

Los ideales de la belleza difieren en distintas culturas y a través de los tiempos. Con un pequeño grupo de compañeros, realiza una investigación sobre los ideales de la belleza. Estudien los trabajos artísticos de un periodo particular visitando museos y consultando libros de arte en la biblioteca. Traten de llegar a un acuerdo sobre qué características físicas se consideraban bellas entonces. Comparen estos ideales con los de hoy en día o con los de otras culturas. Presenten a la clase sus conclusiones e indiquen la información en la que se basaron.

Bonampak, estado de Chiapas, México.

Digital reconstruction by Doug Stern based on photography by Enrico Ferorelli and David W. Wooddell/National Geographic Image Collection.

LENGUA Y LITERATURA   MINI LECCIÓN

¿Cómo nombrar lo nuevo?

¿Qué harías para nombrar algo que no has visto antes? Las civilizaciones precolombinas conocían muchas cosas que eran nuevas para los españoles. Poco a poco, muchas palabras de las lenguas indígenas pasaron al español. La primera palabra que se incorporó al español fue «canoa» del arahuaco, un idioma de las Antillas. Las palabras de origen indígena nos hablan de paisajes y vegetación muy variados. Investiga el significado de las palabras de la constelación. ¿Qué deduces de cada cultura y su entorno?

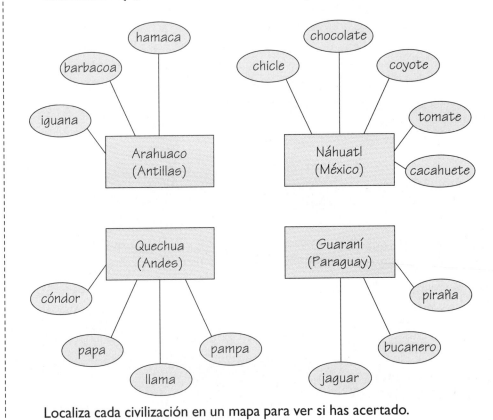

Localiza cada civilización en un mapa para ver si has acertado.

VOCABULARIO   LAS PALABRAS SON TUYAS

Los idiomas indígenas están vivos

Muchas lenguas de la familia del náhuatl y del maya se hablan hoy en México y América Central. El quechua es una de las lenguas nacionales del Perú, así como lo es el guaraní en Paraguay. Investiga el idioma de la región de tus antepasados u otro que te interese y aprende algunas palabras. Para investigar, puedes usar un atlas y una enciclopedia. Haz una tabla con las palabras originales y su significado, y preséntala en clase.

Elementos de literatura

Mitos, leyendas y cuentos populares

Las historias de la **tradición oral** son narraciones que se trasmiten de boca en boca y de generación en generación. Estas historias comprenden tres tipos principales de narrativa tradicional: mitos, leyendas y cuentos populares.

Un **mito** es una historia antigua en la que generalmente participan seres sobrenaturales y que sirve para explicar un fenómeno natural. En casi todas las culturas se han creado mitos sobre el comienzo del mundo, el origen del mar, de las montañas, de los desiertos y de otros elementos naturales del paisaje.

Los mitos suelen incorporar las tradiciones y las creencias más importantes de las personas que los cuentan: dioses, historias sagradas, héroes y el sentido de la vida. Las cuatro historias de esta colección son ejemplos de mitos. Todas tienen personajes sobrenaturales y tratan acontecimientos cósmicos.

El origen exacto de la mayoría de los mitos es desconocido y el mismo mito a menudo existe en diferentes versiones. Los mitos de una cultura se conocen colectivamente como **mitología.** Los académicos que estudian los mitos han descubierto numerosas coincidencias fascinantes entre mitos de culturas muy diferentes. Por ejemplo, muchos pueblos del mundo cuentan la historia de una inundación devastadora en tiempos prehistóricos. No hay duda de que muchos mitos responden a las preocupaciones más básicas y generalizadas de la raza humana.

Las **leyendas** son historias sobre hechos o sucesos extraordinarios, heredadas del pasado. Una leyenda se centra normalmente en torno a un acontecimiento histórico: por ejemplo, una batalla, un viaje, o la fundación de una nación o una ciudad. Las leyendas suelen presentar héroes humanos, en lugar de los dioses de los mitos. Los corridos (página 37) ofrecen numerosos ejemplos de personajes históricos, como Gregorio Cortez, que se han convertido en leyendas.

Un **cuento popular** es una historia tradicional que a menudo incorpora personajes irreales, como gigantes, dragones y animales que hablan. Algunos cuentos populares cuyas versiones más conocidas se originaron en Europa, como las historias de la Cenicienta o la Bella Durmiente, se llaman a menudo **cuentos de hadas.** Como los mitos, estos cuentos existen en diferentes versiones, y es posible encontrar historias similares en culturas muy distintas. Por ejemplo, entre los zuni, una comunidad indígena en el estado de Nuevo México, hay una versión de la historia de la Cenicienta, que a lo largo de generaciones se ha contado en el suroeste de los Estados Unidos.

ANTES DE LEER
Tres mitos latinoamericanos

Punto de partida

Dioses y gente

Los mitos que vas a leer a continuación provienen de tres grandes civilizaciones precolombinas. «Precolombino» significa «antes de Colón». Las civilizaciones azteca, maya e inca existían en Centro y Sudamérica antes de la llegada de Colón a las Américas. Estos tres mitos presentan dioses y seres humanos.

Lluvia de ideas

Probablemente ya sabes bastante de las civilizaciones precolombinas. Prepara un cuadro como el que aparece abajo y rellena las columnas «Lo que sé» y «Lo que quiero saber». Guarda tu trabajo. Después de terminar esta colección, vuelve a este cuadro y rellena la columna: «Lo que he aprendido».

Telón de fondo

Aztecas e incas

Los imperios azteca e inca florecían en América cuando llegaron los españoles. Los aztecas dominaban la zona donde se asienta hoy el centro de México. Su civilización basaba gran parte de su poderío en sus técnicas avanzadas de agricultura. Para cultivar la mayor cantidad de tierra posible, los aztecas obtuvieron agua de las lagunas y construyeron canales de irrigación. De esa manera, fueron capaces de producir alimentos para mantener a una enorme población. Cuando sucumbió ante el ejército del conquistador español Hernán Cortés en 1521, el imperio gobernaba alrededor de cinco o seis millones de habitantes.

A lo mejor has escuchado que los europeos no tuvieron problemas para conquistar la América indígena porque tenían armas de fuego y trajeron consigo enfermedades (como la gripe), contra las cuales los habitantes nativos no tenían inmunidad. Sin embargo, hay otra razón por la cual Cortés pudo conquistar con facilidad a los aztecas: Moctezuma II, emperador de los aztecas, pensó que Cortés, barbudo y de piel pálida, era Quetzalcóatl, un dios blanco de la mitología azteca, que regresaba a la tierra.

El imperio inca ocupaba gran parte de América del Sur. Su encuentro con los españoles ocurrió en 1532 y ya en 1535 estaba en ruinas. El ingenioso y moderno sistema de caminos de los incas facilitó la tarea de los españoles. Pudieron destruir sin mayores dificultades un estado que se extendía desde los Andes cerca de Quito, en Ecuador, hasta el sur de lo que hoy en día es Santiago de Chile. Dos caminos recorrían el imperio de norte a sur y se extendían por unas 2.250 millas cada uno. Uno de los caminos recorría la costa y el otro, las montañas de los Andes. En la red de caminos había muchos túneles y puentes colgantes. Los incas utilizaban enredaderas para dar apoyo a sus puentes; probablemente tú has visto puentes de un diseño similar donde un cable de acero ha sido utilizado en lugar de enredaderas.

Lo que sé	Lo que quiero saber	Lo que he aprendido
1.	1.	1.
2.	2.	2.
3.	3.	3.
4.	4.	4.

AZTECA

MAYA

INCA

ivilizaciones
recolombinas

TRES MITOS LATINOAMERICANOS

La pirámide del sol y la Ciudadela, la pirámide de Quetzalcóatl, en primer plano.

Versión de Douglas Gifford

La historia de Quetzalcóatl

AZTECA

Quetzalcóatl, la serpiente con plumas, fue quizás el dios más significativo de entre aquellos a los cuales rindieran culto[1] los aztecas. En sus distintas formas aparecía como dios del cielo y del sol, como dios de los vientos, de la estrella de la mañana, y también como el benefactor de la humanidad. Su nombre proviene de la palabra *quetzal*, nombre de un raro pájaro

1. **rindieran culto:** alabaron, glorificaron.

que tenía una larga cola de plumas, y de *cóatl*, palabra con la que se designaba a la serpiente. Bajo diferentes denominaciones fue adorado a lo largo y a lo ancho de México y de la América Central. En su honor se hicieron las grandes pirámides de los templos de México, y se levantó la ciudad sagrada de Cholula, así como un templo circular en la corte de Tenochtitlán.

Quetzalcóatl era hijo de Coatlicue, diosa de la tierra. Un día se encontraba ella en lo alto de una colina, haciendo penitencia con sus hermanas, cuando a su lado cayó del cielo una pluma. La cogió y la puso junto a su pecho, y quedó encinta. A su debido tiempo nació su hijo.

Quetzalcóatl fue un niño bueno y dócil, que tenía tan buen corazón que apenas se atrevía a tocar una flor para no hacerle daño. Cuando se le pidió que hiciera sacrificios rehusó, ofreciendo en su lugar pan, flores y perfumes. Sin embargo, era muy duro consigo mismo, y para hacer penitencia se flagelaba[2] la espalda con espinas de cactus, hasta que le brotaba sangre.

A medida que fue creciendo descubrió muchos secretos y destrezas, que enseñó a la humanidad. Encontró el escondite del maíz, se enteró del valor de las piedras preciosas, del oro y de la plata, de las conchas marinas de colores y las plumas de los pájaros, y aprendió a usar las distintas plantas.

La bondad e integridad de Quetzalcóatl irritaron al gran dios Tezcatlipoca, el Espejo de Humo, que era todo lo contrario a él. Se decía que era liviano, y tan rápido, que podía descender de los cielos bajando por una cuerda hecha con la tela de una araña. Era el dios de la alegría; pero, a la vez, era el dios de la discordia y de la hechicería,[3] de la prosperidad y de la destrucción, además de un gran tramposo, que exigía a los hombres sacrificios humanos y muertes para sustentarse.

Un día Tezcatlipoca se acercó a donde se encontraba Quetzalcóatl y le puso frente a los ojos un espejo para que se viera. Quetzalcóatl, horrorizado, vio entonces qué viejo era, y sus ojos se entristecieron. Pensó que defraudaría a su gente si lo contemplaban así, por lo que de inmediato tapó su rostro y marchó a ocultarse. Tezcatlipoca, sin embargo, corrió tras él y lo convenció de que se mirase nuevamente en el espejo. Entonces, por el contrario, le dio un rico vestido adornado con las plumas de un *quetzal*, y una máscara azul que representaba a una serpiente hecha de finas turquesas. Com-

placido por su visión, Quetzalcóatl volvió a permitir que su gente lo contemplara.

Tezcatlipoca, no obstante, quedó insatisfecho con aquella demostración de su poder; en realidad quería destruir al puro Quetzalcóatl por com-

Serpiente emplumada (Quetzalcóatl). Museo Misionario Etnológico, Museos del Vaticano, El Vaticano.

Scala/Art Resource, New York.

2. **flagelaba:** azotaba.
3. **hechicería:** brujería.

Quetzal resplandeciente.

pleto. Así pues, simulando ser su amigo, ofreció a Quetzalcóatl una copa de *pulque,* una especie de vino hecho con la savia[4] fermentada de la pita.[5] Al principio Quetzalcóatl rehusó beber; pero al fin metió un dedo en la copa para probar aquel vino. Después se echó un trago, luego otro, y otro más, y acabó cogiéndole gusto. Como estaba muy alegre mandó llamar a su hermana, y juntos siguieron bebiendo hasta embriagarse[6]...

Desde entonces Quetzalcóatl y su hermana llevaron una vida disipada,[7] olvidándose ambos de su anterior pureza, así como del cumplimiento de sus obligaciones religiosas. Pasado un tiempo, sin embargo, sus mentes volvieron a recuperar la cualidad de pensar con claridad, y entonces comprendieron la magnitud de su falta. Arrepentido de sus pecados, Quetzalcóatl ordenó a sus criados que le hicieran un ataúd[8]

4. **savia:** sustancia líquida que circula por las plantas.
5. **pita:** planta de hojas gruesas proveniente de México.
6. **embriagarse:** beber demasiado alcohol.
7. **disipada:** malgastada.
8. **ataúd:** caja en la cual se entierra a una persona muerta.

de piedra, y allí se metió durante cuatro días y cuatro noches para hacer penitencia. Después pidió a su gente que lo siguiera hasta la orilla del mar. Y una vez allí hizo una gran pira[9] funeraria; entonces, vestido con sus brillantes plumas, y luciendo la máscara que representaba a la serpiente de turquesas, se arrojó a las llamas.

La gran hoguera crepitó durante toda la noche; y, cuando se hizo de día, el cuerpo de Quetzalcóatl, convertido ya en cenizas, empezó a desperdigarse,[10] saliendo de entre las llamas cual una bandada de pájaros. Sus criados, que se hallaban desconsolados junto a la pira, viendo cómo desaparecía su dios, pudieron ver una estrella nueva que brillaba en el cielo recién despejado de la mañana: El corazón de Quetzalcóatl se había convertido en la estrella de la mañana.

9. **pira:** fogata para sacrificios.
10. **desperdigarse:** esparcirse.

¡Chocolate!

Hernán Cortés no fue solamente el conquistador de México, también fue el primer europeo en tomar chocolate caliente. En la corte del emperador azteca Moctezuma le sirvieron a Cortés una bebida amarga elaborada con semillas de cacao y llamada xocoalt. Cortés llevó consigo semillas de cacao cuando regresó a España en 1528. Los españoles aprendieron a endulzar la amarga bebida añadiendo vainilla y canela. Hacia 1606, esta deliciosa bebida llegó a Italia, ya que los españoles habían conseguido ocultar el secreto del chocolate ¡por casi cien años!

Equilibrio: Balance de noche y día de Orlando Agudelo-Botero.

El casamiento del Sol

MAYA

Érase una vez un hombre que tenía una hermosa hija. Día a día, mientras tejía, veía pasar por delante de su puerta a un joven cazador camino al bosque. A la caída de la noche, el cazador volvía con un ciervo sobre sus hombros.

Un día estaba la muchacha lavando un poco de maíz, para hacer luego la comida, y vació el agua en el sendero que había delante de la choza de su padre. El agua de maíz dejó el sendero muy resbaladizo, y cuando el joven cazador pasó por allí se cayó. El ciervo que llevaba sobre los hombros también cayó, y la muchacha vio que no se trataba de un animal recién cazado, sino de una piel rellena de cenizas calientes que se desparramaron por el suelo, todavía rojas y humeantes. El joven no

---

ADUÉÑATE DE ESTAS PALABRAS

desparramaron, de **desparramar** *v.*: esparcir, extender por muchas partes.

---

era un cazador común, era el Sol. Avergonzado entonces de haber quedado en evidencia, se convirtió en un colibrí[1] y partió volando tan velozmente como le fue posible.

El hombre Sol, sin embargo, se acordaba mucho de la muchacha que había descubierto su secreto, y volvió al día siguiente, en forma de colibrí, a alimentarse con las flores de su jardín.

—Cógeme ese adorable pajarillo —pidió la muchacha a su padre, y éste, haciendo uso de su honda,[2] derribó al pájaro. La muchacha lo tomó entre sus manos, y así, manteniéndolo tibio, lo tuvo durante todo el día. A la llegada de la noche, cuando su padre la encerró en la parte más cálida de la choza, la muchacha llevó consigo al colibrí.

En el calor del cuartucho, el colibrí revivió y vio a la muchacha, que dormía profundamente, junto al fuego. Adoptó entonces, de nuevo, su forma humana, y despertó a la joven.

—Mira, soy yo. Vámonos —susurró.

1. **colibrí:** pájaro muy pequeño con un pico largo.
2. **honda:** instrumento para lanzar piedras.

La joven, que reconoció de inmediato al joven cazador, se puso muy contenta.

—Me iría contigo, pero mi padre ha cerrado la puerta, y si huimos nos perseguirá y nos matará.

—No podrá hacerlo —replicó el cazador—, porque cambiaré nuestras formas.

—Pero mi padre tiene un lente mágico, con el que podrá ver a dónde nos dirigimos —dijo ella.

—No te preocupes —dijo el joven cazador—. Tomaré mis precauciones al respecto.

En un instante, ambos cambiaron de formas y se fueron a través del ojo de la cerradura de la puerta. Al poco tiempo, estaban muy lejos de la casa en donde vivía la muchacha.

El padre, a la mañana siguiente, descubrió que su hija había desaparecido y de inmediato adivinó lo que había pasado.

- -

ADUÉÑATE DE ESTAS PALABRAS

derribó, de **derribar** *v.*: hacer caer, tirar al suelo.
cálida, -do *adj.*: caliente.
precaución *f.*: cuidado; lo que se hace para prevenir un daño.

- -

Eclipse lunar, Códice Florentino, vol. 11, folio 233 r.

—¡No era un colibrí cualquiera! —exclamó—. Ha debido de embrujar a mi hija.

Tomó, pues, su lente mágica y se la puso en el ojo para ver a dónde se habían marchado. Pero no le sirvió de nada. El joven cazador había espolvoreado la lente con polvos de chile picante, que le hicieron picar y llorar los ojos tanto que el padre apenas podía ver.

Entonces salió de la choza y llamó al volcán que se alzaba sobre la aldea.

—¡Volcán, volcán! ¡Detén a mi hija y al joven que ha escapado con ella! ¡Deténlos y destrúyelos!

Una lluvia de fuego y de centellas surgió de repente de la boca del volcán, persiguiendo con su rugido a la pareja que huía. Justo cuando iban a ser alcanzados, el cazador vio, a la vera del camino, una tortuga.

—¡Préstame tu caparazón! —le suplicó.

—¿Cómo voy a dejártelo? —le dijo entonces la tortuga, con aspereza—. Si apenas quepo yo.

Pero el joven cazador poseía la facultad de transmutarse y, haciéndose muy pequeño, buscó cubierta bajo la tortuga. Cuando pronunciaba las palabras que reducirían a la muchacha a un tamaño semejante al suyo, la lluvia de fuego la envolvió, deshaciéndola en miles de fragmentos.

Después de la lluvia de fuego se produjo una inundación, y, cuando el joven cazador salió de su escondite, vio los restos de la muchacha desparramados sobre un gran lago. Mandó a recoger sus pedazos y meterlos en agua y guardarlos en pellejos, pucheros y todo tipo de recipientes. Luego lo metió todo en una bolsa que llevó a un posadero,[3] diciéndole que en el plazo de dos semanas volvería a recogerla. El posadero, días después, quedó horrorizado al ver que la bolsa se movía, y cuando regresó el joven le preguntó qué había dentro.

—No te preocupes —dijo el joven—. Mira.

Cuando abrió la bolsa, todos los pellejos, botellas y cacharros que allí había estaban llenos de pequeños animales; y, en un frasco, reducida a un

3. **posadero:** dueño de una posada, un lugar donde se hospeda a viajeros.

tamaño mínimo, estaba la muchacha. Cuando vio al joven sonrió, demostrando así la alegría que experimentaba; había recobrado la vida.

No quedaba más que restituirla a su tamaño normal, cosa que el joven hizo merced a[4] sus mágicos poderes. El joven cazador volvió a asumir sus obligaciones como Sol, y, poco después de desposada,[5] ella se convirtió en su Luna.

4. **merced a:** gracias a.
5. **desposada:** casada.

La nutrición en la antigüedad

En «El casamiento del Sol» una muchacha prepara maíz para que lo coma su familia. En la época de los mayas, como hoy en día, el maíz, las habichuelas, los chiles y la calabaza formaban parte de los productos básicos de la alimentación en América Central. Pero los primeros mayas nunca podrían haber levantado su civilización si no hubieran descubierto una forma especial de preparar el maíz que cultivaban. Si el maíz no se prepara de una forma adecuada se desaprovecha su valor nutritivo. Quienes dependían de este producto para su alimentación y no sabían prepararlo sufrían de desnutrición. Para resolver el problema, los mayas hervían los granos de maíz con cal blanca. Al hervir el maíz con la cal aprovechaban las proteínas más difíciles de obtener. Los indígenas de América del Norte, cuya dieta dependía también del maíz, utilizaban ceniza en lugar de cal con el mismo objetivo.

Los primeros incas

INCA

Las primeras crónicas que los españoles escribieron acerca de los mitos y leyendas de los indios recogían versiones diferentes de la creación del mundo y del nacimiento de los incas. Según una de ellas, Viracocha, el gran Dios Creador, decidió crear un mundo donde vivirían los hombres. Primero hizo la tierra y el cielo. Después creó la gente que habitaría la tierra, esculpiendo para ello gigantescas figuras de piedra, a las que dio luego vida. Al principio todo fue muy bien, pero al cabo de un tiempo los gigantes de piedra se negaron a trabajar, y dieron en luchar unos con otros. Viracocha decidió destruirlos. A algunos los volvió a convertir en estatuas de piedra, que todavía hoy existen en Tiahuanaco y Pucará; y el resto pereció ahogado en una gran inundación. Los lagos Titicaca y Poopó son restos de aquel diluvio; aún es posible encontrar caracolas y conchas en las colinas del altiplano, a una altura de 3.600 metros sobre el nivel del mar.

Viracocha salvó del diluvio a dos de los gigantes de piedra, y con su ayuda creó una nueva raza de su propio tamaño. El mundo aún estaba a oscuras, y Viracocha, por ello, no podía entregarse a la contemplación de lo que había creado, por lo cual bajó al fondo del lago Titicaca y de allí sacó al sol y a la luna. A partir de entonces el mundo tuvo luz durante el día, y mucha más claridad durante la noche, pues en aquellos tiempos la luna poseía más luz que el sol. Sólo cuando el sol sintió celos y le arrojó a la luna un puñado de ceniza, la cara de la luna se tornó tal cual hoy la contemplamos.

Luego Viracocha decidió crear una raza de hombres superiores a todos los que había creado hasta entonces, y en un lugar llamado Paqaritambo, en donde hay tres cuevas pequeñas, hizo salir una nueva raza de hombres y de mujeres. De las dos cuevas laterales salieron los antepasados de los aldeanos incas; y de la cueva del centro, cuatro hermanos y cuatro hermanas, que serían los fundadores de la familia imperial inca.

Tras instruirles acerca de cómo fundar un poderoso Imperio, Viracocha envió a los hermanos y a las hermanas a lo largo y a lo ancho del mundo. Viajaron lentamente por todo el país, permaneciendo un año en un lugar, dos años en otro, y así, aprendiéndolo todo acerca del mundo. Muy pronto uno de los hermanos, Ayar Kachi, que significa «la sal», empezó a crear problemas. Era el más fuerte de los cuatro, y gustaba de jugar con grandes piedras y rocas, arrojándolas monte abajo y abriendo así grandes barrancos.

—Ayar Kachi es demasiado fuerte —dijeron sus hermanos—. Destruirá del todo la región.

So pretexto de que había un magnífico tesoro en la cueva de una montaña, metieron allí a Ayar Kachi y cerraron la entrada.

Después, el segundo hermano, Ayar Ucho, cuyo nombre quiere decir «la pimienta», tomó la decisión de quedarse en la aldea de Huanacauri.

—Aquí haré un santuario y, convertido de nuevo en piedra, como un ídolo, seré inmortal —dijo.

El tercer hermano, Ayar Sauca, que significa «el regocijo», decidió quedarse entre los campesinos, cuidando de los sembrados y las cosechas y así lo honraron como espíritu de los campos.

El cuarto hermano, Ayar Manco, finalmente, encaminó sus pasos al lugar en donde hoy se alza Cuzco.[1] Con él iban las hermanas.

—Aquí levantaremos la capital del Imperio —dijo Mama Ocllo, una de las hermanas, y clavaron

---

1. **Cuzco:** la antigua capital del imperio de los incas.

ADUÉÑATE DE ESTAS PALABRAS

esculpiendo, de **esculpir** v.: labrar a mano una escultura.
pereció, de **perecer** v.: morir.
diluvio m.: lluvia abundante, inundación.
inmortal adj.: que tiene vida eterna.

Medallón de turquesa, oro y cobre, civilización moche, Perú, ca. 300 dC, de las reales tumbas de Sipán.

© UCLA Fowler Museum of Cultural History. Photo by Susan Einstein, Los Angeles.

Machu Picchu, Perú.

en el suelo una vara de oro, para determinar con exactitud cuál sería el centro de la ciudad. En cuanto empezaron la edificación de la misma resultó obvio que la tarea no iba a ser fácil. No había colinas alrededor del solar escogido, que no tenía, por ello, protección. El viento soplaba con furia día y noche, y ni siquiera las piedras ofrecían resistencia a su fuerza.

Ayar Manco decidió que la única solución era la de capturar al viento y meterlo en la jaula de una llama, hasta que la ciudad estuviera en pie, y eso fue lo que hizo, no sin grandes dificultades. Un día, sin embargo, el hermano que había decidido quedarse en los campos, escuchó el rugido del viento cuando trataba de escapar.

—¿Qué has hecho con mi viento? —preguntó—. No puedes encerrar así a un espíritu libre.

—¿Qué otra cosa puedo hacer? —se disculpó Ayar Manco—. Siempre que trato de levantar una casa o un templo el viento me la derriba.

Ayar Sauca amaba al viento y lo consideraba como cosa propia, pues siempre lo tenía junto a sí en su tierra, y lo echaba de menos. A pesar de ello comprendió las razones de su hermano, y le dijo:

—Muy bien, permitiré que tengas al viento preso un día en la jaula de la llama, nada más; después lo dejaremos en libertad. En el transcurso de ese día deberás levantar Cuzco y el gran Templo del Sol.

La desesperación hizo presa en Ayar Manco. ¿Cómo podía levantar una gran ciudad y un templo en el plazo de un día? Entonces tuvo una idea. Tras hacerse con una gran soga, escaló el pico de una montaña; y, una vez alcanzada la cumbre, le echó el lazo al sol cuando pasaba por encima. Amarró el cabo de la cuerda a una gran roca, y dejó al sol atado al cielo, para que no concluyera su diario trayecto. De esa forma prolongó el día durante semanas y hasta meses; y en todo ese tiempo nunca se hizo de noche ni se puso el sol. A partir de entonces, la gran roca que se eleva sobre la ciudad de Machu Picchu lleva el nombre de «Parada del Sol».

A su tiempo, dejó en libertad al sol; entonces, levantada ya la ciudad de Cuzco y construido el Templo del Sol en su mismo centro, el día volvió a tener fin. Entonces Ayar Manco abrió la jaula de la llama y el viento voló hacia las montañas. Para mantenerlo lejos de la nueva ciudad, Ayar Manco levantó montañas que le impidieran el paso, y que impidieran también la destrucción de lo que fuera creado por la mano del hombre.

—Traducción de José Luis Moreno

El Cuzco, Perú.

CREA SIGNIFICADOS

• Primeras impresiones

1. ¿Crees que los dioses en estos mitos trabajan mejor juntos que la gente común? Explica tu respuesta.

Interpretaciones del texto

2. Algunos dioses de estos mitos cambian de aspecto. Elige un dios y recuerda por qué cambió. ¿Qué fue lo que este dios aprendió al transformarse en una criatura de aspecto diferente?

3. Los hermanos y las hermanas de Ayar Kachi decidieron encerrarlo en una montaña porque causaba problemas. ¿Te parece correcto que actuaran así contra su hermano? Explica tu respuesta.

Conexiones con el texto

4. El nombre de Quetzalcóatl proviene de la unión de los nombres de un pájaro raro y una serpiente. ¿Por qué crees que los indígenas combinaron los nombres de estas criaturas para bautizar a un dios como Quetzalcóatl?

5. En «La historia de Quetzalcóatl» no solamente aprendemos sobre la historia de Quetzalcóatl, el dios, sino también sobre su lado humano. ¿Por qué se presenta un aspecto más humano del dios? ¿Qué se puede aprender de ello?

Más allá del texto

6. A lo mejor has descubierto que los dioses aztecas, mayas e incas actúan de una manera parecida a la de los dioses de los mitos de otras culturas. Haz una lista de figuras míticas. Estudia en la biblioteca algunos de estos nombres y compáralos con los dioses que has descubierto en esta colección. Podrías preguntarte lo siguiente: ¿En qué se parece Quetzalcóatl a Prometeo, el Titán griego? ¿En qué se parecen Ayar Manco y Faetón, el hijo del dios griego del sol?

> **Repaso del texto**
> Traza una línea de tiempo para cada mito y luego anota cada suceso en secuencia. Compara tu trabajo con el de otros estudiantes.

Quetzalcóatl, figura divina mítica de la cultura tolteca, bailando; en un cuadro del códice mixteca.

Cuaderno del escritor

1. Compilación de ideas para una evaluación

Compara la descripción de la creación del *Popol Vuh* con la narración «Los primeros incas». Anota tres formas en las que estas dos historias difieren; luego, toma notas sobre algunas semejanzas.

TRABAJO EN CURSO

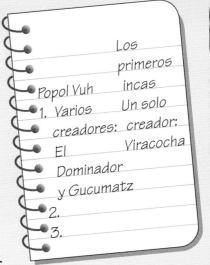

Popol Vuh	Los primeros incas
1. Varios creadores: El Dominador y Gucumatz	Un solo creador: Viracocha
2.	
3.	

Carteles

2. Crea rostros

Haz un dibujo tamaño cartel de los dioses sobre los que has estado leyendo. El tener un retrato impactante frente a ti puede permitirte recordar lo distintas que eran las personalidades de los dioses.

Escritura creativa

3. Una receta para obtener más tiempo

En el mito inca, cuando Ayar Manco se da cuenta de que no puede terminar la construcción de la ciudad y el templo en un solo día, logra alargar el día. ¿Has tenido alguna vez el deseo de alargar un día? Escribe una historia sobre un personaje que decide que un día no es lo suficiente-mente largo. No te olvides de mencionar por qué tu personaje quiere que el día sea más largo y cómo consigue que lo sea. Al final, ¿tu personaje será feliz o infeliz por lo que ha hecho?

Drama

4. ¡Coloca el sol de nuevo sobre el cielo!

En pequeños grupos de trabajo, representen uno de los mitos en una obra de teatro. Quizá puedan hacer máscaras. Piensen cómo lograr algunos de los «efectos especiales» de estos mitos.

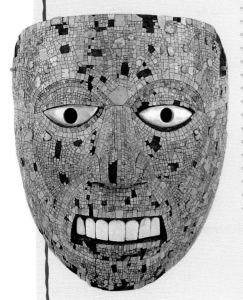

El dios Quetzalcóatl o Tonatiuh, ca. 1500 dC. Mosaico de turquesa con ojos de nácar montado en resina sobre madera. Mixte-Aztec, México-Ethno St. 400.
The British Museum, London.

ESTRATEGIAS PARA LEER

Evaluación

¿Sabes que cuando lees haces una evaluación? Lo haces siempre que decides:

- si te gustó o no una historia
- que un personaje no es creíble
- que un personaje posee un carácter heroico.

No siempre tienes que estar seguro de por qué juzgas algo de una forma determinada, pero tienes que hacer un esfuerzo para ser consciente de tus evaluaciones. Necesitas saber cuáles son tus criterios a la hora de decidir si una historia es buena o si un personaje es creíble.

El darte cuenta de cómo y por qué haces una evaluación te ayudará a ser un mejor estudiante y una persona más reflexiva.

Prepara un diagrama de evaluación, similar al que aparece en esta página, para las historias que has leído. ¿Por qué son «buenas» las historias? ¿Son creíbles los personajes?

Situación de «En la noche»:
La mujer rema durante un día y una noche enteros, para salvar a su marido que se está muriendo a causa de la picadura de una raya. Es una mujer valiente que se niega a perder el ánimo. La aventura de los dos y su supervivencia son extraordinarias.

↓

Evaluación: «En la noche» es una buena historia.

↓

¿Por qué?
Esta narración es muy interesante y llena de imágenes vívidas.

Tocado de cabeza tipo Medusa con serpientes retorciéndose; usado por la antigua civilización nazca de Perú en sus ceremonias religiosas.

Bonampak, estado de Chiapas, México.

Arqueología y civilizaciones precolombinas

ACTIVIDADES PARA EMPEZAR

1. De las culturas que florecieron en Centro y Sudamérica antes de la llegada de los europeos a las Américas, tres fueron especialmente importantes: los mayas, los aztecas y los incas. Utiliza el mapa que hay en la página 281 para situar a cada una de estas civilizaciones.
2. Nadie sabe por qué se derrumbó la civilización maya, pero los científicos sitúan el derrumbe hacia el año 900 dC. Los invasores españoles describieron en detalle su conquista de los aztecas en 1521 y de los incas en 1532. Con la ayuda de materiales de consulta de la biblioteca de tu escuela o tu comunidad, averigua lo que puedas sobre los conquistadores Hernán Cortés y Francisco Pizarro. Comparte los resultados con tu clase.

Los mayas de América Central: Murales y misterios

La cultura maya floreció entre los años 250 y 900 dC, en la zona que ahora ocupan Guatemala, Honduras, Belice y el sur de México. El calendario extraordinariamente avanzado de los mayas y sus logros en el campo de la astronomía llevaron a los arqueólogos y antropólogos a pensar que los mayas eran un pueblo pacífico interesado en los cuerpos celestes y la agricultura. Sin embargo, nuevos y sorprendentes descubrimientos han revelado que los mayas eran un pueblo muy guerrero, siempre dispuesto a extenderse y conquistar a sus vecinos. En la década de los ochenta, los arqueólogos comenzaron a reconstruir los murales mayas de Bonampak, al sur de México. En lugar de escenas pacíficas y agrícolas, estas pinturas describen combates feroces, sangrientos rituales y la coronación de un nuevo rey. El rey Chaan Muan fue coronado hacia el final del siglo ocho en una ceremonia a la que asistieron músicos y en la que los nobles estaban fantásticamente vestidos.

El hecho de que se hubiera descifrado la escritura pictográfica de los mayas facilitó los trabajos de Bonampak. Este lenguaje se consideró en un tiempo decorativo, pero algunos académicos insistieron en que era un código que podía descifrarse y finalmente lograron hacerlo. Y sin embargo, aún quedan ocultos muchos misterios sobre los mayas. La causa del derrumbe de los grandes centros urbanos de los mayas hacia el año 900 dC, es uno de los principales misterios. Recientemente, los académicos han sugerido que la causa fue una sequía catastrófica. Hoy en día hay una población maya de seis millones, parte de la cual vive en los Estados Unidos.

Estela D, Quriguá, Guatemala. Figura majestuosa de un dios o gobernante, periodo maya clásico tardío, erigida probablemente en el año 766 dC.

Piedra de sol. Calendario de piedra azteca. Museo Nacional de Antropología, Cuidad de México, México.
Michel Zabe/Art Resource, New York.

Los aztecas de México: Guerreros y constructores de pirámides

Los aztecas adquirieron rápidamente un poderío enorme y gobernaron su imperio desde la capital, Tenochtitlán (hoy en día, Ciudad de México). El centro del poder político y religioso fue la Gran Pirámide de Tenochtitlán, que tenía una altura de 180 pies y su terraza superior estaba coronada por dos templos. Desde allí el rey presidía los sacrificios a los dioses de la religión azteca.

Las excavaciones arqueológicas en el Templo Mayor durante la década de los ochenta han cimentado la teoría de que el elemento central de la cultura azteca era una fiera dedicación a la guerra. Por ejemplo, se exigía que todos los reyes

aztecas comenzaran su reinado desatando una guerra y se ascendía a los soldados según el número de enemigos que capturaran en la batalla.

A pesar de la naturaleza guerrera de los aztecas, las excavaciones también han revelado que la música, el arte, la poesía y el baile formaban una parte importante de sus vidas. La dimensión imaginativa de la cultura azteca es especialmente evidente en las metáforas que se utilizan diariamente en su lenguaje, el náhuatl: por ejemplo, «faldas de jade» por lagos, «el sonido de los escudos» por guerra y «flor y canto» por poesía.

Los incas del Perú: Monarcas de las montañas

Como el imperio azteca, el imperio inca adquirió un enorme poder durante el siglo catorce y se derrumbó abruptamente tras las conquista española a comienzos del siglo dieciséis. Aunque carecían de un lenguaje escrito tan altamente desarrollado como el de los mayas y los aztecas, los incas tenían sin embargo un extraordinario talento administrativo. En menos de un siglo lograron unificar un imperio de 12 millones de personas. Los incas también construyeron un sistema de caminos que, como el del antiguo imperio romano, era extremadamente avanzado. Además, los incas construyeron sus caminos en un terreno mucho más dificultoso, sin el uso de vehículos con ruedas (los caminos eran utilizados por personas y llamas).

Probablemente el centro inca más famoso es la ciudad de Machu Picchu en el Perú, a 8.000 pies por encima del nivel del mar en la vertiente oriental de los Andes. Machu Picchu fue descubierta en 1911 por el arqueólogo estadounidense Hiram Bingham. El objetivo exacto de su fundación no está claro aún, pero muchos académicos piensan que tiene una importancia estratégica y simbólica. Machu Picchu, sin embargo, no es el único legado de los incas: su lengua, como la de los mayas, sigue viva y hay numerosas personas que hablan quechua hoy en día en Perú y Ecuador.

Sendero inca, Machu Picchu.

El arqueólogo Hubrey Trik examinando jeroglíficos de una cámara de enterramientos en las ruinas de Tikal, Guatemala. Entre los jeroglíficos está inscrita la fecha 21 de marzo de 457 dC.

The University Museum, University of Pennsylvania. (Neg. #61–4–267)

En este momento tal vez te gustaría terminar la columna «Lo que he aprendido» en el cuadro de la sección LLUVIA DE IDEAS (ver página 280).

ACTIVIDADES DE CIERRE

1. Realiza una investigación sobre los últimos hallazgos arqueológicos hechos en centros mayas importantes como Bonampak (México), Río Azul (Guatemala) y Copán (Honduras). Puedes encontrar reportajes ilustrados sobre estos lugares en *National Geographic,* entre otras fuentes. Comparte tus hallazgos con la clase.

2. Tanto a los mayas como a los aztecas les gustaban los juegos de pelota y los arqueólogos han descubierto varias canchas para estos juegos a lo largo de América Latina. Averigua lo que puedas sobre las circunstancias, las reglas y los equipos de estos juegos. Presenta un informe oral a la clase.

3. Los mayas, los aztecas y los incas tenían calendarios extremadamente precisos para medir el tiempo. ¿Cómo funcionaban estos calendarios? ¿Por qué eran importantes para la vida religiosa y agrícola? Con un grupo pequeño, investiga la manera en que estas civilizaciones registraban los días, las estaciones del año y las eras.

4. Tres de los animales más significativos de las mitologías maya, azteca e inca fueron el jaguar, el coyote y la zarigüeya. Reúnete con un pequeño grupo para estudiar algunas de las características más importantes de cada animal. ¿Por qué crees que estos animales atraían tan poderosamente la imaginación de estos pueblos precolombinos?

5. ¿De qué forma las culturas precolombinas de los mayas, aztecas e incas se mantienen vivas hoy en día? Escoge una de estas culturas y averigua todo lo que puedas sobre la supervivencia de su idioma, folclor, religión, artesanía y otras tradiciones. Comparte tus hallazgos con la clase.

Taller del escritor

TAREA
Escribe una evaluación.

LA PERSUASIÓN

EVALUACIÓN

Cuando **evalúas** un libro o una película, te basas en ciertos criterios para juzgar su calidad. En algunas evaluaciones **comparas** y **contrastas** dos trabajos diferentes mediante una explicación de sus semejanzas y sus diferencias. Luego evalúas los objetivos de tu ensayo ofreciendo un juicio sobre su calidad y defendiéndolo.

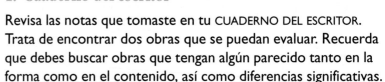

Antes de escribir

1. Cuaderno del escritor

Revisa las notas que tomaste en tu CUADERNO DEL ESCRITOR. Trata de encontrar dos obras que se puedan evaluar. Recuerda que debes buscar obras que tengan algún parecido tanto en la forma como en el contenido, así como diferencias significativas.

2. Prepara un cuadro

Otra estrategia útil para encontrar obras para una evaluación es hacer un cuadro como el que aparece a continuación.

Si ninguna de las ideas de la tabla te llama la atención, examina la lista de trabajos que aparece en el ÍNDICE de este libro de texto y prepara tu propio cuadro comparativo. Presta especial atención a las semejanzas y diferencias de los mitos presentados en esta colección.

Compara	Semejanzas
«El corazón delator» con «El crimen perfecto»	Ambos son cuentos narrados por criminales.
Ana Frank, *Diario* con *The Diary of Anne Frank* (película, 1959)	La versión cinematográfica adapta los sucesos que se narran en el diario.
«El corrido de Gregorio Cortez» con *The Ballad of Gregorio Cortez* (película, 1982)	Tanto el corrido como la película están basados en los mismos acontecimientos históricos y legendarios.

The history
of the written
word is rich and

Había una vez

3. Establece criterios para emitir un juicio

Después de elegir un par de trabajos para comparar y contrastar, decide los **criterios** que vas a utilizar para evaluarlos.

Si estás evaluando trabajos de dos géneros diferentes, como un libro y una película, hazte preguntas como éstas:

- ¿Qué hace que un libro sea bueno?
- ¿Qué hace que una película sea buena?
- ¿Qué cualidades deben tener ambos?

El borrador

1. Comienza la evaluación

En la **introducción,** intenta captar la atención del lector con una cita impactante de uno de los dos trabajos que estás evaluando. No te olvides de mencionar los trabajos y de formular tu idea principal en la introducción.

En el **cuerpo** de tu ensayo, concéntrate en mostrar con claridad las semejanzas y las diferencias entre los trabajos. Puedes utilizar uno de los dos métodos siguientes para organizar los detalles en esta etapa del ensayo. La guía que aparece abajo muestra **el método de bloque** y **el método punto por punto** para presentar la información en un ensayo sobre «El corazón delator» y «El crimen perfecto».

Método de bloque	Método punto por punto
Trabajo 1: «El corazón delator»	Punto 1: Narrador
Punto 1: Narrador	Trabajo 1: «El corazón delator»
Punto 2: Imágenes	Trabajo 2: «El crimen perfecto»
Punto 3: Efectos de sonido	Punto 2: Imágenes
Trabajo 2: «El crimen perfecto»	Trabajo 1: «El corazón delator»
Punto 1: Narrador	Trabajo 2: «El crimen perfecto»
Punto 2: Imágenes	Punto 3: Efectos de sonido
Punto 3: Efectos de sonido	Trabajo 1: «El corazón delator»
	Trabajo 2: «El crimen perfecto»

Esquema para una evaluación

I. Introducción
   A. Capta la atención.
   B. Escoge los trabajos.
   C. Formula la idea principal.

II. Cuerpo
   A. Compara los trabajos y muestra sus semejanzas.
   B. Contrasta los trabajos y muestra sus diferencias.
   C. Utiliza los criterios para evaluar los trabajos.
   D. Defiende la evaluación con razonamientos y pruebas

III. Conclusión
   A. Vuelve a resumir el juicio.
   B. Recomienda uno de los trabajos o ambos.

En el cuerpo de tu ensayo debes incluir tu evaluación o juicio de los dos trabajos. Ya que tu juicio es una opinión, debes defenderlo convincentemente con normas, razones y otras pruebas. Puedes utilizar uno o más de los siguientes elementos como pruebas:

- experiencias personales
- ejemplos de los trabajos que estás evaluando
- comparaciones con otros trabajos relacionados

Por ejemplo, en un ensayo donde se comparen estas dos historias, el escritor puede defender su opinión de que «El corazón delator» es un relato más tenebroso, citando el pasaje en que el narrador describe ampliamente cómo ha planeado el crimen.

En la **conclusión** de tu ensayo, recuerda volver a formular tu idea principal. Luego, puedes recomendarle al público uno o los dos trabajos.

2. Desarrolla tu propio estilo: Connotaciones

Además de sus significados literales según el diccionario, o denotaciones, las palabras y las oraciones tienen **connotaciones,** o sentidos relacionados. Cuando compares, contrastes y evalúes los trabajos que has escogido, trata de estar lo más atento posible al tono del lenguaje que usas. Piensa en las connotaciones de las palabras en cursiva. ¿Qué oración sugiere una mayor emoción?

El hombre *contó* su historia *con una lentitud monótona.*

La historia *brotaba tediosamente de los labios del hombre.*

Evaluación y revisión

1. Intercambio entre compañeros

Intercambia borradores con un(a) compañero(a). Después de leer el borrador de tu compañero(a), completa una o más de las frases siguientes:

- La idea principal de este ensayo es...
- Me gustaría saber más sobre...
- La evaluación del escritor me convence (o no me convence) porque...

2. Autoevaluación

Emplea las pautas siguientes para revisar tu trabajo. Añade, elimina o reescribe detalles de tu ensayo, y haz otros cambios que sean necesarios.

Pautas de evaluación

1. ¿Capto desde el comienzo la atención del lector?

2. ¿He formulado claramente la idea principal?

3. ¿He presentado los detalles en un orden lógico?

4. ¿He defendido mi evaluación de un modo convincente?

5. ¿Termino con una conclusión sólida?

Técnicas de revisión

1. Comienza con una cita o anécdota impactante.

2. Incorpora una o dos oraciones que resuman tu juicio de los trabajos.

3. Utiliza el método de bloque o el de punto por punto en el cuerpo de tu ensayo.

4. Apóyate en los criterios que estableciste o añade otras razones o pruebas.

5. Vuelve a formular la idea principal.

Compara las dos versiones siguientes de una evaluación de «El corrido de Gregorio Cortez» (página 38) y la película *The Ballad of Gregorio Cortez*.

MODELOS

Borrador 1

Hay un corrido sobre un hombre llamado Gregorio Cortez del que han hecho una película. Yo leí el corrido en la clase y luego todos fuimos a ver la película. Ambas obras, tanto la película como la canción, tienen sus ventajas. La película cuenta una historia más larga y llegamos a averiguar más detalles sobre lo que le ocurrió a Cortez. El corrido, sin embargo, es también bueno, pero de una manera diferente. Hace que Cortez parezca más heroico.

Evaluación: Este párrafo menciona algunas semejanzas entre los dos trabajos, pero la escritura no es interesante y el escritor debería ser más explícito sobre su idea principal.

Borrador 2

Tanto «El corrido de Gregorio Cortez» como la película The Ballad of Gregorio Cortez cuentan la historia de un hombre que tuvo problemas con la ley en Texas. Aunque el tema es el mismo, la película cubre un periodo más extenso de la vida de su protagonista. Por ejemplo, nos cuenta los sucesos exactos en torno al asesinato del alguacil y del hermano de Cortez. La versión cinematográfica también cubre el juicio.

Como muestra más detalles de su vida, la película ofrece un retrato más completo de Cortez. La película subraya el hecho de que Cortez era un hombre sencillo. El corrido, por su parte, pinta un héroe legendario. En un momento dado, los americanos dicen: «Si le entramos por derecho muy poquitos volveremos».

Creo que la forma del corrido se presta a hacer un retrato más exagerado. Una canción debe ser interesante y emotiva en un espacio corto de tiempo. Se entiende, entonces, que el corrido enfatizará más la habilidad de Cortez para esquivar a sus perseguidores. Como resultado, el corrido trata a Cortez como una figura mítica, mientras que la película lo muestra más como una persona real.

Evaluación: Mejor. El escritor resume con claridad las semejanzas y las diferencias. La formulación de la idea principal indica que las diferencias entre los dos trabajos son más importantes que sus parecidos.

Corrección de pruebas

Intercambia trabajos con un(a) compañero(a). Corrijan con cuidado sus respectivos ensayos.

Publicación

- Presenta tu evaluación al diario o revista de la escuela como una reseña.
- Con otros compañeros, haz una antología de evaluaciones.

Reflexión

Completa en forma breve las frases siguientes:
- La parte más difícil de esta tarea fue...
- Escribir este ensayo me enseñó que la mejor manera de convencer a otra gente es...

Taller de oraciones

ORACIONES QUE TE AYUDAN A EVALUAR

Reúnete con un(a) compañero(a) y asuman posturas contrarias para defender y criticar la solución de Cándido, el personaje de la tira cómica. Apunten sus argumentos.

Guía del lenguaje

Ver Conjunciones, pág. 372.

Luego, combinen sus oraciones empleando la palabra «aunque». Por ejemplo:

> Aunque la solución es original, la señora no puede usar el grifo.
>
> o
>
> Aunque la señora no puede usar el grifo, la solución es original.

Fíjate que el orden de los argumentos cambia el énfasis de la oración. ¿Qué oración usaste para expresar tu punto de vista? ¿Cuál usó tu compañero(a)?

Cuando unes dos oraciones con la palabra «aunque», admites algo sin cambiar de punto de vista. Estas oraciones se llaman **oraciones concesivas**. Para crear oraciones concesivas se usan estas palabras de enlace: **aunque, a pesar de que, por más que, por mucho que, aun cuando, si bien**.

Al revisar tu trabajo:

Reúnete con tu compañero(a) y comenten sobre lo que han escrito. Responde a sus argumentos usando «Aunque...» o «A pesar de que...». Trata de incorporar algunas de estas oraciones a tu ensayo. Las oraciones concesivas te pueden ayudar a comparar y a resumir tu argumento. Observa:

> Aunque los mitos del *Popol Vuh* proponen una buena explicación de la creación, «La historia de Quetzalcóatl» me pareció más interesante.

Inténtalo tú

Une estas oraciones con palabras de enlace concesivas:

1. Los personajes no eran creíbles. La película tenía un argumento emocionante.
2. Se esfuerza mucho. No logrará escribir una obra como la de su rival.
3. El tema es interesante. El autor no consigue captar nuestro interés.

Perspectivas humorísticas

Peer Worship de L. Zjawin Francke. Óleo sobre masonite. 10" x 17".

Antes de leer
El libro talonario

Punto de partida

¡Sorpresa!

En el humor, el elemento sorpresa es esencial. Mira la tira cómica de arriba. Lo inesperado a menudo parece divertido.

Otro elemento importante en el humor es la exageración. Un escritor puede elegir exagerar de manera absurda situaciones y personajes. Don Quijote, una de las más grandes creaciones de la literatura, es una combinación de cualidades personales exageradas e inusuales.

En la historia que vas a leer a continuación, «El libro talonario», conocerás a un personaje memorable llamado el tío Buscabeatas. Él nos hace reír porque es un hombre excéntrico que hace cosas sorprendentes para cuidar de sus calabazas.

Toma nota

Piensa en la experiencia más divertida que hayas tenido. ¿Crees que otros la encontrarán igualmente cómica? Escribe lo que recuerdes de esa experiencia. Después, utiliza esas notas para desarrollar una historieta o para dibujar una tira cómica basada en esa situación.

Diálogo con el texto

Presta atención a los elementos cómicos de «El libro talonario», como por ejemplo, el uso de la exageración, los divertidos nombres que el escritor les da a sus personajes y el desenlace sorprendente.

Elementos de literatura

La trama cómica

Si has leído «El buen ejemplo» (página 158), te habrá sorprendido y divertido el inesperado e increíble final de la historia, cuando don Lucas, un maestro de escuela, descubre a su querido loro enseñándole a una clase llena de loros.

En la **trama cómica** el final es una sorpresa total. En las comedias románticas, el protagonista encuentra mil obstáculos que al final vence por casualidad o debido a su inesperada buena suerte.

> Un final sorprendente es una parte muy importante de la **trama cómica.**
>
> *Para más información, ver el GLOSARIO DE TÉRMINOS LITERARIOS.*

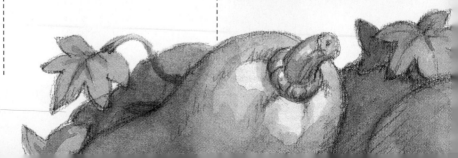

El libro talonario

Pedro Antonio de Alarcón

La acción comienza en Rota. Rota es la más pequeña de aquellas lindas poblaciones que forman el gran semicírculo de la bahía de Cádiz;[1] pero a pesar de ser la menor, el gran duque de Osuna la prefirió, construyendo allí su famoso castillo que yo podría describir piedra por piedra... Pero no se trata aquí de castillos ni de duques, sino de los campos que rodean a Rota y de un humildísimo hortelano, a quien llamaremos el tío *Buscabeatas,* aunque no era éste su verdadero nombre.

De los fértiles campos de Rota, particularmente de las huertas, salen las frutas y legumbres que llenan los mercados de Huelva[2] y de Sevilla.[3] La calidad de sus tomates y calabazas es tal que en Andalucía[4] siempre llaman a los roteños[5] *calabaceros* y *tomateros,* nombres que ellos aceptan con orgullo.

Y, a la verdad, razón tienen para sentir orgullo; pues es el caso que aquella tierra de Rota que tanto produce, es decir, la tierra de las huertas, aquella tierra que da tres o cuatro cosechas al año, no es tierra, sino arena pura y limpia, salida del océano, soplada por los furiosos vientos del Oeste y esparcida así sobre toda la región roteña.

1. **Cádiz:** ciudad y puerto en el sur de España.
2. **Huelva:** provincia y pueblo en el sur de España.
3. **Sevilla:** ciudad en el sur de España y capital de la provincia de Andalucía.
4. **Andalucía:** provincia en el sur de España.
5. **roteños:** personas de la pequeña ciudad de Rota.

ADUÉÑATE DE ESTAS PALABRAS

hortelano *m.:* persona que cultiva una huerta.
esparcida, -do *adj.:* distribuida sobre un área, desparramada.

DIARIO DEL LECTOR

Tengo que encontrar la bahía de Cádiz en un mapa.

Si el escritor no quiere hablar acerca del castillo, ¿por qué lo menciona?

Me pregunto si los tomates y las calabazas se recolectan durante la misma época.

No sabía que la arena ayuda a las cosechas.

Pero la ingratitud de la naturaleza está allí más que compensada por la constante <u>laboriosidad</u> del hombre. Yo no conozco, ni creo que haya en el mundo, labrador que trabaje tanto como el roteño. Ni siquiera un pequeño arroyo corre por aquellos melancólicos campos... ¿Qué importa? ¡El calabacero ha hecho muchos pozos de donde saca el precioso líquido que sirve de sangre a sus legumbres! ¡El tomatero pasa la mitad de su vida buscando substancias que puedan servir de abono! Cuando tiene ambos elementos, el agua y el abono, el hortelano de Rota empieza a fertilizar pequeñísimos trozos de terreno, y en cada uno de ellos siembra un grano de tomate o una pepita de calabaza, que riega luego a mano, como quien da de beber a un niño.

Desde entonces hasta la cosecha, cuida diariamente una por una las plantas que allí nacen, tratándolas con un cariño sólo comparable al de los padres por los hijos. Un día le añade a tal planta un poco de abono; otro le echa un jarro de agua; hoy mata los insectos que se comen las hojas; mañana cubre con cañas y hojas secas las que no pueden resistir los rayos del sol o las que están demasiado expuestas a los vientos del mar. Un día cuenta los tallos, las flores y hasta los frutos de las más <u>precoces</u>, otro día les habla, las acaricia, las besa, las bendice y hasta les pone expresivos nombres para distinguirlas e individualizarlas en su imaginación.

Sin exagerar; es ya un <u>proverbio</u> (y lo he oído repetir muchas veces en Rota) que el hortelano de aquel país *toca por lo menos cuarenta veces al día con su propia mano cada planta de tomates que nace en su huerta.* Y así se explica que los hortelanos de aquella localidad lleguen a quedarse encorvados hasta tal punto, que sus rodillas casi le tocan la barba.

* * *

Pues bien; el tío *Buscabeatas* era uno de estos hortelanos.

Principiaba a encorvarse en la época del suceso que voy a referir. Tenía ya sesenta años...y había pasado cuarenta labrando una huerta próxima a la playa.

Aquel año había criado allí unas enormes calabazas que ya principiaban a ponerse amarillas, lo cual quería decir que era el mes de junio. Conocíalas perfectamente el tío *Buscabeatas* por la forma, por su color y hasta por el nombre, sobre todo las cuarenta más gordas y amarillas, que ya estaban diciendo *guisadme.*[6]

—¡Pronto tendremos que separarnos!— les decía con ternura mientras las miraba melancólicamente.

6. *guisadme:* guíseme. En el español antiguo, en vez de la forma «usted», se usaba «vos» como segunda persona formal.

ADUÉÑATE DE ESTAS PALABRAS
laboriosidad *f.*: aplicación al trabajo.
precoz *adj.*: que madura antes de tiempo.
proverbio *m.*: refrán.

Al fin, una tarde se resolvió al sacrificio y pronunció la terrible sentencia.

— Mañana — dijo — cortaré estas cuarenta y las llevaré al mercado de Cádiz. ¡Feliz quién se las coma!

Se marchó luego a su casa con paso lento y pasó la noche con las angustias de un padre que va a casar una hija al día siguiente.

— ¡Pobres calabazas mías! — suspiraba a veces sin poder dormirse. Pero luego reflexionaba, y concluía por decir —: Y ¿qué he de hacer, sino venderlas? ¡Para eso las he criado! ¡Valdrán por lo menos quince duros![7]

Figúrese, pues, cuál sería su asombro, cuánta su furia y cuál su desesperación, cuando, al ir a la mañana siguiente a la huerta, halló que, durante la noche, le habían robado las cuarenta calabazas. Púsose a calcular fríamente, y comprendió que sus calabazas no podían estar en Rota, donde sería imposible venderlas sin peligro de que él las reconociese.

7. **duros:** moneda española.

— ¡Como si lo viera, están en Cádiz! — se dijo de repente —. El ladrón que me las robó anoche a las nueve o a las diez se ha escapado en el *barco de la carga*... ¡Yo saldré para Cádiz hoy por la mañana en el *barco de la hora,* y allí cogeré al ladrón y recobraré a las hijas de mi trabajo!

Así diciendo, permaneció todavía unos veinte minutos en el lugar de la catástrofe, contando las calabazas que faltaban, hasta que, a eso de las ocho, partió con dirección al muelle.

Ya estaba dispuesto para salir el *barco de la hora,* pequeña embarcación que conduce pasajeros a Cádiz todas las mañanas a las nueve, así como el *barco de la carga* sale todas las noches a las doce, llevando frutas y legumbres. Llámase *barco de la hora* el primero, porque en una hora, y a veces en menos tiempo, cruza las tres leguas que hay entre Rota y Cádiz.

* * *

Eran, pues, las diez y media de la mañana cuando se paraba el tío *Buscabeatas* delante de un puesto de verduras del mercado de

Cádiz, y le decía a un policía que iba con él:

—¡Éstas son mis calabazas! ¡Coja usted a ese hombre! Y señalaba al vendedor.

—¡Cogerme a mí! —contestó éste, lleno de sorpresa—. Estas calabazas son mías: yo las he comprado...

—Eso podrá usted decírselo al juez —contestó el tío *Buscabeatas.*

—¡Que no!

—¡Que sí!

—¡Tío ladrón!

—¡Tío tunante![8]

—¡Hablen ustedes con más educación! ¡Los hombres no deben insultarse de esa manera! —dijo con mucha calma el policía, dando un puñetazo en el pecho a cada uno.

En esto ya se habían acercado algunas personas, y entre ellas estaba el jefe bajo cuya autoridad están los mercados públicos. Informado el jefe de todo lo que pasaba, preguntó al vendedor con majestuoso acento:

—¿A quién le ha comprado usted esas calabazas?

—Al tío Fulano, vecino de Rota... —respondió el vendedor.

—¡Ése había de ser!—gritó el tío *Buscabeatas*—. ¡Cuando su huerta, que es muy mala, le produce poco, roba en la del vecino!

—Pero, suponiendo que a usted le hayan robado anoche cuarenta calabazas —dijo el jefe, dirigiéndose al hortelano—, ¿cómo sabe usted que éstas, y no otras, son las suyas?

—¡Vamos! —replicó el tío *Buscabeatas*—. ¡Porque las conozco como conocerá usted a sus hijas, si las tiene! ¿No ve usted que las he criado? Mire usted: ésta se llama *Rebolanda*; ésta, *Cachigordeta*; ésta, *Barrigona*; ésta, *Coloradilla*; ésta, *Manuela*..., porque se parecía mucho a mi hija menor.

Y el pobre viejo se echó a llorar como un niño.

—Todo eso está muy bien —dijo el jefe—; pero la ley no se contenta con que usted re-

8. **tunante:** bribón; sinvergüenza.

conozca sus calabazas. Es necesario que usted las identifique con pruebas indisputables... Señores, no hay que sonreírse... ¡Yo soy abogado!

—¡Pues verá usted qué pronto le pruebo yo a todo el mundo, sin moverme de aquí, que esas calabazas se han criado en mi huerta! —dijo el tío *Buscabeatas.*

Y echando al suelo un saco que llevaba en la mano, se arrodilló y empezó a desatarlo tranquilamente. La curiosidad de todos los que le rodeaban era grande.

—¿Qué va a sacar de ahí? —se preguntaban todos.

Al mismo tiempo llegó otra persona a ver qué pasaba en aquel grupo, y al verla el vendedor exclamó:

—¡Me alegro de que llegue usted, tío Fulano! Este hombre dice que las calabazas que me vendió usted anoche son robadas. Conteste usted...

El recién llegado se puso más amarillo que la cera, y trató de irse, pero los demás se lo impidieron, y el mismo jefe le mandó quedarse.

En cuanto al tío *Buscabeatas,* ya se había encarado con el supuesto ladrón diciéndole:

—¡Ahora verá usted lo que es bueno!

El tío Fulano, recobrando su sangre fría, le replicó:

—Usted es quien ha de ver lo que habla; porque, si no prueba su acusación, como no podrá hacerlo, irá a la cárcel. Estas calabazas eran mías; yo las he criado, como todas las que he traído este año a Cádiz, en mi huerta, y nadie podrá probarme lo contrario.

—¡Ahora verá usted! —repitió el tío *Buscabeatas,* acabando de desatar el saco.

Rodaron entonces por el suelo una multitud de tallos verdes, mientras que el viejo hortelano, sentado sobre sus pies, hablaba así al pueblo allí reunido:

—Caballeros: ¿no han pagado ustedes nunca contribución?[9] ¿Y no han visto aquel libro verde que tiene el recaudador, de donde va cortando recibos, dejando siempre pegado

9. **contribución:** impuesto que cada uno paga.

en el libro un pedazo para poder luego probar si tal recibo es falso o no lo es?

—Lo que usted dice se llama el libro talonario, —dijo gravemente el jefe.

—Pues eso es lo que yo traigo aquí: el libro talonario de mi huerta, o sea los tallos a que estaban unidas estas calabazas antes de que me las robara ese ladrón. Y, si no, miren ustedes. Éste tallo es de esta calabaza... Nadie puede dudarlo... Éste otro...ya lo están ustedes viendo...es de ésta otra... Éste más ancho...es de aquélla... ¡Justamente! Y éste de ésta... Ése, de ésa...

Y mientras que hablaba, iba pegando el tallo a las calabazas, una por una. Los espectadores veían con asombro que, efectivamente, los tallos correspondían exactamente a aquellas calabazas, y entusiasmados por tan extraña prueba todos se pusieron a ayudar al tío *Buscabeatas* exclamando:

—¡Nada! ¡Nada! ¡No hay duda! ¡Miren ustedes! Éste es de aquí... Ése es de ahí... Aquélla es de éste... Ésta es de aquél...

Las carcajadas de los hombres se unían a los silbidos de los chicos, a los insultos de las mujeres, a las lágrimas de triunfo y de alegría del viejo hortelano y a los empujones que los policías daban al convicto ladrón.

Excusado es decir que además de ir a la cárcel, el ladrón tuvo que devolver los quince duros que había recibido al vendedor, y que éste se los entregó al tío *Buscabeatas,* el cual se marchó a Rota contentísimo, diciendo por el camino:

—¡Qué hermosas estaban en el mercado! He debido traerme a *Manuela,* para comérmela esta noche y guardar las pepitas.

CONOCE AL ESCRITOR

Pedro Antonio de Alarcón (1833–1891) nació en Guadix, en la provincia de Granada. Estudió para hacerse sacerdote, pero ya en su adolescencia empezó a tomar en serio su afición por la literatura. A la edad de veinte años dejó su hogar y se trasladó a Madrid, donde editó un periódico que ridiculizaba al rey. A causa de este periódico antimonárquico no sólo aumentó su fama como escritor, sino que también se vio envuelto en retos y duelos. En 1860 se alistó en el ejército como voluntario y fue enviado a África, donde resultó herido.

Alarcón se inspiró en sus experiencias de la guerra para escribir *Diario de un testigo en la guerra de África.* El éxito que alcanzó con este libro le permitió viajar a Italia. Sus viajes le sirvieron también de inspiración para su siguiente libro, *De Madrid a Nápoles.* En 1874 se manifestó públicamente a favor de la restauración de Alfonso XII y en reconocimiento por este gesto fue nombrado consejero de estado. Pudo entonces dedicarse con entera libertad a la literatura, y así escribió algunas de las novelas más queridas y encantadoras de la literatura española, entre las cuales están *El sombrero de tres picos* (1875), *El niño de la bola* (1880), *El capitán Veneno* (1881) y *La pródiga* (1882). En estas novelas cautivó a los lectores con su imaginación y su comprensión de la naturaleza humana.

CREA SIGNIFICADOS

Primeras impresiones

1. ¿Es «El libro talonario» una historia creíble? Explica tu respuesta.

Interpretaciones del texto

2. ¿Por qué los hortelanos de Rota «tienen razones para estar orgullosos»?

3. Al principio de la historia, ¿cómo usa el narrador la **exageración** para describir a los hortelanos de Rota?

4. El tío Buscabeatas, ¿se parece a los otros hortelanos roteños? ¿Cómo describirías sus sentimientos hacia sus calabazas?

5. ¿Es el final de la historia sorpresivo? ¿De qué manera no es una verdadera sorpresa por lo que ya sabemos de la personalidad del tío Buscabeatas?

6. ¿Qué aspectos de «El libro talonario» son típicos de una **trama cómica** como la descrita en la sección ANTES DE LEER?

> **Repaso del texto**
>
> Haz un perfil del tío Buscabeatas. Incluye datos generales como: cuántos años tiene, dónde vive y en qué trabaja. Incluye también una descripción de los rasgos más interesantes de su personalidad. Cuando hayas terminado, compara tu tarea con la de otro(a) compañero(a) de clase.

Preguntas al texto

7. Antes de empezar su historia acerca del tío Buscabeatas, el autor describe la región y la gente de Rota. Si tú fueras el autor, ¿empezarías la historia de esa manera? ¿Por qué es necesaria esta información para entender y apreciar el resto de «El libro talonario»?

8. Si el escritor, Pedro Antonio de Alarcón, te preguntara qué piensas sobre el título de la historia, ¿qué le dirías? ¿Qué títulos alternativos podrías sugerirle?

OPCIONES: Prepara tu portafolio

1. Compilación de ideas para una especulación sobre causas o efectos

El hacer deducciones acerca de las razones ocultas detrás del comportamiento de una  persona te ayudará a entender mejor a la gente, tanto en la literatura como en la vida real. Reúnete con un grupo pequeño de compañeros y especulen sobre las causas por las cuales los personajes se comportan de cierta manera en «El libro talonario». Después llenen el cuadro que aparece a la derecha.

Causa(s)/Razón(es)	Efectos/Acciones
1. _____	1. El tío Buscabeatas sabe que las calabazas estarán en Cádiz.
2. _____	2. El tío Fulano se pone amarillo y trata de escapar.
3. _____	3. El inspector insiste en ver las pruebas.
4. _____	4. El tío Buscabeatas ha traído los tallos.

Escritura creativa

2. Historias cómicas

Intenta escribir una historia cómica usando la exageración y añadiendo un final sorpresivo. Empieza con un bosquejo de la historia. ¿Quién será el protagonista? ¿En qué dificultades se encontrará? ¿Qué acontecimiento inesperado resolverá el problema? Utiliza material de tus propias experiencias o inventa la historia desde el principio.

Representación

3. Marionetas

Reúnete con otros estudiantes y adapten el texto de «El libro talonario» para representarlo con marionetas. En grupo, hagan títeres del tío Buscabeatas y de otros personajes de la historia. Si así lo desean, pueden construir un pequeño teatro de marionetas. Revisen la obra para hacerla más atractiva para el público.

Escritura informativa

4. Preparar un folleto

Al igual que los hortelanos de Rota, que estaban orgullosos de su buena mano para los cultivos, con seguridad tú sabrás hacer algo bien. ¿Qué es lo que sabes hacer? ¿Preparar algún postre? ¿Tomar fotografías? ¿Ordenar tu habitación? Sea lo que sea, habla sobre tus habilidades en un folleto informativo.

LENGUA Y LITERATURA MINI LECCIÓN

Dilo con humor

¿Qué partes del cuento te han parecido más divertidas? ¿Qué palabras te parecen más graciosas? ¿Qué cosas imitarías si fueras a escribir una narración humorística? Para ser humorístico(a), puedes utilizar varios recursos del lenguaje. Aquí tienes algunos:

- **Manera inusual de llamar a las cosas:** llamar Manuela a una calabaza o decir que es hermosa.

- **Comparaciones inesperadas:** comparar a las calabazas con hijas.

- **Juegos con los significados de las palabras:** llamar «libro talonario» a un saco lleno de tallos.

- **Términos que no van normalmente juntos:** «Buscabeatas», «Cachigordeta».

Inténtalo tú

Reúnete con tus compañeros y hagan una tira cómica del momento en que el tío Buscabeatas delata al ladrón. Inventen nombres para las demás calabazas, expresiones de cariño que usaría el tío Buscabeatas para dirigirse a ellas y cosas que diría para defender su argumento. Piensen también en cosas divertidas que le dirían los otros personajes: el vendedor, el tío Fulano, el policía, el jefe de los mercados y el público.

VOCABULARIO LAS PALABRAS SON TUYAS

El humor en la publicidad

El humor tiene un papel importante en la publicidad. Busca anuncios en revistas y periódicos que tengan juegos de palabras. Luego, haz un anuncio con un juego de palabras para un producto imaginario, como un despertador que prepara el desayuno, un automóvil que se encoge para poder estacionarlo o un lápiz que escribe solo.

ANTES DE LEER
de Don Quijote de la Mancha

Punto de partida

Luchar contra molinos de viento

¿Alguna vez te ha inspirado tanto un libro de aventuras o una película que empezaste a creerte un personaje de la historia? En cierta manera, eso es lo que le pasa a don Quijote, el héroe de la famosa novela de Cervantes. Después de leer únicamente libros de caballería, don Quijote decide vivir como un caballero en busca de aventuras. A medida que su imaginación se llena de los ideales de los libros de caballería, don Quijote pierde el sentido de la realidad. Olvida que los caballeros andantes ya no existen y que su mundo es muy diferente al de los caballeros que defendían el honor. Como puedes imaginar, don Quijote se encuentra a veces en situaciones cómicas.

Comparte tus ideas

En el episodio que vas a leer, don Quijote y Sancho Panza, su escudero, se encuentran con unos molinos de viento. Intenta imaginar posibles situaciones basadas en lo que ya sabes acerca del carácter de don Quijote. Dibuja un molino parecido al de abajo, escribe tus ideas en las aspas del molino y comparte tus apuntes con un(a) compañero(a).

Elementos de literatura

Parodia

A menudo se dice que *Don Quijote* es una **parodia** de los libros de caballería. Algunas historias sobre los caballeros eran tan exageradas que resultaban completamente absurdas. Al escoger como protagonista de sus aventuras a un hombre de cincuenta años, en vez de a un hombre joven, y al hacer que su caballero padezca de una imaginación muy viva, Cervantes está, en cierta manera, burlándose de esas historias exageradas.

> **La parodia** es una imitación cómica de una obra literaria.
>
> *Para más información, ver el GLOSARIO DE TÉRMINOS LITERARIOS.*

de Don Quijote de la Mancha

Miguel de Cervantes

En esto, descubrieron treinta o cuarenta molinos de viento que hay en aquel campo, y así como don Quijote los vio, dijo a su escudero:[1]

—La ventura va guiando nuestras cosas mejor de lo que acertáramos a desear; porque ves allí, amigo Sancho Panza, donde se descubren treinta, o pocos más, desaforados gigantes, con quien pienso hacer batalla y quitarles a todos las vidas, con cuyos despojos comenzaremos a enriquecer, que ésta es buena guerra, y es gran servicio de Dios quitar tan mala simiente[2] de sobre la faz de la tierra.

—¿Qué gigantes? —dijo Sancho Panza.

—Aquellos que allí ves —respondió su amo— de los brazos largos, que los suelen tener algunos de casi dos leguas.

—Mire vuestra merced —respondió Sancho— que aquellos que allí se parecen[3] no son gigantes, sino molinos de viento, y lo que en ellos parecen brazos son las aspas,[4] que, volteadas del viento, hacen andar la piedra del molino.

—Bien parece —respondió don Quijote— que no estás cursado en esto de las aventuras: ellos son gigantes; y si tienes miedo, quítate de ahí, y ponte en oración en el espacio que yo voy a entrar con ellos en fiera y desigual batalla.

Y diciendo esto, dio de espuelas a su caballo Rocinante, sin atender a las voces que su escudero Sancho le daba, advirtiéndole que, sin duda alguna, eran molinos de viento, y no gigantes, aquellos que iba a acometer.[5] Pero él iba tan puesto en que eran gigantes, que ni oía las voces de su escudero Sancho, ni echaba de ver, aunque estaba ya bien cerca, lo que eran; antes iba diciendo en voces altas:

—Non fuyades,[6] cobardes y viles criaturas; que un solo caballero es el que os acomete.

Levantóse[7] en esto un poco de viento, y las grandes aspas comenzaron a moverse, lo cual visto por don Quijote, dijo:

—Pues aunque mováis más brazos que los del gigante Briareo,[8] me lo habéis de pagar.

Y en diciendo esto, y encomendándose de todo corazón a su señora Dulcinea, pidiéndole que en tal trance le socorriese, bien cubierto de su rodela,[9] con la lanza en el ristre,[10] arremetió a todo el galope de Rocinante y embistió[11] con el primero molino que estaba delante; y dándole una lanzada en el aspa, la volvió el viento con tanta furia, que hizo la lanza pedazos, llevándose tras sí al caballo y al caballero, que fue rodando muy maltrecho por el campo. Acudió Sancho Panza a socorrerlo, a todo el correr de su asno, y cuando llegó halló que no se podía menear:[12] tal fue el golpe que dio con él Rocinante.

—¡Válame Dios! —dijo Sancho—. ¿No le dije yo a vuestra merced que mirase bien lo que hacía, que no eran sino molinos de viento, y no lo podía ignorar sino quien llevase otros tales en la cabeza?[13]

—Calla, amigo Sancho —respondió don Quijote—; que las cosas de la guerra, más que otras, están sujetas a continua mudanza; cuanto más, que yo pienso, y es así verdad, que aquel sabio Frestón[14] que me robó el aposento

7. **levantóse:** se levantó. En el español antiguo los pronombres inacentuados no podían empezar una oración y entonces se decían y se escribían después del verbo.
8. **Briareo:** según la mitología griega, un Titán que tenía cien brazos.
9. **rodela:** escudo pequeño.
10. **ristre:** parte de la armadura de un caballero donde se pone la lanza.
11. **embistió:** atacó.
12. **menear:** mover.
13. **otros tales en la cabeza:** quien está confundido o pensando en otras cosas.
14. **Frestón:** mago que don Quijote consideraba su enemigo.

ADUÉÑATE DE ESTAS PALABRAS

desaforado, -da *adj.*: excesivamente grande; fuera de lo común.

atender *v.*: prestar atención.

maltrecho, -cha *adj.*: malparado, maltratado.

----

1. **escudero:** persona que lleva las armas de un caballero.
2. **simiente:** semilla.
3. **parecen:** se ven.
4. **aspa:** brazos del molino de viento.
5. **acometer:** atacar.
6. **non fuyades:** no huyan. La letra «f» se convirtió en «h» en el español moderno.

Don Quijote y el molino de Gustave Doré. Bibliothèque Nationale, París, Francia.

y los libros ha vuelto estos gigantes en molinos, por quitarme la gloria de su vencimiento: tal es la enemistad que me tiene; mas al cabo al cabo, han de poder poco sus malas artes contra la bondad de mi espada.

—Dios lo haga como puede —respondió Sancho Panza.

Y, ayudándole a levantar, tornó a subir sobre Rocinante, que medio despaldado[15] estaba. Y, hablando en[16] la pasada aventura, siguieron el camino del Puerto Lápice, porque allí decía don Quijote que no era posible dejar de hallarse muchas y diversas aventuras, por ser lugar muy pasajero,[17] sino que iba muy pesaroso, por haberle faltado la lanza.

15. **despaldado:** tenía la espalda herida.
16. **hablando en:** hablando de.
17. **pasajero:** transitado; que mucha gente pasa por dicho lugar.

Don Quijote de Honoré Daumier.

CONOCE AL ESCRITOR

Cuenta la leyenda que el rey Felipe III de España vio una vez a un hombre leyendo un libro que le hacía reír de tal forma que incluso lloraba. El rey dijo: «Ese hombre está loco o está leyendo *Don Quijote*».

El autor de esta obra de arte, **Miguel de Cervantes Saavedra** (1547–1616), nació en Alcalá de Henares, una pequeña ciudad cerca de Madrid, el cuarto hijo de una familia pobre. Nunca asistió a la universidad, pero siempre se interesó por los libros. En 1569 publicó su primer poema y ese mismo año viajó a Nápoles, Italia, donde se alistó en el ejército español. Participó en una de las batallas navales más famosas de su época, cuando una enorme flota bajo el mando de don Juan de Austria luchó en 1571 contra la flota de los turcos en Lepanto. Aunque el día de la batalla Cervantes se encontraba enfermo, insistió en luchar y se distinguió por su valentía. Sin embargo, fue herido por una bala y como consecuencia perdió el uso de su mano izquierda. Por esa razón también se lo conoce como «El manco de Lepanto».

Después de recuperarse, Cervantes pasó varios años en Nápoles, antes de navegar hacia España con cartas de recomendación para el rey.

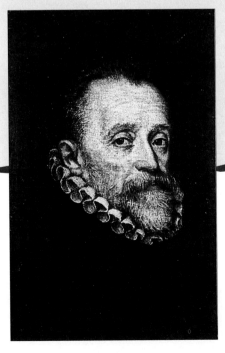

Nunca llegó a su destino. Su barco fue capturado por piratas, que lo vendieron como esclavo en el norte de África. Las cartas que llevaba convencieron a sus captores de que podrían obtener un buen rescate por él y durante cinco años estuvo en prisión hasta que su familia pudo recaudar el dinero necesario para pagar su liberación. Al fin regresó a su casa en 1580. El resto de su vida fue un funcionario público de menor rango, siempre en apuros de dinero. Cervantes estuvo varias veces en la cárcel por demandas menores y nunca progresó económicamente con sus escritos. La publicación en 1605 de *Don Quijote* tampoco cambió su suerte porque vendió los derechos.

Hoy en día, Cervantes es conocido en el mundo entero. Generaciones de lectores han reído y llorado con el noble (aunque confundido) don Quijote y su compañero de aventuras, Sancho Panza, a medida que confrontan peligros imaginarios y reales. Varios artistas y escritores han producido obras de teatro, películas, dramas musicales, ballets y pinturas inspirados en la novela. Los personajes creados por Cervantes han sido admirados por muchos y sobre todo por aquellos dispuestos a pelear contra molinos de viento.

CREA SIGNIFICADOS

• ## Primeras impresiones

1. Elige cinco palabras que expresen tu opinión sobre don Quijote.

Interpretaciones del texto

2. ¿Qué puedes inferir de la relación entre don Quijote y Sancho Panza a partir del diálogo entre ellos?

3. Cuando don Quijote dice que está seguro de que los gigantes que atacó fueron convertidos en molinos de viento por el mago Frestón, ¿piensas que realmente lo cree? ¿Cuáles motivos podrían indicar que realmente lo cree y cuáles no?

Conexiones con el texto

4. ¿Has imaginado alguna vez ser el personaje de una aventura? Piensa en tus propias experiencias y explica cómo podría entenderse el deseo de don Quijote de vivir su sueño de aventuras.

Más allá del texto

5. Don Quijote y Sancho Panza forman una de las parejas más famosas de la literatura. Piensa en otra pareja famosa de la literatura o del cine. Compara su relación con la de don Quijote y Sancho Panza.

> ### Repaso del texto
> Resume lo que le sucede a don Quijote durante su encuentro con los molinos de viento por medio de una tira cómica.

Don Quijote (1955) de Pablo Picasso. Musée d'Art et d'Histoire, St. Denis, Francia.

Scala/Art Resource, New York.

OPCIONES: Prepara tu portafolio

Cuaderno del escritor

1. Compilación de ideas para una especulación sobre causas o efectos

En *Don Quijote,* Cervantes explora las posibilidades de una situación interesante: ¿Qué sucede cuando alguien se cree un caballero? Al preguntarte ¿qué sucedería si...?, empiezas a pensar sobre las consecuencias o efectos de esas situaciones.

Inventa varias situaciones del tipo: «¿Qué sucedería si...?» y decide qué efectos podrían tener.

> ¿Qué sucedería si una nave extraterreste aterrizara en el patio de la escuela?
>
> | Efectos Positivos | Efectos Negativos |
> |---|---|
> | Nuestra escuela se haría famosa. | Nuestra escuela se llenaría de gente que quisiera ver la nave espacial. |

Escritura y dibujo creativos

2. Lo que pensaría Sancho

Te habrás preguntado qué estaría pensando Sancho Panza cuando don Quijote salió a atacar a los molinos de viento. Intenta ilustrar los pensamientos de Sancho Panza. Podrías dibujar una tira cómica y escribir sus pensamientos a medida que transcurre la acción.

Arte

3. Don Quijote en el presente

Imagina qué aventuras le sucederían a un don Quijote de nuestros días en una gran ciudad. Por ejemplo, ¿qué pasaría la primera vez que entrara en el tren? ¿Qué historia se desarrollaría en esa situación? Usando texto e ilustraciones, narra tu historia.

Contar cuentos

4. Otras aventuras de don Quijote

Después de leer esta selección de *Don Quijote,* quizá sientas curiosidad acerca del resto de las aventuras, como cuando don Quijote es armado caballero, sus numerosas batallas con personajes malvados y su intento de liberar a una cadena de galeotes. Lee un episodio que te interese y luego, con tus compañeros, cuéntense lo que leyeron. Cada uno debe contar la historia que ha leído, imitando a los personajes, exagerando la entonación y haciendo todo lo necesario para divertir al público.

Don Quijote y el molino de Gustave Doré. Bibliothèque Nationale, París, Francia.

Giraudon/Art Resource, New York.

ESTRATEGIAS PARA LEER

Cadenas de causa y efecto

El estudiar la **relación de causa y efecto** en una historia te ayuda a entender los personajes y el desarrollo de la acción. Aunque nos gustaría preguntarles a los personajes de los libros por qué actúan de cierta manera, desafortunadamente, no podemos hacerlo. En vez de eso, tenemos que razonar las causas y los efectos de las acciones de cada uno de los personajes. Puedes identificar la relación de causa y efecto en obras literarias:

Don Quijote   (página 319)

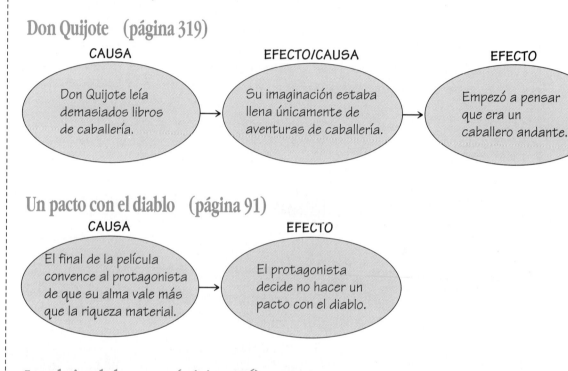

CAUSA	EFECTO/CAUSA	EFECTO
Don Quijote leía demasiados libros de caballería.	Su imaginación estaba llena únicamente de aventuras de caballería.	Empezó a pensar que era un caballero andante.

Un pacto con el diablo   (página 91)

CAUSA	EFECTO
El final de la película convence al protagonista de que su alma vale más que la riqueza material.	El protagonista decide no hacer un pacto con el diablo.

Las abejas de bronce   (página 196)

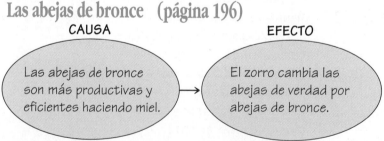

CAUSA	EFECTO
Las abejas de bronce son más productivas y eficientes haciendo miel.	El zorro cambia las abejas de verdad por abejas de bronce.

En «La puerta», la historia que vas a leer a continuación, puedes identificar el final como el último eslabón de la cadena de causa y efecto. Al principio de esta cadena está el deseo de Sinesio por superarse. El resto de la cadena consiste en las acciones subsecuentes de Sinesio, los **efectos** de su deseo. Después de leer «La puerta» y otras historias, dibuja un esquema de las relaciones de causa y efecto para entender mejor el desarrollo de la acción y de los personajes.

Elementos de literatura

LA NOVELA

La **novela** es la forma más popular de ficción hoy en día. Aunque los antiguos griegos y romanos ya habían escrito novelas, *Don Quijote* (Primera parte, 1605; Segunda parte, 1615), de Miguel de Cervantes, es considerada la primera novela europea de los tiempos modernos.

Las novelas son obras narrativas largas que normalmente tienen más de 100 páginas. Las novelas tienen todos los elementos del cuento: argumento, personajes, ambiente, punto de vista y tema. A diferencia del cuento, las novelas pueden tener un gran número de personajes, más de un ambiente, varios temas principales y un argumento más complejo. Cuando un novelista usa varias líneas de acción interconectadas, se hace una distinción entre la acción principal y las acciones menos importantes o secundarias.

Las novelas cubren una amplia gama de temas y de formas. Por ejemplo, en la **novela histórica** los lugares y los personajes de un periodo específico de la historia son descritos en gran detalle. En una **novela de ciencia ficción** suceden acontecimientos extraordinarios, comúnmente en algún momento en el futuro, en un ambiente fantástico pero a la vez creíble. En la **novela psicológica** la atención se centra en los sentimientos y pensamientos de los personajes. Otras formas de novela incluyen la **novela policíaca** y la **novela de misterio.**

En las últimas cuatro décadas, los novelistas latinoamericanos han sido los pioneros de un estilo de ficción conocido como realismo mágico. Este estilo enlaza los eventos cotidianos y los personajes de la vida diaria con elementos fantásticos y fabulosos de los mitos, la religión y lo mágico. La ficción del realismo mágico hace borrosa la distinción entre lo real y lo ficticio, y trata los eventos increíblemente fantásticos con la misma naturalidad que los hechos reales. Por ejemplo, en *Cien años de soledad* de Gabriel García Márquez, son comunes fenómenos extraordinarios como una epidemia de insomnio, la ascención de una joven al cielo y un sacerdote que se eleva cuando toma chocolate caliente. Todos son tratados como acontecimientos normales.

Muchas obras del realismo mágico, escritas por novelistas como Juan Rulfo, de México (1918–1986); Miguel Ángel Asturias, de Guatemala (1899–1974); Gabriel García Márquez, de Colombia (1928–   ); e Isabel Allende, de Chile (1942–   ) han tenido repercusión mundial.

Gabriel García Márquez

Cien años de soledad

Editorial Sudamericana

ANTES DE LEER
La puerta

Punto de partida

Recuerda cuando...

Como sabes, en la vida ocurren cosas que no parecen divertidas hasta que son recordadas tiempo después. Los personajes de «La puerta», historia basada en un hecho real, se encuentran en una situación que no es muy divertida. Es esa clase de situación que, cuando se recuerda años más tarde, puede ser algo de lo que todos se rían.

Comparte tus ideas

Con tus compañeros de clase, comenta momentos de tu vida en los que te hayas encontrado en una situación que no consideraste divertida, pero después, al recordarla, te diste cuenta que era muy cómica.

Elementos de literatura

Símbolo

Un **símbolo** es una cosa que representa a otra. Como podrás recordar, la llave en el poema de Amado Nervo «La vieja llave» (página 131) simboliza, entre otras cosas, todo lo que el narrador aprecia de su pasado. Cuando leas «La puerta», intenta imaginar qué pueden simbolizar el boleto de lotería, la lluvia y la puerta.

> Un **símbolo** es una persona, un lugar, un objeto o un suceso que representa valores, ideas o conceptos.
>
> *Para más información, ver la página 194 y el GLOSARIO DE TÉRMINOS LITERARIOS.*

La puerta

José Antonio Burciaga

Ese verano, había llovido torrencialmente todas las tardes. Sinesio volvía a casa agotado de trabajar en la fábrica de colchones. Al bajarse del autobús, reunía todas sus fuerzas para cruzar rápidamente la avenida y dirigirse a la colonia. Allí, los niños jugaban en los serpenteantes caminillos que, con la lluvia, se convertían en turbulentos arroyos. Las gotas que caían sobre los tejados de zinc,[1] de madera y de cartón pronto pasaban a ser impenetrables cortinas de agua.

Al llegar, Sinesio siempre tenía la seguridad de que Faustina iba a contestar a los golpes sordos que daba en la puerta de la casucha de dos cuartos. Faustina quitaba el gancho y continuaba planchando camisas y vestidos para la gente que podía permitirse esos lujos. Cuando oía tronar, Faustina se asustaba y desenchufaba corriendo la plancha para que no cayera un rayo. Luego, se ponía a preparar la cena porque los niños llegaban del colegio en una hora.

1. zinc: metal de color gris.

ADUÉNATE DE ESTAS PALABRAS

serpenteante *adj.*: que tiene la forma del movimiento de una serpiente.
turbulento, -ta *adj.*: agitado y oscuro.

Ese día, Sinesio puso sobre el mantel manchado de aceite su deshilachada bolsa del almuerzo, un boleto de la lotería y el sueldo de la semana. Según lo hizo, Faustina se fijó en el boleto. A Faustina le crispaba que Sinesio llegara silencioso del trabajo. Volvió a mirar el billete:

—¡Siempre andas botando el dinero! ¡No haces más que soñar! ¿Te crees que nos podemos gastar el dinero en sueños?

Sinesio no le hizo caso. Tomó la carta que había sobre la mesa, la olió, observó detenidamente el sello de los Estados Unidos y, a la vez que abría el sobre con decisión, se sentó. Empezó a leer despacio y en voz alta la carta de su hermano Aurelio mientras la lluvia repicaba estrepitosa en el tejado de zinc y de madera.

Querido Sinesio:

Ésta es la primera carta que escribo desde los Estados Unidos, el país de la abundancia. Después de los nervios y la frustración de las primeras dos semanas, por fin he conseguido una chamba en una empacadora de conservas. Me llevó tanto tiempo por no tener el número del seguro social. Aquí eso es indispensable.

Es increíble cuánta plata se gana aquí, pero se te escapa de las manos. Imagínate que tuve que pagar lo del seguro social, las dos semanas de alquiler, la comida y además me he tenido que comprar un par de zapatos nuevos. El par bueno que me diste se me desgastó al venir. Ya cruzada la frontera, tuvimos que atravesar dos sierras y un desierto de por medio.

No me cabe duda de que todo me va a salir bien. Soy mejor trabajador que nuestros paisanos. Yo me he dado cuenta de ello y también se ha dado cuenta el patrón. Si vienes, te va a ser duro dejar a Faustina y a los muchachos. Imagínate, si me fue duro a mí y yo soy soltero y no tengo grandes responsabilidades... Pero si vienes, me tienes a mí y seguro que te

encontramos un trabajo. Todo lo que dicen del cruzar es cierto. Hasta las mentiras son verdad. Saludos de tus compadres Silvio y Ramiro. A ellos, también les va bien. Ya me están molestando con eso de la apuesta que hiciste de que iban a perder los Dodgers.

Cuando nos veamos, te tendré que contar todas mis aventuras y las de los compañeros. Algunas son para echarse a reír y otras, a llorar.

Aurelio se despedía con un «Saludos y abrazos». Sinesio levantó la mirada y por un instante se vio en aquel país. Pero le interrumpió el sueño el ruido insistente de la lluvia y del cuchillo de Faustina al pegar contra la tabla. Faustina estaba troceando el nopal.

—¿Qué crees? — interpuso ella.

—¡No sé! — respondió él molesto.

— Pero sí que lo sabes, Sinesio. ¿Cómo no lo vas a saber? No nos queda más remedio. Ya hemos hablado de esto miles de veces. El sueldo de esa maldita fábrica de colchones no da para comer y ¡mucho menos para comprar un colchón de los que haces!

A Sinesio, se le vino el mundo encima. Se sentía como que lo estaban echando de casa y que ya se había marchado. Faustina se convertía en una viuda indocumentada más como sus comadres. Empezó a echar de menos a sus hijos: a Celso, a Jenaro y a Natasia, la mayor, la niña de sus ojos. «La ausencia es el dolor del vacío», pensó para sí.

Con refranes y con comentarios indirectos, Faustina le siguió insistiendo que el viaje era

---

ADUÉÑATE DE ESTAS PALABRAS

repicaba, de **repicar** *v.*: sonar repetidas veces.
estrepitosa *adj.*: con mucho ruido.
chamba *f.*: trabajo.
nopal *m.*: cactus de unos tres metros de altura que normalmente se encuentra en México.

---

inevitable. «La necesidad no tiene fronteras», decía. El cortar del cuchillo adquirió velocidad hasta unirse con el ritmo de la lluvia. Faustina alzó la vista para mirar un chorrito de agua que se deslizaba entre los parches del cristal de la puerta. Le molestaba pero, como no se podía poner a arreglarlo, continuó cocinando.

Sinesio tuvo que aceptar la respuesta a aquella pregunta que deseaba que jamás hubiera surgido. Ya estaba todo decidido y él no se podía echar atrás.

—Saldré para el Norte en dos semanas —afirmó ásperamente y con autoridad.

A Faustina se le partía el corazón a medida que hacía la cena. En cuanto dejó de llover, Sinesio salió a ayudar a su compadre a ensanchar la zanja delante de la puerta para que no se le inundara la vivienda. Los muchachos llegaron a casa y le tocó a Faustina informarles de que Papá tendría que irse por un tiempo. Ninguno dijo nada pero Jenaro se negó a comer. Sabían desde tiempo atrás que algún día su madre les comunicaría esta noticia y la habían aceptado de antemano. Por las experiencias de sus amigos, sabían exactamente lo que significaba. Muchos de sus padres ya habían partido y todavía faltaban muchos más por irse.

En los días siguientes, Sinesio tuvo que seguir yendo al trabajo pero, a medida que se acercaba la fecha de partida, empezó a echar de menos hasta la fábrica. Se aseguró de que su familia se quedara bien y la casa en orden. Hizo todos los arreglos que había pospuesto y les pidió a sus acreedores que tuvieran paciencia y que confiaran en él. Por último, les pidió a sus hermanas, primos y vecinos que cuidaran de su Faustina y de los niños. Un compadre le prestó dinero para el viaje y para pagar al coyote.[2] En realidad, Sinesio no sabía cuándo iba a volver, pero a todo el mundo le dijo lo mismo: «Un año, no más. Lo suficiente para ahorrar un dinero, poder comprar algunas cosas que vender aquí y montar un negocio familiar».

El último día en el trabajo fue exactamente igual que todos los demás, a excepción de la botella de mezcal[3] que le dieron de regalo de despedida y de que le prometieron darle trabajo si volvía. Como de costumbre, el autobús estaba lleno de gente y sólo se les oía hablar a dos jóvenes sinvergüenzas.

Estaban hablando de la Lotería Nacional y comentaban que había pasado una semana sin que nadie reclamara el gordo.

—¡Cien millones de pesos! ¡Caray! —no hacía más que decir uno de ellos mientras se golpeaba en la rodilla con un periódico doblado—. ¡Igual el menso que tiene el número ni lo sabe!

—O igual, ¡no sabe ni leer! —contestó el otro—. Y se echaron a reír a carcajadas.

A Sinesio le llamó la atención lo que decían. Hacía dos semanas que él había comprado el boleto de la lotería. «¿Podría ser que...? No, no. Era imposible», se dijo. Pero sintió que se le subía la sangre a la cabeza. Quizás era verdad que hoy era su día afortunado, el único entre tantos de pobreza y de miseria.

Los dos jóvenes se bajaron de un salto del autobús y Sinesio se inclinó a alcanzar el periódico que habían dejado tirado. Ahí mismo, en primera plana, estaba el número premiado y había que entregar el boleto antes de las ocho de la noche.

Sinesio no tenía ni la menor idea de si su número era el mismo que el del periódico y pasó de regocijarse en su buena fortuna a resignarse a la desesperación de posiblemente no haber ganado.

3. **mezcal:** licor hecho de la planta de agave.

- -

ADUÉÑATE DE ESTAS PALABRAS

zanja f.: excavación larga y estrecha que se hace en la tierra.
pospuesto, de **posponer** v.: dejar sin hacer.
acreedor m.: a quien se le debe pagar una deuda.
regocijarse, de **regocijar** v.: alegrarse, hacerse ilusión.

- -

2. **coyote:** contrabandista de personas.

Se bajó de una vez del autobús y corrió a casa, aminorando[4] el paso sólo para recuperar el aliento. A medida que corría, el corazón le palpitaba violentamente. Llevaba el periódico agarrado en el puño. Las nubes amenazaban lluvia.

Faustina sintió el ansia de los golpes rápidos de Sinesio y corrió a abrirle la puerta.

—¿Dónde está? — le suplicó Sinesio —. ¿Donde está el boleto de la lotería?

Lo dijo despacio para no tener que repetirlo. Faustina no comprendía:

—¿Qué boleto de la lotería?

Sinesio se puso a buscar por la mesa y por debajo del mantel verde y manchado de grasa. Miró por encima de la cómoda y revolvió todos los papeles. No hacía más que preguntarle a Faustina: «¿Qué hiciste con el boleto?»

Empezó a tronar y Faustina desenchufó la plancha. Sinesio se puso a gritar que nadie le respetaba su orden y que parecía mentira que no pudiera encontrar las cosas en su propia

4. **aminorando:** acortando el paso.

casa: «¿Dónde está el boleto de la lotería?»

Se pararon un momento a pensar. La lluvia azotaba con furia la puerta. Faustina miró detenidamente al cristal para ver si había logrado arreglar la gotera.

—¡La puerta! —exclamó de repente—. Lo pegué a la puerta para que no entrara el agua.

Sinesio se volvió y vio que efectivamente allí estaba el boleto azul celeste de números rojos que decía «Lotería Nacional». Acercó el periódico al boleto y uno por uno compararon los números.

—Seis, tres, cuatro, uno, ocho, nueve, uno, ¡siete, dos! — gritó Sinesio con voz apresurada — ¡No puede ser! — dijo temblando de asombro y de miedo —. ¡Cien millones de pesos!

Le empezó a latir el corazón. Y, ¿si todo era un error o una broma de mal gusto? Los dos lo volvieron a comprobar y luego, una y otra vez. Era el número premiado.

Entonces, Sinesio intentó despegar el boleto, pero las uñas se le resbalaban. El boleto estaba húmedo y bien pegado. Faustina, al darse cuenta de que su esposo tenía las uñas demasiado gruesas, decidió probar ella. Pero, a pesar de tener las uñas finas, tampoco pudo evitar que se le resbalase la mano. Sinesio le dio varias vueltas a la mesa de la cocina intentando tranquilizarse. Pero, de repente se acordó:

—¿Qué hora es? — preguntó irritado.

Faustina miró el despertador de la cómoda:

—Un cuarto para las siete.

Trataron de despegar el boleto con agua caliente y una hoja de afeitar sin éxito. Enfurecido, Sinesio le gritó a Faustina:

—¡Tú y tus burlas! ¡Te tenía que haber contestado! ¡Tú y tu falta de fe y yo siempre he sabido que iba a ganar! ¡Por Dios Santo! — hizo el signo de la cruz con los dedos y se besó el pulgar —. Y ahora mira lo que has conseguido.

—Seguro que tienen algo en la farmacia. Seguro que el médico tiene algo para despegar esto — sugirió Faustina.

—¡Sí! ¡O sí! — se burló Sinesio —. ¡Seguro!

Como nos va a dar tiempo de llegar hasta allí...

El tiempo siempre vuela cuando hay prisa. El último autobús del día camino al centro salía en menos de diez minutos. Trataron de sacar el cuarterón de cristal roto pero el boleto igual se rompía. Con cada vistazo que le echaba al despertador, Sinesio se ponía más furioso y temía más el final.

De tanta frustración, empujó la puerta hacia fuera y luego le pegó un tirón hacia dentro para romper el marco y descolgarla de las bisagras.[5]

5. **bisagras:** piezas pequeñas de metal que unen las puertas a las paredes.

Con un empujón más y a fuerza de tirar, retorcer y astillar la puerta, Sinesio logró soltarla del todo.

Faustina se echó hacia atrás y, tapándose la boca con las manos asombrada, se puso a recitarle letanías a todos los santos y vírgenes del cielo. La lluvia entró de golpe por el umbral de la puerta y le salpicó la cara.

Sinesio estaba empapado pero Faustina no llegaba a distinguir si tanta humedad era de la lluvia o de llorar de rabia. Sinesio agarró la puerta, se la colocó en la cabeza y se echó a correr por el camino inundado a alcanzar el autobús.

—Traducción de Belén Ayestarán

CONOCE AL ESCRITOR

José Antonio Burciaga (1940–) se identifica como «artista y escritor chicano bilingüe y bicultural, oriundo de El Paso, Texas». Burciaga es conocido por su tratamiento humorístico de temas cotidianos y su ingenio para burlarse de sí mismo, así como por su incisiva crítica social. Entre sus libros están *Weedee Peepo: A Collection of Essays* (1988), *Undocumented Love* (1992), una antología poética por la cual recibió el premio Libro Americano (American Book Award), y *Drink Cultura* (1993).

El cuento «La puerta» está basado en hechos reales, que él explica así:

«En un viaje a la Ciudad de México, me encontré por casualidad con el director de la Lotería Nacional de México, uno de los cargos más importantes del gobierno mexicano. Durante mi conversación con este hombre, mencioné que debía de tener anécdotas muy interesantes de ganadores de la lotería. Sí, respondió, y me contó el caso de una mujer que apenas tenía esperanzas de que el boleto que había comprado su marido saliera premiado. De modo que lo pegó en una de las ventanitas de una puerta para cubrir un pequeño agujero. Luego, cuando ganó la lotería, el hombre no pudo despegar el boleto de la puerta, así que fue a cobrar su premio con la puerta a cuestas. "La puerta" se basa en una historia verídica. Yo inventé los nombres y la situación de los personajes, y el armazón que sustenta la trama y el momento culminante. Utilicé la imaginación y lo que sé del tipo de vivienda en la que seguramente vivían, su situación económica, y la cantidad de personas que tienen que salir de México, no porque quieran, sino porque no les queda más remedio.»

CREA SIGNIFICADOS

Primeras impresiones

1. Describe lo que sentiste cuando leíste el final de la historia.

Interpretaciones del texto

Repaso del texto

En grupos pequeños, relean por turnos «La puerta». Asegúrense de que los eventos sean leídos en orden cronológico.

2. ¿Cómo ayuda el párrafo inicial a crear el tono de la historia?

3. A pesar de que Sinesio no quiere ir al norte, ¿por qué va a ir?

4. ¿Por qué Sinesio no comprobó si había ganado la lotería cuando anunciaron el número ganador?

5. ¿Qué simbolizan el boleto de lotería, la puerta y la lluvia?

Conexiones con el texto

6. Tu opinión acerca del éxito o del fracaso de Sinesio determina si crees que el final es triste o feliz. Explica cómo te hace sentir el final y por qué.

Más allá del texto

7. Si crees que Sinesio reclama el premio a tiempo, puedes pensar en «La puerta» como una historia con un «golpe de suerte». Piensa en una historia que hayas leído o una película con una situación similar que hayas visto. Compara el «golpe de suerte» de «La puerta» con el de la historia que has recordado.

OPCIONES: Prepara tu portafolio

Cuaderno del escritor

1. Compilación de ideas para una especulación sobre causas o efectos

Como ya sabes, la gente decide mudarse a otro país por diferentes razones. La escritora Judith Ortiz Cofer ha dicho que ella y su familia se mudaron a Nueva Jersey desde Puerto Rico porque su padre, que estaba en la marina, fue trasladado (página 259). Francisco Jiménez, el autor de «Cajas de cartón» (página 249) ha explicado que su familia se mudó a California porque había más trabajos disponibles para los inmigrantes. Apunta algunas ideas sobre las causas o razones por las cuales una persona decide mudarse a otro país. Puedes centrarte en un grupo de gente en particular o en una persona. Recuerda que cuando describes la causa de algo, puedes discutir también sus efectos.

Escritura creativa

2. La secuela

¿Reclamó Sinesio el premio a tiempo? ¿Te has preguntado si cuando Sinesio llegó a su casa, Faustina estaba contenta o furiosa? ¿Por qué no lo decides tú? Escribe el siguiente acto en la historia de Sinesio o describe un episodio de la vida de su familia varios años después. ¿Dónde viven? ¿Son felices?

Teatro improvisado

3. Entrevista a Sinesio

Imagina que Sinesio cobró el premio de lotería. ¿Cómo describirías sus emociones y los eventos que lo llevaron a su buena fortuna? Con un(a) compañero(a), representa una entrevista entre Sinesio y un reportero de un diario. ¿Qué preguntas le haría el reportero?¿Qué le contestaría Sinesio? Graben la entrevista.

Escritura de canciones

4. Un corrido para Sinesio

En la primera colección, aprendiste lo que eran los corridos. Escribe un corrido sobre Sinesio en el que se celebra su buena suerte.

El soneto

Lope de Vega

Un soneto me mandó hacer Violante,
y en mi vida me he visto en tal <u>aprieto</u>:
catorce versos dicen que es soneto;
burla burlando, van los tres delante.

5   Yo pensé que no hallara consonante,°
y estoy a la mitad de otro cuarteto;°
mas si me veo en el primer terceto,°
no hay cosa en los cuartetos que me
    espante.

Por el primer terceto voy entrando,
y aun parece que entré con pie
    derecho,°
10   pues fin con este verso le voy dando.

Ya estoy en el segundo, y aún sospecho
que estoy los trece versos acabando:
contad si son catorce, y está hecho.

5. consonante: ríma consonante. **6. cuarteto:**
combinación de cuatro versos en la cual el primer y
el último verso riman, y el segundo rima con el
tercero. **7. terceto:** serie de tres versos en la cual
el primer y tercer verso riman, y el segundo verso
rima con el primero y tercero del siguiente terceto.
10. entré con pie derecho: empecé bien.

- -

ADUÉÑATE DE ESTAS PALABRAS

aprieto *m.*: apuro, conflicto.

- -

CONOCE AL ESCRITOR

Félix Lope de Vega Carpio
(1562–1635), una de las figuras más prominentes del Siglo de Oro de la literatura española, escribió numerosos poemas y obras de teatro. Se cree que llegó a escribir 1.800 obras, de las cuales perduran 400. Sus poemas llenan 21 tomos. Cervantes lo llamó un «monstruo de la naturaleza». También se lo conoce como «El Fénix de España».

Nació en Madrid y estudió con el poeta Vicente Espinel antes de entrar en el Colegio Imperial de los Jesuitas en Madrid. Estudió para hacerse sacerdote pero cambió de idea cuando se enamoró. En 1588 se alistó en la Armada Invencible, una expedición naval contra Inglaterra que terminó en desastre. Trabajó luego como empleado menor de varios nobles mientras escribía para el teatro.

Lope de Vega tenía una habilidad especial para satisfacer el gusto de su época. Fue la figura principal en la renovación del teatro español durante el siglo XVII, al recrear temas locales con los que el público se identificaba. Se lo conoce mejor por sus obras de tema amoroso y caballeresco, y por sus obras basadas en acontecimientos históricos. Su obra ha ejercido una gran influencia sobre generaciones de dramaturgos.

Taller del escritor

Tarea
Escribe un ensayo de especulación sobre causas o efectos.

LA EXPOSICIÓN

ESPECULACIÓN SOBRE CAUSAS O EFECTOS

En esta sección analizarás por qué ocurrió un suceso o una situación y cuáles son las consecuencias lógicas de tal situación. En este tipo de ensayo, la evidencia que presentas desempeña un papel importante en persuadir al lector de que tu explicación o predicción es correcta.

Antes de escribir

1. Cuaderno del escritor

Para escoger el tema de tu ensayo, empieza por revisar los apuntes que anotaste en el CUADERNO DEL ESCRITOR de esta colección. ¿Te resulta alguno de los apuntes lo suficientemente interesante como para desarrollarlo en una historia? De no ser así, prueba las estrategias que se indican a continuación.

TRABAJO EN CURSO

2. Preguntas y escritura libre

Hazte una o ambas preguntas:

- ¿Por qué funciona_____ de esta manera? (Llena el espacio en blanco con un proceso natural, una costumbre social o el nombre de una institución, como, por ejemplo, un hospital).

- ¿Qué sucedería si_____? (Llena el espacio en blanco con un evento que aún no ha ocurrido en tu comunidad pero que ha ocurrido en otro lugar).

Después de responder a estas preguntas con el método de escritura libre, vuelve a leer lo que escribiste y escoge la pregunta que más te interese. Si eliges una pregunta que empieza con ¿por qué?, estarás especulando sobre causas probables. Si eliges una pregunta que empieza con ¿qué sucedería si?, estarás especulando sobre efectos.

Escritura libre
¿Qué sucedería si una supertienda se instalara en un centro comercial ubicado en las afueras de la ciudad? Es muy probable que bajen los precios de varios artículos, como pantalones, bicicletas y decoraciones para fiestas. ¿Qué pasaría con los empleos?

3. Investiga los medios de comunicación

Revisa varios ejemplares recientes de periódicos y revistas. ¿Cuáles son algunas de las tendencias actuales en la moda, los deportes, las artes o las comunicaciones? Muchas publicaciones contienen secciones especiales, artículos y editoriales sobre estas tendencias. Toma notas sobre los cambios que más te interesen. ¿Cuáles son las causas y los efectos probables de estos cambios?

4. Explora causas o efectos

Una vez que encuentres un tema apropiado, explora todas las causas o todos los efectos posibles de una situación. Si te concentras en las **causas,** recuerda que un suceso o una situación particular a menudo tiene más de una causa. Hazte estas preguntas:

- ¿Cuál es la causa más obvia?
- ¿Cuáles podrían ser algunas causas no detectables?
- ¿Hay una causa más importante que otra?

Si estás especulando sobre los **efectos,** recuerda que un suceso o una situación particular puede tener tanto efectos positivos como negativos. Puedes hacer un diagrama como el que aparece a la derecha para organizar tus ideas.

5. Recopila evidencia

Tu ensayo debe incluir evidencia que respalde tu especulación sobre causas o efectos. Para persuadir a los lectores de que tu explicación o predicción es creíble, usa evidencia como la que se indica a continuación:

- motivos
- ejemplos
- datos
- opiniones de expertos
- estadísticas
- citas
- escenarios hipotéticos razonables

Diagrama de efectos positivos y negativos

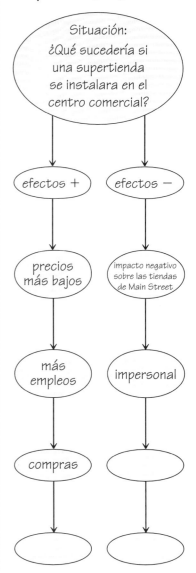

Situación: ¿Qué sucedería si una supertienda se instalara en el centro comercial?

efectos + / efectos −

precios más bajos / impacto negativo sobre las tiendas de Main Street

más empleos / impersonal

compras

**Esquema para el
ensayo de especulación
sobre causas o efectos**

Introducción:
Capta la atención
y describe la
situación.

Causa 1+
evidencia

Efectos
positivos +
evidencia

Causa 2+
evidencia

Efectos
negativos +
evidencia

Causa 3+
evidencia

Conclusión:
Resume los puntos
principales y ofrece
comentarios que
conduzcan al análisis.

Enunciados

- La introducción podría haber descrito mejor la situación porque...
- Una causa/efecto que el escritor no mencionó es...
- Me gustaría saber la fuente de la evidencia para...
- Una de las partes que no entendí claramente fue...

El borrador
1. Organización

Considera la posibilidad de usar una anécdota breve, una cita interesante, un dato o una estadística sorprendente en la primera oración de tu **introducción** a fin de captar la atención del lector. Luego, describe la situación o el suceso que piensas investigar. Establece claramente si vas a especular sobre causas o efectos.

En la **parte principal o cuerpo** de tu ensayo, expón tu evidencia sobre causas o efectos. Tal vez quieras usar un **orden cronológico** para presentar una serie de causas o efectos relacionados. Asimismo, puedes organizar esta parte de tu ensayo en **orden de importancia.** Según este método, colocas la causa o el efecto más importante al principio o al final para lograr énfasis.

En tu **conclusión,** resume los aspectos principales. Luego, si resulta apropiado, escribe un comentario final que lleve a un análisis de la situación o el evento.

2. Desarrolla tu estilo: Tipos de oraciones

En tu análisis de causas o efectos, trata de usar diferentes tipos de oraciones. Un tema puede ser aburrido si todas tus oraciones son similares. Cuando sea apropiado, utiliza una pregunta o una exclamación.

3. Relaciona ideas

No te olvides de usar **palabras de enlace** para aclarar la relación de ideas en tu escritura. A continuación, hay una lista de palabras de enlace que te pueden resultar útiles para tu ensayo sobre causas o efectos.

Causa	**Efecto**
porque, debido a,	como resultado,
para, en vista de que,	consecuentemente,
por lo tanto	para que, entonces

Evaluación y revisión
1. Intercambio entre compañeros

Reúnete con un pequeño grupo de compañeros y túrnense para leer los borradores en voz alta. Después de cada lectura, dejen tiempo para que los miembros del grupo completen uno o más de los enunciados de la izquierda.

2. Autoevaluación

Usa las siguientes pautas para evaluar tu escritura.

Pautas de evaluación

1. ¿Capto la atención del lector?

2. ¿Presento claramente el suceso o la situación?

3. ¿Incluyo especulaciones sobre las causas y los efectos?

4. ¿Es clara la organización de mi ensayo?

5. ¿Termino con una conclusión eficaz?

Técnicas de revisión

1. Comienza con una pregunta, una orden, un dato o una cita sorprendente.

2. Responde a las preguntas ¿quién?, ¿qué?, ¿dónde?, ¿cuándo? y ¿cómo?

3. Añade detalles y evidencia como respaldo.

4. Usa el orden cronológico o el orden de importancia.

5. Recalca los aspectos principales y agrega un comentario final.

Compara las dos versiones siguientes de un párrafo introductorio sobre la especulación de efectos.

MODELOS

Borrador 1

Si la MaxMart Corporation construye otra tienda de descuentos en nuestra comunidad, seguramente bajarán los precios de varios artículos. Es probable que la compañía decida llevar a cabo sus planes de construcción, porque éste es un buen mercado y puede ganar dinero, aunque venda artículos a precios de fábrica. Puesto que la tienda será enorme, los consumidores tendrán una gran selección de productos. Por supuesto, también habrá efectos negativos. El futuro dirá.

Evaluación: El autor no ofrece suficiente información sobre la situación. Además, este párrafo no hace hincapié en la causa ni el efecto.

Pautas de escritura
Para asegurarte que presentas la situación claramente en tu introducción, verifica si has respondido a las preguntas en que se basan los periodistas para escribir sus artículos: ¿quién?, ¿qué?, ¿dónde?, ¿cuándo? y ¿cómo? (Si especulas sobre causas, responderás al porqué en la parte principal del ensayo.)

Borrador 2

Imagina una supertienda que cubra cinco acres, que esté a tan sólo siete minutos de Main Street en automóvil. Al recorrer los amplios pasillos puedes llenar tu carrito con todo tipo de productos: ropa de diseñadores, herramientas para el jardín y calculadoras electrónicas, todo a precios baratísimos. ¿El paraíso de los compradores? No necesariamente, al menos para nuestra comunidad. Los efectos positivos de una nueva tienda de MaxMart en el centro comercial de las afueras de la ciudad no logran contrarrestar el impacto negativo sobre nuestra forma de vida.

Evaluación: Mejor. El autor comienza con un escenario hipotético para captar la atención. La introducción deja en claro que el autor hará hincapié en los efectos.

Corrección de pruebas

Intercambia trabajos con un(a) compañero(a). Lean detenidamente y marquen cualquier error gramatical, de ortografía y de puntuación.

Publicación

Considera estas maneras de compartir o publicar tu ensayo:

- Envía tu ensayo a un experto en la materia. Adjunta una carta de presentación en la que preguntes si él o ella considera que el ensayo es persuasivo.

- Envía tu ensayo al periódico local o al de la escuela para ser publicado.

- Ilustra tu ensayo con tablas, diagramas o gráficas apropiadas y colócalo en el tablero de noticias de la clase.

Reflexión

Completa las siguientes oraciones con un breve enunciado:

- La parte más difícil de esta tarea fue...

- El escribir este ensayo cambió mi punto de vista sobre...

- El especular sobre causas y efectos es una destreza que también puede ser útil fuera de la escuela porque...

Taller de oraciones

¿CAUSA O EFECTO?

¿Qué sucede en esta tira cómica? Escribe dos oraciones para explicarla.

Subraya la causa y el efecto en cada oración. ¿Qué palabras de enlace has usado?

Hay dos maneras de relacionar la causa con el efecto. Las **oraciones causales** dan a conocer la causa de una situación. Observa:

El cuadro se vacía . . . ⟶ **porque el hombre abre el grifo.**
(efecto)   (causa)

La oración principal se une a la causa con palabras de enlace, tales como **porque, puesto que, a causa de que, ya que.**

Las **oraciones consecutivas,** por lo contrario, resaltan las consecuencias de una situación.

El hombre abre el grifo; ⟶ **como resultado, el cuadro se vacía.**
(causa)   (efecto)

Las palabras de enlace consecutivas son **de modo que, con lo cual, por lo tanto.** Vuelve a explicar la tira cómica pero esta vez usa oraciones consecutivas.

Al revisar tu trabajo:

1. Busca oraciones sueltas que tengan una relación de causa y efecto. Combínalas usando una palabra de enlace.

2. ¿Puedes sustituir «porque» con otras palabras de enlace? ¿Puedes cambiar algunas oraciones causales a oraciones consecutivas?

Guía del lenguaje

Ver Conjunciones subordinantes, pág. 372.

Inténtalo tú

Escribe un párrafo para explicar por qué se necesitan vacaciones y cómo las consecuencias del calor o de estudiar por periodos extensos nos hacen necesitarlas ¡de inmediato!

GLOSARIO DE TÉRMINOS LITERARIOS

Encontrarás más información sobre las definiciones de este GLOSARIO en las páginas que se citan al final de cada entrada. Por ejemplo, para profundizar en la definición de **Aliteración** el GLOSARIO te remite a la página 144 de este libro.

Algunas referencias que aparecen al final de ciertas entradas remiten a otras entradas del GLOSARIO que contienen información estrechamente relacionada con aquellas. Por ejemplo, al final de **Autobiografía** hay una referencia a la definición de **Biografía.**

ACOTACIONES ESCÉNICAS En un drama, las instrucciones que el autor escribe sobre la escenografía y la representación se llaman *acotaciones escénicas.* Las acotaciones escénicas pueden desempeñar un papel importante en la acción o en la atmósfera de una obra, como ocurre en algunos momentos de *El anillo del general Macías* de Josefina Niggli (página 221).

Ver página 247.

ALITERACIÓN La repetición de sonidos similares en un grupo de palabras. Por ejemplo, José Martí usa la aliteración del sonido **k** en «Escena neoyorquina» (página 148):

> Y allá va la coqueta de la casa en busca de otro carro, que del lado contiguo deja su carga de transeúntes neoyorquinos.

Ver página 144.

AMBIENTE Tiempo y lugar en que se desarrolla la acción de una narración. Normalmente, el ambiente se establece al principio de una obra literaria: por ejemplo, en «Cajas de cartón» (página 249), Francisco Jiménez describe el ambiente en los primeros párrafos del relato. El ambiente a menudo juega un papel importante en la acción de un relato, como ocurre en «En la noche» de Horacio Quiroga (página 16). El ambiente también puede contribuir a la atmósfera de un relato: por ejemplo, en «La puerta» de José Antonio Burciaga (página 329) la lluvia constante crea una atmósfera deprimente.

Ver páginas 71 y 79.

ANTICIPACIÓN Un escritor utiliza la *anticipación* **para sugerir que un acontecimiento se producirá más adelante.** Por ejemplo, en la escena inicial de *El anillo del general Macías* de Josefina Niggli (página 221), el momento en que Raquel habla con Mariana y hace hincapié en el honor constituye una anticipación de sus acciones en momentos posteriores de la obra.

Ver página 78.

ARGUMENTO Los sucesos que ocurren en un cuento, drama o novela. La relación de los sucesos entre sí se llama **trama**. Por lo general, la trama consiste en los siguientes elementos relacionados entre sí: exposición, conflicto, clímax y desenlace. Su estructura se puede representar gráficamente de la manera siguiente:

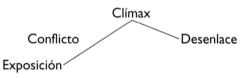

Sin embargo, no todos los relatos ni dramas tienen esta estructura tradicional. Por ejemplo, «El crimen perfecto» de Enrique Anderson Imbert (página 109) presenta una estructura poco tradicional por el uso del *flashback* o narración retrospectiva.

Ver páginas 78 y 246.
Ver también Trama.

ARTÍCULOS Los *artículos de noticias* **cuentan acontecimientos importantes de la vida diaria.** Normalmente, este tipo de artículos se publica en la primera sección de los periódicos. **Los** *artículos de opinión* **son textos breves y convincentes que presentan la postura de un periódico o una per-**

sona sobre algún tema controversial. Aparecen normalmente en las páginas de opinión de los periódicos.

Ver página 35.

ATMÓSFERA El carácter general de una obra literaria. La atmósfera de una obra a menudo se puede describir con uno o dos adjetivos, como *pacífica, tenebrosa o nostálgica*. El escritor crea la atmósfera por medio del lenguaje, incluyendo en el texto imágenes, sonidos y descripciones que transmiten una sensación especial. «El corazón delator» (página 103) es notable por su atmósfera misteriosa.

Ver página 79.

AUTOBIOGRAFÍA En una *autobiografía* el escritor relata su propia vida. *Yo sé por qué canta el pájaro enjaulado* de Maya Angelou (página 72) es un ejemplo de este género de escritura. **En un *episodio autobiográfico,* el escritor describe un incidente de su propia experiencia.** Como ejemplo, podemos citar el fragmento de *Los sabuesos de Bafut* de Gerald Durrell (página 153).

Ver página 35.
Ver también *Biografía*.

BIOGRAFÍA En una *biografía* el autor escribe sobre la vida de otra persona. Las biografías se basan en personajes reales. **Una *semblanza* es una descripción breve de acontecimientos de la vida de alguien y de los rasgos de su personalidad.**

Ver página 35.

CARACTERIZACIÓN El conjunto de técnicas que utiliza un escritor para crear los personajes de una obra literaria se llama *caracterización*. En el caso de la **caracterización directa**, el escritor cuenta directamente a los lectores cómo es un personaje. Pero es más frecuente que el escritor revele el carácter de un personaje por medio de la **caracterización indirecta**, que incluye las técnicas siguientes:

- mostrar al personaje en acción
- utilizar las palabras del personaje en el diálogo
- describir la apariencia física del personaje
- revelar pensamientos y sentimientos del personaje
- mostrar las reacciones de otras personas hacia el personaje

Por ejemplo, Gary Soto utiliza una combinación de técnicas directas e indirectas para caracterizar a Alfonso en «Cadena rota» (página 57).

Ver página 79.

CLÍMAX El *clímax* es el momento culminante de un cuento, un drama o una novela, que determina su desenlace. Por ejemplo, en *El anillo del general Macías* de Josefina Niggli (página 221), el clímax es el momento en que Raquel decide envenenar a Andrés y Cleto.

Ver páginas 78 y 246.
Ver también *Argumento*.

CONFLICTO El elemento central de un cuento, un drama o una novela es el *conflicto,* o la lucha entre dos personajes o fuerzas opuestas. En los *conflictos externos,* un personaje lucha con otra persona, un grupo o una fuerza de la naturaleza. Este tipo de conflicto es el que presenta Horacio Quiroga en su cuento «En la noche» (página 16). **En los *conflictos internos,* la lucha tiene lugar dentro de la mente de un personaje.** El narrador de «Un pacto con el diablo» de Juan José Arreola (página 91) tiene un conflicto interno.

Ver páginas 78 y 246.

CORRIDO El *corrido* tradicional es normalmente una balada de ritmo rápido que narra una tragedia, una hazaña o una aventura. El personaje central de un corrido es a menudo una persona que lucha por la justicia social o para defender sus derechos, como en «El corrido de Gregorio Cortez» (página 38).

Ver páginas 36 y 37.

CUENTO Un *cuento* es una obra breve de ficción escrita en prosa, en la que normalmente se presentan uno o dos personajes principales y un solo ambiente central. Edgar Allan Poe, el autor de «El corazón delator» (página 103), fue uno de los pioneros del cuento a principios del siglo XIX. Un cuento incluye normalmente los siguientes elementos: exposición, conflicto (del cual surgen las complicaciones), clímax y desenlace.

Ver páginas 78 y 122.
Ver también *Argumento.*

CUENTO POPULAR **Un *cuento popular* es una historia tradicional que a menudo tiene personajes irreales como gigantes, dragones y animales que hablan.** Los cuentos populares cuyas versiones más conocidas se originaron en Europa, como las historias de la Cenicienta o la Bella Durmiente, a menudo se llaman *cuentos de hadas.*

Ver página 279.

DESENLACE **En el *desenlace* se resuelven definitivamente los conflictos del relato.** En el cuento «Cadena rota» de Gary Soto (página 57), el desenlace se produce en el párrafo final, cuando Alfonso y Sandra se montan en la bicicleta que Ernesto le ha prestado a su hermano. A veces el desenlace de una obra literaria puede ser muy breve, como en la obra *El anillo del general Macías* de Josefina Niggli (página 221), donde el desenlace se limita tan sólo a un pequeño pasaje.

Ver páginas 78 y 246.

DIÁLOGO **La conversación entre los personajes de un cuento, una novela o un drama.** El diálogo es especialmente importante en el teatro, ya que por medio de éste se desarrolla la acción y el carácter de los personajes. En las novelas y los cuentos, el diálogo aparece normalmente entre comillas o precedido de una raya. En las obras de teatro, el diálogo aparece sin comillas.

Ver páginas 50, 124 y 246.

DRAMA **Un *drama* es una historia que se escribe para ser representada por actores y actrices que desempeñan el papel de los personajes.** Es posible apreciar un drama en su versión escrita, pero lo ideal es verlo representado en un escenario. Los elementos básicos de una obra dramática son los mismos que los de las novelas y los cuentos: exposición, conflicto, clímax y desenlace. El texto de una obra teatral contiene normalmente **acotaciones escénicas,** que son instrucciones escritas por el dramaturgo acerca de la escenografía, la forma en que los actores deben interpretar el diálogo, sus gestos y sus movimientos sobre el escenario. La acción de un drama se apoya casi completamente en el **diálogo,** o lo que dicen directamente los personajes. La representación se completa con ciertos elementos especiales, como la escenografía, la iluminación, el vestuario, el maquillaje y la utilería.

Ver página 246.
Ver también *Diálogo, Acotaciones escénicas.*

ENSAYO **Un *ensayo* es un texto breve escrito en prosa para informar, convencer o entretener al lector.** Un **ensayo formal** tiene generalmente un tono serio y reflexivo. Su función es comentar un tema de interés o presentar una idea original. Un **ensayo personal** es a menudo informal, coloquial o incluso humorístico. Los ensayos personales con frecuencia reflejan los sentimientos o los gustos del autor. Un ejemplo de este tipo de ensayo es «La fiesta del árbol» de Gabriela Mistral (página 181).

Ver página 35.

EXPOSICIÓN **Al comienzo de un cuento o un drama, por medio de la *exposición* se presenta la situación básica al introducir por lo menos a un personaje principal.** El primer párrafo de «Cadena rota» de Gary Soto (página 57) compone la exposición del relato, al igual que la escena inicial de *El anillo del general Macías* de Josefina Niggli (página 221).

Ver páginas 78 y 246.

FÁBULA **Una *fábula* es una narración corta que ofrece una lección moral o práctica.** En la mayoría de las fábulas, los personajes son animales que hablan y actúan como las personas, como en las antiguas fábulas griegas de Esopo. Un ejemplo de fábula moderna es «Las abejas de bronce» de Marco Denevi (página 196).

Ver página 195.

FICCIÓN Invención o producto de la imaginación. En la literatura, la novela y el cuento son géneros de ficción. La ficción puede ser completamente imaginaria, como en «El corazón delator» de Edgar Allan Poe (página 103), o puede basarse parcialmente en acontecimientos históricos o en las propias experiencias del autor, como en «La puerta» de José Antonio Burciaga (página 329). Sin embargo, en este tipo de ficción realista el autor a menudo altera personajes, hechos o datos para lograr un efecto determinado.

Ver página 78.

FIGURAS RETÓRICAS Una *figura retórica* hace una variación o una combinación especial del lenguaje común para lograr mayor expresividad. Las figuras retóricas más comunes son el **símil** («El viento era como una sinfonía»), la **metáfora** («El viento era un concierto de silbidos y aullidos») y la **personificación** («Los árboles bailaban con la música del viento»).

Ver páginas 56, 136 y 193.

HIPÉRBATON El *hipérbaton* es una inversión del orden normal y lógico del lenguaje para conseguir un efecto especial. Tanto los poetas como los prosistas invierten el orden normal de las palabras para realzar una palabra o una idea, como en estos versos de «Meciendo» de Gabriela Mistral (página 189):

> Dios Padre sus miles de mundos
> mece sin ruido.

Ver página 193.

HIPÉRBOLE La *hipérbole* es una exageración para lograr un efecto especial. Nicolás Guillén utiliza la hipérbole en su poema «¿Puedes?» (página 210).

Ver página 194.

IMÁGENES Representaciones de cosas o ideas que estimulan cualquiera de los cinco sentidos (vista, oído, tacto, gusto y olfato) por medio del lenguaje. La mayoría de las imágenes son visuales: se basan en el sentido de la vista para crear cuadros en la mente del lector. Por ejemplo, Vicente Riva Palacio emplea imágenes en el segundo párrafo de «El buen ejemplo» (página 158).

Ver página 144.

IRONÍA La *ironía* es un contraste entre la apariencia y la realidad. La ironía se da en cuentos, novelas, obras dramáticas, ensayos y poemas. Sus efectos van de lo levemente humorístico a lo perturbador, incluso a lo trágico. Existen tres tipos principales de ironía:

1. **Mediante la *ironía verbal,* un escritor o hablante dice una cosa con un sentido muy diferente a lo que aparenta.** Por ejemplo, en «La puerta» de José Antonio Burciaga (página 329), Sinesio utiliza la ironía verbal con Faustina cuando dice de ir a la farmacia, «¡Seguro! Como nos va a dar tiempo de llegar hasta allí...».

2. **La *ironía de sucesos* se produce cuando lo que ocurre es muy diferente de lo que esperamos que suceda.** El cuento de «El crimen perfecto» de Enrique Anderson Imbert (página 109) ofrece varios ejemplos de ironía de sucesos.

3. **La *ironía dramática* se produce cuando el lector sabe algo que un personaje no sabe.** En *El anillo del general Macías* (página 221), por ejemplo, el capitán Flores no sabe que Felipe, el «primo» de Raquel, es en realidad el rebelde Andrés, aunque nosotros sabemos la verdad.

Ver páginas 114–115.

LENGUAJE FIGURADO

Ver *Figuras retóricas.*

LEYENDA Las *leyendas* son historias sobre hechos o sucesos extraordinarios, heredadas del pasado. Las leyendas parten de un hecho real, es decir, están basadas en algo que ocurrió en el pasado. Sin embargo, lo característico de las leyendas es que los hechos que cuentan han sido alterados o exagerados con el paso del tiempo. Así, los heroicos esfuerzos de Gregorio Cortez para eludir a las autoridades se hicieron legendarios. Las leyendas antiguas, como las historias sobre la guerra de Troya en la Grecia clásica y las historias sobre la conquista de México y Perú, se transmitieron oralmente de generación en generación antes de ser conservadas por escrito. El **corrido** es uno de tales tipos de narración oral que cantaban las hazañas de individuos como Gregorio Cortez.

Ver página 279.

METÁFORA La *metáfora* consiste en describir una cosa como si fuera otra. Las metáforas aparecen en todos los géneros literarios, pero son especialmente importantes en poesía. Las metáforas se diferencian de los símiles, que emplean palabras explícitas de comparación como, por ejemplo, *como o igual que*. Judith Ortiz Cofer emplea varias metáforas en los siguientes versos de «Mi padre en la marina: Un recuerdo de infancia» (página 259):

> Su recibimiento eran los versos
> que compusimos a través de los años
>   imitando
> la canción de la sirena que lo mantuvo
>   regresando
> de los estómagos de ballenas de hierro...

Ver página 136 y 193.

MITO Un *mito* es una historia antigua en la que generalmente participan seres sobrenaturales y que sirve para explicar un fenómeno natural. Por ejemplo, el *Popol Vuh* (página 271) contiene varios mitos de la creación. Los orígenes de la luna se explican en «El casamiento del Sol» (página 285). La mayoría de los mitos se transmitieron oralmente antes de ser relatados por escrito. Así, es posible encontrar el mismo mito en varias versiones diferentes. En los mitos a menudo aparecen inconsistencias y saltos que no tienen explicación lógica.

Ver páginas 271 y 279.

NARRACIÓN RETROSPECTIVA Una *narración retrospectiva* (o un *flashback*) interrumpe la secuencia de la narración, para volver al pasado y contar lo que ocurrió en un tiempo anterior. Los *flashbacks* pueden variar mucho en su extensión. Gary Soto utiliza una breve narración retrospectiva en el tercer párrafo de «Cadena rota» (página 57). Por otra parte, «El crimen perfecto» de Enrique Anderson Imbert (página 109) está estructurado casi en su totalidad como una narración retrospectiva.

Ver página 79.

NARRADOR El *narrador* es la persona que cuenta la historia. Por ejemplo, el narrador de «En la noche» (página 16) cuenta la historia de la lucha de una mujer por sobrevivir en un río peligroso. Normalmente nos fiamos de la versión que cuenta el narrador, pero a veces hay motivos para dudar del narrador de un relato. En cuentos como «El corazón delator» de Edgar Allan Poe (página 103), hay algo en la personalidad del narrador que nos hace dudar de su percepción de los hechos o de su dominio de la realidad.

Ver página 103.
Ver también *Punto de vista*.

NOVELA Las *novelas* son narraciones largas en prosa que normalmente tienen más de 100 páginas. Las novelas utilizan todos los elementos de los cuentos, como caracterización, ambiente, punto de vista y tema. Puesto que las novelas son más largas que los cuentos, pueden presentar un mayor número de personajes principales y más de un ambiente central. El relato principal se conoce como **argumento principal**, mientras que las líneas narrativas secundarias se llaman **argumentos secundarios**. Muchos consideran que la primera gran novela europea fue *Don Quijote* de Miguel de Cervantes (página 319).

Ver página 327.

ONOMATOPEYA Se llama *onomatopeya* al uso de palabras cuyos sonidos imitan o sugieren su significado. Ejemplos de palabras onomatopéyicas son *borbotón, ronroneo* y *rataplán*.

Ver página 144.

PARALELISMO La repetición de palabras o de ideas que son similares en la estructura, en el significado o en el sonido. Los siguientes versos de «La muralla» de Nicolás Guillén (ver página 80), contienen ejemplos de ambos tipos de paralelismo:

Al corazón del amigo,
abre la muralla;
al veneno y al puñal,
cierra la muralla;
al mirto y la yerbabuena
abre la muralla;
al diente de la serpiente,
cierra la muralla.

Ver páginas 143–144.

PARODIA Imitación cómica de una obra literaria. A menudo se parodia no sólo una obra literaria, sino también el estilo de un autor, un género o incluso un movimiento literario. En *Don Quijote*, Miguel de Cervantes parodia muchos elementos de los libros de caballería para criticarlos.

Ver página 318.

PERSONIFICACIÓN Por medio de la *personificación* se le dan características o sentimientos humanos a un animal o a un objeto. En «La vieja llave», Amado Nervo (página 131) usa la personificación cuando se dirige a la llave en estos versos:

Sin embargo tú sabías
de las glorias de otros días.

Asimismo, Marco Denevi usa la personificación para crear la caracterización de los animales en su fábula «Las abejas de bronce» (página 196).

Ver páginas 145, 152 y 193–194.

POESÍA Un lenguaje que rompe con los significados tradicionales y literales de las palabras por medio de imágenes y figuras retóricas. La poesía se ordena normalmente en versos. A menudo tiene un esquema rítmico fijo y una rima fija. El **verso libre** es poesía que no tiene una rima o un esquema rítmico fijo.

Ver también *Figuras retóricas, Verso libre, Imágenes, Ritmo* y *Rima.*

PROSA La forma escrita que no es poesía. Los ensayos, los cuentos, las novelas, los artículos periodísticos y las cartas están todos escritos en prosa.

Ver *Poesía.*

PUNTO DE VISTA El *punto de vista* de una historia es la perspectiva desde la cual está narrada. Los puntos de vista más comunes del relato son el punto de vista en primera persona, el punto de vista omnisciente en tercera persona y el punto de vista limitado en tercera persona.

1. **En el *punto de vista en primera persona*, uno de los personajes cuenta la historia utilizando sus propias palabras y el pronombre «yo».** Juan José Arreola utiliza este punto de vista en «Un pacto con el diablo» (página 91), así como Francisco Jiménez en «Cajas de cartón» (página 249).

2. **En el *punto de vista del narrador omnisciente en tercera persona*, el narrador no participa en la historia y sabe todo lo que los personajes piensan y dicen.** El punto de vista omnisciente en tercera persona se utiliza en «Las abejas de bronce» de Marco Denevi (página 196).

3. **En el *punto de vista limitado en tercera persona*, el narrador no participa en la historia y se concentra en los pensamientos y sensaciones de un solo personaje, haciendo pocas referencias a lo que piensan los demás.** Gary Soto utiliza este punto de vista en «Cadena rota» (página 57), así como Pedro Antonio de Alarcón en «El libro talonario» (página 309).

Ver páginas 114 y 124.
Ver también *Narrador.*

RIMA Los dos tipos principales de rima son la **rima consonante** o **total** y **la rima asonante** o **parcial**. **En la** *rima consonante* o *total* **los sonidos de las vocales y las consonantes se repiten.** Estos versos de «La vieja llave» de Amado Nervo (página 131) son un ejemplo de este tipo de rima:

> Herrumbrosa, orine**cida**,
> como el metal de mi **vida**...

En la *rima asonante* o *parcial* **sólo se repite el sonido de las vocales.** Por ejemplo, los versos 2 y 4 de la estrofa siguiente de «Meciendo» de Gabriela Mistral (página 189) tienen rima asonante:

> Dios Padre sus miles de mundos
> mece sin ru**ido**.
> Sintiendo su mano en la sombra,
> mezo a mi n**iño**.

Ver página 143.

RITMO El *ritmo* **es un énfasis repetitivo que se escucha en una serie de palabras o sonidos. En la música, identificamos el ritmo como el compás (tiempo) de una canción.** El ritmo es especialmente importante en la poesía, aunque no todos los poemas tienen un esquema rítmico fijo. Los siguientes elementos contribuyen a crear el ritmo de un poema: rima, sílabas acentuadas y número de sílabas de un verso. Los efectos del ritmo en un poema son la presencia de una cualidad musical, la imitación de una acción concreta o el logro de un tono o efecto general. La mejor forma de apreciar el ritmo de un poema o de un texto en prosa es leerlo en voz alta.

Ver páginas 130 y 143.
Ver también *Verso libre*.

SEMBLANZA

Ver *Biografía*.

SÍMBOLO Un *símbolo* **es una persona, un lugar, un objeto o un suceso que representa valores, ideas o conceptos.** Todos conocemos muchos símbolos: por ejemplo, una paloma blanca simboliza la paz. En la literatura, los símbolos adquieren por su contexto significados personales y a menudo sorprendentes. Ejemplos de símbolos bien logrados son: la llave en el poema «La vieja llave» de Amado Nervo (página 131) y la puerta y el boleto de lotería en el cuento «La puerta» de José Antonio Burciaga (página 329).

Ver páginas 194, 247 y 328.

SÍMIL Un *símil* **es una comparación entre dos cosas mediante el uso de las palabras** *como, igual que, más que* **o** *parecido*. Pablo Neruda utiliza un símil en estos versos de «Oda a los calcetines» (página 137):

> Me trajo Maru Mori
> un par
> de calcetines
> que tejió con sus manos
> de pastora,
> **dos calcetines suaves**
> **como liebres.**

Ver páginas 136 y 193.
Ver también *Metáfora*.

SONETO El *soneto* **es una composición poética que tiene 14 versos de once sílabas distribuidos en dos cuartetos seguidos de dos tercetos.** Dos ejemplos de sonetos en este libro son «Soneto 149» de Sor Juana Inés de la Cruz (página 46) y «El soneto» de Lope de Vega (página 336).

SUSPENSO El *suspenso* **es la incertidumbre que siente el lector sobre lo que puede ocurrir en una historia.** Juan José Arreola crea un ambiente de suspenso con gran habilidad en «Un pacto con el diablo» (página 91), como también lo hace Edgar Allan Poe en «El corazón delator» (página 103). Una escena dramática de mucho suspenso es el enfrentamiento entre Raquel y el capitán Flores en *El anillo del general Macías* de Josefina Niggli (página 221).

Ver páginas 78 y 90.

TEMA La idea principal de una obra literaria se llama *tema*. Es importante distinguir entre el tema de una obra literaria, es decir, su mensaje subyacente, y el asunto, es decir, de qué trata la obra a un nivel superficial. A veces los escritores definen el tema explícitamente. Pero lo más frecuente es que el lector tiene que pensar en todos los elementos de la obra y preguntarse lo que el autor quiere decir sobre la vida o la conducta humana.

Ver páginas 115 y 248.

TONO El *tono* es la actitud que adopta el escritor hacia un asunto. El tono de un escritor puede ser gozoso, como en «El grillo» de Conrado Nalé Roxlo (página 117), apasionado, como en «Árbol adentro» de Octavio Paz (página 187), o irónico, como en «Las abejas de bronce» de Marco Denevi (página 196).

Ver página 116.

TRADICIÓN ORAL Las historias de la *tradición oral* son narraciones que se transmiten de boca en boca y de generación en generación. En muchas culturas del mundo, la tradición oral ha servido para transmitir mitos, leyendas y cuentos populares durante miles de años. En este libro aparecen algunos ejemplos, tales como el relato de la creación del *Popol Vuh* maya (página 271) y el mito azteca «La historia de Quetzalcóatl» (página 282). En el mundo actual, la tradición oral sigue jugando un papel importante en la transmisión de historias de familia y costumbres populares.

Ver página 279.

TRAMA La relación de los sucesos entre sí y la forma en que el autor los presenta en una obra se llama *trama*.

Ver *Argumento*.

TRAMA CÓMICA En la *trama cómica*, la combinación de los hechos, sucesos y personajes crea un efecto cómico. Muchas veces, el final suele ser una sorpresa. «El libro talonario» de Pedro Antonio de Alarcón (página 309) es un buen ejemplo de un cuento cómico con un final sorprendente.

Ver página 308.

UTILERÍA La *utilería* es el conjunto de objetos que se emplea en un escenario teatral. En *El anillo del general Macías* (página 221), son elementos importantes de la utilería la medalla consagrada que pertenece a Andrés, el anillo de bodas y el frasco de veneno.

Ver página 247.

VERSO LIBRE Se llama *verso libre* a la poesía sin rima o esquema rítmico fijo. El verso libre a menudo emplea ritmos imaginativos. Pablo Neruda utiliza el verso libre en su «Oda a los calcetines» (página 137), así como Federico García Lorca en «Paisaje» (página 188) y Octavio Paz en «Árbol adentro» (página 187).

Ver página 143.

EL PROCESO DE LA REDACCIÓN

Las principales etapas de la redacción

El proceso de redactar consta de seis etapas:

- Antes de escribir
- Borrador
- Evaluación y revisión
- Corrección de pruebas
- Publicación
- Reflexión

Los escritores no siempre siguen este orden. Por ejemplo, muchos escritores hacen una corrección de pruebas antes de evaluar y revisar sus borradores. Algunos, en cambio, prefieren revisar sus borradores a medida que los escriben. Al preparar tu portafolio, te darás cuenta de qué método te conviene.

Escribir con computadora

La computadora te brinda fácil acceso a una gran cantidad de información, a la vez que elimina muchas tareas repetitivas y aburridas. A continuación te ofrecemos algunos consejos para que escribas tus proyectos en la computadora (recuerda guardar tu trabajo después de cada paso en el disquete de reserva).

Antes de escribir

- Usa la computadora para las lluvias de ideas y los ejercicios de escritura libre.
- Para trabajos de investigación, puedes encontrar información útil en los CD-ROMs de los índices computarizados de publicaciones y en las bases de datos de la red de computadoras.

Borrador

- Podrás escribir tus ideas más rápidamente en la computadora que escribiendo a mano. Haz tus borradores sin preocuparte por los errores de ortografía o gramática.

Evaluación y revisión

- La computadora te permite revisar tu borrador sin tener que volver a copiarlo o reescribirlo; sólo tienes que añadir, cortar o mover el material según te convenga.
- Puedes imprimir diferentes versiones de tu trabajo y evaluar su contenido, organización y estilo.

Corrección de pruebas y publicación

- Un progama de corrección ortográfica te ayudará a encontrar y corregir muchos errores de ortografía.

- Los diferentes programas para revisar textos te permitirán experimentar y probar diferentes tipos de letras y diseños; la computadora te ayudará a darle a tu trabajo escrito una apariencia profesional.

Símbolos para la revisión y la corrección de pruebas

SÍMBOLO	EJEMPLO	SIGNIFICADO DEL SÍMBOLO
≡	Estados unidos	-Hacer mayúscula una letra minúscula
/	4 de Noviembre	-Hacer minúscula una letra mayúscula
∧	paplería	-Cambiar una letra
∧	en fente	-Poner una palabra, letra o signo de puntuación que no aparece
ℓ	según es parece	-Quitar una palabra, letra o signo de puntuación
∫	deslizzante	-Quitar una letra y cerrar el espacio
(tr)	la anguila entre mis manos se deslizó.	-Cambiar de lugar el material dentro del círculo
⌗	⌗ —¡Ay!— gritó.	-Empezar otro párrafo
⊙	Se asomó desde los arbustos⊙	-Poner un punto
∧ ∧	Ernesto el hermano mayor de Alfonso aparació.	-Poner una coma

EL PÁRRAFO

La idea principal y su desarrollo

Una de las maneras más comunes de organizar el trabajo escrito es por medio de **párrafos.** Éstos se combinan para producir textos más largos y completos, como un cuento, un artículo periodístico o una carta.

Casi todos los párrafos tienen una **idea principal.** Ésta es la idea o tema alrededor de la cual se organiza el párrafo; todas las oraciones en un párrafo deben relacionarse con ella.

Identificación de la idea principal y la oración principal

La idea principal de un párrafo se puede expresar directa o indirectamente. En el primer caso, la encontramos en la **oración principal.** Ésta se puede colocar en cualquier parte del párrafo, pero generalmente está al principio. Cuando la oración principal se encuentra más adelante, sirve para unir ideas y mostrar al lector qué relación hay entre esas ideas. En el siguiente párrafo, observa el uso que Maya Angelou hace de los detalles para concluir con la oración principal, que aparece en letra cursiva.

> No había estudiantes favoritos ni predilectos del profesor. Si un estudiante le gustaba durante una clase determinada, no podía contar con un trato especial en la del día siguiente y lo mismo era cierto viceversa. Por la actitud que adoptaba todos los días ante nosotros, daba la impresión de que aquél era el día en que nos habíamos conocido. *Era reservada y firme en sus opiniones y no perdía tiempo en frivolidades.*
> —Maya Angelou, *Yo sé por qué canta el pájaro enjaulado*

Los **párrafos narrativos,** aquellos que cuentan una serie de sucesos, no tienen una oración que exprese directamente la idea principal. En este tipo de párrafo, el lector va juntando detalles para entender la idea principal. En el siguiente ejemplo, los detalles expresan, indirectamente, que Alfonso se siente enfadado y frustrado.

> Alfonso tomó el chicle, lo metió en el bolsillo de su camisa y se retiró de la recámara cabizbajo. Salió azotando la puerta y se fue a sentar en el callejón que estaba detrás de su casa. Un gorrión aterrizó entre la hierba y cuando trató de acercarse, Alfonso le gritó para que se fuera. El gorrión respondió con un gorjeo agudo y alzó el vuelo.
> —Gary Soto, «Cadena Rota»

Desarrollo con detalles secundarios

Los **detalles secundarios** explican, prueban o amplían la idea principal de un párrafo. Pueden ser sucesos, hechos, imágenes, ejemplos, razones y citas.

Unidad y coherencia

Un buen párrafo posee **unidad y coherencia.** En un párrafo que tiene unidad, todas las oraciones están relacionadas con la idea principal. Un párrafo es coherente cuando todas las ideas están relacionadas, tienen sentido y su lectura es fácil de seguir.

Para ayudar al lector a seguir tus ideas, utiliza **palabras de enlace** que muestren la coherencia que hay entre las oraciones.

PALABRAS DE ENLACE		
De tiempo		
después	eventualmente	de pronto
ya	finalmente	entonces
al fin	primero	luego
enseguida	mientras tanto	cuando
antes	mientras	
De lugar		
encima	primero	sobre
a través de	aquí	segundo
alrededor	dentro	debajo
junto a	bajo	
fuera de	arriba	
De importancia		
porque	al menos	finalmente
principalmente	segundo	entonces
más importante	primero	para empezar
además	sobre todo	
por último	lo más importante	
De comparación		
también	además	y
del mismo modo	otro	asimismo
igualmente		
De contraste		
aunque	en lugar de	pero
sin embargo	a pesar de	todavía
no obstante	incluso	
De causa		
porque	dado que	debido a
puesto que	por	ya que
De efecto		
como resultado	así que	por consecuencia
entonces	así pues	por lo que

TÉCNICAS DE ESTUDIO

Uso del diccionario

1. **Entrada.** La entrada nos provee la definición y el significado de la palabra y nos muestra la ortografía correcta. A veces se incluye la pronunciación. También nos indica si lleva mayúscula o si se puede escribir de otras maneras. Los adjetivos se dan generalmente en sus dos formas, masculina y femenina.

2. **Clasificación morfológica.** Estas clasificaciones suelen estar abreviadas y nos indican cómo se usan las palabras en la oración (como

Ejemplos de entrada

la-be-rin-to |laßerínto| **1.** *m.* Lugar lleno de caminos cruzados del que es muy difícil salir: *el Minotauro estaba encerrado en el ~ de Creta; la princesa se perdió en un ~ que había en el jardín del palacio.* **2.** *fig.* Asunto o situación poco clara o difícil: *el detective ha conseguido pistas para aclarar el ~ que debía resolver.* → **embrollo.** **3.** ANAT. Parte del oído interno de los vertebrados: *en el ~ tiene lugar la recepción de los sonidos.*

la-be-rin-to (gr. *labyrinthos*) *m.* Lugar formado de intrincados caminos para que, confundiéndose el que está dentro, no pueda acertar con la salida. *2* Composición poética cuyos versos pueden leerse de maneras distintas. *3* Parte del oído interno. *4* fig. Cosa confusa y enredada. *5* Bizcocho relleno con mermelada y rebozado con dulce de yema. *6 Perú.* Escándalo, bullicio.

SIN **2.** **Dédalo**, lit. **4.** **Enredo, maraña, confusión, lío.**

---

nombre, verbo, adverbio, etc.); con los nombres se da el género. Algunas palabras tienen diferentes funciones y, para éstas, el diccionario ofrece la abreviatura correspondiente antes de cada definición.

3. **Otras formas.** Éstas pueden mostrar formas del verbo o del plural de un nombre.

4. **Etimología.** La etimología de una palabra es su origen e historia. Indica cómo una palabra o parte de ella entró en el idioma español. En el ejemplo *«gr. labyrinthos»* la abreviatura gr. indica que *«laberinto»* viene de la palabra griega *labyrinthos*.

5. **Ejemplos.** Palabras o frases en cursiva que nos muestran cómo se usa la palabra definida.

6. **Definiciones.** Si la palabra tiene más de un significado, las distintas definiciones van enumeradas o marcadas con letras.

7. **Otros usos.** Estas especificaciones identifican las palabras que tienen significados especiales o que se usan de un modo diferente en ciertas ocasiones.

8. **Formas derivadas.** Éstas son otras formas de la palabra, creadas generalmente mediante la adición de sufijos o prefijos.

9. **Sinónimos y antónimos.** Algunas veces se enumeran los sinónimos y antónimos al final de la entrada. Puedes encontrar otros sinónimos y antónimos en un tesauro, que es otro tipo de libro de referencia.

Interpretación de mapas, cuadros y gráficos

Tipos de mapas

• Los **mapas topográficos** muestran el paisaje natural de un área. A veces están sombreados para dar una sensación de **relieve** (formaciones tales como montañas, colinas y valles) y se usan colores distintos para mostrar **elevaciones** (la altura sobre o por debajo del nivel del mar).

• Los **mapas políticos** indican unidades políticas, como países y estados. Suelen señalar las fronteras con líneas, las ciudades importantes con puntos y las capitales con estrellas dentro de un círculo. Los mapas políticos se usan también para proporcionar información, tal como cambios territoriales o alianzas militares.

• Los **mapas de usos especiales** presentan información específica, tales como rutas de exploradores, resultados de elecciones y el lugar de determinados cultivos, industrias o poblaciones. Los mapas literarios al principio de este libro son ejemplos de mapas de usos especiales.

Cómo interpretar un mapa

1. **Identifica cuál es el objetivo del mapa.** Su título e indicaciones te mostrarán cuál es el tema y el área geográfica que cubre.

2. **Estudia la leyenda del mapa.** La **leyenda** o **clave** explica el significado de cualquier símbolo, línea, color o sombreado que presente el mapa.

3. **Observa las direcciones y distancias.** Los mapas incluyen a menudo una **rosa de los vientos** o **indicador direccional,** que señala dónde están el norte, el sur, el este y el oeste. Si no hay indicador direccional, asume que el norte se encuentra en la parte superior del mapa, el oeste a la derecha, etcétera. Muchos mapas también incluyen una escala para ayudarte a comparar las distancias representadas con las reales.

4. **Ten en cuenta el área que rodea la zona cubierta por el mapa.** Los mapas tienen la **latitud** (número de grados al norte o al sur del ecuador) y la **longitud** (número de grados al este o al oeste del meridiano de Greenwich en Inglaterra) de cualquier lugar en la Tierra. Algunos mapas también contienen **mapas de localización,** que muestran la situación del área representada en relación con territorios colindantes o con el mundo. (Encontrarás un mapa de localización en la página v).

Tipos de cuadros

- Un **flujograma** refleja una secuencia de acontecimientos o los pasos de un proceso. Estos tipos de cuadros muestran relaciones de causa y efecto.

- Un **diagrama temporal** muestra sucesos históricos en **orden cronológico** (el orden en que sucedieron).

- Un **organigrama** nos muestra la estructura de una organización: la función de cada parte, su importancia y cómo se relacionan las diferentes partes entre sí.

- Por medio de columnas, una **tabla** presenta datos, generalmente estadísticos, en categorías fáciles de entender.

Cómo interpretar un cuadro

1. **Lee el título** para identificar el propósito del cuadro.

2. **Lee los rótulos, secciones e indicaciones** del título para averiguar qué categorías lo forman y qué datos se ofrecen para cada una de ellas.

3. **Analiza los detalles.** Sigue las líneas y flechas para identificar la dirección o el orden de los sucesos o pasos. Lee los números cuidadosamente y toma nota de los datos, los intervalos de tiempo y los incrementos o disminuciones de las cantidades.

Gráfico lineal

Estudiantes de la Bigelow Middle School que hablan más de un idioma

Estudiantes (Porcentaje): 100 90 80 70 60 50 40 30 20 10 0

Año: 1980 '84 '88 '92 '94 1996

Gráfico de barras

Estudiantes que participan en programas de deportes al salir de la escuela.

Estudiantes (Número): 3,000 2,000 1,000 0

1970 1995

- ■ Niñas
- ■ Niños

Gráfico circular

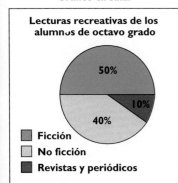

Lecturas recreativas de los alumnos de octavo grado

50%
10%
40%

- ■ Ficción
- ■ No ficción
- ■ Revistas y periódicos

Tipos de gráficos

- Los **gráficos lineales** muestran generalmente cambios en cantidades a lo largo del tiempo. Sus componentes básicos son una línea horizontal, llamada eje horizontal, y una vertical, llamada eje vertical. Normalmente, el eje vertical indica números o porcentajes, mientras que el horizontal muestra periodos de tiempo. Los puntos muestran el número o el porcentaje de lo que se mide o se cuenta a través del tiempo. Los puntos se conectan para crear el gráfico.

- Los **gráficos de barras** suelen usarse para comparar cantidades dentro de categorías determinadas.

- Los **gráficos circulares** sirven para ilustrar proporciones; dividen un círculo en secciones de diferente tamaño, como rebanadas de un pastel.

Estrategias para tomar un examen

Antes de comenzar a responder un examen, **analízalo.** Observa los elementos que lo componen y decide cómo administrar tu tiempo. Si cada pregunta tiene la misma importancia en la calificación, deja para el final las que más tiempo te tomen.

En las **preguntas de selección múltiple,** debes elegir la respuesta correcta entre una lista de respuestas posibles.

EJEMPLO   Todas estas naciones se encuentran en Centroamérica, excepto

A. Honduras   **C.** Colombia

B. Nicaragua   **D.** Guatemala

Cómo contestar preguntas de selección múltiple

Lee la pregunta o afirmación cuidadosamente.

- Asegúrate de que la comprendes antes de examinar las opciones.

- Busca palabras como *no* o *siempre,* que eliminarán alguna de las opciones.

Lee todas las alternativas antes de seleccionar una respuesta.

- Elimina las que sepas que son incorrectas.

- Piensa cuidadosamente en las opciones restantes y selecciona la que tiene más sentido.

En las **preguntas de verdadero/falso,** debes decidir si una afirmación dada es correcta o falsa.

EJEMPLO   V___ F___ Ana Frank nació en Austria, pero se mudó a Holanda en 1933.

Cómo contestar preguntas de verdadero/falso

Lee la afirmación cuidadosamente: puedes concluir que es falsa si parte de la información lo es.

Busca palabras clave: términos como *siempre o nunca* pueden ayudarte a encontrar las respuestas.

Los **ejercicios de relacionar columnas** consisten en emparejar correctamente los elementos de dos listas.

EJEMPLO   Relaciona los elementos de la columna de la izquierda con su descripción en la de la derecha.

___ **1.** conflicto   **A.** historia de la vida de una persona

___ **2.** biografía   **B.** conversación entre personajes

___ **3.** escisión   **C.** lucha interna o externa

___ **4.** diálogo   **D.** ruptura, separación

Cómo hacer ejercicios de relacionar columnas

Lee las instrucciones cuidadosamente: a veces no usarás todos los elementos de una columna, mientras que otros tendrán más de una pareja.

Examina las columnas para identificar elementos relacionados: primero, relaciona los elementos que conoces; luego, evalúa aquéllos sobre los que estás menos seguro.

Completa el resto de las parejas: trata de encontrar las relaciones con más sentido entre los elementos que te quedan.

Los **ejercicios de analogía** te piden que reconozcas la relación que existe entre dos palabras y que identifiques otro par de palabras con una relación similar.

EJEMPLO   Selecciona las palabras que tengan la misma relación que
ESTROFA : POEMA :: _____

A. metáfora: símil   **C.** ficción: novela

B. capítulo: libro   **D.** palabras: música

Hay diferentes tipos de analogías ya que dos conceptos se pueden relacionar de varias maneras.

Cómo hacer ejercicios de analogía

Analiza las primeras palabras: razona cuál es la relación entre ellas (la relación entre una *estrofa* y un *poema* es la de «parte de un todo»; una *estrofa* es parte de un *poema*).

Expresa la analogía en forma de una afirmación o pregunta: por ejemplo, en ESTROFA : POEMA el primer elemento es parte del segundo; ¿en qué otra alternativa sucede lo mismo?

Encuentra la mejor alternativa para completar la analogía: selecciona las palabras que tienen el mismo tipo de relación que las primeras. (Una *estrofa* es parte de un *poema,* del mismo modo que un *capítulo* es parte de un *libro*).

PREGUNTAS DE ENSAYO		
Verbo clave	Tarea o actividad	Ejemplo de pregunta
Analizar	Dividir algo en partes para examinar cómo funciona cada una de ellas.	Analiza el personaje de Alfonso en «Cadena rota».
Comparar	Encontrar parecidos (a veces comparar significa «comparar y contrastar»).	Compara el tema de «La vieja llave» con el de «Oda a los calcetines».
Contrastar	Encontrar diferencias.	Contrasta una leyenda acerca de Gregorio Cortez con un relato histórico sobre él.
Definir	Dar los detalles concretos que caracterizan a algo.	Define el término *versos libres*.
Describir	Expresar una imagen en palabras.	Describe la aparencia de don Quijote.
Discutir	Examinar en detalle.	Discute el uso de humor en «El libro talonario».
Explicar	Dar razones.	Explica por qué una exageración puede ser cómica.
Identificar	Comentar características específicas.	Identifica las figuras retóricas en un poema.
Enumerar	Poner en orden los pasos de un proceso o ciertos detalles sobre un tema.	Enumera las cuatro etapas principales de un drama.
Resumir	Revisar brevemente los puntos principales.	Resume la historia «En la noche».

Cómo contestar preguntas de ensayo

Las **preguntas de ensayo** requieren que escribas respuestas en uno o más párrafos. Antes de comenzar a responder a una pregunta de ensayo, léela e identifica los **verbos clave.** Estos verbos te dicen qué tipo de respuesta se te está pidiendo. También te indican si la respuesta se compone de una o más partes.

Aprendizaje en equipo

Cuando trabajas en equipo con un grupo de compañeros, combinas tus habilidades y conocimientos con los de ellos para aprender más de lo que podrías aprender por tu cuenta. Tu grupo tendrá un propósito específico, como por ejemplo, discutir y compartir ideas o información, resolver un problema, completar un proyecto o presentar conclusiones ante un grupo mayor. Una vez que conozcan el propósito del grupo, consideren cuánto tiempo tienen para cumplir su objetivo. Decidan entonces cómo van a realizar su tarea.

Funciones y responsabilidades

Cada miembro se hace responsable de participar activamente en el trabajo del equipo, escuchando con respeto a los demás y cooperando con el resto para conseguir el objetivo propuesto.

Los miembros del grupo pueden ejercer diferentes funciones. El desempeño de algunas, como las que siguen, se puede prolongar mientras dure el trabajo del equipo:

- **Líder:** Se asegura de que el grupo no se salga del rumbo marcado, anima a cada miembro a participar y ayuda a resolver conflictos.
- **Secretario:** Toma nota de toda información relevante.

Otras funciones se pueden intercambiar entre los miembros del equipo:

- **Vocero:** Comparte una idea o respuesta con el grupo.
- **Ampliador:** Propone preguntas al vocero con el fin de obtener más información.
- **Animador:** Alienta al vocero y al ampliador en sus intervenciones.

Procura estar siempre listo para defender tus comentarios; recuerda que una **opinión válida** está respaldada por hechos y detalles. Por ejemplo, si afirmas que el personaje principal de la historia que tu grupo está comentando es un cobarde, tienes que proveer ejemplos del texto que demuestren su falta de coraje.

A veces te sentirás incómodo al compartir tus pensamientos y sentimientos con el grupo; no te sientas presionado a la hora de expresarlos. Es importante que cada miembro del grupo respete la privacidad de los demás. Intenta discutir la tarea o el tema sin referirte a ti mismo.

Control de grupo

Después de finalizar una actividad grupal, piensa qué consiguió tu equipo y cuán bien trabajaron juntos. ¿Resolvieron los conflictos de una manera positiva? ¿Tuvo todo el mundo la oportunidad de participar? Traten de completar juntos las siguientes frases:

Creo que hoy hicimos bien _____ .

Podríamos mejorar en _____ .

ESTRATEGIAS DE LECTURA Y PENSAMIENTO CRÍTICO

Parafrasear y resumir

Parafrasear significa expresar las ideas de otros con tus propias palabras, de manera que sean más fáciles de entender. A diferencia de un resumen, una paráfrasis es generalmente tan larga como el texto original.

Cómo escribir una paráfrasis

1. Lee cuidadosamente el texto para identificar la idea principal y los detalles secundarios. Busca en un diccionario las palabras que no te sean familiares.
2. Reescribe la idea principal y los detalles secundarios con tus propias palabras. Sigue el mismo orden de las ideas del texto. Trabaja frase por frase, acorta las oraciones o estrofas largas y expresa las ideas complejas de manera clara y sencilla.

El catálogo de fichas

P90 - Estructura y dinámica de la comunicación
internacional

M87 - Murciano, Marcial

- Estructura y dinámica de la comunicación in-
ternacional/por Marcial Muciano.

Barcelona: Bosch Casa Editorial S. A. (1992)
- 252 p.; 22 x 15 cm.
Comunicación internacional—Sociología—Relaciones
Internacionales

Encontrarás el número de clasificación de cualquier libro en la biblioteca/centro de medios buscando en el catálogo de fichas. Por lo general, es un mueble con pequeños cajones que contienen las fichas. Éstas están ordenadas en orden alfabético por título, autor o tema. Sin embargo, en muchas bibliotecas la red de catálogos computarizados ha sustituido al tradicional catálogo de fichas. Esta red tiene estaciones o terminales de computadora con pantalla y teclado, y provee la misma información que el catálogo de fichas. La única diferencia es que la información se da en forma electrónica en vez de impresa.

Todo libro de ficción tiene en el catálogo una ficha por título y otra por autor. Si el libro no es de ficción, tendrá también una ficha por tema.

A la izquierda hay un ejemplo de una ficha para un libro que no es de ficción.

Ésta es la información que contiene una ficha:

1. Número de clasificación — El número asignado a un libro por los sistemas de clasificación de la biblioteca del Congreso de los Estados Unidos o el sistema decimal Dewey.

2. Autor — Nombre completo del autor, comenzando por el apellido.

3. Título — Título y subtítulos completos del libro.

4. Editorial — Lugar y fecha de publicación.

5. Tema — Tema general del libro; la ficha del tema puede tener un encabezamiento más específico.

6. Descripción física — Descripción del libro: tamaño, número de páginas e ilustraciones.

7. Otras referencias — Indican encabezamientos o temas relacionados bajo los que puedes buscar otros libros en la biblioteca.

Otras fuentes

Hoy día las bibliotecas tienen muchas otras cosas además de libros. Pregúntale a tu bibliotecario sobre la disponibilidad de libros en audiocasete, películas en videocasete, discos compactos y otros materiales.

Libros de referencia

La mayoría de las bibliotecas y los centros de medios tienen una sección aparte para libros de referencia, publicaciones que contienen información ordenada para que sea fácil de encontrar. El bibliotecario te puede explicar cómo está organizada esta sección y ayudarte a encontrar el material que buscas. Generalmente, los libros de referencia no se pueden sacar de la biblioteca.

LIBROS DE REFERENCIA	
Tipo y ejemplos	Descripción
Enciclopedias	• Múltiples volúmenes
Enciclopedia Hispánica	• Artículos organizados alfabéticamente por temas
Gran Enciclopedia Visual	• Contiene información general • Puede tener índice en volúmenes separados
Referencias biográficas generales	• Información sobre nacimiento, nacionalidad y logros más importantes de personas sobresalientes
Referencias biográficas especiales	• Información sobre gente conocida por sus logros especiales en diversos campos o por su pertenencia a determinados grupos
Atlas	• Mapas e información geográfica
Almanaques	• Datos actualizados, hechos, estadísticas e información sobre sucesos actuales
Libros de citas	• Citas famosas clasificadas por temas
Libros de sinónimos Diccionarios de sinónimos y antónimos	• Listas de palabras que ayudan a expresar ideas de manera precisa

Bases de datos

Algunas bibliotecas también tienen acceso a bases de datos electrónicas y a amplias colecciones de información en computadora. Los servicios de investigación computarizados te ofrecen acceso a cientos de bases de datos. A veces hay que pagar por estos servicios; pídele a tu bibliotecario que te informe .

Publicaciones periódicas

Los diarios y otras publicaciones también contienen información útil. Pídele a tu bibliotecario que te muestre la lista de publicaciones periódicas que tienen.

También hay disponibles índices computarizados de artículos de periódicos y revistas. InfoTrac, por ejemplo, se actualiza mensualmente y proporciona un catálogo de revistas de interés general publicadas desde 1985. Con frecuencia la computadora provee titulares y un **sumario** (una breve exposición de las ideas principales del artículo); otras veces, el texto original del artículo de un periódico o revista se puede leer en la pantalla o imprimir.

Si el artículo que quieres es de una edición anterior de un periódico o revista, lo puedes encontrar almacenado y miniaturizado en microfilm o microficha. Lo puedes leer con un proyector que aumenta la imagen a un tamaño legible.

Internet

Una de las herramientas de investigación más modernas e interesantes se obtiene con la ayuda de una computadora y un módem. Tienes acceso a la Internet por medio de proveedores de servicios computarizados locales o nacionales. Por medio de la Internet se obtiene rápidamente una extensa variedad de información de bibliotecas, universidades, museos, agencias gubernamentales y grupos de usuarios alrededor del mundo; puedes obtener texto, fotografías o porciones de video y usarlos para tu trabajo. Asegúrate de anotar la fuente de la información que obtengas por medio de la computadora para comprobar su veracidad.

Documentación de fuentes y toma de notas

Al realizar un trabajo de investigación reúnes información de muchas fuentes diferentes. Cada vez que cites directamente o parafrasees las ideas de alguien tienes que documentar tus fuentes, es decir, indicar en qué texto obtuviste la información. Si no lo mencionas, estás cometiendo plagio. Plagiar es usar las palabras e ideas de un autor sin mencionar su nombre; es decir, es copiarse de alguien.

Cuando comiences a investigar para tu trabajo, no pierdas de vista la información que vas encontrando y anótala en **fichas de trabajo.** Éstas son tarjetas de 3" x 5" o media cuartilla de papel de cuaderno. Cuando encuentres un libro, un artículo, una revista, un videocasete u otra fuente de información que quieras usar, dale un número. Empieza con el número uno y escríbelo en la esquina superior derecha de tu ficha. Si tienes cinco fuentes, tendrás cinco fichas, numeradas del 1 al 5. Después de numerarlas, escribe en cada una la información que necesitarás posteriormente para poder documentarla.

La siguiente guía te muestra los datos que necesitas para documentar los diferentes tipos de fuentes. Sigue el uso de mayúsculas y minúsculas, puntuación y orden de la información con exactitud. Usa la información en la ficha de trabajo para preparar una **lista de obras citadas** al final de tu trabajo.

Guía para la documentación de fuentes

Libros: autor, título, ciudad de publicación, editorial y año de edición.
Ejemplo: Fuentes, Carlos. El naranjo. México: Alfaguara Hispánica, 1993.

Revistas y periódicos: Autor, título del artículo, nombre de la revista o del periódico, fecha y números de las páginas. Si no hay autor, se comienza con el título.
Ejemplo: Sierra, Robert. «Miguel Induráin... ¿hombre o máquina?»
        El Especial 3-9 de agosto de 1995: 66-67.

Artículos de enciclopedia: autor, título del artículo, nombre de la enciclopedia, año y edición (ed.). Si no tiene autor, se comienza con el título.

Entrevistas: Nombre del experto, las palabras «entrevista personal» o «entrevista telefónica» y fecha.
Ejemplo: Silva, Protasio. Entrevista telefónica. 19 de septiembre de 1995.

Películas y videocasetes: Título de la película o el video, nombre del director o productor, nombre del estudio y año del estreno.
Ejemplo: Zoot suit. Dir. Luis Valdez. Universal Films, 1981.

Toma de notas

Cuando tomes notas para un trabajo de investigación, prepara un esquema informal o una lista de preguntas de investigación que te guiarán a la hora de recopilar información. Recuerda qué preguntas quieres contestar cuando estudies tus fuentes; añade nueva información cuando la encuentres, siempre y cuando esté relacionada con tus preguntas. Estos consejos te ayudarán a tomar buenas notas:

- Usa una ficha o una hoja de papel de 4" x 6" para cada fuente y para cada nota.

- Usa abreviaturas y frases cortas, y haz listas; no tienes que escribir oraciones completas.

- Usa tus propias palabras; si copias las palabras exactas de alguien, ponlas entre comillas.

- Incluye en cada ficha u hoja de papel una palabra o frase clave, en la esquina superior izquierda, que refleje cuál es el tema de la nota. Las palabras o frases clave pueden ser tomadas de tu esquema o lista de preguntas de investigación.

- Pon el número de la fuente en la esquina superior derecha de cada ficha.

- Escribe en la esquina inferior derecha de cada ficha el número de la(s) página(s) donde encontraste la información.

La ficha a la derecha, por ejemplo, contiene información sobre el ciclista profesional Miguel Induráin.

núm. 1

<u>La vida de Induráin</u>
—nacido el 16 de julio de 1964 en
  Villava, España
—de una familia de agricultores
—se hizo profesional en 1985
—ganó su primera Vuelta Ciclista a
  Francia en 1991

p. 66

Recursos de la comunidad
Búsqueda y contacto con las fuentes

Después de escoger un tema, piensa en miembros de tu comunidad que te puedan ayudar a investigarlo. Estos expertos se encuentran en empresas locales u organizaciones con diversos intereses. Búscalos también en museos, sociedades históricas, periódicos, universidades y oficinas del gobierno local, estatal y federal.

EJEMPLO   Estás investigando la controversia acerca de la calidad del agua de un río local. Este río suministra el agua potable de tu ciudad y es un lugar de recreo frecuentado. Podrías seguir los siguientes pasos:

- **Telefonea** o **escribe** una carta a grupos ecologistas, a un laboratorio de análisis de aguas y a una compañía que venda agua embotellada, y solicita información sobre tu tema.

- **Entrevista,** por ejemplo, a un profesor de biología de la escuela secundaria y a un representante de los departamentos locales que manejan el agua potable de tu ciudad.

- **Averigua** la opinión de la gente que pesca y se baña en el río, y de la gente que bebe su agua.

Entrevistas

Otro modo de recopilar información para un trabajo de investigación es por medio de entrevistas. Una entrevista es una situación especial; a la vez que reúnes información, necesitas escuchar y tratar de comprender el punto de vista de la persona a la cual estás entrevistando. Las entrevistas se pueden realizar en persona o por teléfono.

A continuación, te ofrecemos algunos consejos que te ayudarán a ser un buen entrevistador:

Antes de la entrevista

- Decide qué información es la que más necesitas.
- Prepara una serie de preguntas para la entrevista.
- Haz una cita para un encuentro personal o telefónico. Sé puntual.

Durante la entrevista

- Sé amable y paciente. Dale a la persona entrevistada tiempo para contestar cada pregunta.
- Después de hacer una pregunta, escucha la respuesta. Si no estás seguro de que la comprendiste, haz preguntas de seguimiento.
- Si quieres citar directamente a la persona en tu trabajo, pídele permiso.
- Respeta la opinión del entrevistado. Pídele que te explique su punto de vista, pero sé amable aunque no estés de acuerdo.
- Al final de la entrevista, agradécele a la persona su ayuda.

Después de la entrevista

- Revisa tus notas tan pronto como puedas, para asegurarte de que sean claras.
- Redacta un resumen de tus notas.
- Escribe una breve nota de agradecimiento a la persona entrevistada.

Redacción de correspondencia comercial

A la hora de escribir una carta comercial, ten muy en cuenta su propósito. Puedes estar solicitando información, quejándote sobre un producto defectuoso o pidiéndole a una empresa que te cambie cierta mercancía. Los siguientes consejos te ayudarán a escribir cartas que logren el efecto que deseas.

Cómo escribir buena correspondencia comercial

- **Usa un tono amable, respetuoso y profesional.** Una carta cortés será efectiva.
- **Usa un lenguaje formal.** Evita el lenguaje vulgar y coloquial. El lenguaje informal que podría ser aceptable en una conversación telefónica o una carta personal no es aceptable en una carta comercial.

- **Ve directo al grano.** Plantea clara y brevemente el propósito de tu carta. Sé amable, pero no divagues.
- **Incluye toda la información necesaria.** Asegúrate de que se entienda por qué escribiste la carta y qué es lo que pides en ella.

La presentación de una carta comercial

Sigue estas sugerencias para escribir cartas comerciales de una forma profesional.

- Usa papel blanco, sin rayas, de 8 1/2" x 11".
- Siempre que puedas escribe la carta a máquina; si no es posible, escribe a mano muy claramente. Usa tinta azul o negra.
- Centra el texto, con márgenes iguales a los lados.
- Usa sólo una cara del papel. Si tu carta no cabe en una página, deja un margen de una pulgada al final de la primera página y escribe por lo menos otras dos líneas en la segunda.

Encabezamiento	214 S. Juniper Escondido, CA 90025
	17 de noviembre de 1996
Destinatario	Pelican Voyages 6550 Vista Hill Avenue San Diego, CA 92123
Saludo	Estimados Señores:
Cuerpo	Mi familia está planeando un viaje a Perú y Ecuador para el próximo verano. Estamos especialmente interesados en los lugares donde haya hallazgos arqueológicos incas. Por favor, envíenme información sobre sus viajes a estos dos países, así como cualquier folleto ilustrado, guías y mapas que puedan ayudarnos a planear este viaje. Les adjunto un sobre con mi dirección y con el franqueo pagado.
Cierre	Atentamente
	Gabriela Estévez
Firma	Gabriela Estévez

GRAMÁTICA

LA ORACIÓN

▶ La *oración* es la unidad lingüística más pequeña capaz de comunicar un mensaje. Aquí tienes algunos ejemplos de oraciones:

> Los papeles salieron volando por la ventana.
> Pepa encontró la llave debajo del sofá.
> La idea de Óscar era genial.
> ¡Vete!

Sujeto y predicado

▶ Todas las oraciones hablan de algo o alguien y dicen algo acerca de esa persona, cosa o tema. El *sujeto* es la persona o cosa que realiza la acción o de quien se habla. El *predicado* es aquello que se dice del sujeto.

Oración
Sujeto — Los incendios
Predicado — acaban con los bosques.

Inténtalo tú

La computadora ha desordenado estas oraciones. Para ordenarlas puedes consultar las páginas 296-298.

> tenían caminos comparables a las vías romanas.
> Los aztecas
> La escritura de los mayas
> floreció entre los años 250 y 900 dC.
> Los incas
> La cultura maya
> ha sido un misterio hasta hace poco.
> gobernaban desde Tenochitlán.

✓ Prueba rápida

Indica el sujeto y el predicado de estas oraciones haciendo un diagrama de árbol como el anterior.

> La industria agrícola arrasa hectáreas enteras en el Amazonas.
> Los pesticidas contaminan las aguas subterráneas.
> Las redes de pesca destruyen el fondo marino.
> Las Naciones Unidas fomentan la protección del medio ambiente.
> Mi escuela tiene un club ecológico.

Concordancia

▶ *Concordancia* quiere decir «estar de acuerdo». Para que una oración tenga sentido, varias palabras de la oración deben concordar.

Los nombres, los artículos y los adjetivos deben concordar en género y número:

> **Singular o plural: el** muchach**o** alt**o**, **los** muchach**os** alt**os**
> **Masculino o femenino: el** muchacho flac**o**, **la** muchach**a** flac**a**

El sujeto y el verbo también tienen que concordar:

Él com**e**   **Ellos** com**en**

Elipsis

▶ **En español, es posible ocultar el sujeto y el verbo, o uno de los dos. Cuando no aparecen, decimos que son *elípticos*.**

El **nombre** o el **pronombre** que hace de sujeto se oculta porque:

* la terminación del verbo nos indica quién es el sujeto:

> (Yo) Corr**o** mucho.
> (Nosotros) Corr**emos** mucho.

* porque se ha mencionado antes:

> Paula ha venido del campo. (Paula) Ha traído unas flores preciosas.

El **verbo** se oculta cuando:

* se sobreentiende cuál es:

> Camarero, (traiga) unos huevos fritos, por favor.

* se ha mencionado anteriormente. En estos casos se pone una coma para indicar dónde iba el verbo:

> Pepe regresó del partido; yo, de la reunión del club.

¿Qué verbo se oculta?

PALABRAS DE ENLACE

▶ **Las *palabras de enlace* indican la relación que existe entre dos oraciones o dos partes de la oración:**

> Fui a casa de mi amigo **pero** no estaba.
> Anselmo **y** Joselyn fueron a los Andes.

Las preposiciones

▶ **Las *preposiciones* son palabras que se ponen antes de un nombre para convertirlo en complemento:**

> La obra **de** Cervantes es conocida mundialmente.

La preposición «de» relaciona la palabra «Cervantes» con la palabra «obra». Es un complemento porque indica de quién es la obra.

Las palabras «de Cervantes» son un **grupo de preposición.** Observa los grupos de preposición en estas oraciones:

> El hombre **de** la chaqueta roja tenía prisa.
> Hay un paquete **sin** dirección.
> La lucha **por** los derechos humanos continúa.

NOTA Hay palabras que no cambian de singular a plural o de masculino a femenino. La concordancia con estas palabras se hace con el artículo:

> la **crisis** económica
> una **estudiante**
> un producto **indígena**

NOTA Los verbos y los adverbios actúan de nombre si van después de una preposición:

> sin **querer**
> hasta **pronto**

Algunas de las preposiciones más frecuentes son **a, ante, bajo, con, con-tra, de, desde, en, entre, hacia, hasta, para, por, según, sin, sobre.**

> El vuelo **a** Bogotá saldrá a tiempo.
> **Hasta** ayer no supe nada de él.
> Lo hicieron **sin** pensar.

Las conjunciones coordinantes

▶ **Las** *conjunciones coordinantes* **son palabras que unen dos oraciones o partes de la oración de manera que tienen el mismo valor.**

> Pedro salió corriendo. Margarita llamó a los bomberos.
> Pedro salió corriendo **y** Margarita llamó a los bomberos.

Las conjunciones coordinantes muestran estos tipos de **relación** entre las oraciones o las partes de la oración:

• **Copulativa.** Las palabras **y, e, ni** dan idea de suma o acumulación:

> Había un perro en el tercer piso **y** dos gatos en el tejado.
> Me lo explicaron **e** insistieron en su punto de vista.

«Ni» se utiliza cuando se niegan dos o más ideas:

> No conseguí papas **ni** cebollas.
> **Ni** come **ni** deja comer.

• **Adversativa.** Las palabras **pero, sino, mas** indican que dos ideas se contraponen:

> Quería escapar **pero** no podía.
> Mi intención no era engañarlo **sino** tranquilizarlo.
> Llegué a tiempo **mas** no pude parar a comprar el regalo.

• **Disyuntiva.** Las palabras **o, u** dan idea de alternativa:

> Veremos una película **o** iremos de excursión.
> Escoge uno **u** otro.

Las conjunciones subordinantes

▶ **Las** *conjunciones subordinantes* **unen oraciones de forma que una oración es complemento de la otra.**

> Han cerrado las escuelas. Hay una tormenta de nieve.
> Han cerrado las escuelas **porque** hay una tormenta de nieve.

«Hay una tormenta de nieve» aporta información sobre la primera oración.

Algunas de las conjunciones subordinantes más frecuentes son **porque, cuando, donde, si, aunque, como.**

> Volví a casa **cuando** oí el aviso.
> Encontré el libro **donde** me dijiste.
> No me hubiera caído **si** el escalón fuera más visible.
> Pienso ir a Viena **aunque** cueste mucho.
> Me enseñó su proyecto **como** quien no quiere la cosa.

¡OJO!

Sino se escribe junto cuando es una palabra de enlace:

No quiero comer **sino** dormir.

Se escribe separado cuando expresa una condición negativa:

Si no llegas, mi iré sola.

No confundas la conjunción **que** con el pronombre relativo **que.** La conjunción «que» es un simple elemento de unión y no tiene significado. El pronombre relativo «que» se refiere a una persona o a una cosa.

> Espero **que** me llames esta tarde. (conjunción)
> La gata **que** encontraste es muy extraña. (pronombre relativo)

Los pronombres relativos

▶ Los *pronombres relativos* **son palabras de enlace que van en lugar de un nombre.**

> La posada **que** está de camino tiene habitaciones.

Esta oración es el resultado de combinar dos oraciones:

> La posada tiene habitaciones.
> La posada está de camino.

Para no repetir el nombre «posada» ponemos «que» en su lugar. «Que» es un pronombre porque sustituye a un nombre. Es el sujeto de la oración subordinada «está de camino».

Además de **que,** son pronombres relativos **cual** y **quien.** Aunque «que» es más común, se puede sustituir por «cual» o «quien» en ciertas ocasiones.

> El anciano   **del que**   hablamos es el dueño.
>   **del cual**
>   **de quien**

EL NOMBRE

▶ El *nombre* **es una palabra que designa a personas, animales, cosas e ideas.**

Son nombres «Roberto», «lagarto», «jarrón», «amor».

• Una de las funciones del nombre es la de ser **sujeto** de la oración:

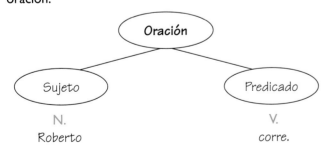

• Los nombres también tienen la función de **complemento directo** y **complemento indirecto** en la oración:

> Petra le dio la **<u>carta</u>**   a **<u>Cristóbal</u>**.
>   (C.D.)   (C.I.)

Inténtalo tú

Lee este poema sobre los nombres. ¿Qué pasaría si no hubiera nombres? Comenta con tus amigos la necesidad de nombrar las cosas.

> ¿Por qué tienes nombre tú...
> día miércoles?
> ¿Por qué tienes nombre tú,
> tiempo otoño?
> Alegría, pena, siempre
> ¿Por qué tenéis nombre: amor?
>
> Si tú no tuvieras nombre
> yo no sabría qué era
> ni cómo ni cuándo. Nada.
>
> ¿Sabe el mar cómo se llama,
> qué es el mar? ¿Saben los vientos
> sus apellidos, del Sur
> y del Norte, por encima
> del puro soplo que son?
>
> Si tú no tuvieras nombre
> todo sería primero
> inicial, todo inventado
> por mí,
> intacto hasta el beso mío.
>
> — *Pedro Salinas*

LOS PRONOMBRES

▶ Los *pronombres* son palabras que van en lugar del nombre:

Pancho comió un montón.   →   **Él** comió un montón.

Los **pronombres personales** son las palabras con las que nombramos a las personas sin emplear un nombre.

Esta tabla te indica los pronombres personales:

	SINGULAR	PLURAL
Primera persona	Yo	Nosotros
Segunda persona	Tú	Vosotros
	Usted	Ustedes
Tercera persona	Él	Ellos
	Ella	Ellas

Los pronombres personales designan a la persona que habla (primera persona), a la persona que escucha (segunda persona) y a la persona de quien se habla (tercera persona):

Yo me llamo Esteban.
Tú necesitas pasar por su casa.
Él desea comprar un auto nuevo.

Con los pronombres designamos a:

• personas que están presentes:

Tú y **yo** vamos a ir al cine.

• personas que se han mencionado antes:

Pedro y María tienen una casa muy bonita. **Él** tiene mucha afición a la jardinería.

NOTA «Vosotros» es un pronombre que se utiliza en España para decir «ustedes» en situaciones no formales. Se dice por ejemplo: «Vosotros vais al cine». Cuando don Quijote se dirige a los molinos de viento, usa el pronombre «vosotros» (págs. 320-322).

COMPLEMENTOS DEL NOMBRE

▶ Los *complementos del nombre* son todas aquellas palabras que modifican al nombre:

El loro **verde** se puso a hablar.

Entre los complementos del nombre, podemos mencionar los artículos, los adjetivos y los grupos de preposición.

El nombre y sus complementos forman un **grupo del nombre.**

la	paloma	blanca	la paloma blanca
Art. +	N. +	Adj. =	G.N.

El artículo

▶ **El *artículo* es una palabra que indica la presencia de un nombre.**

> **La** salamandra cambió de color.

Hay dos tipos de artículos:

- Los **artículos definidos** indican que el nombre que sigue se refiere a una cosa precisa:

> Encontré **el** libro que se te perdió.

Los artículos definidos son **el, la, los, las.**

- Los **artículos indefinidos** indican que el nombre que sigue se refiere a una cosa no precisa:

> **Un** perro callejero siempre da pena.

Los artículos indefinidos son **un, una, unos, unas.**

El adjetivo

▶ **Los *adjetivos* precisan las cualidades de los nombres:**

> queso **cremoso**   señores **amables**   idioma **desconocido**

☑ Prueba rápida

En las expresiones siguientes se usan adjetivos asociados con un sentido para describir otro. Di con qué sentido (el oído, la vista, el gusto, el tacto, el olor) se asocia normalmente cada adjetivo:

un golpe hueco	un sabor espeso
un ruido seco	un sabor punzante
un olor pringoso	una mirada cálida

Explica de esta manera algunos sabores, olores o ruidos. Aquí tienes algunos adjetivos para empezar: sordo, pegajoso, repugnante, suave, ligero, picante, amargo.

El grupo de preposición

Un nombre puede modificar a otro con la ayuda de una preposición:

> El carro **de** Pepe

Las palabras «de Pepe» modifican al nombre «carro» porque nos dicen de quién es el carro.

▶ **Un *grupo de preposición* está formado por una preposición más un grupo del nombre:**

de	los turistas		**de** los turistas
Prep.	+	G.N.	=	G.P.

Aquí tienes unos ejemplos de grupos de preposición que modifican a un nombre:

NOTA La **sinestesia** es una figura retórica que consiste en usar un adjetivo asociado con un sentido para describir otro. Observa:

> una voz (ruido) dulce (gusto)

Son maestros de la sinestesia poetas como Juan Ramón Jiménez y Rubén Darío. Observa:

> «Es de oro el silencio. La tarde es de cristales.»
> — *Juan Ramón Jiménez*

> «Quedó de un sonoro marfil.»
> — *Rubén Darío*

bizcochos **de** chocolate blanco
     N.   +   G.P.

café **con** leche
 N. + G.P.

carretera **a** Chicago
    N.   +   G.P.

✅ Prueba rápida

Encuentra en estas oraciones los grupos de preposición y di a qué nombre modifica cada uno.

La calle de la casa de ladrillo no tiene salida.
Los padres de Plácido Domingo eran cantantes de zarzuela en México.
El camino a la playa es precioso.
Los problemas entre amigos se resuelven.
Pepe Romero tocará música para guitarra de Albéniz.

EL VERBO

▶ El *verbo* indica la acción que realiza el sujeto. El verbo es el núcleo del predicado.

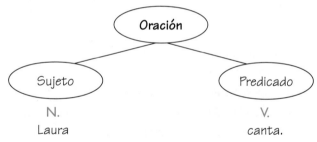

Sujeto
N.
Laura

Predicado
V.
canta.

▶ Los verbos *ser* y *estar* no indican acción. Introducen la identidad, las características o la condición del sujeto. Son verbos *copulativos*.

El hombre **es** marinero.
El hombre **es** listo.
El joven **está** soltero.

El tiempo

▶ Las *terminaciones* del verbo indican el tiempo en el que se realiza la acción. Indican si la acción tiene lugar en el *pasado,* en el *presente* o en el *futuro.*

Ayer me com**í** un pastel.
Ahora me com**o** toda la cena.
Mañana no com**eré** nada.

El pretérito

▶ El *pretérito* indica que la acción ocurrió en el pasado.

- Cuando una acción empieza en el pasado y termina en el pasado, el tiempo del verbo es el **pretérito simple**.

> **Acabó** el proyecto el viernes.
> **Rompieron** una ventana sin querer.

- Si una acción pasada es tan reciente que sus efectos se sienten todavía en el presente, se utiliza el **pretérito compuesto**. El pretérito compuesto siempre se construye con el **verbo auxiliar** «haber».

> **He comido** una barbaridad.
> **Hemos trabajado** mucho esta semana.

- El **pretérito imperfecto** se usa para referirse a acciones pasadas que se repiten u ocurren por un periodo de tiempo indefinido.

> Los autos **tocaban** las bocinas al pasar.
> Cuando **tenía** cinco años, me **portaba** muy mal.

El pretérito imperfecto es fácil de identificar porque acaba siempre en **-ía** o en **–aba**. Los verbos que terminan en **–aba** se escriben con **b**.

- El **pretérito pluscuamperfecto** expresa una acción pasada acabada y anterior a otra acción pasada:

> Cuando llegamos, **habían** cerrado la tienda.

El pretérito pluscuamperfecto se utiliza a menudo con las palabras de enlace **cuando, como, hasta, porque**.

El modo

▶ El *modo* indica la *actitud* del hablante ante la acción que expresa el verbo.

Hay cuatro modos del verbo: el **indicativo**, el **subjuntivo**, el **condicional** y el **imperativo**.

- El **indicativo** se usa para presentar acciones de manera objetiva sobre las cuales el hablante no tiene duda.

> Dos y dos **son** cuatro.
> Nosotros lo **pasamos** muy bien.
> Pedro **hará** la comida.

Todos los tiempos de los verbos que has estudiado hasta ahora pertenecen al modo indicativo.

- El **subjuntivo** se usa para expresar posibilidad, duda, opinión o deseo.

> Es posible que mañana **llueva**.
> Dudo que **haya llegado**.
> No creo que comer mucho **sea** bueno.
> ¡Ojalá que me **regalen** un bolso!

El subjuntivo siempre se usa en oraciones subordinadas, como en «que mañana llueva». Lo presentan expresiones como **no creo que, opino que, es posible que, te pido que, dudo que...**

Inténtalo tú

Lee el «Corrido de Gregorio Cortez» (pág. 38) y haz el ejercicio de la página 41 donde te imaginas que eres un abogado defendiendo al fugitivo. Usa el pretérito pluscuamperfecto en tu defensa:

> Gregorio Cortez disparó porque el *sheriff* había...
> A Gregorio Cortez se le debía perdonar porque había...
> Como Gregorio Cortez había ...
> Hasta que no lo habían...

Inténtalo tú

Lee el periódico y escoge un tema controversial que te interese. Escribe un párrafo expresando tus opiniones. Utiliza algunas expresiones en las que aparezca el subjuntivo.

¡OJO! En las oraciones subordinadas condicionales, se utiliza el subjuntivo cuando aparece el condicional en la oración principal.

Si no lo **pensaras** tanto,
(subj.)
sabrías qué hacer.
(cond.)

Las oraciones condicionales también se pueden escribir utilizando tiempos de indicativo:

Si lo **veo**, te lo **diré.**
(pres.)   (fut.)

- El **condicional** se usa para indicar la intención de realizar una acción. El condicional expresa una acción futura en relación a una acción pasada:

  Dijo que **llegaría** pronto.

  El condicional obtiene su nombre porque su uso más frecuente es en **oraciones subordinadas condicionales:**

  Si lo encontrara, te lo **diría.**

- El **imperativo** indica que la acción es un mandato, una orden o un ruego.

  ANDRÉS. Cleto, **escóndete** tú allí.
  CLETO. Pero, mi capitán...
  ANDRÉS. ¡Es una orden! **Escóndete.**

  — *El anillo del general Macías (pág. 228)*

☑ Prueba rápida

Busca tres verbos en indicativo, en subjuntivo, en condicional y en imperativo en *El anillo del general Macías* (páginas 221–236). Encuentra una oración subordinada condicional con la que se use el condicional y otra con la que se use el futuro de indicativo.

COMPLEMENTOS DEL VERBO

Verbos transitivos e intransitivos

▶ Los verbos *intransitivos* no necesitan complementos:

Rodrigo **corre.**
El viento **sopla.**
La gaviota **vuela.**

▶ Los verbos *transitivos,* en cambio, necesitan un *complemento directo* para completar su significado:

El pastor **ve... al lobo.**
Mateo **trae... la escoba.**
Pedro **recibió... una carta.**

El complemento directo

▶ El *complemento directo* completa el significado del verbo.

El zapatero remienda... **un bolso.**
Ayer vi... **a mi prima.**

«Un bolso» es el complemento directo porque indica qué remienda. «A mi prima» indica a quién vi.

Prueba rápida

El complemento directo puede ser una oración subordinada. Observa:

> Enrique quiere <u>cenar</u>. → <u>que cenemos tarde</u>.

Sustituye los nombres del complemento directo por oraciones subordinadas.

> La Cruz Roja pide <u>dinero</u>.
> El equipo celebró <u>la victoria</u>.
> Julio nos contó <u>sus aventuras</u>.
> La radio transmite <u>las últimas noticias</u>.

El complemento indirecto

▶ **Además de un complemento directo, hay verbos que necesitan otros complementos. El** *complemento indirecto* **indica a quién llega el complemento directo.**

> Miguel regala libros... **a sus amigos.**

«A sus amigos» es el complemento indirecto porque indica a quién Miguel regala libros.

Pronombres para el complemento directo

El complemento directo está formado por un **grupo del nombre**.

> La leona protege a **sus cachorros.**

Ese grupo del nombre se puede sustituir por un **pronombre:**

> La leona **los** protege.

▶ *Lo, los, la, las* **son pronombres de complemento directo.**

Prueba rápida

Sustituye el complemento directo en estas oraciones por un pronombre:

> Pedro llamó a María.
> Jocelyn está esperando a Manuel.
> El profesor nos dió el examen.
> El ingeniero encontró el plano que faltaba.
> El perro se comió toda la comida.

Pronombres para el complemento indirecto

El complemento indirecto también está formado por un **grupo del nombre** introducido siempre por una preposición.

> Ramón explicó la tarea a **Evelyn.**

▶ *Le* y *les* **son pronombres del complemento indirecto.**

> Ramón **le** explicó la tarea.

Le se usa para el masculino y el femenino:

> Emilio escribe una carta **a su amigo.**
> Emilio **le** escribe una carta.
> Emilio escribe una carta **a su amiga.**
> Emilio **le** escribe una carta.

NOTA Cuando el complemento directo es una persona o algo personificado, lleva la preposición **a:**

> Pedro besa **a** su hermanito.
> ¿Conoces **a** esa chica?
> Evelyn baña **a** su perro.

No confundas el complemento directo de persona con el complemento indirecto que también lleva la preposición **a.**

NOTA También se puede usar **le** para el complemento directo cuando se refiere a una persona masculina:

> Llamé a Pedro
> **Le/lo** llamé.

 **Prueba rápida**

Copia estas oraciones y subraya los complementos directos y los indirectos. Sustituye el complemento indirecto por el pronombre **le** o **les.**

> El herrero hace un candelabro para el rey.
> El herrero hace un cuchillo para su vecina.
> El herrero pide una tabla al carpintero.
> El herrero pone un adorno al biombo.
> El herrero está haciendo una viga para su casa.

Los complementos circunstanciales

▶ Los *complementos circunstanciales* **nos dicen en qué** *circunstancias* **se realiza la acción.**

Contestan a las siguientes preguntas sobre una oración:

> Nosotros jugamos al fútbol.
>
> **¿Dónde?** En el parque.
> **¿Cuándo?** Por las tardes.
> **¿Cómo?** Con entusiasmo.
> **¿Con quién?** Con otro equipo.

Por lo tanto, decimos que los complementos circunstanciales son de **lugar, tiempo, modo** y **compañía.**

▶ **Los complementos circunstanciales pueden ser** *adverbios* **o** *grupos de preposición:*

> Comimos **deprisa.**
> Comimos **con mucha prisa.**

Los **adverbios** son palabras que actúan de complemento circunstancial:

> deprisa   siempre   ayer   cerca   bien

Muchos adverbios terminan en **–mente.** Se forman al añadir la terminación **–mente** a un adjetivo:

> fácil → fácilmente   lento → lentamente

 **Prueba rápida**

Los complementos circunstanciales juegan un papel importante en este poema. Encuéntralos.

> Si mi voz muriera en tierra,
> llevadla al nivel del mar
> y dejadla en la ribera.
>
> Llevadla al nivel del mar
> y nombradla capitana
> de un blanco bajel de guerra.
>
> ¡Oh, mi voz condecorada
> con la insignia marinera:

Inténtalo tú ✎

Añade complementos circunstanciales a este reportaje para que la descripción sea detallada y emocionante.

Estalló una cañería. El agua corría. Llegaron los bomberos. Se inundó la calle. Evacuaron a la gente de los edificios cercanos. Se interrumpieron los servicios de metro y de autobús. La gente tocaba las bocinas. Fue completamente desastroso.

sobre el corazón un ancla

> y sobre el ancla una estrella
> y sobre la estrella el viento
> y sobre el viento la vela!
> — *Rafael Alberti*

PUNTUACIÓN

USOS ESPECIALES DE LA COMA

▶ **La *coma* indica una pausa breve en la oración.**

Tiene los siguientes usos especiales:

- Ponemos entre comas las **aposiciones,** que son expresiones que aclaran o explican algo sobre el nombre que va antes de ellas:

    > Juan Ramón Jiménez, el poeta andaluz, murió en Puerto Rico.
    > El teléfono, inventado en el siglo XIX, evolucionó rápidamente.

- Cuando se cambia el **orden** de las oraciones de un texto, colocando antes lo que debería ir después, se pone coma al final de la primera oración:

    > Nos esforzaremos más porque queremos aprender rápido.
    > Porque queremos aprender rápido, nos esforzaremos más.
    > Se podrá tener éxito donde se trabaje con empeño y método.
    > Donde se trabaje con empeño y método, se podrá tener éxito.

  Si las oraciones son breves, no hace falta usar la coma:

    > Porque te aprecio te lo digo.
    > Se puede si se quiere.

- Ponemos también comas al final de las oraciones subordinadas formadas por el **participio** o el **gerundio** de un verbo:

    > Terminando la función, el público se puso de pie y aplaudió.
    > Cumplidas nuestras obligaciones, nos fuimos a jugar fútbol.

- Usamos comas antes de las **conjunciones adversativas.** Las principales son: **pero, sin embargo, no obstante, aunque:**

    > Tuvimos mucha suerte, pero no pudimos ganar el partido.
    > Tendremos que hacerlo, aunque no nos guste la orden.

- Usamos comas para intercalar en la oración expresiones como: **en efecto, esto es, en consecuencia, por consiguiente, hasta cierto punto, por ejemplo, por último, es decir, finalmente, por lo tanto:**

    > *Ciudadano Kane* es, en efecto, una película de Orson Welles.
    > Y hoy, por último, pintaremos el techo del departamento.

 Prueba rápida

Coloca las comas que creas necesarias:

> Pelé según los entendidos fue un gran futbolista.
> Con gran serenidad el jefe resolvió la situación.
> Todo salió bien a pesar de las muchas dificultades.

Ignoro en fin cuál fue el resultado de la operación.
Tu lápiz rojo está en el despacho.
Acabado de comer se fue a bañar a la piscina.
Cervantes en eso coinciden todos fue uno de los mejores.
No debemos sin embargo olvidar lo que prometimos.

EL PARÉNTESIS

▶ **Ponemos entre** *paréntesis* **palabras o frases intercaladas que proporcionan una explicación:**

Estos son los casos más frecuentes:

• Para incluir información secundaria:

El accidente ocurrió **(**así lo afirmó la policía**)** en la medianoche.

• Para incluir datos, fechas o citas bibliográficas:

El día de San Juan **(**el 24 de junio**)** se celebra en muchos países.

• Para explicar el significado de abreviaturas o siglas:

La ONU **(**Organización de las Naciones Unidas**)** tiene su sede en Nueva York.

LA RAYA

▶ **La** *raya* **se emplea en los diálogos y para intercalar aclaraciones.**

• En los **diálogos,** para indicar las expresiones correspondientes a cada interlocutor:

— ¿De dónde vienes?
— Ya te dije, del médico.

• Para intercalar **aclaraciones** en medio de una oración. En estos casos su uso equivale al del **paréntesis:**

El amor —dicen los enamorados— es hermoso.
Cuando me gradúe —creo que en mayo— daré una gran fiesta.

LETRAS DIFÍCILES

LA G Y LA J

▶ **La letra** g **tiene dos sonidos, uno** *suave* **y otro** *fuerte*.

gastar (suave)   **ge**nte (fuerte)

El sonido suave de la g

▶ **Las palabras que llevan el sonido** *suave* **de la** g **pueden escribirse con** g, gu **o** gü.

• Escribimos **g** antes de las vocales **a, o, u:**

apa**ga**do   a**go**tar   can**gu**ro

- Escribimos **g** antes de las consonantes **l** y **r** de la misma sílaba:

  grueso **gl**adiador **gr**is

- Para conservar el sonido suave de la **g** ante **e, i** escribimos **gue, gui**:

  cegue**ra** **gue**rra **gui**ñar **gui**sado

  En estos casos, decimos que la **u** es **muda** porque no se pronuncia.

- Para conservar el sonido de la **u** en **gue, gui** escribimos dos puntitos sobre la **u**:

  ver**güe**nza un**güe**nto anti**güe**dad
  para**güe**ro ci**güe**ña pin**güi**no

  A los dos puntitos que colocamos sobre la **u** para que se pronuncie, los llamamos **diéresis**.

El sonido fuerte de la *g*

▶ **La *g* tiene sonido *fuerte* antes de *e* y de *i*.**

La escribimos en los siguientes casos:

- En las palabras que se derivan de estas partículas:

PARTÍCULAS	SIGNIFICADO	EJEMPLOS
geo-	tierra	ge**ó**logo, **ge**ometría
-leg-	ley	le**g**islador, cole**g**io
-logos-	estudio	eco**lo**gía, bio**ló**gico
-logos-	palabra	neo**lo**gismo
-gen-	origen	**gen**te, indí**gen**a

- En las palabras que terminan en **-gio, -gia**:

  sufra**gio** re**gió**n reli**gió**n ma**gia**

- En las palabras que terminan en **-gélico, -gesimal, -ginal, -ginoso**:

  evan**gé**lico vi**ge**simal
  ori**gi**nal verti**gi**noso

- En verbos que terminan en **-ger, -giar, -gir, -gerar**:

  reco**ger** elo**giar** exa**gerar**
  Excepciones: te**jer** y cru**jir**.

El uso de la *j*

Escribimos **j** en los siguientes casos:

- Antes de las vocales **a, o, u**:

  jarrón **jo**ven **ju**ntos

- En las palabras que contienen **-aje-, -eje-**:

  ajedrez **eje**rcicio mens**aje**ro cor**aje**

NOTA La ortografía de la **g** depende de la historia de las palabras. Muchas palabras se escriben con **g** porque en latín se escribían así. La raíz **logos**, por ejemplo, siempre conserva la **g**. Se convierte en **logía** para designar un campo de estudio (biología) o en **lógico** para convertirse en adjetivo (geo-lógico).

Inténtalo tú

El poeta Juan Ramón Jiménez decidió escribir siempre **j** para representar el sonido fuerte de la g. Encuentra en el poema tres palabras que normalmente se escriben con **g**:

El negro toro solo surje, neto y bello,
sobre la fría aurora verde, alto en el
  peñasco azul.
Muje de sur a norte, rempujando
el hondo cenit cárdeno, estrellado todavía
de las estrellas grandes,
con su ajigantado testuz.

— *Juan Ramón Jiménez*

- En las palabras que terminan en **-jero, -jear, -jería**:

    relo**jero**   co**jera**   ho**jear**   cerra**jería**

- Cuando conjugamos los verbos **decir, conducir** y **traer**:

    condu**je**   tra**jiste**   di**jimos**

 Prueba rápida

Completa con **g** o **j** las siguientes palabras.

agu_ero	via_e	an_élico	foto_énico
relo_ería	_eneral	_eometría	cole_io
cora_e	ca_ero	extran_ero	mensa_e
antolo_ía	privile_io	di_eron	le_ión
presti_io	venda_e	sur_ir	estrate_ia

LA C, LA Q Y LA K

▶ **El sonido _k_ se puede representar con las letras _c, qu_ y _k_:**

    o**c**aso   ar**qu**itecto   **k**eroseno

Escribimos **c** en los siguientes casos:

- Antes de las vocales **a, o, u**:

    campo   **c**ostal   a**c**unar

- Antes de las consonantes **l** y **r** cuando van en la misma sílaba:

    in**c**rédulo   **c**lérigo   se**c**reto

- Al final de una sílaba:

    a**c**tor   ba**c**teria   a**cc**ión

Escribimos **qu** antes de **e, i**:

    querer   **qu**inientos   má**qu**ina

Muy pocas palabras se escriben con **k**. Las más comunes son **kilo** y sus derivados. **Kilo** viene del griego y significa «mil».

    kilómetro   **kilo**gramo   **kilo**litro

 Prueba rápida

Completa con **c, qu** o **k**:

    __iero __e __uentes __uántos __ilometros hay desde ahí hasta a__ella __uadra.
    __olo__a las __osas en el __into es__alón, y acér__ate para __e veas __iénes se están acer__ando.

LA LETRA X

▶ **La letra _x_ representa el sonido _ks:_**

    e**x**perto   e**x**plicación   e**x**traño

Se escribe **x** en estos casos:

- En las palabras con estos prefijos:

PREFIJO	SIGNIFICADO	EJEMPLOS
ex-	hacia fuera; más allá	**ex**traer
extra-	estar fuera de	**extra**ordinario

- Como regla, se escriben con **x** palabras que tienen el sonido **ks** en el interior:

asfi**x**ia   au**x**ilio   pró**x**imo   sa**x**ofón

 ## Prueba rápida

Adivina cada palabra y dila en voz alta. Coloca **s** o **x** según tengan el sonido **s** o el sonido **ks**:

e_celencia	te_to	e_pediente	e_tricto
ta_i	e_treno	e_pectáculo	bo_eo
e_quisito	e_orbitante	má_imo	e_plotación
ó_igeno	e_plicación	to_er	e_tallar

LOS ACENTOS

REGLAS BÁSICAS DE ACENTUACIÓN

▶ **Las palabras llevan acento escrito o *tilde* en los siguientes casos:**

- Las palabras **agudas** son aquellas en las que la sílaba tónica es la última. Llevan tilde cuando la palabra termina en **vocal** o en las consonantes **n** o **s**:

co**mió**   can**tar**   com**pás** cui**dad** car**tón**   fe**liz**

- Las palabras **llanas** o **graves** son aquellas en las que la sílaba tónica es la penúltima. Llevan tilde cuando la palabra termina en **consonante** que no sea **n** o **s**:

som**bre**ro   **már**mol   **flo**res   **há**bil   **Pé**rez

- Las palabras **esdrújulas** son aquellas en las que la sílaba tónica es la antepenúltima. Llevan tilde **siempre**:

músico   **cá**lido   **má**gico   **pá**jaro   **miér**coles

 ## Prueba rápida

Copia estas palabras y subraya la sílaba tónica. Luego, coloca los acentos donde lo creas necesario.

ultimo	vacaciones	carro	aguila	colegio
dedal	facil	original	balcon	lapiz
extraño	timido	tiempo	tambor	solucion
Velazquez	comico	calle	escrito	region

NOTA Si la sílaba tónica va antes de la antepenúltima, llamamos a esa palabra **sobreesdrújula** y siempre llevará tilde:

comprándomelo
llevándoselo
díganmelo

GLOSARIO

Este glosario contiene las palabras de vocabulario que aparecen en el libro. De acuerdo con la Real Academia de la Lengua, que ha determinado que la **ch** y la **ll** no son letras independientes, las palabras que empiezan por dichos sonidos se han ordenado bajo las letras **c** y **l**, respectivamente.

Abreviaturas que se usan en este glosario:

adj.	adjetivo
adv.	adverbio
f.	femenino
m.	masculino
pl.	plural
v.	verbo

abarrotado, -da *adj.* Lleno de muchas cosas.

aborrecer *v.* Tener odio.

abundancia *f.* En gran cantidad.

acreedor *m.* A quien se le debe pagar una deuda.

ademán *m.* Gesto.

adyacente *adj.* Próximo, al lado de.

afán *m.* Anhelo, ansia, empeño.

afirmativo, -va *adj.* Que es cierto, que afirma algo.

afligirse *v.* Sentir tristeza o angustia.

agolpar *v.* Juntar muchas cosas en un lugar.

agregar *v.* Añadir.

agudo, -da *adj.* **1.** Más delgado y afilado. **2.** Dícese del sonido alto y penetrante al oído.

alba *m.* Amanecer, primeras horas de la mañana.

aliciente *m.* Incentivo, cosa que atrae o anima.

alivio *m.* Sentimiento de quitarse un peso de encima.

alucinación *f.* Visión que no es verdadera.

alzar *v.* Levantar; edificar.

amoldar *v.* Poner en un molde, dar forma.

amuleto *m.* Objeto que trae suerte.

analfabeto, -ta *adj.* Ignorante.

andrajoso, -sa *adj.* Viejo y sucio.

anhelante *adj.* Deseoso.

aniquilar *v.* Acabar o destruir por completo.

antigüedad *f.* Época remota, antigua.

anular *v.* Eliminar, suprimir.

apacible *adj.* Tranquilo.

apear *v.* Bajar de un vehículo; descender.

aprehender *v.* Capturar, apresar.

aprieto *m.* Apuro, conflicto.

argumento *m.* Asunto de una obra o una película.

arrebatar *v.* Quitar apresuradamente o con violencia, arrancar con precipitación.

asearse *v.* Lavarse.

asirse *v.* Agarrarse, sujetarse a una cosa.

atender *v.* Prestar atención.

atinado, -da *adj.* Acertado, apropiado; de buen juicio.

atinar *v.* Lograr o acertar a hacer algo.

atónito, -ta *adj.* Asombrado a causa de un evento extraordinario.

aturdido, -da *adj.* Confundido, sin entender lo que pasa.

audacia *f.* Atrevimiento, valentía.

balbucear *v.* Hablar con dificultad.

cadáver *m.* Cuerpo muerto.

cálido, -da *adj.* Caliente.

calza *f.* Liga que se pone en las patas de algunos animales para distinguirlos de otros de su misma especie.

capota *f.* Techo o parte superior de un automóvil.

cautela *f.* Cuidado, precaución.

cenit *m.* Punto más alto en el cielo en relación al punto en el que uno se encuentra sobre la Tierra.

centella *f.* Chispa de fuego.

ceño *m.* Espacio entre las cejas en la frente.

cerciorar *v.* Asegurar, tener certeza.

certidumbre *f.* Seguridad, certeza.

cesar *v.* Parar, detener.

chamba *f.* Trabajo.

cincelado, -da *adj.* Cuando un metal o una piedra está grabado o labrado con una herramienta a golpe de martillo.

comarca *f.* Provincia.

comején *m.* Insectos que comen madera.

concepto *m.* Conocimiento; juicio, opinión.

consentimiento *m.* Aprobación, aceptación.

crepitar *v.* Producir un ruido similar al de algo que se quema.

criterio *m.* Capacidad para razonar y conocer la verdad.

decaído, -da *adj.* Que tiene la salud o el ánimo debilitado.

decepcionar *v.* Desilusionar; dejar sin cumplir lo prometido.

declive *m.* Pendiente, cuesta o inclinación del terreno.

decrépito, -ta *adj.* Muy viejo.

delirar *v.* Sentir confusión del juicio y la razón; decir disparates.

derramar *v.* Verter en una superficie, fluir, correr.

derribar *v.* Tirar al suelo, hacer caer.

desabrido, -da *adj.* Sin sabor, insípido.

desaforado, -da *adj.* Excesivamente grande, fuera de lo común.

desbocado, -da *adj.* Sin dirección alguna.

desconcertar *v.* Turbar, confundir.

descuartizar *v.* Hacer pedazos.

desdeñable *adj.* Despreciable, malo.

deslizar *v.* Resbalar sobre una superficie lisa o mojada.

desmoronar *v.* Deshacer y arruinar.

desolado, -da *adj.* Angustiado, muy preocupado.

desparramar *v.* Esparcir, extender por muchas partes.

despejado, -da *adj.* Libre de estorbos, sin peligro.

desposeer *v.* Quitar; destruir lo que alguien posee.

desquiciar *v.* Trastornar, descomponer, sacar de quicio.

destreza *f.* Habilidad.

desventurado, -da *adj.* Desdichado, sin suerte.

diligencia *m.* Tarea, trámite.

diluvio *m.* Lluvia abundante, inundación.

discordia *f.* Oposición; voluntades y opiniones que están en desacuerdo.

discreto, -ta *adj.* Prudente, sensato.

diseminado, -da *adj.* Esparcido, extendido.

disimular *v.* Ocultar, fingir o esconder lo que uno siente.

disimulo *m.* Arte con que uno trata de esconder o encubrir sus intenciones.

dorso *m.* Revés o espalda de una cosa.

dotado, da *adj.* Que posee ciertos dones o talentos.

ejecución *m.* Forma de realizar un plan.

emanar *v.* Provenir, venir.

enemistad *f.* Odio.

enfundar *v.* Meter en una funda, cubierta o envoltura que sirve de protección.

entraña *f.* Lo más oculto, lo más interno.

errabundo, -da *adj.* Vagabundo, que va de una parte a otra.

escarmentar *v.* Aprender una lección después de una experiencia negativa.

escudriñar *v.* Examinar cuidadosamente, averiguar, tener curiosidad por saber algo.

esculpir *v.* Labrar a mano una escultura.

esparcido, -da *adj.* Desparramado, distribuido sobre un área.

esparcimiento *m.* Recreo, diversión; tiempo libre.

estrechez *f.* Pobreza, escasez de recursos materiales.

estrepitoso, -sa *adj.* Con mucho ruido.

estuche *m.* Caja donde se guardan las cosas para protegerlas.

exasperado, -da *adj.* Lastimado, molesto, irritado.

exquisitez *f.* Algo delicado, de buen gusto.

extenuación *f.* Cansancio extremo.

farsa *f.* Enredo o trama con el propósito de engañar; obra cómica.

fastidiar *v.* Molestar, insistir en algo hasta enojar a alguien.

fatiga *f.* Cansancio.

filosóficamente *adv.* Con conocimiento de las causas y los efectos de las cosas.

fingir *v.* Aparentar, simular, hacer creer.

fogoso, -sa *adj.* Ardiente.

follaje *m.* Conjunto de hojas de árboles y plantas.

frivolidad *f.* Superficialidad, sin seriedad o importancia.

frondoso, -sa *adj.* Con abundancia de hojas.

fulgor *m.* Destello, brillo, resplandor.

fúnebre *adj.* Muy triste, desgraciado.

gallardo, -da *adj.* Altivo, con gracia.

gradería *f.* Asientos escalonados, como los que hay en los estadios.

grosería *f.* Acto descortés.

halagado, -da *adj.* Deleitado, satisfecho.

halagüeña, -ño *adj.* Que agrada o deleita; digna de halagos.

hortelano *m.* Persona que cultiva una huerta.

idealismo *m.* La tendencia a representar las cosas de una manera perfecta aunque sólo sean así en la fantasía.

impertinente *adj.* Inoportuno, que no viene al caso; que molesta o incordia.

implacable *adj.* Que no se puede aplacar o calmar; intenso y severo.

imponer *v.* Poner carga u obligación a alguien.

incesante *adj.* Que ocurre de forma continua, sin parar.

incesantemente *adv.* Constantemente, sin parar, continuo, de forma repetida.

inclinación *m.* Afecto, amor.

inerte *adj.* Que no está activo.

infundado, -da *adj.* Sin fundamento, motivo o causa.

ingrato, -ta *adj.* Desagradecido.

inhibido, -da *adj.* Tímido, reprimido; dícese de quien no toma parte en una actividad.

inmortal *adj.* Que tiene vida eterna.

intimidar *v.* Causar miedo e inseguridad.

irrealizable *adj.* Que no se puede llevar a cabo.

irreprensible *adj.* Que es aprobado y no necesita ser corregido.

jactarse *v.* Alardear, presumir.

jadear *v.* Respirar con dificultad.

laboriosidad *f.* Aplicación al trabajo.

larva *f.* Etapa en el desarollo de algunos animales que ocurre después de que se abandona el huevo, pero antes de ser adulto.

lindero *m.* Borde, límite.

liviano, -na *adj.* Que pesa poco.

lomo *m.* Espalda de un animal.

lucero *m.* Brillo; estrella grande y brillante.

lucrativo, -va *adj.* Que produce ganancias.

magullado, -da *adj.* Adolorido.

malhechor *m.* Delincuente, bandido.

maltrecho, -cha *adj.* Malparado, maltratado.

manantial *m.* Agua que brota de la tierra.

maña *f.* Astucia, habilidad.

mártir *m.* Persona que sacrifica su vida por sus creencias.

mella *f.* Hueco.

metamorfosis *f.* Cambio o transformación profunda.

monotonía *f.* Falta de variedad; rutina.

muchedumbre *f.* Reunión de muchas personas.

mueca *f.* Gesto o expresión del rostro.

mutismo *m.* Silencio.

nopal *m.* Cactus de unos tres metros de altura que normalmente se encuentra en México.

obsesionar *v.* Preocupar constantemente.

oculto, -ta *adj.* Que no se puede ver.

osado, -da *adj.* Valiente, atrevido.

ostentosamente *adv.* Con grandeza exterior y visible.

parásito *m.* Organismo que vive a costa de otro.

parcela *f.* Porción de terreno.

pasión *f.* Emoción intensa de atracción, interés o amor.

penumbra *f.* Sombra, entre la luz y la oscuridad.

percatarse *v.* Darse cuenta.

perecer *v.* Morir.

peregrino, -na *adj.* Que migra, que viaja por tierras extrañas.

perjudicado, -da *adj.* Dañado.

perjuicio *m.* Daño, pérdida.

perpendicularmente *adv.* En un ángulo recto.

perplejo, -ja *adj.* Confuso, incierto.

pesaroso, -sa *adj.* Arrepentido, triste, preocupado.

porche *m.* Espacio exterior cubierto que tiene una casa.

posponer *v.* Dejar sin hacer.

precaución *f.* Cuidado; lo que se hace para prevenir un daño.

precipitado, -da *adj.* Con exagerada prisa.

precoz *adj.* Que madura antes de tiempo.

predilecto, -ta *adj.* Lo que más se quiere o se prefiere; lo escogido.

premeditado, -da *adj.* Hecho con toda intención; pensado con anticipación.

prescindir *v.* No necesitar, no contar con algo, evitarlo.

privación *f.* Carencia o falta de una cosa que se necesita.

proferir *v.* Decir.

prole *f.* Hijos, descendencia.

prolijamente *adv.* Cuidadosamente, a fondo.

proporcionar *v.* Dar.

proverbio *m.* Refrán.

provocar *v.* Enojar, irritar.

pulcro, -cra *adj.* Limpio, nítido.

quebrantar *v.* Romper; violar una ley u obligación.

rebatir *v.* Refutar, rechazar las razones que dan otros.

recinto *m.* Espacio determinado por límites.

recóndito, -ta *adj.* Lejano, escondido.

refinamiento *m.* Esmero, cuidado, perfección.

regocijarse *v.* Alegrarse, hacerse ilusión.

regocijo *m.* Alegría, ilusión.

rehusar *v.* Negar, rechazar.

remordimiento *m.* Inquietud, pesar que queda después de haber hecho un mal.

repentinamente *adv.* De repente, súbitamente.

repicar *v.* Sonar repetidas veces.

repletar *v.* Llenar demasiado.

reposar *v.* Descansar.

reproche *m.* Acusación, queja.

resignación *f.* El aceptar lo que sucede sin luchar ni quejarse.

retozar *v.* Brincar y saltar con alegría.

roer *v.* Mordisquear.

rudeza *f.* Falta de cortesía.

sagacidad *f.* Astucia, ingenio.

serpenteante *adj.* Que tiene la forma del movimiento de una serpiente.

sobresaltarse *v.* Asustarse, sentir una sensación imprevista.

sofocado, -da *adj.* Que le falta la respiración.

solar *m.* Terreno que está sin edificar.

sombrío, -a *adj.* Lugar de poca luz; triste.

sosegar *v.* Calmar las inquietudes de ánimo.

sustentar *v.* Mantener, alimentar.

tacaño, -ña *adj.* Avaro, que guarda en exceso sus propiedades o dinero.

talento *m.* Aptitud natural para hacer una cosa.

tenazmente *adv.* Con fuerza, firme en su propósito.

titubear *v.* Hablar deteniéndose, con inseguridad.

tornar *v.* Dar vuelta, regresar.

transcurrir *v.* Pasar el tiempo.

transeúnte *m. y f.* Pasajero, persona que no permanece en un sitio por mucho tiempo.

transmutar *v.* Transformar, convertir una cosa en otra.

trayecto *m.* Camino o espacio que se recorre.

trazar *v.* Delinear o diseñar.

trémulo, -la *adj.* Que tiembla.

tribulación *f.* Pena, disgusto o preocupación.

trocar *v.* Cambiar, modificar, reemplazar una cosa por otra.

tumulto *m.* Confusión, alboroto causado por una multitud.

tupido, -da *adj.* Espeso.

turbulento, -ta *adj.* Agitado y oscuro, turbio.

ufano, -na *adj.* Orgulloso, satisfecho, contento.

umbral *m.* Parte inferior o superior de la puerta o entrada de una casa.

uncir *v.* Atar a algo.

vegetación *f.* Las plantas de un lugar.

vehemencia *f.* Intensidad y excitación.

velar *v.* Cuidar mucho a una cosa.

vértigo *m.* Mareo o desvanecimiento.

vocación *f.* Dedicación a una actividad determinada.

vocinglero, -ra *adj.* Sonoro, que emite mucho ruido.

yacer *v.* Estar tendido.

zafarse *v.* Librarse; escaparse.

zanja *f.* Excavación larga y estrecha que se hace en la tierra.

AGRADECIMIENTOS

Plaza & Janés Editores, S.A.: From *Diario de Ana Frank.* Copyright © 1993 by Plaza & Janés Editores, S.A. Copyright for the texts of Anne Frank is owned by ANNE FRANK-Fonds, Basil, Switzerland.

Provincia Franciscana de la Santísima Trinidad: "Meciendo" by Gabriela Mistral.

Russell & Volkening, Inc. as agents for Dian Fossey: From *Gorilas en la niebla* (Spanish translation of *Gorillas in the Mist)* by Dian Fossey, translated by Marcela Chinchilla and Manuel Crespo. Copyright © 1983 by Dian Fossey. Published in Spanish by Salvat Editores, S.A., 1985.

Susaeta Ediciones, S.A.: From *Adivinanzas para adivinar* by Eduardo Soler Fiérrez. Copyright © 1988 by Eduardo Soler Fiérrez.

United Features Syndicate: "Carlitos" (Spanish translation of "Peanuts") by Charles C. R. Schultz. Copyright © 1995 by United Features Syndicate.

Universidad de San Carlos de Guatemala: "Capítulo primero" from *Popol Vuh: El libro sagrado y los mitos de la antigüedad americana,* translated by Jorge Luis Arriola. Copyright © 1972 by Universidad de San Carlos de Guatemala.

Universidad Simón Bolívar: "El crimen perfecto" from *Cuentos en miniatura* by Enrique Anderson Imbert. Copyright © 1976 by Editorial Equinoccio, Universidad Simón Bolívar.

Western Carolina University: *El anillo del general Macías* (translation of *The Ring of General Macías*) by Josefina Niggli. Translated into Spanish by Holt, Rinehart and Winston, Inc.

RECONOCIMIENTOS DE FOTOGRAFÍA

Page: vii, (top) *Shipwreck* 1937 by Samuel Owen, Warrington Museum and Art Gallery, Bridgeman/Art Resource, New York, (center) © AFF/Anne Frank House, Amsterdam; viii, (top) *Hirondelle/Amour* by Joan Miró, winter 1933–34, The Museum of Modern Art, New York. Gift of Nelson A. Rockefeller, Photograph © 1997 The Museum of Modern Art, New York, (middle) *La bicicleta* (The Bicycle) by Pepón Osorio, Courtesy of the Artist, (bottom) *Niña alcanzando la paz,* 1983 by Cándido Bidó, Courtesy of the Artist; ix, (top) *Eco ilógico* by Turizzo, Courtesy of the Artist, (center) *Diablo from the Mestizo Community of El Pueblito,* From Mask Arts of Mexico by Ruth D. Lechuga and Chloe Sayer, photographs by David Lavender, published by Chronicle Books, San Francisco; x, (top) *Les valeurs personnelles,* 1952 by René Magritte, ©ARS, New York. Private Collection, Herscovici/Art Resource, New York; xi, (top) *Save the Earth* by Corbert Gauthier, Courtesy of the Artist, (center left) Photo by Bob Campbell, (bottom) Joseph Drivas/The Image Bank; xii, (top) Peter Weimann/Animals Animals, (center) Alejandro Balaguer/Biosfera, (bottom) *The Market* (El tianguis), 1923–24 by Diego Rivera, Schalkwijk/Art Resource, New York; xiii, (top) *Ilustración para el Popol Vuh,* 1931 by Diego Rivera, Reproducción autorizada por el Instituto Nacional de Bellas Artes y Literatura, (bottom) *Equilibrio: Balance de noche y día,* by Orlando Agudelo-Botero, Courtesy Engman International; xiv, (top) Michel Zabe/Art Resource, New York, (center) *Peer Worship* by L. Zjawin Francke, Courtesy of the Artist, (center left) *Don Quixote* 1955 by Pablo Picasso, Musée d'Art et d'Histoire, St. Denis, France, Scala/Art Resource, New York, (bottom right) Editorial La Muralla, S. A.; xv, (right) Turquoise, gold and copper medallion, Moche civilization, Peru, c. 300 A.D., from the Royal Tombs of Sipán, © UCLA Fowler Museum of Cultural History, Photo by Susan Einstein, Los Angeles; 6, 10, Bettmann Archive; 15, Comstock; 23, (background) Comstock, (inset) Courtesy of the Consulate of Uruguay; 24–25, J. Schulte/D. Donne Bryant Stock; 27, (top), 28, 29, 31, 32, © AFF/Anne Frank House, Amsterdam.; 36, Tony Freeman/PhotoEdit; 40, Arte Público Press; 43, Photofest; 44, Jeff Greenberg/Omni-Photo Communications; 46–47, Laurie Platt Winfrey; 56, (left) Duncan Raban/Retna, (right) J. Blakesberg/Retna; 61, Mug Shots/The Stock Market; 62, Elaine Sulle/The Image Bank; 64, Carolyn Soto; 74, Mary Ellen Mark/Library; 80–81, Randy Duchaine Photography; 81, (inset) Center for Cuban Studies; 91, Jeffry W. Myers/Stock Boston; 97, Miriam Berkley; 108, Bettmann Archive; 109, White/Packert/The Image Bank; 110, Jorge Tabio/Argenfoto; 112, Bettmann Archive; 113, Mena; 119 (top) Alejandro Elías, (bottom) Diario El País; 139, Bettmann Archive; 155, Bettmann Archive; 156, Joe Devenney/The Image Bank; 157, Steve Kaufman/Peter Arnold Inc.; 158, Darío Perla/International Stock; 159, G. Benoit/International Stock; 161, (background) Fritz Prenzel/Animals Animals, (inset) Servicio Universal de Noticias, S. A.; 170, 171, Photo by Bob Campbell; 172–173, Klaus Paysan/Peter Arnold, Inc.; 175, Photo by Bob Campbell; 176, Y. Arthus Bertrand/ Peter Arnold, Inc.; 179, Photo by Bob Campbell; 180, (trees) Dr. E. R. Degginger, (buildings) Susan Meiselas/Magnum Photos; 181, (trees, left) Dr. E. R. Degginger, (center) Wolfgang Kaehler, (right) Wolfgang Kaehler, (buildings) Susan Meiselas/Magnum Photos; 182, (trees, left and center) Wolfgang Kaehler, (right) Dr. E. R. Degginger, (buildings) Susan Meiselas/Magnum Photo; 183, UPI/Bettmann; 186–187, (man) Esbin/Anderson/Omni-Photo Communications, 186, (tree, upper left) Rod Planck/Photo Researchers, 187, (tree, right) Michael Marten/Science Photo Library/Photo Researchers, (tree above head) T.-Dressler/Okapia/Photo Researchers; 188, Anselm Spring/The Image Bank; 189, Grant Faint/The Image Bank; 190, (top) Agencia EFE, (bottom) AGE/Fotostock; 191, Dr. E. R. Degginger; 192, David Madison/The Image Bank; 195, Fred Whitehead/Animals Animals; 196, Joseph Drivas/The Image Bank; 198, S. J. Krasemann/Peter Arnold, Inc.; 199, Kennan Ward/The Stock Market; 200, Joe McDonald/Animals Animals; 202, Adam Hart-Davis/Science Photo Library/Photo Researchers; 203, Alejandro Elías/Argenfoto; 205, Hans Pfletschinger/Peter Arnold, Inc.; 207, Bill Stanton/International Stock; 208, Peter Weimann/Animals Animals; 209, Art Wolfe/Tony Stone Images; 210–211, (clouds) Stan Shoneman, (butterfly) Wolfgang Kaehler, (trees) Wolfgang Kaehler, (circles in pond) Dr. E. R. Degginger; (waterfall) Dr. E. R. Degginger, (rainbow) Fotopic/Omni-Photo Communications; 218–219, Alejandro Balaguer; 237, Courtesy of The Department of Dramatic Art and PlayMakers Repertory Company, The University of North Carolina at Chapel Hill; 248–249, Luis Veigg/The Image Bank; 250, Domingo Batista; 252–253, 254, Michael Rougier/Life Magazine © Time Inc.; 255, Charles Barry; 259, Dr. E. R. Degginger; 260, Jack Parsons/Omni-Photo Communications; 261, (top) Miriam Berkley, (bottom) Servicio Universal de Noticias, S. A.; 270–271, 272, Richard Kaylin/Tony Stone Images; 273, Tom & Michele Grimm/International Stock; 281, Laurie Platt Winfrey; 282, Werner Forman/Art Resource, New York; 284, Michael Fogden/Animals Animals; 290, Allan Price/Omni-Photo Communications; 291, Mauricio Anjel/ International Stock; 292, Laurie Platt Winfrey; 294, Lee Boltin; 296, Laurie Platt Winfrey; 298, Breck P. Kent/Earth Scenes; 305, Mena; 308, Mena; 314, Editorial La Muralla, S. A.; 318–319, Editorial La Muralla, S. A.; 322, Superstock; 323, Editorial La Muralla, S. A.; 333, Darío A. Acosta Photography; 337, Editorial La Muralla, S. A.; 343, Mena. Pages 49, 83, 123, 163, 213, 263, 301, 339, Macintosh window elements and icons © 1984 Apple Computer, Inc. All rights reserved. Used with the permission of Apple Computer, Inc.

ÍNDICE DE HABILIDADES

Los números de las páginas en cursiva se refieren al GLOSARIO DE TÉRMINOS LITERARIOS.

Elementos de literatura

Acotaciones escénicas 247, *344*
Aliteración 144, *344*
Ambiente 71, 79, 124, *344*
Anticipación 78, *344*
Argumento 78, 246, *344*
Artículos *344*
   de noticias 35
   de opinión 35
Atmósfera 79, *345*
Autobiografía 35, *345*
   episodio autobiográfico 35, 48
Biografía 35, *345*
Caracterización 79, *345*
   directa 79
   indirecta 79
Cartas al editor 35
Clímax 78, 123, 246, *345*
Conflicto 123, 246, *345*
   externo 78
   interno 78
Corrido 36, 37, *345*
Cuento 78, 114, 122, *345*
   cuentos de hadas 279
   cuento popular 279, *346*
Desenlace 78, 246, *346*
Diálogo 50, 124, 246, *346*
Drama 246, 293, *346*
Ensayo 35, *346*
Exposición 78, 246, *346*
Fábula 195, *346*
Ficción 78, *347*
   ¿ficción o realidad? 36
Figuras retóricas 56, 84, 136, 193, *347*
   hipérbole 194, *347*
   metáfora 56, 136, 140, 193, *348*
   personificación 56, 145, 152, 193, *349*
   símbolo 194, 247, 328, *350*
   símil 56, 136, 140, 193, *350*
Flashback 79
Hipérbaton 193, *347*
Hipérbole 194, *347*

Historias de aventuras 15
Imágenes 144, *347*
Ironía 114, *347*
   dramática 115
   de sucesos 115
   verbal 114
Lenguaje figurado *347*
Leyenda 279, *347*
Metáfora 56, 136, 140, 193, *348*
Mitología 279
Mitos 271, 279, *348*
Narración retrospectiva 79, *348*
Narrador *348*
   narrador no confiable 103
Novela 327, *348*
   de ciencia ficción 327
   histórica 327
   de misterio 327
   policíaca 327
   psicológica 327
Onomatopeya 144, *348*
Paralelismo 143, *349*
Parodia 318, *349*
Personajes 123
Personificación 56, 145, 152, 193, *349*
Poesía 143, *349*
Prosa *349*
Punto de vista 114, 124, *349*
   en primera persona 114
   limitado en tercera persona 114
   del narrador omnisciente en tercera persona 114
Representación 246, 316
Rima *350*
   asonante 143, *350*
   consonante 143, *350*
   parcial 143, *350*
   tipo de rima 143, *350*
   total 143, *350*
Ritmo 130, 143, *350*
Semblanza 35, *350*
Símbolo 194, 247, 328, *350*
Símil 56, 136, 140, 193, *350*
Soneto *350*
Suspenso 78, 90, *350*
Tema 115, 248, *351*
Tono 116, *351*
Tradición oral 279, *351*
Trama *351*

Trama cómica 308, 315, *351*
Utilería 247, *351*
Verso libre 143, *351*

Estrategias de lectura y pensamiento crítico

Analiza un ensayo sobre problemas y soluciones 180
Antes de leer 2, 15, 26, 37, 56, 71, 90, 102, 116, 130, 136, 145, 152, 170, 180, 186, 195, 220, 248, 270, 280, 308, 318, 328
Causa y efecto 14, 204
   cadenas de causa y efecto 326
   relación causa-efecto 326
Comparación y contraste 14
   uso de métodos de comparación y contraste 142
Comparte tus ideas 56, 71, 90, 130, 186, 318, 328
Conexiones con el texto 11, 24, 32, 41, 66, 75, 98, 120, 140, 150, 238, 256, 276, 292, 324, 334
Conocimiento previo 70
Contexto
   cómo utilizar pistas del contexto 13
Deducciones 69, 156
   hacer deducciones 69, 101
Definiciones y paráfrasis 14
Diálogo con el texto 3, 56, 90, 130, 170, 220, 271, 308
Diario del lector 3, 4, 26, 56, 57, 90, 91, 103, 116, 130, 131, 136, 170, 171, 220, 221, 271, 272, 308, 309
Escritura libre 103, 270
Estrategias de pensamiento
   periodismo de investigación 12
Evaluación 294
Hecho y opinión 35
   establecer diferencias entre hecho y opinión 179
Identificar el objetivo del autor 170
Interpretaciones del texto 11, 24, 32, 41, 66, 75, 98, 111, 120, 133, 140, 150, 156, 176, 184, 191,

204, 238, 276, 292, 315, 324, 334

Lluvia de ideas 37, 170, 195, 220, 280

Mapas, cuadros y gráficos 356–357

Más allá del texto 32, 98, 150, 156, 176, 184, 191, 204, 276, 292, 324, 334

Metacognición 26

Parafrasear y resumir 361

Predicciones
  acciones previas 101
  desenlaces 101, *346*
  factores de motivación 101
  lo que han hecho hasta el momento 101
  motivaciones de los personajes principales 101
  temas 101, *351*
  los temas recurrentes 101

Preguntas al texto 11, 66, 98, 111, 120, 133, 184, 204, 238, 256, 315

Primeras impresiones 11, 24, 32, 41, 66, 75, 98, 111, 120, 133, 140, 150, 156, 176, 184, 191, 204, 238, 256, 276, 292, 315, 324, 334

Punto de partida 2, 15, 26, 37, 56, 71, 90, 102, 116, 130, 136, 145, 152, 170, 180, 186, 195, 220, 248, 270, 280, 308, 318, 328

Repaso del texto 11, 24, 66, 75, 98, 111, 150, 156, 176, 184, 204, 238, 256, 276, 292, 315, 324, 334

Resúmenes
  los resúmenes nos ayudan a recordar 240

Sucesos de la historia 70

Telón de fondo 3, 26, 37, 71, 90, 220, 270, 280

Temas 101, *351*
  los temas recurrentes 101

Lengua y literatura

Acentos 385

Adjetivos 135, 141, 375

Artículos 375

Complemento directo 378

Complemento indirecto 379

Complementos circunstanciales 68, 77, 380
  al principio 77
  de compañía 68
  de finalidad 68
  de lugar 68
  de modo 68
  de tiempo 68

Complementos del nombre 374

Complementos del verbo 378

Concordancia 370

Conjunción 127, 217, 372
  adversativa 127
  copulativa 127
  disyuntiva 127

Contexto
  causa y efecto 14
  comparaciones 14
  contraste 14
  definiciones y paráfrasis 14
  ejemplos 14
  pistas 13

Diálogo
  acotaciones 113
  exclamaciones 100
  oraciones incompletas 100
  palabras o expresiones coloquiales 100
  refranes o frases hechas 100

Elipsis 371

Figuras retóricas 56, 84, 136, 193, *347*
  hipérbole 194, *347*
  metáfora 56, 136, 140, 193, *348*
  personificación 56, 145, 152, 193, *347*
  símbolo 194, 247, 328, *350*
  símil 56, 136, 140, 193, *347*

Humor 317
  comparaciones inesperadas 317
  juegos con el significado de las palabras 317
  manera inusual de llamar a las cosas 317
  términos que no van normalmente juntos 317

Idiomas indígenas 278

Letras difíciles 382–385

Modo 377

Nombres 373

Oraciones 370–371
  adjetivas 167
  afirmativas 53

causales 343
  combinando 167
  condicionales 267
  concesivas 305
  consecutivas 343
  coordinadas 87
  exclamativas 53
  interrogativas 53
  negativas 53
  subordinadas 87, 217
  sustantivas 217

Palabras
  alcancía de palabras 34, 68, 100, 113, 135, 141, 178, 206
  clave 258
  palabras de enlace 124, 167, 371–373

Las palabras son tuyas 34, 68, 77, 100, 113, 135, 141, 178, 206, 258, 278, 317

Predicado 370

Prefijos 113

Preposiciones 371
  grupo de preposición 375

Pronombres 178, 374, 379
  personales 178, 374
  relativos 373

Puntuación 381
  coma 381
  paréntesis 382
  raya 382

Sujeto 370
  cómo esconder el sujeto 206

Taller de oraciones
  ¿Causa o efecto? 343
  Emociones fuertes y decisiones difíciles 127
  ¡Exprésate con energía! 53
  Oraciones con fuerza 267
  Oraciones coordinadas y subordinadas 87
  Oraciones que modifican al nombre 167
  Oraciones que sustituyen al nombre 217
  Oraciones que te ayudan a evaluar 305

Trucos para evitar la repetición 178

Verbos 68, 376
  modo 377
  pretéritos 34, 377
  pretérito compuesto 34, 377

tiempo 34, 376
transitivos e intransitivos 378
verbo auxiliar 34

Vocabulario

Contexto
cómo utilizar pistas del contexto 13
Diccionario 356
Palabras
alcancía de palabras 34, 68, 100, 113, 135, 141, 178, 206
palabras de enlace 124, 167
sentido figurado 100
sentido literal 100
Las palabras son tuyas
Adjetivos que encierran una comparación 141
Los chistes son juegos de palabras 100
Claves para descifrar palabras misteriosas 113
¿Cómo quieres ser? 34
El español del suroeste de los Estados Unidos 258
El humor en la publicidad 317
Los idiomas indígenas están vivos 278
El mundo profesional: La hostelería 135
Greguerías 206
Palabras para el mundo profesional 77
Usa los verbos con precisión 68
¿Te gustaría ser científico? 178

Escritura

Al revisar tu trabajo 53, 87, 127, 167, 217, 267, 305, 343
Antes de escribir 48, 82, 122, 162, 212, 262, 300, 338
Artículo informativo 212
compilación de ideas para un artículo informativo 177, 185, 205
enumera los pasos y los materiales 213
esquema para un artículo informativo 214
instrucciones para escoger un tema 212
piensa en el público y la idea principal 212
Autoevaluación 51, 85, 125, 165, 214, 265, 303, 341
pautas de evaluación 51, 85, 125, 165, 215, 265, 303, 341
técnicas de revisión 51, 85, 125, 165, 215, 265, 303, 341
Borrador 50, 84, 124, 164, 214, 264, 301, 340
crea una impresión única 165
enunciados 340
escribe tu primer borrador 124, 164
experimentación 84
organiza un borrador 264
trabaja con el diálogo 124
utiliza lenguaje figurado 164
Canciones 41, 335
Cartas 33, 185
Carteles 239, 293
Conclusión 156, 264, 302, 340
Connotaciones 302
Corrección de pruebas 52, 86, 126, 166, 216, 266, 304, 342
Correspondencia comercial 368–369
Cuaderno del escritor 12, 33, 41, 48, 67, 76, 99, 112, 121, 122, 134, 140, 151, 157, 162, 177, 185, 192, 205, 212, 239, 257, 262, 277, 293, 300, 316, 325, 335, 338
Cuento 78, 114, 122, *345*
compilación de ideas para un cuento 99, 112, 121
contar cuentos 325
plan del cuento 124
preparación de personajes, ambiente y punto de vista 123, 124
utiliza las noticias 123
Cuerpo 214, 264, 301
parte principal o cuerpo 340
Desarrollo 50, 123, 302, 340
Diálogo 50, 124, *346*
acotaciones al diálogo 124
trabaja con el diálogo 124

Drama 293
Dramatización
adaptar un cuento en forma de escena teatral 239
noche de estreno 99
obra dramática 205
trata de verlo desde mi punto de vista 67
Editorial 177
Ensayo de observación 162
compilación de ideas para un ensayo de observación 134, 140, 151, 157
concéntrate en el tema 162
esquema de un ensayo de observación 163
ordena los detalles 163
piensa en un objetivo y un público 162
recopila detalles físicos y sensoriales 163
Ensayo sobre problemas y soluciones 262
analiza un ensayo sobre problemas y soluciones 180
compilación de ideas para un ensayo sobre problemas y soluciones 239, 257
descubre y respalda la mejor solución 264
esquema para un ensayo sobre problemas y soluciones 264
examina los medios de comunicación 262
explora un problema y su solución 263
hecho frente a opinión 264
objetivos de un ensayo sobre problemas y soluciones 262
preguntas para encontrar soluciones 263
Episodio autobiográfico 35, 48
compilación de datos para un episodio autobiográfico 12, 25, 33, 41, 48
escritura libre 48
objetivo y público 49
ordena tus ideas 48
Escribir/Resolver un problema 67
Escritura 99, 112, 121, 134, 157, 177, 205
y dibujo creativos 325

Escritura creativa 140, 239, 293, 316, 335

Escritura libre 48, 82, 103, 338

Especulación sobre causas o efectos 338

  compilación de ideas para una especulación sobre causas o efectos 316, 325, 335

  explora causas o efectos 339

  investiga los medios de comunicación 339

  preguntas y escritura libre 338

  recopila evidencia 339

Estilo periodístico 41

Evaluación 300

  comienza la evaluación 301

  comparas y contrastas 300

  compilación de ideas para una evaluación 277, 293

  esquema para una evaluación 301

  establece normas para emitir un juicio 301

  método de bloque 301, 302

  método punto por punto 301, 302

  normas 277, 301

  prepara una tabla 300

Evaluación y revisión 50, 84, 125, 165, 214, 264, 302, 340

Folleto 257

Idea principal 213

Imágenes 50

  sensoriales 125

Intercambio entre compañeros 125, 165, 214, 264, 302, 340

Introducción 264, 301, 340

Lluvia de ideas 82, 122, 170, 220, 280

Monólogo interior 99

Orden 84, 124, 163, 164, 340

  cronológico 84, 124, 340

  espacial 164

  de importancia 84, 164, 340

  temporal 84

Organización 50, 84, 214, 340

Panfleto informativo 205

Pautas de escritura 50, 84, 164, 214, 265, 302, 342

Planificación en grupo 76, 134, 151

Prepara tu portafolio 12, 25, 33, 41, 48, 67, 76, 99, 112, 121, 134, 140, 151, 157, 177, 185, 192,

205, 239, 257, 277, 293, 316, 325, 335

Publicación 52, 86, 126, 166, 216, 266, 304, 342

  publicación y poesía 192

Reflexión 52, 86, 126, 166, 216, 266, 304, 342

  estímulos para la reflexión 52, 86, 126, 166, 216, 266

Relaciona ideas 50, 214, 340

  orden cronológico 50

  orden temporal 214

  palabras de enlace 50, 214, 340

  tiempo cronológico 214

  tiempos verbales 50

Relato de aventuras 25

Reseña 150

Semblanza 82, *350*

  compilación de ideas para una semblanza 67, 76

  escritura libre 82

  detalles para una semblanza 84

  esquema para una semblanza 84

  idea principal 83

  investigación 82

  objetivo y público 83

  público 83

  reúne detalles 83

Taller del escritor

  La descripción 82–86, 162–166

  La exposición 212–216, 338–342, *346*

  La narración 48–52, 122–126

  La persuasión 262–266, 300–304

Taller de oraciones

  ¿Causa o efecto? 343

  Emociones fuertes y decisiones difíciles 127

  ¡Exprésate con energía! 53

  Oraciones con fuerza 267

  Oraciones coordinadas y subordinadas 87

  Oraciones que modifican al nombre 167

  Oraciones que sustituyen al nombre 217

  Oraciones que te ayudan a evaluar 305

Toma nota 15, 26, 116, 136, 308

Trabajo en curso 12, 25, 33, 41, 48, 67, 76, 82, 99, 112, 121, 122, 134,

140, 151, 157, 177, 185, 192, 205, 212, 239, 257, 262, 277, 293, 300, 316, 325, 335, 338

Traducción 257

Hablar y escuchar

Crimen y castigo 112

¿Culpable o inocente? 41

Debate 99, 177

Entrevista 335

Presentación

  El rostro cambiante de la belleza 277

Investigación

Fotografía 157

  La vida animal en película 157

Investigación

  y exposición oral 12

  y presentación 185

Investigación y arte

  Cartel sobre animales en peligro de extinción 157

Estudios interdisciplinarios

Arte/Teatro

Artesanía

  Esculturas móviles 121

Arte y publicación

  Ilustrar un libro de niños 140

Arte y publicidad

  Creación de un cartel 239

Carteles: Crea rostros 293

Crea un modelo 151

Don Quijote en el presente 325

Dramatización

  Adaptar un cuento 99, 205, 316

  Describir una escena 67

  Preparar una representación 239, 316

Dibujo 25, 33

Ilustración de un poema 192

Imágenes poéticas 121

Lugares entrañables 76

Poe en Hollywood 112
Postales desde el pasado 277
¿Vale más que mil palabras? 67

Escena cultural

Arqueología y civilizaciones precolombinas 295–299
El arte de los muralistas 241–245

Conservar la naturaleza es un
  reto 207–209
El corrido: Una historia cantada
  42–45

Literatura y antropología

¡Chocolate! 284
La nutrición en la antigüedad 287

El perfil maya 274

Literatura y ciencia

Omnívoros como nosotros 174

Literatura y estudios sociales

Un héroe del pueblo 255

Arte

Acevedo, Manuel, *Sin título*   102-103
  Sin título   111
Agudelo-Botero, Orlando, *Equlibrio: Balance de noche y día*   285
Alfaro Siqueiros, David, *Por una seguridad social completa y para todos los mexicanos*   241
Berdann, Elizabeth, *Reverb*   107
La bicicleta (Osorio)   69
Bidó, Cándido, *Niña alcanzando la paz*   72
Billete de tranvía para el Puente de Brooklyn   150
Bonampak, Estado de Chiapas, México   277, 295
Bond, Milton, *Puente de Brooklyn*   145
El caballo mecánico (Orozco)   243
Calder, Alexander, *Sea Scape*   121
Códice florentino, Eclipse lunar   286
Le Coeur Révélateur (Redon)   104
Daumier, Honoré, *Don Quijote*   322
El dios Quetzalcóatl o Tonatiuh, mosaico de turquesa, mixte-azteca   293
Don Quijote (Daumier)   322
Don Quijote (Picasso)   324
Don Quijote y el molino (Doré)   321
Don Quijote y el molino (Doré)   325
Doré, Gustave, *Don Quijote y el molino*   321
  Don Quijote y el molino   325
Dos amigos (retrato de Martí) (Martínez)   149
Eco ilógico (Turizzo)   88-89
Equlibrio: Balance de noche y día (Agudelo-Botero)   285
Esclavos trabajando en una plantación de azúcar   6
Estela maya. Figura de un dios o gobernante   296
Félix, Charles "Cat" y Los Niños del Mundo, *The Sacrifice Wall (Muro de sacrificios)*   245
Francke, L. Zjawin, *Peer Worship*   306-307
Gauthier, Corbert, *Save the Earth (Conservemos la Tierra)*   168-169
La Habana, Cuba, grabado estadounidense en acero, 10
Hirondelle/Amour (Miró)   54-55
Ilustración para el *Popol Vuh* (detalle) (Rivera)   268-269
Jeroglíficos del Templo de Tikal, Guatemala   299
Magritte, René, *Les valeurs personnelles*   128-129
Martínez, Raúl, *Dos amigos* (retrato de Martí)   149
Máscara del diablo, comunidad mestiza de El Pueblito   90
Mayan Women (Montenegro)   275
Medallón de turquesa, civilización moche   289
Miró, Joan, *Hirondelle/Amour*   54-55
Montenegro, Enrique, *Mayan Women (Mujeres mayas)*   275
Niña alcanzando la paz (Bidó)   72
Mujeres paseando en un carruaje por las calles de La Habana, Cuba   10

Orozco, José Clemente, *El caballo mecánico*   243
Osorio, Pepón, *La bicicleta*   69
Owen, Samuel, *Shipwreck (Naufragio)*   xvi-1
Peer Worship (Zjawin)   306-307
Picasso, Pablo, *Don Quijote*   324
Piedra de sol, calendario de piedra azteca   297
Por una seguridad social completa y para todos los mexicanos (Alfaro Siqueiros)   241
Puente de Brooklyn (Bond)   145
Puente de Brooklyn (fotografías)   146, 148, 151
Quetzalcóatl en un cuadro del códice mixteca   292
Redon, Odilon, *Le Coeur Révélateur (El corazón delator)*   104
Retrato de Sor Juana Inés de la Cruz   46-47
Reverb (Berdann)   107
Rivera, Diego, *El tianguis*   244
  Ilustración para el *Popol Vuh* (detalle)   268-269
The Sacrifice Wall (Félix)   245
Save the Earth (Gauthier)   168-169
Sea Scape   121 (Calder)
Serpiente emplumada Quetzalcóatl   283
Shipwreck (Owen)   xvi-1
Sin título (Acevedo)   102-103
Sin título (Acevedo)   111
El tianguis (Rivera)   244
Tocado de cabeza con serpientes, civilización nazca   294
Turizzo, *Eco ilógico*   88-89
Les valeurs personnelles (Magritte)   128-129

Ilustraciones

Baradat, Sergio   118-119, 120
Barton, Kent   37, 38-39, 40
Benny, Mike   93, 96-97
Bloch, Anthony   221, 319, 336-337
Bustamente, Gerald   328-329, 332, 334
Cinque, Michael   186-187, 210-211
Collier, John   222-223, 225, 229, 231, 235
Collum, Warren   152-153, 154, 155
Frichtel, Linda   136-137, 138
Haggerty, Tim   100
Holms, Tony   27, 65, 75, 130-131, 132-133, 134, 327
Johnson, Celia   116-117, 119
Morse, Barbara   196, 199, 200
Prato, Rodica   280-281
Roth, Roger   308-309, 310-311, 313, 315
Van Nutt, Robert   112, 336-337

Mapas
Mapa literario   iv-vi

Tiras cómicas
Schulz, Charles, *Carlitos* (Spanish translation of *Peanuts*)   76
Mena, Jose Luis Martín, *Cándido*   113, 305, 308, 343

ÍNDICE DE AUTORES Y TÍTULOS ===

Los números de las páginas en cursiva se refieren a las biografías de los autores.

Las abejas de bronce 196
Alarcón, Pedro Antonio de 309, *314*
Anderson Imbert, Enrique 109, *110*
Angelou, Maya 72, *74*
El anillo del general Macías 221
Árbol adentro 187
Arreola, Juan José 91, *97*
Arriola, Jorge Luis 271
Autobiografía de un esclavo 4

El buen ejemplo 158
Burciaga, José Antonio 329, *333*

Cadena rota 57
Cajas de cartón 249
La canción del camino 260
El casamiento del Sol 285
Cervantes, Miguel de 319, *323*
Cofer, Judith Ortiz *ver* Ortiz Cofer, Judith
El corazón delator 103
El corrido de Gregorio Cortez 38
El crimen perfecto 109
Cruz, Sor Juana Inés de la 46, *47*

Denevi, Marco 196, *203*
Día de felicidad sin causa **118**
Diario 27
Don Quijote de la Mancha 319

Durrell, Gerald 153, *155*

En la noche 16
Escena neoyorquina 147

La fiesta del árbol 181
Fossey, Dian 171, *175*
Frank, Ana 27, *31*

García Lorca, Federico 188, *190*
Gifford, Douglas 282, 285, 288
Gorilas en la niebla 171
El grillo 117
Guillén, Nicolás 80, *81,* 210

La historia de Quetzalcóatl 282

Ibarbourou, Juana de 118, *119*
Icaza, Francisco A. de 260, *261*

Jiménez, Francisco 249, *255*

El libro talonario 309
Lope de Vega *ver* Vega, Lope de

Manzano, Juan Francisco 4, *10*
Martí, José 147, *149*
Meciendo 189
Mi padre en la marina: Un recuerdo de infancia 259
Mistral, Gabriela 181, *183,* 189
La muralla 80

Nalé Roxlo, Conrado 117, *119*
Naranjas 65

Neruda, Pablo 137, *139*
Nervo, Amado 131, *133*
Niggli, Josefina 221, *236*

Oda a los calcetines 137
Ortiz Cofer, Judith 259, *261*

Un pacto con el diablo 91
Paisaje 188
Paredes, Américo 38, *40*
Paz, Octavio 187, *190*
Poe, Edgar Allan 103, *108*
Popol Vuh 271
Los primeros incas 288
¿Puedes? 210
La puerta 329

Quiroga, Horacio 16, *23*

Riva Palacio, Vicente 158, *161*

Los sabuesos de Bafut 153
El soneto 336
Soneto 149 46
Soto, Gary 57, *64,* 65

Tres mitos latinoamericanos 282, 285, 288

La vieja llave 131
Vega, Lope de 336, *337*

Yo se por qué canta el pájaro enjaulado 72